Horst Klaus Berg
Altes Testament unterrichten

Horst Klaus Berg

Altes Testament unterrichten

Neunundzwanzig Unterrichtsvorschläge

Kösel · Calwer

Handbuch des biblischen Unterrichts Band 3

Die Deutsche Bibliothek – CIP-Einheitsaufnahme
Berg, Horst Klaus:
Altes Testament unterrichten : neunundzwanzig
Unterrichtsvorschläge / Horst Klaus Berg. – München : Kösel ;
Stuttgart : Calwer, 1999
(Handbuch des biblischen Unterrichts ; Bd. 3)
ISBN 3-466-36511-2 (Kösel)
ISBN 3-7668-3620-X (Calwer)

Berg, Horst Klaus:
Handbuch des biblischen Unterrichts / [Horst Klaus Berg]. –
München : Kösel ; Stuttgart : Calwer

Satz und Repro: SatzTeam Berger, Ellenberg
Druck und Bindung; Kösel GmbH & Co., Kempten
Umschlaggestaltung: Bine Cordes, Weyarn

Inhalt

Kapitel 10: Psalmen

Kapitel 11: Ijob

Anhang

EINLEITUNG

Zum Ansatz

29 Unterrichtsvorschläge zu Themen des Alten Testaments versammelt dieser dritte Band des »Handbuchs des Biblischen Unterrichts«.
Das Buch will aber nicht einfach eine Zusammenstellung von Unterrichtsvorschlägen zu alttestamentlichen Texten anbieten, sondern versteht sich bewusst als praxisbezogene Fortschreibung der Ideen, die in den beiden ersten Bänden des »Handbuchs« begründet und entfaltet wurden. Für die Leserinnen und Leser heißt das aber nicht notwendigerweise, dass Band 1 und 2 bereits bekannt sind. Ich werde deshalb einige Grundgedanken daraus noch einmal benennen (die beiden Bücher werden der Einfachheit halber durchgehend als Band 1 bzw. Band 2 zitiert).
Anlass und Ausgangspunkt der Untersuchungen war die Beobachtung, dass die Bibel in unserer Gegenwart zu einem »vergessenen Buch« zu werden droht, vor allem weil es scheint, daß sie kaum noch die Erfahrungen der Menschen berührt oder neue, gute Erfahrungen ermöglicht.
Auf den ersten Blick mag es einleuchtend und verlockend erscheinen, diesem Mangel durch neue, wirksamere Vermittlungsmethoden abzuhelfen – Versuche und Vorschläge finden sich zuhauf in der religionspädagogischen Literatur. Aber dieser Weg zeigt sich schnell als Sackgasse, weil die Menschen, die angesprochen werden sollen, nicht nach ihren Bedürfnissen gefragt, sondern nur als Adressaten methodischer Kunstgriffe wahrgenommen werden.
Interessen und Bedürfnisse werden dort sichtbar, wo heute wieder neu nach der Bibel gefragt wird – auch das gibt es ja. Ich denke beispielsweise an die Angebote gruppenbezogener, feministischer oder tiefenpsychologischer Auslegung. Da lassen sich Menschen neu ansprechen, weil sie sich von der Bibel in ihren Lebensbezügen berührt fühlen. Lebens- und Erfahrungsorientierung – das ist die Spur, auf der sich die biblische Überlieferung heutigen Menschen öffnen kann.
Die leitende Fragestellung aller Bände dieses Handbuchs ist darum: Wie kann die Bibel wieder von einem »Lesewort zum Lebenswort« (Luther) werden?

In *Band 1* habe ich unter diesem Kriterium dreizehn verschiedene Zugangswege zur Bibel (*»Hermeneutische Konzepte«*) untersucht, jeweils ihre Chancen und Grenzen im Blick auf die Eröffnung von Erfahrung geprüft. Ein wichtiges Ergebnis ist: Es bringt wenig Nutzen für den Zugang zu biblischen Texten, wenn die Frage nach möglicher Erfahrung erst dann ins Spiel kommt, wenn die Auslegung abgeschlossen ist –

etwa im Sinne der Überlegung, was ein Text »uns heute zu sagen hat«. Es kommt viel mehr darauf an, die Interpretation von vornherein unter dem Gesichtspunkt des Erfahrungsbezugs anzulegen. Geht man so vor, dann kommt Erfahrung auf allen Ebenen der Annäherung an einen Text intensiv ins Spiel:

- Im Blick auf die *Entstehungssituation* eines Textes ist die Frage leitend, welche Erfahrungen wohl diesen Prozess angestoßen haben, wie diese entdeckt und freigesetzt werden können.
- Im Blick auf die *Geschichte des praktischen Gebrauchs* eines Textes ist in gleicher Weise nachzuforschen, welche Erfahrungen, Interessen und Konflikte dazu beigetragen haben, dass ein Überlieferungsstück im Lauf der Geschichte sehr unterschiedlich verstanden und gebraucht worden ist.
- Ebenso ist dann zu reflektieren, von welchen Vorerfahrungen, Bedürfnissen und Gefühlen wir uns *heute* leiten lassen, wenn wir versuchen, einen Text zu verstehen und in das Leben zu integrieren.

Je nachdem, welche der drei Ebenen besonders interessant ist, werden unterschiedliche hermeneutische Konzepte zum Zuge kommen – jedes trägt auf seine Weise zum erfahrungsbezogenen Verstehen bei.
Zur besseren Verdeutlichung habe ich im Anhang (Kapitel 2) die dreizehn Konzepte noch einmal in Kurzform (»Steckbriefe«) zusammengestellt und ihre jeweilige Relevanz für eine erfahrungsorientierte Auslegung skizziert.
Die Praxis-Entwürfe des vorliegenden 3. Bandes verfolgen unter anderem das Interesse, die Fruchtbarkeit der 13 in dem Band vorgestellten hermeneutischen Konzepte für den erfahrungsbezogenen Bibelunterricht darzulegen; darum wird zu Beginn eines jeden Vorschlags in einer »Kurzcharakteristik« notiert, welche Konzepte gewählt wurden.
Ein zweites wichtiges Ergebnis der Untersuchungen in Band 1 ist, dass ein einziger Zugangsweg einen Bibeltext kaum erreichen, geschweige denn »ausschöpfen« kann; eine Verknüpfung mehrerer Auslegungskonzepte verspricht fruchtbarere Ergebnisse; darum verbinden die Unterrichtsvorschläge des 3. Bandes öfter mehrere hermeneutische Ansätze miteinander.

In *Band 2* habe ich mich bemüht, im Kontext der Erfahrungen, Bedürfnisse und Fragen von Kindern und Jugendlichen die Verstehenswege in bibeldidaktische Aktivitäten weiterzuführen: Auf der Entwicklung von bibeldidaktischen Grundsätzen basieren dann Vorschläge zur Gestaltung und methodischen Instrumentierung des Bibelunterrichts. Auch hier gilt: Das Zusammenwirken und die Verknüpfung mehrerer Grundsätze und Methoden kann die Intensität des Lernens fördern. Einige dieser Grundsätze und ihre Bedeutung für die Methodenwahl habe ich ebenfalls im Anhang (Kapitel 3) kurz zusammengefasst.

Insgesamt fragt Band 2 nach dem »*Didaktisch Notwendigen*«, nach dem also, was Kindern und Jugendlichen ein Angebot der Orientierung, Begleitung und Unterstützung aus dem Geist der biblischen Überlieferung zeigen kann.

Zur Anlage des Bandes

Elf Themenbereiche aus dem Alten Testament werden in diesem Band bearbeitet. Die meisten sind wohl aus den Lehrplänen der Bundesländer vertraut. Ich habe aber auch einige ausgewählt, die nicht so geläufig sind, z.B. »Exil« oder auch »Propheten« in der Primarstufe. Ich habe jeweils begründet, warum ich diese Auswahl im Rahmen des Konzepts dieses Bandes für sinnvoll halte.

Die elf Themenkapitel sind jeweils gleich aufgebaut: Am Anfang steht eine knappe theologische und didaktische Einführung. Ich habe versucht, die Informationen so anzubieten, daß auch die weniger Geübten sie möglichst mit Gewinn benutzen können. Dabei können die kurzen Einführungen natürlich nicht das Studium eines Kommentars oder einer Arbeitshilfe ersetzen; sie sollen die folgenden Praxisvorschläge begründen und verständlich machen. Die genaue Orientierung an wissenschaftlichen und fachdidaktischen Standards ist selbstverständlich; sie wird aber implizit praktiziert, d.h. sie ist die Basis der Ausführungen, wird aber nicht ausdrücklich belegt durch Zitate, Literaturnachweise usw. Zur Vertiefung bietet jedes Themenkapitel am Schluss eine knappe Literatur-Empfehlung; auch verweise ich auf die theologischen und didaktischen Zusatzinformationen im Anhang. Überhaupt verschränken sich die Themenkapitel und die Zusatzinformationen eng: Die den einzelnen Unterrichtsvorschlägen zugeordneten hermeneutischen Konzepte werden im Anhang genauer erläutert; die historischen Informationen in einzelnen Kapiteln und der Überblick über die Geschichte Israels (Anhang, Kapitel 1) ergänzen sich gegenseitig, der Überblick über einige Methoden des biblischen Unterrichts (Anhang, Kapitel 3) verdeutlicht die Praxisvorschläge zu den Themen.

Jedes Themenkapitel soll für sich lesbar und benutzbar sein. Darum sind manchmal Überschneidungen und Wiederholungen nicht zu vermeiden; gelegentlich gibt es Querverweise in andere Kapitel.

Die Unterrichtsvorschläge in den einzelnen Kapiteln bieten meist keine ganz ausgeführten Planungen an, sondern oft nur »Ausschnittvergrößerungen« aus einem größeren gedachten Zusammenhang, der dann nur knapp skizziert wird.

Die einzelnen Entwürfe sind bestimmten Altersstufen zugeordnet; diese Angaben sind als Hinweise gedacht, die im Blick auf konkrete Unterrichtssituationen und Lerngruppen modifiziert werden können.

Dieser Band ist kein Methodenbuch des biblischen Unterrichts, das ein möglichst brillantes Feuerwerk der verschiedensten Unterrichtsverfahren vorführt. Sein Hauptziel ist viel mehr, die Tragfähigkeit eines hermeneutisch-didaktischen Konzepts praktisch zu erproben und Anleitungen zu einem erfahrungsnahen Bibelunterricht zu geben, der Kindern und Jugendlichen das »Didaktisch Notwendige« anbietet, das ihnen für sich selbst, für ihr Wachstum im Leben und Glauben dienlich sein könnte. Möglicherweise öffnet sich ihnen, was der Psalmist ausspricht:

»Glückwunsch dem, der Lust auf die Tora hat und mit ihr zusammenlebt. Er steht da wie ein Baum, am frischen Quell gepflanzt; fruchtbar ist sein Leben, seine Blätter welken nicht« (Ps 1).

Kapitel 1: Schöpfung

1 Theologische Erwägungen

Wohl kaum ein biblischer Überlieferungszusammenhang hat sich in den letzten Jahrzehnten im Bewusstsein und in der praktischen Bedeutung so stark verändert wie es beim Thema »Schöpfung« der Fall ist. Lange Zeit hindurch war die Erinnerung an die Schöpfung in erster Linie Anlass zum Lob Gottes für die Schönheit der Welt und die Fürsorge für die Seinen; so zeigt es sich im traditionellen, eher ein wenig betulichen Liedgut der Kirchen. Anlass zur Auseinandersetzung bot eigentlich nur der alte, längst überholte Streit um die Evolutionstheorie: »Wer hat recht, die Bibel oder die Naturwissenschaft?«
Seit dem Aufkommen der Umweltkrise hat sich dieses Rezeptionsmuster gründlich verändert. Jetzt wird die Frage nach der Weltverantwortung der Christen dringlich. Heute berufen sich die christlich motivierten Streiter für die Erhaltung des Lebensraums auf die biblische Rede von der Schöpfung. Dabei ist durchaus eine Entwicklung und unterschiedliche Gewichtung zu beobachten. Wenn man einmal von »Frieden – Gerechtigkeit – Erhaltung der Schöpfung« als den Basis-Worten des konziliaren Prozesses ausgeht, dann zeigt sich, dass zunächst in den siebziger und achtziger Jahren »Frieden« im Vordergrund stand, einfach weil die Bedrohung des Atomtods so übermächtig war. – Mit zunehmend sichtbaren und erfahrbaren Umweltschäden schob sich dann das Stichwort »Schöpfung« nach vorn. – Nur »Gerechtigkeit« bleibt eigenartig blass – vielleicht, weil der Leidensdruck noch zu schwach ist? Allerdings kommt der Rückgriff auf die biblische Tradition oft über einen beschwörenden Appell, die Welt zu »bebauen und zu bewahren« (Gen 2,15), kaum hinaus und bleibt damit ziemlich vage. Es legt sich deshalb nahe, zunächst einmal genauer nach der biblischen Überlieferung zu fragen.

1.1 Die jahwistische Schöpfungsgeschichte

Nach der Überzeugung der meisten Alttestamentler ist die jahwistische Schöpfungsgeschichte (Gen 2,4b–25) in der frühen Königszeit entstanden, also etwa um das Jahr 1000 v. Chr. In dieser Zeit kommt es zum ersten Mal in der Geschichte Israels dazu, dass die alten, bisher mündlich von Generation zu Generation weitergegebenen Traditionen schriftlich fixiert werden (»Verschriftlichung«). Es spricht viel dafür, dass der Schreiber nicht einfach aufgezeichnet hat, was ihm vorlag, sondern die Überlie-

ferung planvoll gestaltete. Meist wird dieser Schreiber als »Jahwist« (J) bezeichnet. Vermutlich handelte es sich allerdings nicht um eine Einzelperson, etwa im Sinn eines »Schriftstellers«; eher ist an einen längeren Entstehungsprozess zu denken, der von relativ einheitlichen Grundgedanken geprägt war.
In der Art, wie der Jahwist die Überlieferung gestaltete, nahm er zu Problemen und Konflikten seiner Zeit Stellung. Er ist in seiner Zeit als kritisch-prophetischer Mahner aufgetreten.
Dies lässt sich an Konflikten verdeutlichen, die in der Zeit der ersten Könige aufgebrochen waren:

- Das Aufkommen von Nationalismus und Imperialismus.
  Es ist nicht zu übersehen, dass die glänzenden militärischen Erfolge Davids nicht mehr vom bäuerlichen Heerbann errungen wurden, der unter der Leitung eines von Jahwe Erwählten einen »heiligen Krieg« zur Verteidigung des von Gott gegebenen Landes führte, sondern von Berufssoldaten, die unter professioneller Führung in zunehmendem Maß Angriffskriege zur Vergrößerung und Sicherung des Reiches ins Werk setzten. In den Augen der Nachbarvölker, der Opfer dieser Eroberungspolitik, wird Israel nicht anders ausgesehen haben als die gewohnten Unterdrücker im Alten Orient: Ägypten, Assyrien, Babylonien.
- Das Aufkommen »gottgewollter Herrschaft«.
  An die Stelle der in der vorstaatlichen Zeit je und je in Notzeiten berufenen Anführer Israels war nun das dynastische Königtum getreten, wie es im Alten Orient verbreitet war. Zwar vermeidet das Alte Testament die altorientalische Vorstellung des Gott-Königtums, aber immerhin übernimmt es in die Königs-Ideologie die Idee der Gottessohnschaft des Königs (vor allem in der berühmten Stelle Ps 2,7; vgl. Ps 89,27f und Ps 110); sie eignet sich bestens, einem orientalischen Despoten ein gutes Gewissen zu verleihen. Der altorientalische Herrscher regiert mit fast absoluter Gewalt über seine Untertanen, alles ist ihm dienstbar und zu Eigen. Ein anschauliches Beispiel für diese Einstellung ist die berühmte Batscheba-Erzählung (2. Sam 11f), in der dem König erst ein Licht darüber aufgesteckt werden muss, dass das Gottesrecht (also: Gerechtigkeit für alle) auch ihn verpflichtet!
- Das Aufkommen kanaanäischer Einflüsse im Glauben.
  Israel hatte schon seit Beginn der Landnahme und dem Übergang vom Nomadentum zur Ackerwirtschaft mit der Versuchung zu kämpfen, nun Baal als Garanten von Fruchtbarkeit und Leben zu verehren. Aber nach der Staatenbildung floss das religiöse Gedankengut der Urbewohner in breitem Strom nach Israel ein. Die Einbeziehung der kanaanäischen Stadtstaaten in das neue Staatsgebilde und vor allem die Wahl der eroberten kanaanäisch-jebusitischen Königsstadt Jerusalem mit ihrem alten Heiligtum und Kult zum neuen Zentrum Israels begünstigte das Eindringen der altorientalischen Fruchtbarkeitskulte in den Glauben.

Das zeigte sich nicht zuletzt im Gottesbild: Aus dem »Gott der kleinen Leute«, der rettend und befreiend mit seinem Volk unterwegs ist, wurde der machtvoll auf dem Zion, dem Tempelberg und Weltenzentrum, Thronende. Ihm entsprach der König, der auf seinem Thron im Palast Platz nimmt, heilig und anscheinend unangreifbar wie die Gottheit selbst.

Diese Konflikte hat offenbar der Jahwist bei der Abfassung seines Schöpfungstextes im Hinterkopf. Grundsätzlich geht der Jahwist wohl von der Zusammenschau des »Paradieses« mit dem verheißenen Land aus. Beide gehören als Jahwes Geschenk zusammen – und doch stehen sie im grellen Kontrast: Das »Paradies« zeigt in der Sicht des Jahwisten die Welt, wie Jahwe sie gewollt hat – aber was ist daraus geworden?

- Dem gewaltbestimmten Militärstaat steht das Bild des friedlichen Gartens entgegen, in dem alle Geschöpfe in Eintracht und gedeihlicher Gemeinschaft leben. Der »Schalom-Garten« ist dem Menschen zum »Bebauen und Bewahren« anvertraut – und eben nicht als Schlachtfeld für Eroberungskriege! – Dieses Bild malt nicht einfach eine verlorene Idylle, sondern beschreibt die Welt, wie der Schöpfer sie gewollt hat; damit entlarvt der Jahwist seine gegenwärtige Welt als Gott entgegenstehend.
- Dem machterfüllten König steht das Bild des Menschen entgegen, den Jahwe aus dem Erdboden formt – eine Vorstellung, die den »göttlichen« Anspruch des Herrschers als lächerliche Anmaßung erscheinen lässt. Denn alle Menschen sind gleich geschaffen.
- Der Anschauung, dass Baal Garant des Lebens und Segens sei, wird das kraftvolle Bekenntnis entgegengestellt, dass Jahwe es ist, der es regnen und wachsen lässt (Gen 2,5!) und damit das Leben spendet.

Betrachtet man die Gestaltung von Gen 2 als Stellungnahme des Jahwisten zu Problemen seiner Zeit (Ursprungsgeschichtliche Sichtweise), dann zeigen sich im Text Züge, die angesichts konkreter Konflikte in Form von Gegen-Bildern zum Bestehenden sehr handfeste Kritik zum Ausdruck bringen und gleichzeitig Richtpunkte für ein Leben formulieren, das der Herkunft und Bestimmung der Menschen gerecht wird.
Augenscheinlich hat der Jahwist die Schöpfung also nicht als ein Ereignis längst versunkener Urzeiten verstanden, sondern er schildert sie mit den Bildern seiner Zeit als Erfüllung ihrer Sehnsüchte und Hoffnungen. »Schöpfung« meint bei J nicht, dass Gott etwas Neues aus dem Nichts hervorbringt (dies ist ja die Sichtweise der traditionellen christlichen Dogmatik), sondern dass er seinen Menschen inmitten der feindlichen Wüste einen behüteten Raum schafft, in dem er leben kann: der fruchtbare Garten mit Wasser im Überfluss, das ist der Traum des Nomaden von der Paradies-Oase – oder

eben das Gefühl des Bauern, der noch aus seiner nomadischen Vergangenheit weiß, was es bedeutet, keinen Lebens-Raum zu haben. Der Jahwist tritt dafür ein, dass der von Gott gegebene gute Lebensraum nicht verdorben wird, sondern für alle lebenswert bleibt; sein »Schöpfungstext« ist eine Mahnrede an seine Zeitgenossen.

1.2 Die priesterliche Schöpfungsgeschichte

Ganz anders stellt sich die Situation zur Zeit der Entstehung von Gen 1,1–2,4a dar. Der Text wird allgemein der Priesterschrift (P) zugeschrieben, die in und nach der Zeit des babylonischen Exils entstand.
Geht man wieder von einem ursprungsgeschichtlichen Erklärungsansatz aus, dann stellt sich die Frage, auf welche Probleme und Konflikte der Zeit der Text Bezug nimmt. Zwei Grundfragen lassen sich erkennen:

- Wo ist Jahwe? Jahwes Gegenwart in Israel ist das Grundsymbol für seine hilfreiche Zuwendung. Nachdem der Tempel, die Wohnung Gottes, zerstört ist und sein Volk in der Fremde leben muss, bedrängt es die quälende Frage, ob Jahwe noch in seiner Mitte ist, wie seine Gegenwart erfahren werden kann.
- Kann Jahwe sein Volk retten? Hat nicht Nebukadnezar, der Herrscher Babylons, den König Israels besiegt? Muss dann nicht auch Marduk, Babels Herrscher- und Schöpfergott, Jahwe niedergeworfen haben? Muss Israel jetzt nicht Marduk und Ischtar, Schamasch und Sin gehorchen?

Wie der Jahwist stellt die Priesterschaft die Schöpfung in den Bildern und in der Welt ihrer Zeit dar. Auch hier geschieht »Schöpfung« so, dass Gott den Menschen einen behüteten Raum schafft – aber nicht wie bei J als Oase in der Wüste, sondern als Schutz-Raum inmitten der tödlichen Chaos-Fluten, wie sie der Mensch des Zweistromlandes kennt.
Wie geht die Priesterschaft auf die Glaubens-Konflikte Israels im babylonischen Exil ein?

- Die Frage nach der Gegenwart Jahwes beantwortet sie mit dem Hinweis auf das Wort: Die Wirkungsmacht des göttlichen Wortes treibt im Schöpfungstext der Priesterschaft das Geschehen voran (… und Gott sprach … und es geschah). Dem entspricht wohl auch der historische Befund: Im babylonischen Exil entsteht nicht nur eine Wort-Theologie, sondern es zeigen sich auch Anfänge einer katechetisch-lehrhaften Arbeit an der Überlieferung.
- Die Frage nach der hilfreichen Macht Jahwes findet wohl eine Antwort im Abschnitt über die Erschaffung der Gestirne (Gen 1,14–18); die auffällig breite

Schilderung deutet auf eine Auseinandersetzung mit den babylonischen Astralgottheiten Schamasch und Sin hin: Die Menschen müssen nicht ihnen dienen, vielmehr sind es die »Lichter«, die den Menschen dienlich sein müssen – ein Text von satirischer Schärfe, fast eine Art »theologisches Kabarett«!
In diesem Zusammenhang ist ganz allgemein ein Blick in die Anthropologie lehrreich, wie sie sich im babylonischen Mythos zeigt: Dort werden die Menschen einzig und allein erschaffen, damit sie den Göttern als ihre Diener zur Verfügung stehen (vgl. dazu auch Kapitel 9). Gen 1 bekennt: Der Gott Israels hat die Menschen »nach seinem Bild« erschaffen, sie haben den Auftrag, die Schöpfung nach der Weise Gottes zu verwalten. Ein solches Bekenntnis wird das Selbstvertrauen der Exilierten kräftig gestärkt haben!

So scheint in diesem Text kraftvoller Trost und kämpferische Hoffnung für das leidende Volk auf – ein Grundzug, der auch die Rede des zur gleichen Zeit auftretenden Propheten »Deuterojesaja« kennzeichnet (vgl. Kapitel 9). Der priesterschriftliche Schöpfungstext ist also eine Trostrede für die Zeitgenossen.

1.3 Biblische Grundaussagen zum Thema »Schöpfung«

Die beiden »klassischen« Schöpfungstexte unterscheiden sich deutlich, und zwar sowohl im Bezug auf ihre geschichtliche Funktion als auch in Bezug auf das Weltbild. In den Grund-Aussagen aber stimmen sie überein. Fünf dieser Aussagen sollen besonders hervorgehoben werden:

1. Der behütete Raum ist nicht nur Schutzzone vor den Mächten des Todes, sondern auch planvoll und zweckmäßig für ein gutes Leben geordnet; dies kommt besonders deutlich im priesterschriftlichen Schöpfungstext zur Sprache (zuerst werden die Lebensräume geschaffen, dann die Lebewesen usw.). Die Schöpfung ist nicht abgeschlossen. Sie bedarf weiterer Bearbeitung, damit sie als Lebensraum erhalten bleibt; dies ist die Aufgabe des Menschen.
2. Auch von Seiten Jahwes ist die Schöpfung in der Sicht des Alten Testaments nicht abgeschlossen, sondern setzt sich als geschichtlicher Prozess fort; Israel hat wohl den Einzug ins »Land, wo Milch und Honig fließen« als Einweisung ins Paradies begriffen; und es ist überzeugt, dass Jahwe seine Schöpfermacht wunderbar zum Zuge bringt, seinen Menschen zugute. Dies zeigt sich im babylonischen Exil als Hoffnung auf neues gutes Leben (z.B. Jes 49,10ff); im Neuen Testament deutet Jesus seine Wunder als Zeichen des Neuen Lebens von Jahwe her (Mt 11,1–6 unter Berufung auf Jes 5,6ff).
3. Vor allem die Psalmen haben unermüdlich zum Lob des Schöpfers und seiner guten Welt aufgerufen (z.B. Ps 33 oder Ps 104). Diese Appelle haben sicher auch

die Funktion, die Menschen zum aufmerksamen Leben zu bewegen, das die Gaben Gottes dankbar wahrnimmt. Die biblischen Texte behaften den Menschen bei seiner Geschöpflichkeit. Dies gliedert ihn in die von Gott geschaffene kreatürliche Lebenswelt ein; gleichzeitig aber wird die Einzigartigkeit des Menschen betont (vgl. neben Gen 1 und Gen 2 vor allem auch Ps 8,5ff!). Auch das Leben des einzelnen Menschen verdankt sich nach biblischer Auffassung der schöpferischen Fürsorge Gottes: Er bildet ihn, er haucht ihm seinen Lebensatem ein.

4. Der Mensch ist als dialogisches Wesen geschaffen; er findet seine Identität in der Beziehung zu Gott (dies ist der Sinn der Rede von der »Gottebenbildlichkeit«) und zum anderen Menschen.
5. Der gute Lebensraum ist für alle Menschen bestimmt, damit sie in Glück und Heil (Schalom) leben können – das ist der Sinn der universalen Weite, die beide Schöpfungstexte in Gen 1 und 2 charakterisiert. Man hat daher auch die dem Menschen anvertraute Lebenswelt als Geschenk mit Aufforderungscharakter (»kategorische Gabe«) bezeichnet.
   Dieser Verantwortung für den Schalom aller wird der Mensch nur unvollkommen gerecht; die Bibel erzählt, wie er von Anfang an den guten Lebensraum egoistisch für sich allein beansprucht – auf Kosten der Schwächeren.
   Damit aber verdirbt er den geschenkten Lebensraum und verspielt das Lebensrecht.
   Dieser Zusammenhang von Schuld und Schicksal wird von den vorexilischen Propheten so formuliert, dass die Untaten Israels das Land verderben und damit unbewohnbar machen:

> *Bluttat reiht sich an Bluttat.*
> *Darum soll das Land verdorren,*
> *jeder, der darin wohnt, soll verwelken,*
> *samt den Tieren des Feldes*
> *und den Vögeln des Himmels;*
> *auch die Fische im Meer sollen zugrunde gehen.*
> (Hos 4,2f).

Später weitet sich diese Schreckensvision ins Kosmische. Es kommt zu Aussagen, die man als »Anti-Schöpfungstexte« bezeichnen könnte: der ganze Erdkreis wird unbewohnbar (z.B. Jes 24,1–6 oder die Einleitung der priesterschriftlichen Sintflutgeschichte in Gen 6,11).

Diese Anschauungen und Erfahrungen haben sich dann zur Hoffnung auf einen »neuen Himmel und eine neue Erde« verdichtet, die Gott am Ende der Tage schaffen wird (z.B. Offb 21,1ff; Offb 22,1f).

2 Didaktische Erwägungen

Was könnten oder sollten Schüler bei der Beschäftigung mit »Schöpfung« lernen? Entsprechend der Vielschichtigkeit der biblischen Tradition ist auch das Lernfeld sehr verzweigt. Ich konzentriere mich auf drei Aufgabenbereiche, die mir besonders wichtig scheinen:

a. Den geschenkten guten Lebensraum aufmerksam wahrnehmen

In unserer von flüchtigen Reizen und oberflächlichen Eindrücken überfluteten Welt wird eine wichtige Voraussetzung für die Aufnahme der Schöpfungsthematik die Arbeit an der Fähigkeit zur aufmerksamen Beobachtung sein: bewusst hören – sehen – riechen – schmecken kann eine bedachte und dankbare Wahrnehmung des Lebens anbahnen. Dieser Vorschlag für die Grundschule knüpft an das Lob des Schöpfers an, wie es vor allem in den Psalmen zur Sprache kommt.

Dieser Vorschlag ist für die Klassen 1 und 2 gedacht und wird in den Unterrichtsvorschlägen unter 3.1 ausgeführt.

b. Die biblischen Schöpfungsüberlieferungen in ihren Ursprungssituationen erschließen

Dieser Ansatz verfolgt nicht in erster Linie ein historisches Interesse, sondern ist darauf aus, den Schülern zu zeigen, dass die biblischen Textproduzenten die Erinnerung an die Schöpfung zum Anlass nahmen, um zu mahnen oder zu ermutigen, zu warnen oder zu trösten. Unter diesem Aspekt erscheinen Bibeltexte als Antworten auf die »Provokation der Situation« (H. J. Kraus). Daraus kann die Frage nach der Bedeutung der Schöpfungsüberlieferung heute entstehen.

Dieser Vorschlag ist für die Klassen 5 und 6 gedacht und wird in der Unterrichtsvorschlägen unter 3.2 ausgeführt.

c. Verantwortliches Leben in Konsequenz der Schöpfung bedenken

Die biblische Überlieferung provoziert die Frage, ob der Umgang mit der »kategorischen Gabe« (s.o.) ihrer Bestimmung gerecht wird. Da bekanntlich der »Schöpfungsauftrag« (Gen 1,28) in seiner Auslegungs- und Praxisgeschichte gehörig zum Missverständnis und Missbrauch beigetragen hat (z.B. als scheinbare Legitimation zur schrankenlosen Ausbeutung der Natur), legt es sich nahe, im Unterricht von einem wirkungsgeschichtlichen Ansatz auszugehen.

Dieser Vorschlag ist für die Klassen 9 und 10 gedacht und wird in den Unterrichtsvorschlägen unter 3.3 ausgeführt.

Einführende Literatur
G. von Rad, Das erste Buch Mose. 1961
C. Westermann, Am Anfang. 1. Mose. Teil 1. 1989
G. Liedtke, Im Bauch des Fisches. 1983

3 Unterrichtsvorschläge

3.1 Aufmerksam leben (1./2. Klasse)

Kurzcharakteristik

Inhalt:	Aufmerksam in der Schöpfung leben
Klassenstufe:	Schwerpunkt 1./2. Klasse (auch höhere Klassen möglich)
Lernchance:	Durch Übungen zur aufmerksamen Wahrnehmung, zum bewussten Erleben der Schöpfung kommen
Hermeneutisches Konzept:	Existentiale Auslegung; Interaktionale Auslegung

Ansatz

Viele Grundschul-Lehrpläne sehen Themen vor wie: »Wir in Gottes Welt«: Die Kinder sollen staunend und dankbar die wunderbare Schöpfung erkennen.
Aber können sie die Schöpfung überhaupt erfahrungsbezogen wahrnehmen? Sind sie nicht so überschwemmt mit oberflächlichen Reizen, dass sie nicht mehr aufmerksam hören, sehen, riechen, fühlen, schmecken können?
In dieser Situation kann sich der Religionsunterricht auf Konzepte stützen, die in den letzten Jahren unter Stichworten wie »Meditation« oder »Stille-Übungen« eingeführt wurden.
Wichtig ist zunächst einmal, dass Stille-Übungen nicht als Methode zur Disziplinie-

rung eingesetzt werden: Unterdrückter Lärm in der Klasse ist noch keine Stille. Es kommt darauf an, dass die Lerngruppe (Schüler und Lehrer!) innerlich und äußerlich zur Ruhe kommen. Das kann nur gelingen, wenn Stille als etwas Wohltuendes empfunden und die Teilnahme an den Übungen nicht erzwungen wird. Von solchen Stille-Übungen kann man sich dreierlei versprechen:

- Wer still wird, konzentriert sich auf sich selbst, kommt zu sich, kann seine »Mitte finden«.
- Wer still wird, nimmt aufmerksam auf, was um ihn herum ist, lernt intensiver zu leben. Die Wahrnehmung wird bewusst verlangsamt und damit geschärft. Damit bahnt sich auch ein neues Verhältnis zu den Dingen an. Stille-Übungen werden darum durch Übungen zur intensiven Wahrnehmung ergänzt.
- Die neue Sicht dringt durch die Oberfläche der Dinge; sie werden durchsichtig für ihre symbolische Qualität (z.B. das Wasser für Grunderfahrungen wie: Durst, Erfrischung, Reinheit usw.). Diese »Diaphanie« ist eine der wichtigsten Voraussetzungen für das Symbol-Lernen.

Oft wird der Vorgang, dass man zur Ruhe kommt, als eine religiöse Erfahrung wahrgenommen. Eine Kindergärtnerin: »Alle sind außer sich. Wie soll man Gott begegnen, der in uns ist, wenn es uns nicht gelingt, uns in uns selbst zurückzuziehen, um uns zu sammeln.«

Einige Aspekte sind mir noch wichtig:

- Still-Werden ist nicht in erster Linie eine unterrichtliche Technik zur Steigerung der unterrichtlichen Effektivität, sondern der Versuch, bewusster zu leben:

  Bewusst leben
  geschieht also aus einer andächtigen Haltung heraus,
  die ganz auf Empfangen eingestellt ist,
  heißt langsame Wahrnehmung durch die Sinne,
  verweilende Aufmerksamkeit aus der Herzensmitte
  und ist der Versuch
  einer Wahrnehmungserfahrung mittels Sprache
  noch näher zu kommen« (Dörig, 1983, S. 23).

- Zur Ruhe kommen ist kein einmaliges, punktuelles Geschehen, sondern ein langer Prozess, darauf macht der Ausdruck »Stille-*Übungen*« aufmerksam.
  Diese Übungen können durchaus auch die Entwicklung gewisser Gewohnheiten, ja Rituale einschließen, z.B. der leise Anruf der Kinder mit Namen, die ruhige Vorbereitung der Sitz-Runde (Kissen holen, Platz suchen ...).

- Ich halte wenig von dem häufig geäußerten Vorschlag, mehrere Methoden zu verbinden, z.B. die Verbindung von Seh-Übungen mit Musik. Dies führt gerade wieder zur Zerstreuung und stört die Konzentration auf eine intensive Wahrnehmung. Und: die Kinder sollen lernen, dass »Sehen« oder »Hören« sich auf ganz unterschiedliche Dimensionen beziehen kann: Man kann die Oberfläche der Dinge wahrnehmen – man kann ihre Strukturen und Formen aufmerksam beobachten – man kann sich in ihre symbolische Dimension vertiefen – man kann Menschen betrachten und »sehen« lernen, was ihnen fehlt und was sie brauchen (diesen Vorgang führe ich unter dem Aspekt »mit dem Herzen sehen« ein). Und: Man kann auch einem anderen »mit dem Herzen« zuhören, sich für ihn öffnen.

Der folgende Entwurf verbindet Stille-Übungen mit dem Thema: »Wir in Gottes Welt«. Ich verspreche mir davon, dass die Schöpfungs-Thematik für die Schüler einen deutlichen Erlebnis- und Erfahrungsbezug bekommt.
Im Blick auf das hermeneutische Basis-Konzept stütze ich mich auf Teilaspekte der Interaktionalen Auslegung, die sich intensiv auf ganzheitliches Erleben und Gespräch stützt.

Der Unterrichtsvorschlag wurde für die 1./2. Klasse konzipiert und in dieser Altersstufe erprobt. Es ist aber sicher möglich, ähnlich auch mit älteren Schülern zu arbeiten.
Die Zeitangaben sind nicht so zu verstehen, dass jeweils ganze Unterrichtsstunden hindurch Stille-Übungen angeboten wurden. Sie sind vielmehr ein Element in einem Ensemble verschiedener unterrichtlicher Aktivitäten und beanspruchen oft nur einen kleinen Teil der jeweiligen Stunde.

Verlauf

a. Was man entdecken kann (ca. 2 Stunden)

1. Lied: Wir freuen uns an Wäldern ... Str. 1 + 2 (**M 1**). Das Lied wird den ganzen Unterricht begleiten. Es wird ergänzt und immer wieder gesungen.
2. Die Geschichte von Rainer, der sich nicht freuen konnte (**M 2**): ein Kind erfährt, dass das Leben interessant wird, wenn man aufmerksam lebt. Das darin enthaltene Gedicht von Chr. Morgenstern wird mehrere Male gemeinsam gesprochen.
3. Das »Tannenwurzel-Spiel«: Die Kinder versuchen, wie Rainer, genau zu hören und tauschen sich darüber aus.

b. Wir lernen Stille (ca. 1 Stunde)

In dieser Stunde werden die »Stille-Übungen« eingeführt. Der Unterrichtende erklärt, worum es geht und gibt einige Spielregeln vor: Sich langsam und leise bewegen – aufeinander hören …
Vorschläge:

- *Auf Töne hören.* Die Kinder sitzen im Kreis (wenn möglich, auf dem Boden). Der Unterrichtende schlägt einen leisen Ton an (Triangel; Gitarre). Alle schließen ihre Augen, erst beim zweiten Ton werden die Augen geöffnet.
- *Begegnen.* Die Kinder sitzen im Kreis. Ein Kind schlägt mit einem Instrument einen Ton an, bringt ihn (leise, langsam!) einem anderen Kind, das ihn »weiter tragen« darf.
- *Weiterführung:* Die Kinder besprechen ihre Erfahrungen, äußern, ob ihnen die Übungen gefallen. Der Unterrichtende kann jetzt auch schon auf die unterstützende Körperhaltung aufmerksam machen (wie sitzt man möglichst entspannt?).
- Die Lerngruppe erfindet eine *neue Strophe zum Lied* (Vorschlag: **M 1**, Strophe 3).
- Die Lerngruppe kann verabreden, dass die Kinder, die in der kommenden Zeit sich eine Stille-Übung wünschen, ein *Symbolbild* dafür aufstellen dürfen.

Auf jeden Fall sind die Stille-Übungen in den folgenden Stunden immer wieder aufzugreifen.

c. Wir lernen bewusster sehen (ca. 3 Stunden)

- *Steine und Blätter anschauen.* Jedes Kind hat einen Stein und ein Blatt mitgebracht. Sie setzen sich im Kreis auf den Boden und legen die Gegenstände in die Mitte; sie schauen sie in Ruhe an und tauschen ihre Beobachtungen aus.
- *Gebet* (**M 3**). Der Unterrichtende gibt ein einfaches Gebet vor und bittet die Schüler, hinzuzufügen, was ihnen jetzt wichtig ist (Bild; Text). Wer mag, zeigt sein Blatt, vielleicht ergibt sich ein Gespräch.
- *Gestalten eines Mandalas* (Beispiel vorgeben – vgl. **M 4**; die Form im Gespräch noch einmal als harmonisch und »Stille-fördernd« bewusst machen; auf die Wahl der Farben hinweisen, die ihrer Wahrnehmung entsprechen!).
- In manchen Klassen ist es vielleicht möglich, ein Mandala auf den Boden zu legen und sich zu leiser Musik ruhig im *Kreis um das Mandala* zu bewegen.

d. Man kann auch mit dem Herzen sehen (ca. 2 Stunden)

Der Unterrichtende zeigt ein Foto eines traurigen Kindes (Beispiel: **M 5**). Die Kinder merken, dass man aus der Körpersprache ablesen kann, dass es dem Kind nicht gut geht. Sie erzählen kleine Geschichten zum Foto. Sie (sollten) entdecken, dass das Bild nicht nur ihre Augen anspricht, sondern auch ihr Herz: Das Kind braucht Hilfe. Die Schüler erhalten ein Blatt mit dem Foto und können es bearbeiten (Beschreiben der Situation, wie kann man helfen?).

e. Wir lernen bewusster riechen (ca. 1 Stunde)

- Eingangs wird das um die fünfte Strophe ergänzte *Lied* gesungen. Kurze Klärung und Hinführung zum Geruchssinn.
- *Düfte erkennen.* Der Unterrichtende bringt Duft-Öle mit; die Schüler dürfen einzeln an einer Probe riechen und den Duft – nach einer Pause – einem Gegenstand zuordnen (z.B. Cajeput – Hustenbonbon; Lemongras – Zitrone; Honigöl – Honigglas …).
- *Erlebnisse erinnern*: Die Kinder könnten erzählen, an welches Erlebnis sie ein bestimmter Duft erinnert. Sie könnten ein Bild malen und »ihren« Duft hinzufügen (ein Tröpfchen Duftöl auf einen Lappen geben, auf dem Papier verreiben – hält lange!).

f. Wir feiern ein Fest (ca. 1 Stunde)

In einem kleinen Abschlussfest werden einige Elemente der Unterrichtseinheit spielerisch noch einmal aufgenommen: Es gibt Spekulatius (riechen) und Früchtetee (schmecken gehört auch zu den »Sinnen«) – man singt – macht Stille-Übungen. Man könnte auch die Rainer-Geschichte aus der ersten Stunde noch einmal aufgreifen und anhand der neuen Erfahrungen ergänzen.

Materialien

M 1

Lied: Wir freuen uns an Blumen …

2. Wir freuen uns an Wäldern,
an Bergen und an Seen.
Wir staunen, wir staunen,
was unsere Augen sehn.

3. Wir freuen uns am Spielen,
an Blumen und am Tier.
Wir freuen uns und sagen:
O Gott, wir danken dir!

4. Wir hören viele Dinge,
das macht uns richtig Spaß!
Wir werden auch mal stille,
wie gut, wie gut tut das!

5. Wir können was entdecken
in Gottes schöner Welt;
woll'n alle Sinne wecken,
dass vieles uns gefällt.

M 2

Die Geschichte von Rainer, der sich nicht freuen konnte

Ein Junge, vielleicht so alt wie ihr, vielleicht auch älter, hörte das Lied, das wir eben gesungen haben.
Und er dachte: »So ein Quatsch! Worüber sollte ich mich denn freuen? Es ist doch alles so langweilig. Ich kenne schon alles … es ist doch immer das gleiche, den lieben langen Tag! Und morgen ist es genau so … das weiß ich jetzt schon!«
Und weil er sich so langweilte, dachte er nach, was er tun könnte und wen er um einen Rat fragen könnte.

Da fiel ihm ein: »Da hinten, hinter dem großen Wald, da wohnt doch ein kluger Mann. Viele Leute nennen ihn ›den Zauberer Eulenflug‹. Den will ich besuchen und um Rat fragen.«

Gleich machte Rainer sich auf den Weg. Das war ein weiter Weg durch den Wald. Schön war es dort: Die Vögel zwitscherten, die Blätter rauschten, ein kleiner Bach plätscherte lustig vor sich hin.

Aber Rainer bemerkte das alles gar nicht. Er dachte nur immer: »Wie langweilig ist doch das Leben. Wenn ich doch bloß einmal etwas Interessantes erleben könnte!«

Schließlich kam er zum Haus des Zauberers Eulenflug.

Und er erzählte ihm: »Zauberer Eulenflug, ich finde das Leben so schrecklich langweilig. Es gibt überhaupt nichts Neues und Interessantes. Kannst du mir nicht helfen?«

»Klar kann ich das«, lachte der Zauberer Eulenflug, »ich wäre ja ein schöner Zauberer, wenn ich dir nicht helfen könnte! – Also, pass auf: du gehst wieder heim durch den großen Wald und achtest genau auf das, was dir die Tannenwurzeln erzählen. Und in einer Woche kommst du wieder und erzählst mir, was du gehört hast.«

Rainer war ziemlich enttäuscht: »So ein Trottel, der hat gar nicht verstanden, was ich möchte. Ich will endlich etwas Neues und Interessantes erleben und der faselt von Tannenwurzeln, die mir was erzählen sollen. Ich möchte bloß wissen, warum ich den langen Weg hierher gelaufen bin!«

Verdrießlich machte Rainer sich auf den Heimweg. Das war so weit! Er musste sich erst mal ausruhen.

Er suchte sich ein kühles Plätzchen unter einer hohen, alten Tanne und war bald eingeschlafen.

Auf einmal hörte er im Traum ein leises Klingeln (Triangel) und dann eine Stimme:

Zwei Tannenwurzeln groß und alt
unterhalten sich im Wald.

Was droben in den Wipfeln rauscht,
das wird hier unten ausgetauscht.

Ein altes Eichhorn sitzt dabei
und strickt wohl Strümpfe für die zwei.

Die eine sagt: knig. Die andere sagt: knag.
Das ist genug für einen Tag.

(Christian Morgenstern)

Bald wachte Rainer auf. Verwundert rieb er sich die Augen.
Was war denn das gewesen?
Was hatte er da gehört? Wie war das noch?
»Die eine knig ... die andere knag« ... ob er das wohl hören konnte?
Ganz still war Rainer und er horchte ... tatsächlich, er konnte hören, was die beiden alten Tannenwurzeln sich erzählten.
Und wie er da so still saß und ganz genau horchte, da hörte er noch viel mehr.
»Toll, was man da alles im Wald hören kann«, dachte Rainer, »das ist echt interessant. So was habe ich noch nie erlebt! ... Das macht richtig Spaß!«
Auf einmal fiel ihm der Zauberer Eulenflug wieder ein – und der Rat, den er ihm gegeben hatte (...).
Tatsächlich, jetzt war die Welt auf einmal nicht mehr langweilig, denn Rainer hatte etwas herausgefunden: Wenn man still ist und genau hört, erfährt man viel Neues und Interessantes.«
Nach einer Woche ging er wieder zum Zauberer Eulenflug.
»Nun, wie ist es dir gegangen?« fragte Eulenflug.
Und Rainer erzählte ...

M 3

Dankgebet

Wir beten	*Lieber Gott,* *es gibt so viel Schönes* *zu sehen.* *Ich habe die bunten Blätter* *gesehen* *und den hübschen Stein.* *Darüber freue ich mich.* *Danke Gott.* *Dein(e)*

M 4

Mandala

(Aus: Gerda und Rüdiger Maschwitz, Neue Mandalas. Aus der Mitte wachsen, Kösel Verlag, München 1998)

M 5

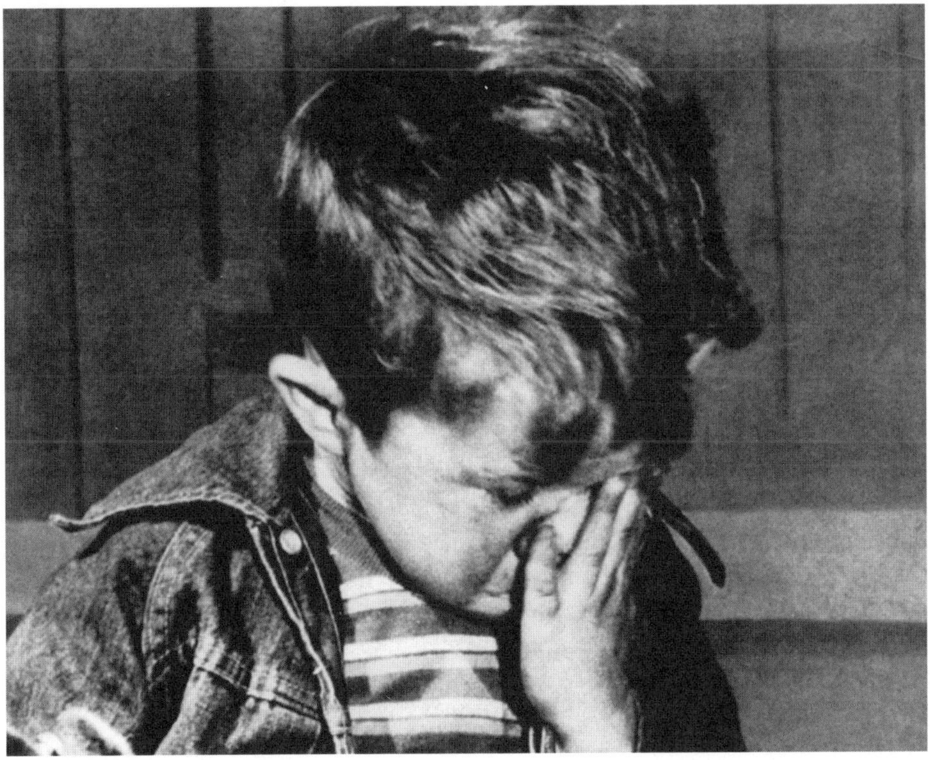

Foto: O. Poss

3.2 Die Situation als Herausforderung erkennen (5./6. Klasse)

Kurzcharakteristik

Inhalt:	Schöpfung
Klassenstufe:	5./6. Klasse
Lernchance:	Gen 1 und 2 im Prozess ihrer Entstehung kennen lernen und ihre Funktion wahrnehmen
Hermeneutisches Konzept:	Ursprungsgeschichtliche Auslegung

ANSATZ

Der Ansatz der Ursprungsgeschichtlichen Auslegung eignet sich besonders gut, um die kritische Dynamik der biblischen Überlieferung in Erfahrung zu bringen; darum wird er häufig angewendet. Er geht davon aus, dass ein Text in der Zeit seiner Entstehung eine bestimmte Funktion wahrgenommen hat, die sich heute rekonstruieren lässt. Der Text wird als Stellungnahme zu Problemen und Konflikten seiner Zeit wahrgenommen. Damit kommen Texte aus der Distanz scheinbar neutraler Berichterstattung heraus und gewinnen geschichtliche Dynamik. Diese Arbeitsweise setzt voraus, dass die geschichtliche Situation, in der ein Bibeltext entstanden ist, in Grundzügen bekannt ist, vor allem im Blick auf die realen Lebensverhältnisse; erst dann kann sie als Herausforderung zur Stellungnahme (»Sprechzeit«) identifiziert werden.

Für die Ursprungsgeschichtliche Bearbeitung von Gen 1 und 2 ist es daher sehr nützlich, wenn wenigstens die frühe Königszeit bereits behandelt worden ist. Der folgende Vorschlag setzt dies voraus und beginnt mit einer Zusammenfassung der geschichtlichen Entwicklung **(M 1)**.

Falls die Schüler in dieser Unterrichtseinheit zum ersten Mal in Kontakt mit der Ursprungsgeschichtlichen Arbeitsweise kommen, müssten einige Grundinformationen und wichtige Begriffe erarbeitet werden. Vor allem lernen sie, dass biblische Texte in bestimmten Situationen als Antworten auf Fragen und Konflikte entstanden sind. Ich schlage als Schlüsselbegriff dafür »Antworttexte« vor. Dieser Begriff ist dann noch einmal nach der jeweiligen geschichtlichen Funktion zu differenzieren, im Fall der Schöpfungstexte etwa nach »Mahnrede« und »Trostrede«.

Die Erschließung der frühen Königszeit und des Exils als »Sprechzeiten« im Unterricht ist verhältnismäßig zeitaufwendig – u.a. weil sie vom Lehrer und den Schülern ein Umdenken im Auslegungsverständnis erfordert. Das Arbeitsergebnis ist jedoch mit dem gerade behandelten Thema keineswegs ausgeschöpft! Ist eine geschichtliche Situation erst einmal als »Sprechzeit« erarbeitet, kann sie als Quellort der verschiedensten biblischen Texte wieder aufgegriffen werden, in diesem Band u.a. in Kapitel 4,7,8 und 9)

Die Arbeitsweise der Ursprungsgeschichtlichen Auslegung im Unterricht entwickele ich exemplarisch anhand der jahwistischen Überlieferung – darum ist dieser Teil differenzierter ausgeführt als der Vorschlag zum priesterschriftlichen Text.

Im Blick auf Gen 2 legt sich nahe, zu den oben (S. 14f) geschilderten drei Problemen und Konflikten noch die Frage nach der Stellung der Frau im Sozialgefüge hinzuzunehmen. Es dürfte ja kein Zufall sein, dass sich Gen 2 und der zur gleichen Zeit entstandene Text Gen 3 relativ ausführlich mit dem Verhältnis von Mann und Frau beschäftigen. Das deutet darauf hin, dass in der frühen Königszeit die bestehende Sozialbeziehung noch nicht verfestigt war und dass in der Tradition nach Legitimationen für bestimmte Verhaltensmuster gesucht wurde. Für das Verständnis des Textes ist wichtig, dass die traditionelle Übersetzung, nach der die Frau dem Mann als »Gehilfin« zugeordnet sei, recht irreführend ist. Der hebräische Begriff meint »Beistand, Hilfe«, so, wie Jahwe für Israel eine (unentbehrliche!) Hilfe ist (z.B. Jes 30,5). Gen 2 weist also Mann und Frau partnerschaftlich einander zu.

Noch eine Anmerkung zur Ausgangslage der Schüler dieser Altersstufe: Der im 19. Jh. aufgekommene Streit zwischen Naturwissenschaft und Theologie über die Gültigkeit des in Gen 1 und 2 beschriebenen biblischen Weltbildes ist sachlich längst überholt. Es besteht weitgehend Einigkeit darüber, dass der Wahrheitsanspruch der biblischen Überlieferung sich nicht an bestimmten geschichtlichen Sichtweisen festmacht. Dennoch ist das Problem wieder hochgespült worden, vor allem durch die »Glaubens«-Forderung bestimmter evangelikaler Gruppen, biblische Texte seien als dokumentarische Beschreibungen historischer Abläufe zu werten. Auch Jugendliche sehen in der Weltbildfrage noch immer ein Kriterium für die Wahrheit der Schrift. Diese Ansicht ist ernst zu nehmen. Der Unterrichtsvorschlag geht auf das Problem in zweifacher Hinsicht ein:

- Er zeigt, dass die Texte in ihrer Grundrichtung nicht auf die Übermittlung von Informationen über Tatsachen zielen, sondern am Beispiel des Bekenntnisses zum Schöpfer ihre Zeitgenossen an ihre Herkunft und Bestimmung erinnern wollen.
- Er macht darauf aufmerksam, dass Gen 1 und 2 sich auf sehr unterschiedliche Weltbilder stützen und dennoch in grundlegenden Aussagen übereinstimmen.

Ausgehend von diesen Beobachtungen kann am Schluss der Unterrichtseinheit sachgemäß besprochen werden, dass die Frage nach dem biblischen Weltbild die Bedeutung der Schöpfungsüberlieferung nicht berührt.

VERLAUF

a. Das Leben in der frühen Königszeit (ca. 2 Stunden)

In diesem Schritt geht es um eine zusammenfassende Wiederholung und Hinführung zur Zeit Sauls und Davids. Gleichzeitig sollen die vier Grundkonflikte geschildert werden:

- die Eroberungspolitik Davids
- das Aufkommen eines »gottgewollten« Königtums
- die problematische Stellung der Frau
- das Aufkommen kanaanäischer Einflüsse im Glauben

In diesem ersten Schritt sollten die Konflikte noch nicht eingehender bearbeitet, sondern nur kurz genannt werden. Die weitere Auseinandersetzung erfolgt dann im zweiten Schritt.
Die Schüler erhalten in vier Gruppen das Material **M 1**: Der erste Teil (A) ist bei allen gleich, der zweite (B) reißt die vier Konflikte an.

b. Vertiefte Auseinandersetzung mit den vier Konflikten (ca. 2 Stunden)

Die vier Gruppen erhalten weiterführendes Informationsmaterial zu ihren Konflikten:

M 2: zur Eroberungspolitik Davids
M 3: zum »gottgewollten« Königtum
M 4: zur Stellung der Frau
M 5: zu Baal

Die Schüler arbeiten das Material selbständig durch und informieren ihre Mitschüler. Als Zusammenfassung könnten sie jeweils aus vorgegebenem Bildmaterial ein Poster gestalten. Ausgangspunkt kann das kleine Symbolbild sein, das **M 2** bis **M 5** jeweils beigegeben ist.

c. Der Jahwist – ein kritischer Mahner (ca. 1 Stunde)

Der Unterrichtende informiert die Schüler, dass man in Israel zur Zeit der ersten Könige damit anfing, die alten Erinnerungen an die Geschichte des Volkes aufzuschreiben. Als einer dieser (unbekannten) Schreiber wird der Jahwist eingeführt. Die Schüler erfahren, dass der Jahwist nicht einfach nur zusammentrug, was an mündlichen Traditionen weiter gegeben wurde, sondern die alten Erinnerungen planvoll gestaltete. Er wollte seine Zeitgenossen nicht zuerst über die Vergangenheit informieren, sondern sie an ihre Herkunft und damit auch an ihre Bestimmung und Aufgabe erinnern. Damit war auch eine Kritik an den Verhältnissen seiner Gegenwart verbunden, weil diese oft nicht mehr der Herkunft und Bestimmung Israels entsprachen. Seine Texte sind »Antworttexte« auf Probleme seiner Zeit. Der Jahwist schrieb seine Erinnerungs-Texte so, dass seine Leser daraus Kritik, Mahnung und Ermutigung zu neuen Verhaltensweisen ablesen konnten.

d. Der jahwistische Schöpfungstext als Mahnrede (ca. 2 Stunden)

Die Schüler erhalten den jahwistischen Schöpfungstext in Auswahl (**M 6**). Die Arbeitsgruppen entsprechen denen aus Punkt a und b. Die Arbeitsaufgaben beziehen sich auf die vier Konflikte. Die Schüler sollen Gen 2 als »Antworttext« auf Probleme und Fragen der frühen Königszeit verstehen.

e. Auswertung (ca. 2 Stunden)

Die Ergebnisse der vier Arbeitsgruppen werden zusammengetragen. Die Schüler können ihre Beobachtungen wieder produktiv gestalten, indem sie die in der dritten Arbeitsphase hergestellten Poster zu den Konflikten der frühen Königszeit jetzt im Sinn der »Mahnrede« aus Gen 2 verändern (vgl. das Beispiel **M 7**).

f. Mögliche Weiterführungen zu Gen 2

Die Lerngruppe könnte den ganzen Text von Gen 2 bearbeiten. Dabei könnten besonders beachtet werden:

- das Weltbild (der Traum des Nomaden vom Paradies!)
- das Motiv des Baums der Erkenntnis.

Denkbar wäre auch eine aktualisierende Weiterführung, etwa unter dem Aspekt: Die Welt als Schalom – Garten für alle! – Ist das nur eine Idylle oder müsste diese Bestimmung eine politische Neuorientierung auslösen?

g. Das Leben im Exil (ca. 2 Stunden)

Analog zu Punkt a wird eine zusammenfassende Hinführung zur Zeit des babylonischen Exils angeboten (ausführlicher in Kapitel 9). Das Material **M 8** gliedert sich – wie **M 1** – in die beiden Teile: A: Kurzbeschreibung der Lebensverhältnisse; B: Ansprechen der beiden Probleme:

- Wo ist Jahwe?
- Kann er uns helfen?

h. Vertiefte Auseinandersetzung mit den Konflikten (ca. 2 Stunden)

Die Klasse teilt sich in verschiedene Gruppen auf, die je eines der beiden Probleme bearbeiten:

- **M 9**: Zur Frage: Wo ist Jahwe?
- **M 10**: Zur Frage: Kann Jahwe uns retten? Oder haben die babylonischen Götter die Macht?

Die Gruppen teilen sich ihre Arbeitsergebnisse mit. Auch hier wäre wieder eine visuelle Zusammenfassung in Form eines Posters möglich.

i. Der priesterschriftliche Schöpfungstext – eine Trostrede im babylonischen Exil (ca. 2 Stunden)

Die Schüler werden noch einmal an den Ansatz der Ursprungsgeschichtlichen Auslegung erinnert, den sie bereits beim jahwistischen Text kennen gelernt haben. Nach der gleichen Methode bearbeiten sie nun einen Auswahltext aus Gen 1 (**M 11**). Sie finden heraus, dass dieser Text nicht die Funktion der Mahnung hat, sondern des Trostes und der Ermutigung.

j. Auswertung (ca. 1 Stunde)

Zusammenfassung und Auswertung wie in Punkt e.

k. Mögliche Weiterführungen zu Gen 1

Auch im Blick auf Gen 1 bietet sich die weiterführende Beschäftigung mit dem ganzen Bibeltext an. Dabei könnten die Schüler das Weltbild beachten, auf das sich dieser Text stützt (Abbildungen der antiken Weltbilder finden sich in jedem Religionsbuch). Im Vergleich mit Gen 2 stellen sie Unterschiede im Weltbild fest, aber sie erkennen auch die gemeinsamen Grundzüge (s.o. S. 17f). Anhand dieser Beobachtungen kann dann auch die Frage nach »Weltbild und Glaube« besprochen werden.

Materialien

M 1

Das Leben in der frühen Königszeit

A[1]

Als die israelitischen Nomaden im versprochenen Land sesshaft geworden waren, fühlten sie sich wie im Paradies: Es gab genug zu essen für alle – Korn und Wein, Milch und Fleisch, Früchte und Olivenöl. Hier waren sie sicher vor Hunger und den Gefahren der Wüste.
Aber dann erfuhren sie, dass es nicht so paradiesisch war, wie sie gehofft hatten. Sie wurden nämlich von Feinden bedrängt.
Da waren die mächtigen Philister in ihren Stadtstaaten an der Mittelmeerküste: Sie hatten ein schlagkräftiges Heer und eine überlegene Rüstung. Im Osten wurden sie von drei Königreichen bedrängt: Edom, Moab und Ammon. Auch sie hatten starke Heere. Und dann gab es noch besonders gefürchtete Feinde: Die Midianiter und Amalekiter. Sie waren räuberische Nomaden, die ihre Raubzüge auf schnellen Kamelen durchführten.
Die Israeliten konnten sich nicht wehren. Schließlich entstand der Wunsch nach einem starken König, wie ihn die Nachbarvölker hatten. Er sollte sie mit seinen Soldaten beschützen.
Der erste König war Saul, der zweite David. Beide waren erfolgreich.
Aber es gab auch Schwierigkeiten in dieser frühen Königszeit. Ihr sollt einige davon kennen lernen:

B 1

König David konnte alle Feinde, die Israel bedrängt hatten, erfolgreich abwehren. Auf die Dauer war ihm das aber nicht genug. Er nutzte jede Gelegenheit, um sein Reich zu erweitern. Er eroberte die Staaten Edom, Moab und Ammon und machte sie zu Teilen des israelitischen Staates.

Manche Israeliten freuten sich darüber. Es gab aber auch viele, die sich darüber aufregten. Sie sagten: »Das passt nicht zu unserer Geschichte. Wir haben in Ägypten selbst erlebt, wie schrecklich Unterdrückung ist. Jahwe hat uns befreit und beschützt. Dürfen wir denn jetzt Eroberer und Unterdrücker sein?«

[1] Diesen Text als ersten Teil auf alle Arbeitsblätter drucken!

B 2

David war ein sehr erfolgreicher und beliebter König. Er hatte viel Macht bekommen und nutzte sie auch aus. Manchmal benahm er sich so, als ob er sich alles erlauben könnte.
Darüber regten sich viele auf und sagten: »Sind wir denn wieder in Ägypten? – Gibt es jetzt bei uns auch einen Pharao?«

B 3

Die Frauen hatten keine besonders gute Stellung in der Gesellschaft. Sie hatten nicht die gleichen Rechte wie die Männer – sie hatten nicht viel zu sagen.
Viele hielten das für selbstverständlich, aber manche (besonders Frauen!) regten sich auch darüber auf und sagten: »Das passt nicht zu unserer Geschichte von Jahwe, der uns doch alle befreit hat! Da sollen auch nicht unsere Männer über uns herrschen!«

B 4

Die Israeliten waren Bauern geworden und freuten sich über die Fruchtbarkeit des Landes.
Die Kanaanäer, die auch noch im Land waren, sagten zu ihnen: »Für die Fruchtbarkeit ist unser Gott Baal zuständig. Jahwe könnt ihr jetzt vergessen.«
Manchen Israeliten leuchtete das ein, aber viele regten sich darüber auf und sagten: »Das passt nicht zu unserer Geschichte! Jahwe hat uns gerettet und beschützt. Er ist auch jetzt für uns da, wir müssen uns nach ihm richten.«

M 2

David – ein Sieger und Eroberer

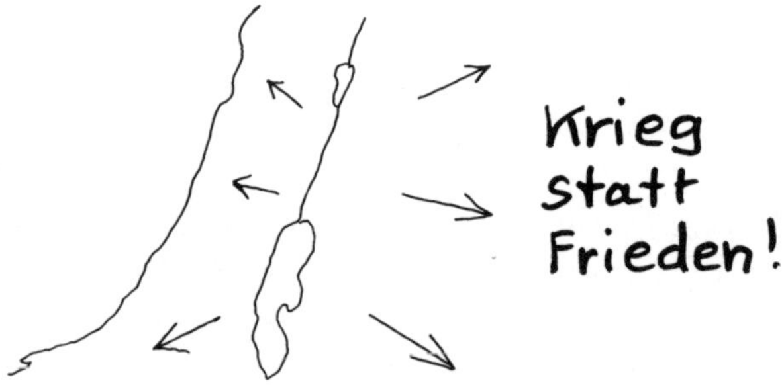

König David hatte große Erfolge im Kampf gegen die Nachbarvölker Israels. Zunächst ließ er von seinen Soldaten Jerusalem erobern (2. Sam 5,6–9). Jerusalem war noch eine kanaanäische Stadt, die die Israeliten bis dahin nicht einnehmen konnten. Erst David glückte das. Deshalb hieß Jerusalem auch »die Davidsstadt«. Sie wurde die neue Hauptstadt des Königreichs.
Dann besiegte David die Philister. Er konnte ihr Gebiet zwar nicht erobern, aber er

schlug sie so vernichtend, dass sie Israel nie wieder angriffen. – Schließlich konnte David alle Nachbarstaaten unterwerfen, vor allem die drei Königreiche im Osten des Landes.
Zeichne in eine Karte ein, wie Israel vor der Königszeit von den Nachbarvölkern bedrängt wurde und wie das große Reich dann aussah, das David durch seine Eroberungen geschaffen hatte.

M 3

(Hier kann das Informationsblatt zum altorientalischen Königtum aus Kapitel 7 (S. 225) verwendet werden.)
Eine Kurzfassung:
Bei Israels Nachbarvölkern war der König der wichtigste Mann, z.B. in Ägypten: Das Volk bekam Segen und Lebenskraft von den Göttern nur durch den Pharao. Man stelle sich sogar vor, dass der Pharao selbst ein Gott war.
Den Menschen konnte es nur gut gehen, wenn es dem König gut ging. Darum gehörte ihm alles, er konnte sich eigentlich alles erlauben.

M 4

So lebten Frauen im alten Israel

Schon in der frühen Königszeit gab es grundlegende Verhaltensregeln (»Gebote«). Eines davon lautete:
»Du sollst nicht versuchen, das Eigentum deines Mitmenschen in deinen Besitz zu bringen: Weder sein Haus noch seine Frau, weder seinen Sklaven noch seine Sklavin, auch nicht sein Rind oder seinen Esel oder irgend etwas, das ihm gehört!«

Einige weitere Bibelstellen verdeutlichen diese Information:

- *»Als Urias Frau hörte, dass ihr Mann Uria tot sei, hielt sie die Totenklage um ihren Herrn (Besitzer)«.*
- Der Mann hatte für seine Frau deren Vater einen Brautpreis bezahlt; gewöhnlich waren das etwa 30 Silberstücke (die nannte man Schekel). Zum Vergleich: für 2 Schekel konnte man einen Schafbock kaufen.

M 5

Diese Geschichte von BAAL haben sich die Kanaanäer erzählt

Von den Göttern Kanaans ist BAAL der stärkste. Er ist ein mächtiger Kämpfer. Er hat zum Beispiel das gewaltige siebenköpfige Meer-Ungeheuer Leviathan geschlagen, das die Welt bedrohte.
BAAL bestimmt das Wetter: ob es regnet oder die Sonne scheint oder ob ein Unwetter tobt.
Aber BAAL hat noch kein eigenes Haus. Schließlich kommt es dazu, dass er einen gewaltigen und prächtigen Palast im Himmel bekommt. Dabei hilft ihm Anat, seine Frau. Der Palast wird mit einem großen Fest eingeweiht, an dem alle Götter teilnehmen.

BAAL ist jetzt mächtig. Ihm geht es gut.
BAAL hat einen starken Gegner: MOT, den Gott der Unterwelt.
Dieser sendet BAAL eine Botschaft: Er soll sich MOT unterwerfen und zu ihm in die Unterwelt, das Reich des Todes, kommen. Er lässt ihm sagen:

Auf, steige hinab in den Rachen des MOT!
Durch mein Maul soll BAAL niedersteigen,
wenn die Ölbeeren reif sind,
die Frucht der Erde und die Frucht der Bäume!

Tatsächlich verliert BAAL den Mut. Er gibt sich geschlagen und steigt zu MOT in die Unterwelt.
BAAL geht es jetzt schlecht. Wie tot liegt er da.
Nachdem BAAL, der mächtige Gott, von seinem Gegner MOT besiegt und in der Unterwelt gefangen gehalten wurde, sucht ANAT, seine Frau, überall nach ihm und trauert um ihn. Sie bekommt neue Kraft durch das Blut der Opfer, die die Menschen bringen.
Sie steigt hinab in die Unterwelt und bittet MOT, dass er BAAL freigibt.
Als MOT sich weigert, kämpft ANAT mit ihm und besiegt ihn.
BAAL kann wieder in seinen himmlischen Palast zurück.
ANAT jubelt:

O! Sieh! Es lebt der starke BAAL
Der Himmel regnete Fett,
die Bäche sprudelten Honig,
und ich sah, dass Baal lebte.

Baal ist für die Kanaanäer wichtig, weil sie glauben, dass von seinem Schicksal der Lauf des Jahres und damit auch das Wachstum abhängt: geht es Baal schlecht, ist die Erde vertrocknet, nichts gedeiht; geht es ihm gut, fällt der Leben spendende Regen. Man kann sich das an einer Zeichnung klar machen:

M 6

Als Jahwe Gott
Erde und Himmel machte,
war zuerst noch kein Gesträuch auf der Erde
und noch kein Kraut des Feldes gewachsen.
Denn Jahwe Gott hatte noch nicht auf die Erde regnen lassen.
Da stieg ein Wasserschwall von der Erde auf
und tränkte das ganze Erdreich.
Da formte Jahwe Gott den Menschen aus Staub vom Erdboden
und hauchte in seine Nase Lebensatem;
so wurde der Mensch ein lebendes Wesen.
Und Jahwe Gott pflanzte einen Garten in Eden im Osten
und setzte den Menschen, den er geformt hatte, dorthin,
um den Garten Eden zu bebauen und zu bewahren.
Und Jahwe Gott dachte:
Es ist nicht gut, dass der Mensch allein (auf sich gestellt) ist;
ich will ihm eine Hilfe machen, die ihm entspricht.
Da ließ Jahwe Gott einen Tiefschlaf auf den Menschen fallen,
dass er einschlief.
Und er entnahm eine seiner Rippen und schloss die Stelle mit Fleisch zu.
Und Jahwe Gott baute die Rippe,
die er genommen hatte, zur Frau.

Sucht bitte den Abschnitt aus dem Text heraus, der zu Eurem Thema passt!
Warum schreibt der Jahwist seinen Text wohl genau so?

M 7

Beispiel für die Zusammenstellung der Abbildungen zu den vier Konflikten

M 8

A
Lange nach der Zeit der ersten Könige ging es den Israeliten sehr schlecht. Die Babylonier, ein mächtiges Volk aus dem Zweistromland, hatten sie besiegt und die meisten Israeliten nach Babylonien verschleppt, wo sie in Gefangenschaft leben mussten. Zwar waren sie nicht eingekerkert und konnten sich ziemlich frei bewegen, aber sie waren eben doch gezwungen, fern von ihrer Heimat in einem fremden Land und unter fremden Herren zu leben.

B1
Eines der größten Probleme, mit denen die Israeliten im babylonischen Exil zu kämpfen hatten, war die Frage, wo sie Gott finden konnten.
Sie waren vom Tempel in Jerusalem getrennt, wo sie sich bisher mit Jahwe verbunden gefühlt hatten. In Babylonien hatten sie nur noch ihre Priester, die ihnen von Jahwe erzählten.

B2
Ein großes Problem für die Israeliten im babylonischen Exil war die Überzeugung, dass nicht nur der König von Babylon den König von Israel besiegt hatte, sondern dass damit auch Marduk, der Gott Babylons Jahwe, den Gott Israels, überwältigt hatte.
So fragten viele Israeliten: Hat Jahwe überhaupt noch die Macht, uns zu helfen und zu befreien?
Oder müssen wir jetzt zu Marduk beten, zu Schamasch und Sin, den mächtigen Göttern der Sonne und des Mondes?

M 9

Der Tempel

Der König Salomo, Davids Sohn, hatte in Jerusalem einen Tempel für Jahwe gebaut. Welche Vorstellungen und Hoffnungen die Israeliten mit dem Tempel verbunden haben, kann man aus den folgenden Texten ablesen:

Bei der Einweihung betete der König Salomo:

> *(Jahwe) Lass deine Augen offen stehen über diesem Haus Tag und Nacht,*
> *über der Stätte, von der du gesagt hast: da soll mein Name sein (1. Kön 8,29)*

Wo Jahwe wohnt, da ist Schutz und Sicherheit. Das kommt im folgenden Lied zum Ausdruck:

> *Gott ist unsere Zuversicht und Stärke,*
> *eine Hilfe in den großen Nöten, die uns getroffen haben.*
> *Darum fürchten wir uns nicht,*
> *auch wenn die Welt unterginge.*
> *Dennoch soll die Stadt Gottes fröhlich bleiben …*
> *Gott ist bei ihr drinnen, darum wird sie fest bleiben.*
> *(Aus Ps 46)*

Aber viele Israeliten haben diesen Schutz auch falsch verstanden. Darum warnte sie der Prophet Jeremia im Namen Gottes. Das geschah kurz vor dem babylonischen Exil. Jeremia sagte:

> *So spricht Jahwe: Bessert euer Verhalten und euer Tun, dann will ich bei euch wohnen an diesem Ort. Vertraut nicht auf die trügerischen Worte: Hier ist Jahwes Tempel … Ich werde mit dem Haus, über dem mein Name ausgerufen ist, verfahren wie mit Silo (d.h. ihn zerstören).*
> *(Aus Jer 7)*

M 10

Die Götter Babylons

Vgl. **M 1** S. 130f

M 11

Der Schöpfungstext der Priesterschrift – Fragen

1
Was sagt der Text darüber, auf welche Weise Jahwe wirkt?
Sucht bitte den Abschnitt aus dem Text heraus, der dazu passt.
Warum schreibt die Priesterschrift ihren Text wohl genau so?

2
Der Text enthält Anspielungen auf babylonische Götter, vor allem die Astralgottheiten.
Sucht bitte den Abschnitt aus dem Text heraus, der dazu passt.
Warum schreibt die Priesterschrift ihren Text wohl genau so?

3.3 Geschichtliche Verantwortung wahrnehmen (9./10. Klasse)

Kurzcharakteristik

Inhalt:	Verantwortung für die Schöpfung
Klassenstufe:	9./10. Klasse
Lernchance:	Durch Analyse geschichtlicher Fehldeutungen ein eigenes Verständnis des Schöpfungsauftrags gewinnen
Hermeneutisches Konzept:	Kritische Wirkungsgeschichte

Ansatz

Zu den Grundproblemen von Umweltpolitik und Umweltethik gehört die Frage nach den Einstellungs- und Handlungsmustern, die umweltschädliches Verhalten auslösen; denn es ist wenig sinnvoll, die Erscheinungen zu bekämpfen, wenn sich damit nicht der Versuch verbindet, die Ursachen aufzudecken. »Mit dem Fortschritt im Umweltschutz muss eine breite Bewusstseinsveränderung in unserem Verhältnis zur Natur und zum Mitmenschen einhergehen«, notiert Ernst von Weizsäcker.
Immer wieder wird für umweltfeindliche Einstellungen auch das Christentum verantwortlich gemacht, genauer: die Bestimmungen aus Gen 1,26 und 28, die traditionell als *Dominium Terrae* (»Herrschaft über die Erde«) bezeichnet werden.

Zwei Denkmodelle lassen sich beobachten. Einmal wird erklärt, Unterwerfung und Ausbeutung der Schöpfung leiteten sich unmittelbar aus der biblischen Überlieferung her. Ein charakteristisches Beispiel bietet der abgedruckte Text von Kade (**M 1**, zitiert nach Altner, 1977, S. 56; dort auch weitere Beispiele). – Ein zweiter Typ der Auseinandersetzung findet sich bei C. Amery (1972. Vgl. **M 2**). Auch er geht vom Dominium Terrae aus, erkennt aber durchaus dessen Missbrauch (Sünde). Dieser aber ist aufgehoben in den Gnadenzusagen und Verheißungen Gottes. Gerade die Verheißung jedoch feuert jenes Streben des Menschen nach totaler Herrschaft an, dessen tödliche Auswirkungen in der Geschichte Amery zeigen will.
Ohne Zweifel gibt es diese unheilvolle Geschichte. Strittig ist aber, ob diese sich zwangsläufig aus dem Dominium Terrae ergibt – so die Ansicht von Kade, Amery und anderen Kritikern – oder ob es sich um eine Geschichte der Missverständnisse und des Missbrauchs der biblischen Weisungen handelt.
Eine sachgemäße Interpretation der biblischen Überlieferung zeigt, dass sie keineswegs ausbeutendes und zerstörendes Handeln legitimiert (vgl. die Hinweise zu Punkt c. im Verlauf), sondern dass sie in der Praxisgeschichte (siehe dazu unten)verzerrt und verdreht worden ist.
Der Unterrichtsvorschlag setzt sich zum Ziel, die Schüler in die Diskussion einzuführen und zu eigener sachgemäßer Stellungnahme zu befähigen.

Der Unterrichtsverlauf gliedert sich in vier Schritte:
a. Beschäftigung mit den kritischen Stellungnahmen von Kade und Amery
b. Überprüfung der Praxisgeschichte des Dominium Terrae an ausgewählten Beispielen. Dabei ist ausdrücklich das historische Versagen des Christentums gegenüber der Schöpfung zu thematisieren
c. Prüfung der biblischen Überlieferung
d. Formulierung alternativer Einstellungen im Sinne der biblischen Weisungen

Diese Unterrichtsplanung kann mit Hilfe eines *wirkungsgeschichtlichen Ansatzes* eingelöst werden. Was bedeutet das?
Die Wirkungsgeschichtliche Auslegung verfolgt die Spur eines Textes durch die nach-biblische Geschichte bis in die Gegenwart. Dabei soll nicht in erster Linie die theologisch-reflektierende Auseinandersetzung mit dem Text in Kommentaren usw. (»Auslegungsgeschichte«) verfolgt werden, sondern eher seine »*Praxisgeschichte*«. Leitfrage ist: Wer hat den Text in welcher Situation mit welcher Absicht verwendet? Diese Frage hat auch immer einen ideologiekritischen Aspekt, unter dem sich die Frage zuspitzt: Wozu wurden Bibeltexte benutzt bzw. missbraucht?
Ein solcher wirkungsgeschichtlich-ideologiekritischer Ansatz leitet die im zweiten Schritt geplante Rückfrage nach dem Verständnis des Dominium Terrae in der Geschichte. Diese Erinnerung wird zum Bekenntnis führen müssen, dass das Chris-

tentum in der Vergangenheit versagt hat. Erst auf dem Hintergrund dieses Eingeständnisses wird heutiges Eintreten für die Bewahrung der Schöpfung glaubwürdig.

VERLAUF

a. Zerstörung der Natur: Christen auf der Anklagebank (ca. 1 Stunde)

Die Schüler erhalten die beiden Texte von Kade und Amery (**M 1**).
Anhand der Fragen arbeiten sie als zentrale These der Autoren heraus: Im Christentum ist die Tendenz zum zerstörerischen Herrentum wesensmäßig angelegt. Christsein heißt: Zerstörer der Umwelt sein.
Der Lerngruppe wird als weiteres Programm vorgeschlagen, zunächst an ausgewählten Beispielen zu prüfen, ob sich solche zerstörerischen Tendenzen in der Geschichte des Christentums belegen lassen, und dann die biblische Überlieferung selbst im Blick auf ihre Sicht des Dominium Terrae zu untersuchen.

b. Beispiele aus der Christentumsgeschichte (ca. 4 Stunden)

Ich habe aus der Christentumsgeschichte Beispiele ausgewählt, an denen spezifische Einstellungen zu Natur und (Um-)Welt erkennbar sind (**M 2**). Dabei ist besonders interessant, dass offenbar technologischer und/oder ökonomischer Fortschritt jeweils auch analoge Schübe in der Theologie auslöste: In der Epoche des mittelalterlichen Technologie-Aufschwungs im 11. und 12. Jh. entwarf der Mönch Hugo von St. Viktor seine Idee der Wiedereinsetzung in die Gottebenbildlichkeit durch das Tun des Menschen. Diese Vorstellung wird dann bei Francis Bacon am Beginn des 17. Jh.s ausgearbeitet – wiederum in einer Epoche starker politisch-ökonomischer Dynamik und eines Fortschritts-Optimismus. Hier kommt es zu einer Umkehrung der in der Bibel gegebenen Reihenfolge: Nach Gen 1 wird dem Menschen das Dominium Terrae aufgrund der ihm verliehenen Gottebenbildlichkeit zugesprochen. Nach Bacon erkämpft er die Ebenbildlichkeit durch Herrschaft über die Natur.
Die bekannte Unterscheidung von Descartes zwischen »res cogitans« und »res extensa« muss hier außer Betracht bleiben. Nach Descartes ist nur der Mensch ein »denkendes Wesen« mit eigener Lebensqualität, während die außermenschliche Natur nichts anderes ist als »res extensa«, eine »ausgedehnte Sache«, die der Mensch bearbeitet. Wegen des relativ schwierigen Gedankengangs kann im Rahmen dieses Entwurfs für die 9./10. Klasse auf Descartes nicht weiter eingegangen werden, obwohl seine Thesen ohne Zweifel die besitzergreifende, ja ausbeuterische Einstellung gegenüber der Natur stark gefördert haben.

Zwei Beispiele aus der neueren Geschichte runden die Zusammenstellung von **M 2** ab: Schleiermacher (1799) versteigt sich zu der Behauptung, dass der Mensch kraft der Technik sich zum »Gott der Erde« erheben könne. Hanns Lilje stellt die Technik in den Glanz der Schöpfung (1928). An diesen Texten sollen die Schüler dreierlei lernen:

- Die biblische Schöpfungsüberlieferung ist in der Christentumsgeschichte unterschiedlich ausgelegt worden.
- Dabei waren nicht nur (in erster Linie) theologische Gesichtspunkte leitend, sondern das jeweilige Verständnis wurde von herrschenden politischen, wirtschaftlichen und technischen Normen beeinflusst.
- Die christliche Wirkungsgeschichte des Dominium Terrae hat ein unterwerfendes, aggressives Verhältnis zur Natur gefördert.

Vermutlich wird dieser geschichtliche Durchgang die Schüler verunsichern, weil die Auslegung biblischer Überlieferung scheinbar ins Belieben von Interessengruppen gestellt ist.
Darum ist wichtig, dass in einem nächsten Schritt (c) gezeigt wird, dass sich demgegenüber in der Bibel selbst Grundlinien des Bekenntnisses zum Schöpfer zeigen, die klare Perspektiven des Verhältnisses von Gott, Mensch und Natur umreißen (vgl. dazu insgesamt die Darstellung der »Grundbescheide« in Band 1, S. 436ff; Band 2, S. 76ff).

c. Zum Verständnis des Schöpfungsauftrags (ca. 4 Stunden)

In diesem Schritt sollen die Schüler die Thesen von Kade und Amery am biblischen Befund selbst überprüfen. In **M 3** sind einige Materialien zusammengestellt, an denen die Schüler erarbeiten können, dass das biblische Dominium Terrae letztlich von der Bestimmung »bebauen und bewahren« aus Gen 2,15 her verstanden werden muss. Damit erweist sich die Praxisgeschichte des »Schöpfungsauftrags« als eine Geschichte des Missverstehens und des Missbrauchs. Sie beginnt schon im biblischen Zeitalter (vgl. **M 3,** Punkt 4).

d. Konsequenzen

Zum Abschluss dieser Einheit können die Schüler darüber nachdenken, welche Brennpunkte und »Dringlichkeiten« für heutige christliche Weltverantwortung sich aus den erarbeiteten biblischen Grundlinien ergeben. Die Ergebnisse wären dann in Form eines thematischen Unterrichtsvorhabens weiter zu führen.

Beispiele:
- aggressive oder schonende Energiepolitik
- Gentechnologie
- Tierversuche

Materialien

M 1

Wer ist für die Zerstörung der Umwelt verantwortlich? – Stellungnahmen

Bei der Diskussion über Umweltpolitik und praktisches Unweltverhalten wird immer auch die Frage nach den geistigen Ursachen aufgeworfen: Welche Grundhaltungen beeinflussen die Menschen? Nach welchen Wertvorstellungen richten sie sich?
Die beiden folgenden Texte vertreten eine sehr kritische Meinung über die Rolle des Christentums im Blick auf die Umwelt.

1.
»Die hierarchische Ordnung der Welt, die im Buche Genesis entworfen wird, zeigt den Menschen als Ebenbild Gottes, dem die Herrschaft über die belebte und unbelebte Natur überantwortet wird. Der Mensch war aufgerufen, sich die Erde untertan zu machen, er war der Herr der Erde, die Natur sein Untertan. Im anthropozentrischen Weltbild des abendländischen Christentums wird mehr als ein bloßer Dualismus zwischen Mensch und Natur propagiert: Gottes Wille geschieht erst, wenn der Mensch die Natur für seine eigenen Ziele ausbeutet. Damit war die Idee der unbegrenzten Herrschaft des Menschen über die Schöpfung begründet.«

(Gerhard Kade: Ökonomische und gesellschaftstheoretische Aspekte des Umweltschutzes. In: Gewerkschaftliche Monatshefte, Heft 9/1971, S. 5f)

2.
»Erstens – Der Mensch wird an einem eigenen Schöpfungstag gebildet, und zwar nach Gottes Bild und Gleichnis. Wie groß immer der Abstand zwischen höheren Wirbeltieren und Insekten, zwischen Primaten und anderen Säugetieren sein mag, wie geringfügig sich die physiologischen Unterschiede innerhalb der Primatenarten im Vergleich dazu ausnehmen mögen: Dem Menschen allein ist Gottesebenbildlichkeit zugeschrieben. Keinem anderen Lebewesen, auch nicht der gesamten Harmonie des Kosmos wird dies Privileg eingeräumt. … Das gilt bis heute. Es gilt auch für den eingefleischten Materialisten, der ganz physiologisch über die Entstehung unserer Art

denkt. Er so wenig wie der Gläubige haben sich der Überzeugung entledigt, dass der Mensch in Theorie und Praxis der Kulminationspunkt ist: er ist telos, Ende und Ziel des Weltgeschehens.
Zweitens – Jedem Zweifel über diese absolute und totale Überlegenheit steht Gottes Auftrag entgegen. Es ist der ausdrückliche Auftrag der totalen Herrschaft. Der Mensch wird gerufen, diese Erde zu erfüllen, sie sich untertan zu machen … Es ist ihm völlig freigestellt, wie er diesen Auftrag vollzieht. Sonne und Mond sind Beleuchtungskörper, sonst nichts; Rohstoffe, Fauna und Flora sind ein Arsenal, über das er frei verfügt, sind Jagdterrain und Ernteacker.

(Carl Amery: Das Ende der Vorsehung. Die gnadenlosen Folgen des Christentums. Reinbek: Rowohlt 1972, S. 15ff)

1. *Welche Meinung über die Rolle des Christentums im Blick auf die Umwelt haben die beiden Autoren?*
2. *Aus welchem biblischen Zusammenhang leiten die beiden Texte ihre Meinung ab?*
3. *Welches sind die zentralen Begriffe in den beiden Texten?*
4. *Wie argumentieren die beiden Autoren?*

M 2

Beispiele aus der Geschichte des Christentums

In den ersten Jahrhunderten des Christentums beschäftigte man sich vor allem mit dem Problem, dass der Mensch durch den Sündenfall seine Gottebenbildlichkeit und damit auch den Herrschaftsauftrag verloren habe.

1.
Erst im 11./12. Jh. kam neue Bewegung in das Verständnis des Herrschaftsauftrags. So schrieb beispielsweise um 1120 der Mönch Hugo von St. Viktor, dass der Mensch nach seiner Überzeugung die Gottebenbildlichkeit wieder erlangen könne:

Menschliches Wissen und Können hat das Ziel, »dass als Ergebnis die menschliche Wiedereinsetzung zur Seligkeit und der Liebe Gottes herauskommt« (nach Liedke, S. 66).

2.
Etwa 400 Jahre später schreibt der Reformator Johannes Calvin zum »Schöpfungsauftrag«:

»... dass die Herrschaft nicht Adam allein, sondern auch allen seinen Nachkommen verliehen wurde. Dazu ist also die ganze Schöpfung bestimmt, dass es dem Menschengeschlecht an seines Lebens Bedürfnis und Annehmlichkeit nichts fehlen soll ... nichts fehlt, was zu einem behaglichen und glücklichen Leben erforderlich ist.«

3.
Auch der englische Philosoph Francis Bacon hat über den Zusammenhang von menschlichem Fortschritt und »Schöpfungsauftrag« nachgedacht. Er schreibt im Jahre 1603, dass der Mensch durch den Sündenfall nicht nur die Herrschaft über die Natur verloren habe, sondern auch die Fähigkeit der Naturerkenntnis. Er kann aber beides wiedergewinnen; diese

»restitution of man to the sovereignty and power ... which he had in his first state of creation« muss (und kann!) er erarbeiten »with labour, as well in inventing as in executing«.

4.
Im Jahre 1799 schrieb der Theologe Friedrich Schleiermacher:

»Jetzt seufzen Millionen von Menschen aller Geschlechter und aller Stände unter dem Druck mechanischer und unwürdiger Arbeiten ... Es gibt kein größeres Hindernis der Religion als dieses, dass wir unsere eigenen Sklaven sein müssen; denn ein Sklave ist jeder, der etwas verrichten muss, was durch tote Kräfte sollte bewirkt werden können. Das hoffen wir von der Vollendung der Wissenschaften und Künste, dass sie uns diese toten Kräfte werden dienstbar machen, dass sie die körperliche Welt und alles von der geistigen, was sich regieren lässt, in einen Feenpalast verwandeln werden, wo der Gott der Erde nur ein Zauberwort auszusprechen, nur eine Feder zu drücken braucht, wenn geschehen soll, was er gebeut« (nach: Liedke, 1983, S. 69).

5.
Und in unserem Jahrhundert (1928) meinte der Theologe Hanns Lilje:

»Jenes alte Bibelwort ›Machet euch die Erde untertan!‹, der Befehl Gottes an die ersten Menschen, der aller menschlichen Tätigkeit ihre hohe Würde und Gottähnlichkeit verleiht, wird nirgends wörtlicher erfüllt als in der Technik. Darum liegt, wie auf aller menschlichen Arbeit, so auf der Technik im Besonderen ein Glanz des ersten Schöpfungsmorgens, und je bewusster dieser Zusammenhang mit der Schöpfung und Ordnung Gottes gesehen wird, umso strahlender und verheißender wird das Licht, das über diesem menschlichen Tun liegt. Technische Arbeit hat darin ihre unauslöschliche Würde, dass sie Anteil an der Schöpfungstätigkeit Gottes und Fortsetzung seines Tuns ist.« (nach: Liedke).

6.
Auch Kindern wurde eine bestimmte Sicht des »Schöpfungsauftrags« vermittelt. In einem Handbuch für Religionslehrer (Unterrichtsvorbereitung für die 5./6. Klasse) aus dem Jahr 1912 heißt es:

»Noch einen Vorzug sollte der Mensch vor den Tieren haben; diesen anderen Vorzug nannte Gott mit den Worten: »die da herrschen über die Fische im Meer, über die Vögel unter dem Himmel, über das Vieh und die ganze Erde«. Wie können wir daher den Menschen nennen, weil er herrschen sollte (Herrscher). Worüber sollte er der Herrscher sein; Erstens? – Zweitens? – Drittens? – Viertens? – Was gibt's denn auf der Erde noch, worüber der Mensch herrschen soll? (Gras, Kraut, Bäume, Steine, Wasser, Wind usw.) Weist mir nach, wie der Mensch über das alles herrscht!«

(Aus: Bauer/Reukauf, Präparationen für den Evangelischen Religionsunterricht. Band 4. Leipzig 1912, S. 10)

1. *Alle Texte lassen ein bestimmtes Bild von der Stellung des Menschen in der Welt/Natur/Schöpfung erkennen. Beschreibe es bitte.*
2. *Welche Bedeutung hat die Welt/Natur/Schöpfung für den Menschen in den einzelnen Texten? Wie soll er dementsprechend mit ihr umgehen?*
3. *Für das Verständnis der Texte ist wichtig, in welcher Zeit und unter welchen Lebensumständen sie entstanden sind. Dazu einige Informationen:*
   Zu Text 1: Im 11./12. Jh. gab es eine Phase technischer Erfindungen und grundlegender Neuerungen, vor allem in der Landwirtschaft. Sie ermöglichten eine intensivere und wirtschaftlich ergiebigere Ausnutzung des Bodens, förderten aber auch die Aufteilung in Groß- und Kleinbauern.
   Text 2 und 3 gehören in die geschichtliche Epoche der Entdeckungen und Eroberungen, vor allem in Amerika. Die Europäer beherrschten jetzt den größten Teil der Erde; aber es gab auch viele, denen diese Entdeckungen große Nachteile brachten, vor allem den »Eingeborenen«.
   Zu Text 4–6: Im 19. Jh. gab es die »industrielle Revolution«, den Übergang ins Zeitalter der Maschinen und der industriellen Produktion. Sie brachte große technische und wirtschaftliche Fortschritte mit sich, es kam aber auch zur Verelendung der Arbeiterschaft.
   Überlege, wie die jeweilige Auslegung des »Schöpfungsauftrags« und die technisch-wirtschaftlichen Verhältnisse zusammenhängen.
4. *Für wen waren diese Auslegungen günstig? Welche Bedeutung hatten sie für diese Gruppen? – Für wen waren sie ungünstig? Welche Bedeutung hatten sie für diese Menschen?*

M 3

Zur Bedeutung des »Schöpfungsauftrags« in der Bibel

Der »Schöpfungsauftrag« steht in Gen 1,26–28. Er gehört in den Zusammenhang eines größeren Textes (Gen 1,1 bis Gen 2,4a). Dieser Text entstand im 6. Jh. v. Chr. und zählt zu den jüngsten Äußerungen des Alten Testaments zur Schöpfung.
Wesentlich älter ist der andere Text über die Erschaffung der Welt und des Menschen in Gen 2,4b–25. Er entstand rund 400 Jahre vorher.
Der »Schöpfungsauftrag« ist nicht aus sich selbst heraus zu interpretieren, sondern muss im Zusammenhang mit anderen Aussagen des Alten Testaments verstanden werden. Vier Aussagen sind besonders wichtig:

1. Der Mensch steht nicht außerhalb der geschaffenen Welt, sondern ist Teil von ihr

Das kann man u. a. aus folgenden Stellen erkennen:

> *»alles Fleisch, das Lebensatem in sich hat, soll vertilgt werden; alles, was auf der Erde ist, soll sterben« (Gen 6,17).*
>
> *»Wenn der Regenbogen in den Wolken steht, will ich ihn ansehen, um an den ewigen Bund zwischen Gott und allen Lebewesen auf der Erde zu denken. Und Gott sprach zu Noah: Dies ist das Zeichen des Bundes, den ich aufrichte zwischen mir und allem Fleisch, das auf Erden ist« (Gen 9,16–17).*
>
> *»Da bildete Gott, der Herr, den Menschen aus Erde ...« Da bildete Gott der Herr aus Erde alle Tiere ... » (Gen 2,7 und 19).*
>
> *Wenn Gott »seinen Geist zurücknähme und seinen Atem an sich zöge – sterben müsste alles, was leb zum Staub kehrte der Mensch zurück« (Hiob 34,14–15).*

2. Der Mensch soll über die Erde herrschen als »Ebenbild Gottes«

Damit ist der Maßstab für das »Herrschen« angegeben: Die Menschen sollen wie Gott selbst mit der Welt umgehen.

Lies dazu (Ps 104)
- *Welches Verständnis des »Herrschens« ergibt sich aus diesem Text?*
- *An welchen Wörtern lässt sich das besonders gut ablesen?*
  Die Bibel nennt den Zustand der Harmonie und des Friedens für alle Lebewesen, den dieser Text zur Sprache bringt, Schalom.

3. Die Herrschaft des Menschen über die Welt ist sicher auch daran zu messen, wie ein gerechter König sein Volk regiert

Lies dazu Ps 72
- *Welche Verhaltensweisen des Königs werden besonders hervorgehoben?*
- *Wie sollte der Mensch dementsprechend über die Erde »herrschen«?*

Auch der ältere Schöpfungstext in Gen 2 macht eine Aussage über die Stellung und Aufgabe des Menschen in der Welt.

Lies bitte: Gen 2,15
Diese Bestimmung gehört sicher auch zum Verständnis des später aufgeschriebenen »Schöpfungsauftrags« in Gen 1,26–28.

4. Der Mensch ist Sünder, er hat das Schalom Gottes verloren

Die Bibel erzählt auch, wie die Menschen immer wieder den Schöpfungsauftrag vergaßen und meinten, dass sie sich alles erlauben konnten. Sie kamen sich vor wie Gott selbst. Die Bibel nennt das »Sünde«. Damit geht der *Schalom* verloren. Beispiel: Ursprünglich ist dem Menschen nur pflanzliche Nahrung bestimmt (Gen 1,29). Erst nachdem der Mensch sich von Gott und seinem Auftrag lossagt, ist die friedliche Harmonie zwischen Menschen und Tieren zerstört, jetzt dienen auch die Tiere als Nahrungsmittel (Gen 9,1–3).

Kapitel 2: Urgeschichten

1 Theologische Erwägungen

1.1 Zum Verständnis der Urgeschichten

Als »Urgeschichten« werden die ersten elf Kapitel der Bibel bezeichnet. Da Gen 1 und 2 bereits unter dem Thema »Schöpfung« besprochen wurden, werde ich die Texte für die Unterrichtsvorschläge den Kapiteln 3–11 entnehmen.

Das schwierigste Hindernis, das sich vor einem produktiven Verständnis der Urgeschichten aufbaut, ist wohl die Anschauung, dass diese Texte authentische Berichte über die Frühgeschichte der Menschheit bieten wollten. Solche Missverständnisse sind bei Schülern durchaus verbreitet und werden auch durch kirchliche Gruppen genährt, die die Wahrheit der Bibel an der buchstäblichen Richtigkeit der überlieferten Sachverhalte festmachen.

Ein sachgemäßes Verständnis wird sich dann öffnen, wenn man begreift, dass die Urgeschichten nicht berichten wollen, was einmal war, sondern dass sie erzählend reflektieren, was immer wieder geschieht. Sie wollen grundlegende Einsichten und Erfahrungen deuten. Deshalb trifft die Bezeichnung »grundlegende Geschichten« (oder abgekürzt: »Grundgeschichten«) sie vielleicht deutlicher als der Ausdruck »Urgeschichten«. Trotz der möglichen Missverständnisse bleibe ich aber beim gewohnten Begriff.

Die Urgeschichten sind den beiden großen Pentateuch-Quellen J und P zuzuordnen. (In der folgenden Übersicht werden größere Textabschnitte, in denen die beiden Quellenschriften dicht miteinander verflochten sind, mit * gekennzeichnet).

Dem Jahwisten werden zugeschrieben:

Gen 2,4b–25	Die Schöpfung
Gen 3,1–24	Fall und Vertreibung aus dem Paradies
Gen 4,1–26	Kain und Abel; Stammbaum der Kainiten
Gen 6,1–4	Die Engelehen
Gen 6,5–8	Prolog vor der Sintflut
Gen *7;8	Die Sintflut
Gen 9,18–29	Noahs Fluch und Segen

Der Priesterschrift werden zugerechnet:

Gen 1,1–2,4a	Die Schöpfung
Gen 5,1–32	Der Stammbaum der Ur-Väter bis Noah
Gen *6–8	Die Sintflut
Gen 9,1–17	Der Bund Gottes mit Noah
Gen *10	Die Völkertafel

Gen *10	Die Völkertafel	Gen 11,10ff	Der Stammbaum der Ur-Väter von Sem bis Abraham
Gen 11,1–9	Der Turmbau zu Babel		

Trotz der großen sachlichen und zeitlichen Differenz zwischen den beiden Quellensträngen (J ist im 11./10. Jh. v. Chr. anzusiedeln, P im 6./5. Jh. v. Chr.) lassen sich einige charakteristische gemeinsame Merkmale benennen, die für die Interpretation der Urgeschichten wichtig sind:

- Sie sind keine informative, sondern »performative« Texte, d.h. sie verstehen sich als absichtsvoll gestaltete An-Rede an die Hörer/Leser der Entstehungszeiten.
- Sie nehmen indirekt zu Erfahrungen und Konflikten ihrer Zeitgenossen Stellung.
- Sie thematisieren aber auch (darüber hinaus) Grunderfahrungen und setzen sich im Glauben mit ihnen auseinander.
- Als anthropologische Basis-Aussage formulieren beide Quellenschriften: Die Menschen nehmen die Heilstaten Jahwes nicht mit Vertrauen und Dank wahr, sondern sagen sich immer wieder von Gott los, übertreten die gesetzten Grenzen und wollen eigenmächtig selbst die Herren sein. Die Bibel nennt das Sünde. Die Urgeschichten erzählen, wie die Sünde immer stärker wird und schließlich die Menschen in den Untergang reißt.

Diese nur stichwortartig notierten Grundzüge sollen bei der Besprechung der ausgewählten Texte noch etwas entfaltet werden.

1.2 Zu den ausgewählten Texten (Gen 3;4;6–8)

Ich habe aus Gen 3–11 drei Texte ausgewählt:

- Der Fall und die Vertreibung aus dem Paradies (Gen 3)
- Kain und Abel (Gen 4)
- Die Sintflut (Gen 6–8)

Ich werde keine ausgeführten Exegesen vorlegen, sondern mich auf einige Erwägungen zum Verständnis dieser Erzählungen aus dem Zusammenhang der Urgeschichten beschränken. Dabei soll es vor allem um die Intentionen dieser Abschnitte gehen.
Die beiden ersten Erzählungen sind dem Jahwisten zuzurechnen. In der Sintflut-Geschichte sind J und P miteinander verflochten.

Gen 3 und 4 sind eng aufeinander bezogen. Das zeigt sich u.a. in dem streng parallel geführten Aufbau der beiden Erzählungen:

	Gen 3 Verse	Gen 4 Verse
Vergehen	6	8
Verhör	9–13	9–10
Fluchspruch	(14.15) 16–19	11–12
Abmilderung des Urteils	vgl. 2,17 mit 3,16–19	13–15
Verlust des guten Lebensraums	23	12.16

Viele Ausleger zählen die beiden Texte zum Typ der »Erzählungen von Schuld und Strafe«, die in den Urgeschichten stark vertreten seien (außer Gen 3 und 4 bei J noch 6,1–4 und die Sintflut-Erzählung). Diese Erzählungen gingen alle davon aus, dass die Ur-Menschen (und damit alle Menschen!) immer wieder Schuld auf sich lüden und damit Gottes Zorn und strafendes Handeln auf sich zögen.

Zweifellos sind diese Erzählungen so gebaut, dass ein gegen den Willen Gottes gerichtetes Tun der Menschen schwerwiegende Folgen für sie auslöst. Aber es scheint nicht besonders plausibel, sie mit dem Schuld-Strafe-Schema zu charakterisieren.

Dagegen spricht zunächst einmal eine Sichtweise des alttestamentlichen Befunds, die Gerhard von Rad besonders betont hat (von Rad, 1987, S. 278 f u.ö.). Im landläufigen Verständnis bezeichnet »Sünde« einen Tatbestand, der festgestellt, bewertet und geahndet wird. Gott erscheint dann als derjenige, der bestimmte Gebote bzw. Verbote erlässt. Wer dagegen verstößt, vergeht sich gegen den Gesetzgeber und tastet dessen Ehre an, darum muss er bestraft werden. Von Rad hebt demgegenüber hervor, dass der Mensch mit dem bösen Tun in eine »schicksalwirkende Tatsphäre« gerät. Unrecht öffnet dem Unheil Tor und Tür. Der kleine Dialog zwischen Jahwe und Kain in Gen 4 bringt das beispielsweise in der Anschauung zur Sprache, dass »die Sünde vor der Tür lauert« und wartet, dass sie den verschlingt, der ihr Raum gibt (Gen 4,7). Insgesamt drückt das Alte Testament diese enge Verflechtung von Schuld und Schicksal darin aus, dass sie für »Sünde« und »Strafe« nur einen Begriff kennt (‘awon). Natürlich kann ein antiker Mensch diesen Zusammenhang nur so ausdrücken, dass er Gott als Urheber des Unheils (an-)erkennt. Aber es ist sicher verfehlt, Jahwe als »Rache-Gott« auszugeben, der jeden mit blinder Rache verfolgt, der seine Ehre anzutasten wagt. Am besten überprüfen wir diese These einmal anhand der Erzählungen der Urgeschichten.

In Gen 3 besteht die Verfehlung darin, dass die Ur-Menschen selbst bestimmen wollen, was gut und böse ist. »Gut und Böse« bezeichnet keinen Zuwachs an theoretischem Wissen, sondern die Festlegung dessen, was dem Leben förderlich oder schädlich ist. Wo der Mensch dies eigenmächtig in die Hand nimmt und sich nicht mehr an der Weisung Jahwes (Tora) orientiert, verspielt er das gute Leben in der Gemeinschaft (Schalom), das ihm zugedacht ist. Der Text zeigt sehr deutlich, wie sich dieser Verlust auswirkt. Es geht ein Riss durch alle Beziehungen der Menschen: Die Beziehung zu Gott, zu den Mitmenschen, zur Mit-Schöpfung ist gestört.

Es ist höchst bedeutsam, dass in diesem Text der Begriff »Sünde« nicht fällt! – Im traditionellen Verständnis kommt »Sünde« in der Urgeschichte im Sündenfall ins Spiel (Gen 3), dem Ungehorsam des Menschen (wobei sich auch immer Sünde mit Sexualität verbindet!). Der Jahwist aber führt den Begriff der Sünde erst in Kapitel 4 ein: Die tötende Gewalt ist der Sündenfall! Allerdings hat das schuldhafte Verhalten wohl in Gen 4 die gleiche inhaltliche Qualität wie im vorhergehenden Kapitel: Sünde heißt letztlich Gott nicht Gott sein lassen, sich selbst nehmen, was allein ihm zukommt. Dies ergibt sich nicht nur aus der engen formalen Analogie beider Kapitel, sondern auch aus einer inhaltlichen Beobachtung: Kain maßt sich das Recht über das Leben des Bruders an und nimmt damit für sich in Anspruch, was dem Menschen nicht zusteht!

In den weiteren Kapiteln seiner Urgeschichte zeigt nun der Jahwist, wie das Böse sich rasch verbreitet – wie ein Ölfeld auf dem Wasser. In der eigenartigen Geschichte von den »Engelehen« (Gen 6,1–4), beginnt der Mensch, die Grenzen zwischen dem ihm zugewiesenen Lebensraum und der Welt Gottes niederzureißen – bis der Allmachtswahn schließlich zur Erhebung der Menschheit gegen ihren Schöpfer führt (Gen 11,1–9).

Gen 3–11 zeigt, welche Folgen die Sünde hat: Mit jedem Mal geht ein Stück Lebensqualität verloren. Letztlich ist es der Mensch selbst, der den Lebensraum unbewohnbar macht. Das ist wohl der Sinn der Bemerkung, die die Priesterschrift an den Anfang der Sintflutgeschichte stellt:

Die ganze Erde ist voll von Gewalttat von den Menschen her (Gen 6,13; es ist hochbedeutsam, dass P hier den Begriff »Gewalttat« verwendet. Für ihn ist Sünde – wie in Gen 4 bei J – vornehmlich brutale Gewalt, die das menschliche Zusammenleben zerstört).

Wo (sündhafte) Gewalt übermächtig wird, haben die Menschen keinen Lebens-Raum mehr. Die radikalste Form hat diese Anschauung in der Sintfluterzählung gefunden. Sie ist deutlich als Gegen-Text zur Schöpfung erzählt: Der Mensch wird nicht mehr – wie in der Schöpfungserzählung – vor den Chaosfluten bewahrt, sondern ihnen preisgegeben. Solche Anti-Schöpfungstexte finden sich auch an anderer Stelle im Alten und Neuen Testament (vgl. die Hinweise in Kapitel 1).

So spricht der Textbefund dagegen, ein Schuld-Strafe-Schema an die Urgeschichten heranzutragen. Besser wird den Texten die biblische Vorstellung des *Zusammenhangs von Schuld und Schicksal* gerecht. – Diese muss allerdings noch gegen weitere mögliche Missverständnisse geschützt werden.

Keineswegs ist die Verflechtung von Tun und Ergehen im Leben des einzelnen

Menschen als ein Mechanismus aufzufassen, der eindeutig zu interpretieren ist. Diese Erfahrung hat Israel schon sehr früh gemacht: Die Psalmen sind voll von Klagen, dass es dem frommen Menschen nicht so gut geht, wie er es nach seinem Lebenswandel erwarten könnte (z.B. Ps 73). Und Jesus wendet sich scharf gegen das Vor-Urteil, dass ein kranker Mensch sicher auch ein sündiger sein müsse (Joh 9,2f).

Eher ist die Verklammerung von Schuld und Schicksal im Blick auf das Zusammenleben als Denkanstoß zu begreifen; es ist nach Ursachen misslingenden oder beschädigten Lebens zu fragen und nach Wegen aus der Gefahr zu suchen.

Gegen das Schuld-Strafe Schema spricht nicht nur der Textbefund, sondern auch das biblische Gottesbild. Gott erscheint hier nicht als Despot, der seine Geschöpfe im Staub sehen will, Seinem unerforschlichen Willen blind ergeben. Sondern schon die Schöpfung ist eine Tat der Liebe, die Bestimmung des Menschen gemäß dem Willen Gottes ist Schalom, Glück und Gerechtigkeit in der Gemeinschaft. Dafür empfängt der Mensch den Segen. Wenn er den Willen Gottes verfehlt, verfehlt er sich selbst und das Glück, das Gott ihm zugedacht hat. Letztlich ist Sünde nichts als Dummheit, so beschreibt es die ganze biblische Weisheitsliteratur, beispielsweise Ps 1. Die Ehre Gottes, die der Mensch immer wieder verletzt, nimmt Maß am Heil der Menschen:

Nicht uns, Herr, nicht uns,
sondern deinem Namen schaffe Ehre,
um deiner Gnade und deiner Treue willen.
Warum sollen die Heiden sagen:
Wo ist denn ihr Gott?
(Ps 115,1f).

Wohin zielt nun solche Rede von der Sünde, wie die Verfasser der Urgeschichte sie vertreten?

Einen wichtigen Hinweis gibt Gen 4,7. Jahwe sagt zu Kain, als die Eskalation der Aggression sich abzeichnet:

Zur Tür hin lagert die Sünde,
und auf dich geht ihre Gier,
du aber sollst über sie herrschen.

Dieser Spruch hat diagnostische und therapeutische Funktion: er deckt auf, dass die Sünde der tötenden Gewalt »auf dem Sprung« ist, ihn zu überwältigen; zugleich spricht er Kain die Fähigkeit zu, die Sünde (sich selbst) zu beherrschen.

Diagnose und Therapie – dies sehe ich als Grundfunktionen der Rede von der Sünde in den Urgeschichten an, sie ist kritisch-prophetische Mahnrede, Ruf zur Umkehr.

Diese Intention ist wohl typisch für das Gesamtwerk des Jahwisten (vgl. dazu Kapitel 1, S. 14ff in diesem Band). Gerade in der Zeit der ersten Könige, in der er seine Texte vermutlich aufschrieb, ist die Sünde der tötenden Gewalt allgegenwärtig: Saul, David und Salomo schützten nicht nur das versprochene Land gegen Angriffe äußerer Feinde, sondern richteten ein stehendes Heer mit wachsenden Ansprüchen ein. Es gab eine Metropole mit einem Hofstaat, der unterhalten werden musste. Die Zentralgewalt, die auf Dauer die alten Sippen- und Stammesstrukturen zerschlug, war sicher nicht ohne Widerstand durchzusetzen. Anstelle der Solidargemeinschaft der freien Bürger entwickelte sich immer mehr eine in Herrscher und Beherrschte, in Mächtige und Untertanen gespaltene Gesellschaft. In seiner Ausgestaltung der Urgeschichten hielt der Jahwist seinen Zeitgenossen den Spiegel vor und warnte sie. Man kann sich vorstellen, dass er die Folgen der Militarisierung und der Durchsetzung zentraler staatlicher Gewalt recht drastisch vor Augen hatte: Neid trat an die Stelle von Solidarität, Angst an die Stelle von Vertrauen. Eben dies sind die Symptome der Lebenskrise, die der Jahwist an Kain beschreibt. Seine Botschaft: Achtet auf die Zeichen der Zeit! Erwägt das Schicksal Kains, der aus dem guten Lebensraum hinaus musste! Kehrt um zu einer besseren Lebensrichtung – ihr könnt es!
Später nahmen die Propheten diesen Ruf zur Umkehr auf (s.u. Kapitel 8). Und auch die Priesterschrift hatte bei der Gestaltung ihrer Urgeschichten die Sünde der Gewalt vor Augen (s.o. den Hinweis zu Gen 6,13).
Es wird deutlich, dass sich die Texte der Urgeschichten nicht mit relativ beliebigen historischen Erscheinungen auseinander setzten, sondern mit immer wiederkehrenden Gefährdungen und Krisen, eben mit Ur-Erfahrungen.

2 Didaktische Erwägungen

Drei Intentionen verfolgen die hier vorgelegten Unterrichtsvorschläge:

a. Ur-Geschichten sind grundlegende (Grund-) Geschichten

Diese Intention ist die Basis aller Zugangswege zu Gen 3–11 und wird deshalb in allen Praxisvorschlägen angestrebt. Die Schüler sollen lernen, dass diese Geschichten grundlegende Erfahrungen der Menschen mit sich, mit der Welt und mit Gott zur Sprache bringen, die auch heute neue Erfahrungen stimulieren wollen.

b. Viele Urgeschichten sind als prophetische Mahnreden zu verstehen

Der oben skizzierte Zusammenhang von Unrecht (»Sünde«) und Unheil kann die Urgeschichten für die Gegenwart plausibel erschließen. Denn auch schon jüngere Kinder erleben die Gefährdung und Zerstörung ihrer Lebenswelt ganz unmittelbar und können auch lernen, nach den Ursachen zu fragen und Wege aus der Gefahr zu suchen.

Diesen Ansatz verfolgen die Vorschläge für die 2./3. Klasse und für die 5./6. Klasse:

- *Machen wir unsere Welt kaputt? (2./3. Klasse)*
- *Kain und Abel – Gewalt zerstört Leben. (5./6. Klasse)*

c. Urgeschichten sind kritisch im Blick auf ihre Gebrauchsgeschichte zu befragen

Da die Urgeschichten Grundaussagen über Gott, Welt und Mensch enthalten, sind sie immer wieder zur Begründung und Legitimation bestimmter theologischer, anthropologischer und/oder politischer Anschauungen und Ziele beansprucht worden. Die Auslegung muss besonders wachsam darauf achten, ob dabei Missverstehen oder sogar Missbrauch im Spiel waren (sind).

Als Untersuchungsinstrument bietet sich die kritische Wirkungsgeschichtliche Analyse an. Sie wird im Unterrichtsvorschlag für die 8./9. Klasse zum Zug kommen.

Einführende Literatur

G. von Rad, Theologie des Alten Testaments. Band 1. 1987

H. Busslinger-Simmen u.a., Urgeschichten. 1985

3 Unterrichtsvorschläge

3.1 Machen wir unsere Welt kaputt? (2./3. Klasse)

Kurzcharakteristik

Inhalt:	Bewahren der Schöpfung
Klassenstufe:	2./3. Klasse
Lernchance:	Durch die Sintfluterzählung sensibel werden für die Zerstörung der Umwelt und für die eigene Verantwortung
Hermeneutisches Konzept:	Verfremdung

Ansatz

Diesem Vorschlag liegt die biblische Sintflut-Erzählung (Gen 6–9) zugrunde. Für diese Planung ist die Differenzierung nach jahwistischer und priesterschriftlicher Quelle nicht notwendig. Es kommt darauf an, den Zusammenhang von Tun und Ergehen, den ich im vorigen Abschnitt als Grundzug der Urgeschichten entwickelt habe, für ein kritisches Verständnis der eigenen Lebensverhältnisse produktiv aufzugreifen.
Der Vorschlag bietet keine ausgeführte Unterrichtseinheit, sondern einen Baustein von etwa 5–6 Stunden, der im Rahmen verschiedener Themen verwendet werden kann, z.B. »Schöpfung«, »Wir in Gottes Welt« u.a.
Als Leitmedium wähle ich eine Karikatur, die sich im Verlauf des Unterrichts erst aus ihren einzelnen Elementen aufbaut. Das Stichwort »Verfremdung« trifft also in doppelter Weise zu: Das Medium, das den Bibeltext verfremdet, ist seinerseits einem Verformungsprozess ausgesetzt.

Verlauf

a. Müllflut (ca. 2 Stunden)

Der Unterrichtende bringt eine Zeitungsmeldung mit, die das Stichwort »Müllflut« enthält (Beispiel: **M 1**). Die Lerngruppe könnte sich anregen lassen, zur nächsten Stunde Bildmaterial zum Thema mitzubringen, das sie in einer Collage verarbeitet.
Die Zusammenarbeit mit dem Sachunterricht wäre sehr nützlich, um die Überlegungen durch Informationen zu vertiefen.
Auf jeden Fall sollte die Redewendung »Müllflut ... im Abfall ertrinken« konkretisiert werden. Die Schüler tragen zusammen, wie die Müllflut auf die Dauer Leben unmöglich macht (Vergiftung von Luft und Wasser, Zerstörung der Landschaft ...).

b. Noah träumt von der großen Flut (ca. 1 Stunde)

Jetzt wird der erste Teil der Nacherzählung von Gen 6–9 vorgelesen (erzählt). Ich biete einen Vorschlag unter **M 2 ff** an, der auf die Intentionen des Unterrichtsbausteins zugeschnitten ist.
Die Schüler könnten schon nach dem ersten Abschnitt überlegen, welcher Zusammenhang zwischen der Müll-Flut und der großen Flut-Welle besteht (das Leben wird unmöglich, die Menschen sind selbst für den Untergang verantwortlich ...). Die Erzählung regt durch den Hinweis auf den Garten eine Erinnerung an

den »Schöpfungsauftrag« an: Die Menschen sollen die Erde »bebauen und bewahren« (Gen 2,15). Das ist Gottes Gebot. Wo die Menschen diesen Auftrag vergessen oder missachten, gefährden sie das gute Leben.
Diese Überlegungen sollten jedenfalls nach dem Abschluss von **M 2** angestellt werden.
Die erste Version der Karikatur (**M 3** – als Overhead-Folie möglichst neben die Collage in gleicher Größe projizieren!) soll die Überlegung anstoßen, welche »Arche« angesichts der drohenden Müll-Katastrophe denkbar wäre.

c. Wer wird gerettet? (ca. 2 Stunden)

Der zweite Teil der Noah-Erzählung (**M 4**) wird vorgelesen. Die Kinder erfahren, dass nicht alle Menschen aus dem Untergang gerettet werden, sondern nur wenige. Sie betrachten dann die zweite Version der Karikatur (**M 5** – Projektion wie oben). Sie entdecken, dass die Menschen auf der Arche fehlen.

d. Gibt es eine Rettung für die Menschen? (ca. 2 Stunden)

Jetzt wird die Karikatur vollständig angeboten (**M 6**). Die Schüler betrachten die Karikatur und tauschen ihre Gedanken aus: Was bedeutet das dumme Gesicht der Menschen? – Wie ist die abwehrende Hand zu deuten? – Wer könnte dahinter stecken? – Wie könnte man sich in der Wirklichkeit vorstellen, dass das menschliche Leben untergeht, die Natur als Ganzes aber überlebt?
Diese Überlegungen könnten noch einmal in einer Umgestaltung der Karikatur konkretisiert werden: die Menschen versinken in der selbst geschaffenen Sintflut (**M 7**).
Abschließend liest der Unterrichtende den letzten Teil der Noah-Erzählung vor (**M 8**). Die Schüler sollen erfahren, dass Jahwe das Leben will. Ausrichtung an seiner Weisung bedeutet auch Hoffnung für das Leben in der Gegenwart.
Die Schüler besprechen, wie sich der Auftrag die Erde zu »bebauen und zu bewahren« heute praktisch auswirken könnte. Vielleicht ergibt sich ein gemeinsames Projekt mit dem Sachunterricht.
Unter Umständen könnten die Schüler in die Collage mit der Müllflut mehrere »Archen« einkleben, die jeweils mit praktischen Vorschlägen zum »Bebauen und Bewahren« beschriftet sind.

MATERIALIEN

M 1

Eine Zeitungsmeldung

Müllflut wird immer bedrohlicher!

In seiner letzten Sitzung hat der Stadtrat über die Beseitigung des Mülls in unserer Stadt beraten. Der Bürgermeister sagte: »Die Menschen produzieren immer mehr Abfall. Die Müllmengen schwellen an wie eine Flut. Manchmal denke ich, dass wir noch im Abfall ertrinken.«
Es gab heiße Diskussionen im Stadtrat – über die Ursachen der »Müllflut« und über Möglichkeiten, damit fertig zu werden.

M 2

Noah hat Angst

Vor langer Zeit lebte ein Mann mit Namen Noah. Niemand weiß, wann das war und wo das war.
Noah war ein Mann, der versuchte, gut zu den Menschen und zu den Tieren zu sein. Er sagte immer: »So will es Jahwe, unser Gott. Er hat uns geboten, dass wir die Erde in Ordnung halten sollen – wie man einen Garten ordentlich bestellt.«
Aber bei den anderen Menschen war es nicht so. Da gab es viel Neid und Streit, sie quälten ihre Tiere, oft töteten sie sich gegenseitig. Kein Mensch erinnerte sich an Jahwes Gebot – außer Noah und seine Familie.
Eines Nachts hatte Noah einen schrecklichen Traum: Er sah, wie Bosheit und Gemeinheit sich immer mehr ausbreiteten. Es kam ihm so vor, als ob eine riesige Flut-Welle aus Neid, Quälerei und Mord immer höher wurde … und schließlich alles Leben unter sich begrub.
Am nächsten Morgen wachte er voller Unruhe auf. Er erzählte seiner Frau von dem Traum – aber sie konnte gar nicht begreifen, was er meinte.
Noah aber konnte seinen Traum nicht mehr vergessen, jeden Tag musste er daran denken. Immer wieder sah er die riesige Welle vor sich, und er dachte: Ob das wohl ein Zeichen von Gott ist, dass diese ganze Welt voller Bosheit untergehen muss? Vielleicht kommt eines Tages wirklich eine schreckliche Flut-Welle, die alles Leben unter sich begräbt.

Wer kann da entkommen? –
Immer stärker wurde die Angst in Noah. Er wusste: die Flut kommt. Gibt es keine Rettung?
Eines Tages kam ihm die Idee – es war wie eine Erleuchtung: er musste ein Schiff bauen, das konnte die Menschen vor der Flut retten.
Aber nur die Menschen? Wo sollten die Tiere bleiben – die Ochsen und Esel, die Ameisen und die Löwen, die Schildkröten und die Elefanten … und all die anderen? Ein Paar von allen Tieren musste auch mit in das Rettungsschiff.
Und Noah nahm sich vor, ein Schiff zu bauen – so groß, dass Noah, seine Familie und die vielen Tiere darauf Platz hatten.
Als Noah anfing, das Schiff zu bauen, blieben die Leute stehen und staunten. Viele sagten: »So etwas Verrücktes haben wir noch nie gesehen – ein riesiges Schiff mitten auf dem trockenen Land! Wo soll denn das schwimmen? Noah hat den Verstand verloren.«
Aber Noah sagte: »Wartet nur ab! Das Schiff ist ein Arche, die soll uns vor der großen Flut retten.«

M 3

M 4

Wie ging es nun weiter mit Noah und seiner Arche?

Es wurde immer schlimmer mit der Bosheit der Menschen – sie hatten Jahwe und sein Gebot ganz und gar vergessen.
Und tatsächlich kam die Flut! Eines Tages fing es an zu regnen – und es hörte nicht wieder auf! Das Wasser stieg immer höher, die Menschen bekamen immer mehr Angst.
Noah ging mit seiner Familie in die Arche und vergaß auch die Tiere nicht. Mehr Lebewesen hatten keinen Platz auf dem großen Schiff. Das war sehr traurig für Noah, für seine Frau und seine Kinder: Sie mussten viele Freunde in der Gefahr zurücklassen.

M 5

M 6

M 7

M 8

Ein Versprechen

Viele Tage blieb Noah mit seiner Familie und den Tieren in der Arche. Schließlich hörte der Regen auf und das Land trocknete wieder. Sie konnten aus der Arche aussteigen – alle waren froh, dass sie wieder festen Boden unter den Füßen hatten.
Alles war noch voll Schlamm … da gab es viel Arbeit.
»Oh, schaut nur – was ist das für ein wunderbares Bild!« rief auf einmal eines von Noahs Kindern. Alle schauten von ihrer Arbeit auf und staunten: Ein wunderbarer, farbiger Bogen spannte sich von einem Ende der Erde zum anderen. Die Menschen hatten noch nie einen Regenbogen gesehen: »Noah, weißt du, was das bedeutet?«
Noah sagte: Ich denke, der Bogen ist eine Brücke. Sie verbindet die Menschen mit Gott – dann werden sie ihn nicht so leicht vergessen. Und sie verbindet die Menschen untereinander, damit es Frieden und nicht Streit gibt und alle sich gut verstehen. Ich glaube, der Bogen ist ein Zeichen, das Gott uns gibt, ein Versprechen, dass es nie wieder etwas so Schreckliches geben soll.

3.2 Kain und Abel – Gewalt zerstört Leben (5./6. Klasse)

Kurzcharakteristik	
Inhalt:	Der Brudermord
Klassenstufe:	5./6. Klasse
Lernchance:	Die destruktiven Folgen von Gewalt kennenlernen
Hermeneutisches Konzept:	Ursprungsgeschichtliche Auslegung

Ansatz

Zunächst einmal fällt das ätiologische Interesse der Erzählung ins Auge: eine Ätiologie versucht, auffällige Erscheinungen der Gegenwart aus Ereignissen der Vergangenheit verständlich zu machen. In Gen 4 ist es das »Kainszeichen«, das Aufmerksamkeit erregt. In der frühen Königszeit hielten sich die nomadischen Gruppen der »Keniter« am Rand des Kulturlandes auf. Sie waren früher mit den israelitischen Stämmen verbunden gewesen, hatten den Prozess der Sesshaftwerdung aber nicht mitgemacht. Offenbar fielen sie durch eine bestimmte Tätowierung auf. Gen 4 erklärt diese merkwürdigen Beobachtungen so, dass Kain, der Stammvater der Keniter, ursprünglich eng zu Jahwe und seinen Leuten gehörte, aber wegen einer schuldhaften Verfehlung aus dem guten Land vertrieben worden sei. Die Tätowierung sei ein von Jahwe verliehenes Schutzzeichen.

Das ätiologische Interesse des Jahwisten geht offenbar noch viel tiefer: Der ganze Text ist so stark vom Problem der tötenden Gewalt geprägt, dass eine intensive Auseinandersetzung des Autors mit Erfahrungen seiner Zeit vermutet werden muss. Mit solchen Beobachtungen und Überlegungen beschäftigt sich die Ursprungsgeschichtliche Auslegung (s.o.).

Gen 4,1–16 ist dem Werk des Jahwisten zuzuordnen, also in der frühen Königszeit entstanden. Die Erzählung gehört zu den »Sprechzeiten« der alttestamentlichen Zeit.

Vier Grundzüge jener Epoche hatte ich schon in Kapitel 1 im Zusammenhang der Ursprungsgeschichtlichen Auslegung der Schöpfungstexte entwickelt (vgl. S. 13ff)

- Aufkommen von Nationalismus und Imperialismus
- Aufkommen »gottgewollter Herrschaft«
- Aufkommen kanaanäischer Einflüsse im Glauben
- Auseinandersetzung mit der sozialen Stellung der Frau.

Gen 4 konzentriert sich, wie gesagt, auf die Frage der Gewalt.
Gewalt dominierte die Epoche der ersten Könige Israels. Nach außen hin hatte David Israel mit militärischer Gewalt zur vorherrschenden Macht der Region emporgebracht. – Nach innen wurden die alten Stammesstrukturen immer stärker von den Grundmustern einer Militär- und Verwaltungsbürokratie verdrängt: aus den freien Bürgern wurden Untertanen. Diese Entwicklungen gingen nicht ohne Widerstände und gewaltsame Konflikte ab (vgl. dazu oben S. 13f)
Offenbar war Gewalt nicht nur in militärischen und sozialen Prozessen leitend, sie bestimmte als Leitwert auch das Lebensgefühl vieler Menschen. Besonders deutlich zeigt sich das an den bekannten Hymnen auf die rivalisierenden Herrscher:

Saul hat seine Tausende erschlagen,
David aber seine Zehntausende (1. Sam 18,7; 1. Sam 29,5);

Sicher hat auch eine Rolle gespielt, dass die für viele Israeliten verführerische Baals-Religion ein Macht-Kult war. Baldermann (1983, v.a. S. 78ff) hat einleuchtend gezeigt, dass Baal eine Sicherheit symbolisiert, die auf Gewalt basiert.
So ist der Text Gen 4,1–16 als prophetische Warnung vor der Faszination der Gewalt zu verstehen, die Leben zerstört und den Menschen letztlich ins Boden-lose stürzen lässt.
Ich habe für die unterrichtliche Erschließung des Textes den Ursprungsgeschichtlichen Ansatz aus folgenden Gründen gewählt:

- Die »Sprechzeit« frühe Königszeit ist besonders ergiebig.
- Da die Erschließung einer Ursprungssituation als »Sprechzeit« verhältnismäßig aufwendig ist, sollte sie mehrfach genutzt werden. Ich gehe deshalb davon aus, dass die in Kapitel 1 skizzierte Unterrichtseinheit zum Thema »Schöpfung« in der Klasse bereits durchgeführt wurde. Sollte das nicht der Fall sein, können die dort angebotenen Materialien als Vorspann zur Bearbeitung der Kain-Abel-Erzählung herangezogen werden.
- Die Gewalt-Problematik wird in Gen 4 besonders eindringlich ausgearbeitet. Ursachen und Folgen kommen zur Sprache, und der kleine lehrhafte Exkurs in V. 6–7 gibt Anlass, über eigene Möglichkeiten der Beherrschung der Gewalt-Sünde nachzudenken.

VERLAUF

a. Die frühe Königszeit als »Sprechzeit« (ca. 2 Stunden)

Die Zeit der ersten Könige wird als Ursprungssituation für die Produktion kritisch-prophetischer Texte (Jahwist) erschlossen (Wiederholung oder Neueinführung. Vgl. Kapitel 1 in diesem Band).

b. Leben wir denn in der Kains-Zeit? Beschäftigung mit einer Szene (ca. 2 Stunden)

Die Schüler lesen die Szene (**M 1**) mit verteilten Rollen. Sie sollten sich durchaus von der Vorlage lösen und frei spielen. Der Unterrichtende müsste nur darauf achten, dass die wichtigsten Motive deutlich herauskommen:

- Von den freien Bürgern zu Untertanen
- Entstehung von »Klassen«
- Angst und Misstrauen machen sich breit
- Rückgriff auf »Freiheit« als Jahwes Ziel für alle
- Ahnung des Zusammenhangs von Unrecht und Unheil
- Rückgriff auf die Überlieferung

Diese Grundzüge könnten gemeinsam herausgearbeitet und festgehalten werden (Poster).
Es bietet sich an, die erkannten Merkmale auf dem Poster zu visualisieren. Beispiele:

- Der König thront über den »Untertanen«
- Großer/kleiner Geldsack
- Menschen diesseits und jenseits einer Mauer
- Symbol einer aufgesprengten Kette
- Mensch mit Denkblase, die ein Bild vom Durchzug durch das Schilfmeer enthält
- Über einem Krieger schwebt ein riesiges Schwert

c. Auslegung von Gen 4,1–16 als Antwortgeschichte (ca. 2 Stunden)

Die Auslegung sollte produktiv geschehen, d.h. die Schüler versuchen, die von Mirjam angestoßene Verknüpfung der Erzählung mit der Situation der Israeliten in der Zeit Salomos als Gespräch der Beteiligten auszuführen. Abschließend könnten die Ergebnisse noch einmal zusammengefasst werden, indem die Schüler der Situationsbeschreibung aus dem Poster die »Antworten« der Erzählung gegenüberstellen.

Vielleicht bietet sich eine Weiterführung in der Form an, dass die Lerngruppe eine analoge Beschreibung ihrer Gegenwart unter dem Gewalt-Aspekt versucht und die Anstöße der biblischen Geschichte bedenkt.

Materialien

M 1

»Leben wir denn in der Kains-Zeit?«

Sprecher: Es ist die Zeit des Königs Salomo. In Beth-Haschamájim, einem israelitischen Dorf, stehen ein paar Männer beieinander.

Manasse: Verdammte Bande! Werden sie uns denn nie in Ruhe lassen?

Ruth: Was ist denn, Manasse? Sind etwa Räuber im Dorf?

Manasse: Räuber? Ja, so kann man es wohl auch nennen! Aber es sind keine Banditen aus den Bergen – nein, sie kommen direkt aus Jerusalem, aus dem Palast!
Ich meine die Steuereintreiber seiner erhabenen, erleuchteten Majestät, unseres Königs Salomo! Die geben keine Ruhe und saugen uns noch den letzten Schekel heraus!
Und nächsten Monat muss Irsa, mein Ältester, schon wieder zu Frondiensten einrücken: Ställe in Megiddo für die königliche Reiterei bauen.
Ein Ehrendienst sei das, sagen sie. Vielen Dank für die Ehre! Und wir können sehen, wie wir inzwischen das Korn in die Scheunen bringen!

Rachel: Sei doch ruhig, Manasse! Ich habe Angst! Du weißt doch, die Ohren des Königs sind groß … überall hat er seine Spitzel. Und wenn du verhaftet wirst – wie sollen wir ohne dich auskommen? Pst … da kommt einer von denen – Ismael, der Leiter der Steuerkommission.

Ismael: Ich habe genau gehört, was ihr geredet habt! Nehmt euch in acht! Der König ist zwar weit, aber sein Arm ist lang!

Mirjam: Ach, Ismael, spiel dich doch nicht so auf! Du bist doch selbst in unserem Dorf aufgewachsen. Und jetzt willst du den Herren spielen? Bloß, weil du königlicher Hofbeamter bist und in Jerusalem in einem schönen Haus wohnst?!

Ismael: Das hat damit nichts zu tun! Wir alle sind dazu da, unserem königlichen Herrn als treue Untertanen zu dienen. Wer das nicht tut, wird bestraft! Denkt an das Schicksal Jarams, des Aufrührers … er hatte kein besonders langes Leben!

Manasse: Du hast gut reden, Ismael! Du wirst für deine »treuen Dienste« gut bezahlt (von unseren Steuern übrigens!), und die Soldaten des Königs beschützen dich. Und hier im Dorf hat fast jeder Schulden bei dir – kein Wunder, wenn viele Angst vor dir haben!
Du hast allen Grund, den König zu loben! – Aber wir Bauern?
Mein Vater war noch ein freier Bauer, nur Jahwe und der Gemeinschaft verantwortlich. Und so war es mit allen Nachbarn.
Und was ist aus uns geworden? Untertanen des Königs sind wir – und beinahe schon Schuldsklaven von reichen Leuten wie dir!
Ich sehne mich oft nach den alten Zeiten zurück, als wir noch keinen König hatten und frei waren.

Baruch: Schöne Freiheit! Dummköpfe seid ihr alle miteinander! Habt ihr denn ganz vergessen, wie wir tagtäglich in Angst leben mussten – Angst vor den Philistern, den Amalekitern und all den anderen? Wir waren kleine Leute, von allen gedemütigt. Aber jetzt sind wir die Herren! Unsere starken Könige haben alle Feinde besiegt. Uns geht es so gut wie noch nie! Das ist wirklich das »gelobte Land«, in dem wir jetzt leben. Dafür muss man auch kleine Unbequemlichkeiten in Kauf nehmen.

Mirjam: Nein, Baruch, für mich ist das nicht das Land, das Jahwe unseren Vätern versprochen hat! Es sollte ein Land der Freiheit und Gerechtigkeit sein, in dem niemand mehr Angst haben muss!

Ephra: Ach was, Weibergeschwätz! Für einen richtigen Soldaten ist es jetzt eine tolle Zeit! Weißt du noch, Ismael, wie wir die Edomiter umgelegt haben? Da hatten die nichts mehr zu lachen!

Ruth: Ja, ja, »umlegen«, niedermachen … das ist alles, was ihr könnt. Ist denn das der Sinn des Lebens?

Ephra: Was willst du denn, Ruth? Hast du denn ganz vergessen, wie ihr Frauen an der Straße gestanden und geschrien habt, als David aus dem Krieg heimkehrte?
»Saul hat seine Tausend erschlagen, aber David seine Zehntausend«.
Ein richtiger Mann, das ist es doch, was ihr Frauen wollt!

Mirjam: Na, so einen wie dich bestimmt nicht! Sind denn Mord und Totschlag auf einmal so etwas Großartiges? Es gibt jedenfalls auch andere Frauen als die, die damals David zujubelten …

Manasse: Ja, Mord und Totschlag, Gewalt und Angst … das passt vielleicht zu Baal, dem Gott der Kanaanäer. Man muss sich ja nur mal die mächtigen Stierbilder anschauen, dann weiß man Bescheid.
Aber wir gehören zu Jahwe! Er ist für die Schwachen da und beschützt die Armen.

Mirjam: Manchmal habe ich ein ganz komisches Gefühl ... als ob ich hier nicht mehr zu Hause bin! Neulich Nacht bin ich aufgewacht und habe gedacht, der Boden schwankt. Nein, ein Erdbeben war das nicht ... das war etwas anderes, etwas Unheimliches ... als wenn die Erde uns Menschen abschütteln wollte ... versteht ihr, was ich meine?

Ephra: Nee! Wieder so ein Geschwätz. Komm, Ismael, gehen wir einen trinken!

Ismael: Lass mal, Ephra! Mirjam, denkst du wirklich, dass wir hier alle nicht mehr zu Hause sind? Dass wir eines Tages – wie sagst du – »abgeschüttelt« werden?

Mirjam: Ich denke jedenfalls, dass wir nicht mehr so zusammenleben, wie Jahwe es will und wie unsere Väter es sich vorgenommen hatten: Als freie Brüder und Schwestern. Und ich spüre, dass das nicht lange gut gehen kann!

Ismael: Ob da was dran ist? Ich werde den königlichen Schreiber Jahu fragen, wenn ich wieder in Jerusalem bin, und werde euch erzählen, was ich erfahren habe.

Sprecher: Ein paar Wochen später ist Ismael wieder in Beth-Haschamájim. Neugierig kommen die Nachbarn zusammen:

Rachel: Na, Ismael, was hast du herausgefunden? Was hat der Schreiber Jahu gesagt?

Ismael: Das war ganz merkwürdig! Ich habe ihm genau berichtet, was wir neulich gesprochen haben. Aber er hat mir nur eine Geschichte erzählt – die ich eigentlich schon kannte, und ihr kennt sie auch!
Es ging um die Geschichte von Kain und Abel, wo Kain den Bruder totschlägt. Und als Jahu erzählte, dass Kain Jahwes gutes Land verlassen und im Niemands-Land leben musste, da sah er mich ganz seltsam an! Und als er von der Sünde sprach, über die Kain herrschen sollte, da nickte er immer wieder mit dem Kopf. Könnt ihr damit etwas anfangen?

Ruth: Ich weiß nicht recht!

Mirjam: Also, ich hätte da so eine Idee ... Hört mal zu ....

3.3 Die Frau in der Urgeschichte (8.–10. Klasse)

Kurzcharakteristik	
Inhalt:	Der »Sündenfall«
Klassenstufe:	8.–10. Klasse
Lernchance:	Interessengeleitete Fehldeutungen von Gen 3 in der Geschichte erkennen und einen besseren Zugang gewinnen
Hermeneutisches Konzept:	Feministische Auslegung; Wirkungsgeschichtliche Auslegung

ANSATZ

Wohl kein Kapitel des Alten und Neuen Testaments ist in der Geschichte des Christentums so heftig strapaziert worden wie Gen 3. Überwiegend wurde es benutzt, um die »Minderwertigkeit« der Frau als gottgewolltes Schicksal aufzuzeigen.
Natürlich hat keine wissenschaftlich fundierte Exegese dieses Vor-Urteil bestätigt. Aber erst in den letzten Jahren haben Vertreterinnen der Feministischen Theologie eine kritische Auseinandersetzung mit der fragwürdigen Benutzungsgeschichte von Gen 3 begonnen und eine kritische Exegese des Textes angeregt. Drei Elemente der Feministischen Auslegung sind für die Beschäftigung mit der Überlieferung vom »Sündenfall« wichtig:

- Es sind Beispiele aus der Benutzungsgeschichte des Textes auf ihre leitenden Interessen hin zu befragen. Vor allem ist darauf zu achten, ob und wie eine androzentrische Sichtweise (= Betrachtungsweise einseitig aus der Perspektive von Männern) das Verständnis der biblischen Überlieferung dominiert.
- Der Text ist sachlich und kritisch zu interpretieren. Die Feministische Auslegung verwendet durchaus die Methoden der Historisch-Kritischen Exegese, setzt sie aber kritisch gegen mögliche Verzerrungs- und Überlagerungsprozesse innerhalb und außerhalb der Bibel ein.
- Kreative Rekonstruktion. Eine besondere Stärke der Feministischen Auslegung ist ihr Interesse, Texte nicht nur aus der Distanz kritischer Interpretation zu verstehen, sondern auch Engagement und Imagination einzusetzen.

Dies sind drei unterschiedliche Wege, auf denen eine Annäherung an Gen 3 im Unterricht versucht werden soll.

a. Zur Benutzungsgeschichte von Gen 3

Die unter **M 1** abgedruckten Beispiele sind folgendermaßen einzuordnen:

M 1.1 Kirchenvater Tertullian (um 200 n. Chr.)

M 1.2 Max Funke, »Sind die Weiber Menschen? Mulieres homines non sunt«. 1910 (Aus: Schüngel-Straumann, 1989, S. 11f)

M 1.3 Jakob Sprenger/Heinrich Institoris, Der Hexenhammer. 1487. (Aus: Schüngel-Straumann, 1989, S. 17)

M 1.4 Adolf Brandmeyer, Leiter der »Reichsfrauenhilfe« in einer Predigt 1940 (Aus: Moltmann- Wendel, 1985, S. 93)

Die Reihung entspricht absichtlich nicht der historischen Abfolge, um zu zeigen, dass die genannten Urteile nicht an eine bestimmte geschichtliche Situation gebunden, sondern außerordentlich dauerhaft sind. Die vier Texte lassen folgende Aussagen über »die Frauen« erkennen:

- Sie sind verurteilt, weil sie »eine Eva« sind.
- Eva hat Adam zur Sünde verführt.
- Sie sind sinnlicher (»fleischlicher gesinnt«) als die Männer.
- Sie sind (darum!) die »Tür des Teufels« in den Menschen.
- Sie sind »mangelhaft« (»unvollkommene Tiere«).
- Sie schaden den Männern, weil sie sie beneiden.
- Sie sind hinterlistig.
- Deshalb sind sie den Männern untergeordnet.
- Man muss sich vor ihnen schützen.

b. Zur Exegese von Gen 3

Es kann nicht darum gehen, eine ausgeführte Auslegung vorzulegen; einige wenige Hinweise aus den Ergebnissen der Historisch-Kritischen Exegese von Gen 3 sollen genügen (vgl. vor allem Westermann, 1974; Schüngel-Straumann, 1989, v.a. S.112ff; Elliger, 1996, S. 45ff).

- *Zu Gen 2,18*: Dieser Vers wird traditionellerweise so übersetzt: »Ich will ihm eine Gehilfin machen ...« Dabei hat der Begriff »Gehilfin« von vornherein den Geschmack der untergeordneten »Hilfskraft«. Der hier verwendete hebräische Begriff (*'ezer*) hat aber eine ganz andere Bedeutung; er wird vor allem verwendet, um die Hilfe Jahwes für Israel zu kennzeichnen (z.B. Ex 18,5; Dtn 33,7; Ps 33,20); d.h. die Frau ist *'ezer* für den Mann, so wie Jahwe 'ezer für den Menschen ist.

- *Zur Schlange*: Oft wird – insbesondere in der feministischen Literatur – die Schlange als Symbol für eine Göttin als Widerpart Jahwes gesehen. Im Text selbst ist davon keine Spur zu erkennen. Im Gegenteil: Es wird betont, dass die Schlange Geschöpf Gottes sei. Sie ist also nicht als Sinnbild für »den Teufel« zu interpretieren, sondern eher als Symbol für die Versuchung des Menschen, die gute Weisung Jahwes zurückzuweisen und sich an die eigenen egoistischen Lebenspläne zu halten.
- *Zur Verführung Evas*: Das Motiv (erkennen, was gut und böse ist) wurde bereits in Abschnitt 1 erläutert: Es geht darum, dass die Menschen nicht mehr Gott entscheiden lassen, was dem Leben dient oder schadet (»gut« oder »böse« ist), sondern dass sie darüber ohne Orientierung am Willen Jahwes bestimmen und damit letztlich selbstsüchtige, lebensfeindliche Ziele verfolgen. Schon in den spätjüdischen Ergänzungen zum Alten Testament wird die Verführung Evas mit sexuellen Motiven in Verbindung gebracht und behauptet, die Frau sei eben für sinnliche Begierden besonders empfänglich (z.B. »Begierde ist der Anfang aller Sünde … ›Eva spricht:‹ durch mich kam alle Sünde in die Schöpfung« Apokalypse des Mose. Zum Ganzen vgl. Schüngel-Straumann, 1989, S. 54ff). Darum habe sich auch der Versucher an die Frau herangemacht! Wieder ist festzustellen, dass der Bibeltext darüber keinerlei Aussagen oder auch nur Andeutungen enthält.
- *Zur Verführung Adams*: Auch hier setzt die Verfälschung bereits im Spätjudentum ein (Belege bei Schüngel-Straumann wie oben): Eva habe Adam mit sexuellen Mitteln verführt. In Wahrheit berichtet der Bibeltext lediglich, dass Eva dem Adam von der erkenntnisbringenden Frucht ausgeteilt und er davon genommen habe.
- *Zu den Fluchsprüchen*: Hier kommt alles auf die Feststellung an, dass der Text keine Normen oder Gebote Jahwes formuliert, sondern von einem ätiologischen Interesse geleitet ist (zur Ätiologie vgl. oben S. 67): Der Jahwist geht von bestimmten Erfahrungen seiner Zeit aus: Die Feldarbeit ist mühselig, ebenso wie Schwangerschaft und Geburt; die Harmonie zwischen Mensch und Natur ist gestört – kurz: Die Lebenswelt ist keineswegs das Paradies, der von Jahwe geschaffene Schalom-Garten. Dies beschreibt der Text: er fragt nach den Ursachen und findet als seine Deutung: Die Unordnung und Beschädigung wurzelt darin, dass die Menschen sich nicht mehr am Willen Gottes orientieren, sondern ihre eigenen Maßstäbe setzen. Wenn die Menschen sich nicht an die gute Weisung halten, sondern eigenmächtig festsetzen, was dem Leben dient oder ihm schadet, spricht die Bibel von »Sünde«. In diesen Zusammenhang stellt der Jahwist nun auch die Unterordnung der Frau unter den Mann: Sie ist keineswegs eine gottgewollte »Schöpfungsordnung«, sondern eine von Menschen verursachte »Sünden-Unordnung«. Die Vermutung liegt nicht fern, dass der Jahwist hiermit in der Frage nach der sozialen Stellung der Frau, die offenbar noch umstritten war, kritisch Partei ergreift. Wahrscheinlich ist diese Stellungnahme im Gesamtzusammenhang der

jahwistischen Herrschaftskritik zu sehen, die in Kapitel 1 bereits erläutert und dort im 2. Unterrichtsvorschlag ausgearbeitet wurde.

- Der Jahwist nimmt die »Sünden-Unordnung« seiner Lebenswelt keineswegs als unveränderbares Schicksal hin, sondern weist unüberhörbar darauf hin, dass der Mensch »über die Sünde herrschen« und damit auch die Verhältnisse zum guten, gottgewollten Leben verändern kann. Das belegt vor allem die kleine Sentenz in Gen 4,6f.
  Wiederherstellung des Schalom als Harmonie zwischen Mensch und Mitmensch, zwischen Mensch und Natur ist in Israel immer Ziel und Traum gewesen. Das zeigt sich beispielsweise an der Erwartung des messianischen Friedenskönigs:

  Er wird die Armen richten mit Gerechtigkeit ...
  Der Wolf wird zu Gast beim Lamm sein ...
  Der Säugling wird spielen am Loch der Otter ...
  (Jes 11,4ff)

Eine von feministischem Protest angestoßene kritische Exegese von Gen 3 fördert zu Tage, dass die angeblich normativen Aussagen über die Frau nichts als nachträgliche Überlagerungen sind – bis hin zu der bekannten Stelle aus 1.Tim 2,8–15:

...
Die Frau lerne in Stille in voller Unterordnung!
Denn Adam wurde als erster gebildet, daraufhin Eva.
Und Adam wurde nicht verführt,
die Frau aber wurde völlig verführt und kam in die Übertretung.
Gerettet aber wird sie durch Kindergebären ...

Angesichts solcher Texte zeigt sich überdeutlich: Die Geschichte der Bibelauslegung ist gerade auf dem Feld von Gen 3 stark von Interessen geleitet. Den männlichen Auslegern war jedes Mittel recht, um ihre vorgebliche Überlegenheit mit dem heiligen Schein der biblischen Überlieferung zu versehen.
Was können Schüler aus einer so ansetzenden Beschäftigung mit Gen 3 lernen?

- Hermeneutisch könnten sie lernen, dass die Auslegung biblischer Überlieferung nie eindeutig und »objektiv« ist, sondern interessengeleitet. Sie können lernen, dass eine kritische Wirkungsgeschichtliche Betrachtungsweise diese Interessen aufdecken und dass eine sachlich gewissenhafte Exegese der Bestimmung des historischen Sinns eines Textes näher kommen kann.
- Inhaltlich ist zu lernen, dass eine »christlich« motivierte Diskriminierung der Frau sich nicht auf Gen 3 berufen kann. Im Gegenteil: Der Text bringt deutlich zur Sprache, dass die Unterordnung unter den Mann nicht gottgewollte Ordnung, sondern verschuldete »Sündenunordnung« ist.

VERLAUF

a. Beispiele christlich motivierter Diskriminierung der Frau (ca. 3 Stunden)

Die Schüler lesen die unter **M 1** abgedruckten Materialien. Die geschichtliche Reihenfolge sollte noch nicht bekannt gegeben werden, um die »Zeitlosigkeit« der Vor-Urteile sichtbar zu machen.
Nach einem ersten spontanen Austausch können die Schüler die Materialien anhand der Erschließungsfragen (**M 2**) bearbeiten.
Dabei kann im Anschluss an Text 3 eine Zusatzinformation über Motive und Formen der Hexenverfolgungen eingeplant werden.

b. Beschäftigung mit Gen 3 (ca. 2 Stunden)

Wichtige Motive des Textes zur Auseinandersetzung mit sexistischer Diskriminierung können anhand der in **M 3** zusammengestellten Informationen und Fragen erarbeitet werden.

c. Erste Informationen zur Feministischen Theologie (ca. 2 Stunden)

In **M 4** sind einige Basis-Informationen zur Feministischen Theologie und Bibelinterpretation zusammengestellt (weiterführende Auskünfte bietet der »Steckbrief« und vor allem Kapitel II.8 in Band 1). Falls die Schüler interessiert sind, könnten weitere Feministische Auslegungen angeschlossen werden.

d. Beschäftigung mit einer Verfremdung (ca. 2 Stunden)

Abschließend beschäftigen sich die Schüler mit einem Verfremdungstext von Christa Peikert-Flaspöhler (**M 5**). Sie arbeiten die spezifischen Aussagen im Kontrast zu den Beobachtungen heraus, die sie zu den 4 Texten unter **M 1** zusammengetragen hatten, und formulieren die Intention des Gedichts (aus: Christa Peikert-Flaspöhler, Heut' singe ich ein anderes Lied. Frauen brechen ihr Schweigen. Luzern 1992).
Vielleicht ist es auch möglich, dass die Lerngruppe ihren eigenen Text kreativ gestaltet.

Materialien

M 1

So redeten Männer über Frauen

1.
Weißt du nicht, dass du eine Eva bist? Es lebt der Richterspruch Gottes über deinem Geschlecht. Auch die Beschuldigung soll ihre Kraft behalten. Du bist die Tür des Teufels, du bist die Entsieglerin jenes Baumes, du hast zuerst das göttliche Gesetz im Stich gelassen, du hast jenen überredet, den zu überreden der Teufel nicht die Macht hatte: du hast das Bild Gottes, den Menschen, so leichtfertig zerschlagen. Wegen dessen, was du verschuldet hast, den Tod, musste sogar der Gottessohn sterben.

2.
Verursachte nicht ein Weib den Fall Adams; verführte nicht ein Weib die Engel Barut und Marut; verleitete nicht ein Weib den frommen David zum Morde Urias; brachte nicht ein Weib den keuschen Joseph in den Kerker? …
Und als Gott Adam und Eva aus dem Paradiese stieß, richtete er an Adam die Frage: »Warum hast du von dem verbotenen Baum gegessen?« – Hätte Gott aber Eva als einen Menschen anerkannt, so würde er gewiss auch an sie diese Frage gerichtet haben.

3.
Denn mögen auch die Schriften im Alten Testamente von den Weibern meist Schlechtes erzählen und zwar wegen der ersten Sünderin, nämlich Eva und ihren Nachahmerinnen … Aber weil noch in den jetzigen Zeiten jene Ruchlosigkeit mehr unter den Weibern als unter den Männern sich findet, wie die Erfahrung selbst lehrt, können wir bei genauer Prüfung der Ursache über das Vorausgeschickte hinaus sagen, dass, da sie in allen Kräften, der Seele wie des Leibes, mangelhaft sind, es kein Wunder ist, wenn sie gegen die, mit denen sie wetteifern, mehr Schandtaten geschehen lassen. Denn was den Verstand betrifft oder das Verstehen des Geistigen, scheinen sie von anderer Art zu sein als die Männer, worauf … verschiedene Beispiele in der Schrift hindeuten … In Sprüche 11 heißt es, gleichsam das Weib beschreibend: »Ein schönes und zuchtloses Weib ist wie ein goldener Reif in der Nase einer Sau.« Der Grund ist ein von der Natur entnommener: weil es fleischlicher gesinnt ist als der Mann, wie es aus vielen fleischlichen Unflätereien ersichtlich ist. Diese Mängel werden auch gekennzeichnet bei der Schaffung des ersten Weibes, indem sie aus einer krummen Rippe geformt wurde, d.h. aus einer Brustrippe, die gekrümmt und gleichsam dem Mann entgegen geneigt ist. Aus diesem Mangel geht auch hervor, dass, da das Weib nur ein unvollkommenes Tier ist, es immer täuscht.

4.
Christus befreit euch Mütter von eurer Triebhaftigkeit und ruft euch Mütter als frohe, gehorsame Mägde in seine Gemeinde.

M 2

Fragen zur Auseinandersetzung mit den Texten M 1,1–4

1. Stellt bitte die wichtigsten Aussagen über Eva in den einzelnen Texten zusammen:
a. Was tat sie nach Ansicht des Verfassers?
b. Was wird über Adam ausgesagt?
c. Welche Folgen hatte das Tun Evas?

2. Welche Aussagen über das Wesen der Frau machen die einzelnen Texte? Wie werden diese begründet?

3. Welche Konsequenzen formulieren die Texte:
a. Was sollten die Frauen tun?
b. Wie sollte man sich den Frauen gegenüber verhalten?

M 3

Hinweise zum Verständnis von Genesis 3

1. Oft wird behauptet, die Frau sei als »Gehilfin« des Mannes geschaffen worden und ihm darum von vornherein untergeordnet.

Lies dazu: Gen 2,18! Der hebräische Begriff (ʻezer), der oft mit »Gehilfin« übersetzt wird, ist korrekt mit »Hilfe« wiederzugeben. Zur Bedeutung des Wortes lies: Ex 18,5; Dtn 33,7; Ps 33,20: Wer ist in diesen Texten »ʻezer«? Was ergibt sich daraus für das Verständnis von Gen 2,18?

2. Die Rede der Schlange in Gen 3 wird erst auf dem Hintergrund von Gen 2,16 und 17 verständlich.

Schau dir diesen Abschnitt an. Zum Verständnis: »Gut« und »böse« sind im Hebräischen keine theoretischen Begriffe, sondern sind erfahrungsbezogen zu

> *verstehen: »Gut« ist, was das Leben fördert, »böse«, was ihm schadet. Dafür ist der »Lebensbaum« ein Symbol. Beim Verbot, von dem Baum zu essen, geht es also nicht um ein theoretisches Wissen, das Gott für sich behalten will, sondern um die Frage, wer das Leben ordnet: Jahwe in seiner Weisung (Tora), oder der Mensch?*

3. Oft wird auch behauptet, Eva (und alle Frauen als »Evastöchter«) sei(en) besonders anfällig für sexuelle Verführungen.

> *Was sagt der Text darüber?*

4. Viele Ausleger von Gen 3 vertreten die Ansicht, Adam hätte nur darum gegen das Gebot verstoßen, weil Eva ihn verführt habe (oft heißt es: mit sexuellen Mitteln!).

> *Was sagt der Text darüber aus?*

5. Aus Gen 3 leiten viele Männer die Behauptung ab, die Unterordnung der Frau unter den Mann sei schon in der Schöpfung so gewollt.

> *Kann man das tatsächlich aus dem Text ablesen? Wie kommt es nach Gen 3 zu dieser Unterordnung?*

6. Es ist bemerkenswert, dass in der Auslegung von Gen 3 bei weitem nicht so viele Aussagen über »Adam« (den Mann) gemacht werden wie über Eva (»die Frau«). Feministische Theologinnen haben den Text daraufhin genau untersucht und zusammengestellt, welche Merkmale und Verhaltensweisen Adams sich dort zeigen: Er

- ist sehr passiv
- macht sich keine Gedanken
- kann die Tragweite des Tuns überhaupt nicht einschätzen
- nimmt selbstverständlich den Genuss für sich in Anspruch
- lehnt es ab, selbst Verantwortung für die Folgen zu übernehmen

> *Aus welchen Abschnitten des Textes lassen sich solche Charakterzüge ablesen? Wie ist eure Meinung dazu?*

M 4

Feministische Theologie

Eine Betrachtungsweise biblischer Texte, die falsche Verständnisweisen zu Lasten der Frauen aufdecken und korrigieren will, stammt aus der »Feministischen Theologie«.
Feministische Theologie ist eine »Theologie von Frauen«. Sie entstand vor etwa 40 Jahren in den USA und versteht sich als eine »Befreiungstheologie«. Die Christen, die sich für die Befreiung der Schwarzen in den USA und in aller Welt einsetzten, entdeckten, dass auch Frauen zu den unterdrückten Gruppen gehören. Sie sind der Meinung, dass die Christen an dieser Unterdrückung mitschuldig sind, vor allem durch eine falsche Auslegung der Bibel. Das zeigte sich an den unter **M 1** abgedruckten Beispielen
Darum bemühen sich feministische Theologinnen um ein besseres Verständnis der biblischen Überlieferung. Die Feministische Auslegung beschäftigt sich vor allem mit drei Arbeitsgebieten:

1. Sie untersucht, wie biblische Texte – vor allem natürlich solche, in denen es um Frauen geht – in der Geschichte benutzt worden sind und deckt auf, welcher Missbrauch oft mit ihnen getrieben wurde, um die Interessen der Männer zu stützen (Beispiel: Die Texte **M 1**).
2. Sie untersucht biblische Texte möglichst genau und sachlich auf ihre tatsächlichen Aussagen und Ziele hin, sagt aber auch, dass sie dies im Interesse der Befreiung der Frauen von Diskriminierung tut. Beispiel: Auslegung von Gen 3.
3. Sie versucht, biblische Texte aus der Sicht von Frauen zu lesen; Beispiel: Punkt 6 der Arbeitsvorschläge in **M 3**! Um das zu erreichen, wendet sie nicht nur Methoden der sachlichen, wissenschaftlich abgesicherten Auslegung an, sondern auch kreative Verfahren, z.B. Beschäftigung mit Gedichten oder Werken der Kunst. Beispiel: Das Gedicht von Christa Peikert-Flaspöhler (**M 5**).
   Die Feministische Theologie ist also nicht nur eine Denkbewegung zum besseren Verständnis des Glaubens, sondern sie setzt sich auch zum Ziel, ungerechte Lebensverhältnisse zu verändern.

M 5

Freispruch für Eva

Eva, Frau in der Frühe der Zeit,
so schön und so gut bist du, dass Adam dich
anschaut und liebt, du freust dich unbefangen
an deiner und seiner Liebe, Geschenke von Gott,
und die Schlange, Heilkraft der Göttin
verkörpernd, wohnt neben eurem Lager.

Eva, Mutter aller Lebendigen,
ich sehe dich nicht mehr mit den Augen
verwundeter Männer, mit Augen, geblendet
von Machtlust und Stolz.

Eva, ich bin deine Tochter und Schwester,
begabt mit Brüsten und Schoß, beschenkt mit
Seele und Geist, durchströmt von Sehnsucht und
Liebe, erfüllt von Staunen und Hoffen,
verschwistert mit allem, was lebt.

Eva, du hast nicht den Tod zu den Menschen
gebracht, Mutter aller Lebendigen,
nicht die Schuld vererbst du an uns, du
schenkst die Kraft und Bereitschaft weiter,
ganz für das Leben zu sein.

Eva, ich spreche dich frei,
ich weise den Rufmord zurück, der Ehre und
Freiheit dir abschnitt im Dienste männlicher
Herrschlust dich zum Freiwild erklärte und
zur stimmlosen Magd bis zum heutigen Tag.
Zur Ganzheit sind wir geboren als Töchter
Gottes.

Christa Peikert-Flaspöhler

(Aus: Christa Peikert-Flaspöhler, Heut' singe ich ein anderes Lied. Frauen brechen ihr Schweigen. rex verlag luzern 1992)

Kapitel 3: Vätergeschichten

1. Theologische Erwägungen

Die Überlieferung von den Vätern füllt den größten Teil des Buches Genesis aus, sie reicht von Gen 12,1 bis Gen 50,26. Das Schicksal von vier Generationen wird vor dem Leser ausgebreitet:

1. Generation: Abraham
2. Generation: Isaak (Abraham/Isaak-Stoff: Gen 12,1–25,18)
3. Generation: Jakob/Esau (Gen 25,19–36,43)
4. Generation: Jakobs 12 Söhne: Josef und seine Brüder (Gen 37,1–50,26).

Was hier im großen Zusammenhang einer durchgehenden Familien-Geschichte erscheint, ist allerdings das Ergebnis einer intensiven Sammlungs- und Kompositionsarbeit, in der ursprünglich ganz verschiedene Überlieferungen zu einem Ganzen gefügt wurden. Ich versuche, einige Abschnitte des langen Überlieferungs- und Gestaltungsprozesses nachzuzeichnen.

1.1 Die Sagen

Am Anfang der mündlichen Textgeschichte gab es *Sagen.* Die Sage ist die Ur-Form der Vätererzählungen. Es lassen sich mehrere Typen unterscheiden:

- *Familiensagen.* Sie bilden das Grundgerüst der Vätergeschichten.
- *Ätiologische Sagen.* Sie erklären merkwürdige Erscheinungen der Gegenwart des Erzählers aus Ereignissen der Vergangenheit (Beispiel: Warum gibt es am Toten Meer so eigenartig geformte Gesteinsformationen? Antwort: Weil Lots Frau beim Untergang Sodoms so neugierig war (Gen 19,26). Die Ätiologie ist oft an folgenden Merkmalen zu erkennen: Der ätiologischen Frage (»Wenn dich dein Sohn fragt«, z.B. Ex 13,14 u.ö.) und/oder dem ätiologischen Schluss (… »bis auf den heutigen Tag« – z.B. Gen 19,37 u.ö.).
- *Ortssage.* Sie ist eine spezielle Form der ätiologischen Sage und hat meist die Funktion, die Entstehung und Bedeutung eines Heiligtums zu klären (Beispiel: Warum gibt es ein Heiligtum in Bethel? Antwort: Weil der Erzvater Jakob dort eine Vision hatte: Gen 28,10–22).

Welches Gewicht hat nun die alttestamentliche Sage für Geschichte und Glauben?

Oft wird sie allein unter dem Kriterium der historischen Stimmigkeit beurteilt. Diesem Anspruch kann (und will!) die Sage nicht genügen. Sie wird – so befragt – letztlich als irrelevant gelten. Eine solche Einschätzung verkennt aber die Bedeutung der Sage und die mit dieser Gattung verbundenen Chancen der Wahrheitsfindung und Überlieferung gründlich. Denn ihr Hauptinteresse gilt nicht der Dokumentation der Vergangenheit, sondern sie ist darauf aus, denen Orientierung zu ermöglichen, die in der Gegenwart des Erzählers leben, indem sie Vergewisserung über ihre Herkunft und Bestimmung anbietet: »Erzähler wie Zuhörer finden sich im Tun und Leiden der Vorfahren selbst wieder. Göttliches Handeln an den Ahnen ist göttliches Handeln an ihnen selbst.« Und: »Die Sage ist immer ein Lagerplatz wirtschaftlicher, geistiger und religiöser Erfahrungen unzähliger Generationen. Sie kontrahiert souverän die Zeiten, verdichtet die Ereignisse zu symbolträchtigen Sprachgebärden … Gott und die Geschichte in ihrem Zusammenhang zu erfassen, ist der israelitischen und später der christlichen Geschichtsschreibung längst nicht so eindrücklich gelungen wie der frühen Sage« (Koch, 1989, S. 176f).

Dieses Verständnis der biblischen Gattung »Sage« als Textsorte, die in der Form einer volkstümlichen Erzählung grundlegende Erfahrungen über Gott und Mensch zur Sprache bringt, hat nun auch Konsequenzen für das heutige Verständnis: Erst wenn die Sage auf dieser Ebene befragt und gehört wird, kann sie ihre spezifische Art von Wahrheit freisetzen.

Die Sagen der Vätererzählungen beziehen sich ursprünglich sicher auf verschiedene Familien und unterschiedliche Gebiete: Südpalästina ist offenbar der Lebensraum der Abraham-Überlieferungen (Beerseba; Mamre), Mittelpalästina beheimatet die Jakob-Traditionen (Bethel, Sichem, Pnuel). – Diese Sagen wurden wohl zuerst über die »Stammväter« verschiedener Sippen und Familien erzählt. Das Zusammenwachsen dieser Sippen zum »Volk Israel« wird dann die Verflechtung dieser Traditionsstränge zu einer gemeinsamen Geschichte motiviert haben – aus dem Nebeneinander verschiedener Stammväter wurde das Nacheinander der Väter Israels.

1.2 Die Väter als geschichtliche Gestalten

Als geschichtliche Gestalten lässt sich über Abraham und Isaak, Jakob und Josef nichts mehr ausmachen. Man wird sie ganz allgemein in die Wanderungsbewegungen von Nomaden einordnen, die sich zwischen dem 18. und 14. Jh. v. Chr. an den Rändern des Kulturlandes wahrnehmen lassen. Aber ihr soziales Leben tritt doch recht deutlich hervor. Es ist das Leben friedlicher Kleinviehzüchter, die als Sippen mit ihren Herden umherzogen. In der Regenperiode (ca. November bis März) konnten sie in der Steppe weiden, in der trockenen Jahreszeit mussten sie mit den Bewohnern des Kulturlandes kooperieren, um Futter für ihre Herden zu finden.

Eine ganz andere Atmosphäre ist in den Erzählungen von *Josef* und seinen Brüdern zu spüren. Hier gibt es eine durchgehende Handlung, ein in sich stimmiges Erzählkonzept. Man hat darum in der alttestamentlichen Wissenschaft diesen Überlieferungszusammenhang als »Novelle« bezeichnet. Die Josefsgeschichte stammt aus der sogenannten Weisheitsliteratur des Alten Testaments. Diese Art von Literatur kam wohl in der Zeit Salomos auf und verfolgte das Ziel, Lebensorientierung und -sicherung durch Lernen zu ermöglichen. Die Josefsnovelle lässt das angestrebte Menschenbild deutlich erkennen: Der zunächst eitle, auf sich selbst bezogene junge Mann lernt durch Erfahrung: Selbstbeherrschung, Klugkeit, Gottesfurcht und vergebende Mitmenschlichkeit zeichnen ihn am Ende aus.

1.3 Die Segensverheißungen

Was hält nun diesen bunten Strauß von Überlieferungselementen so unterschiedlicher Herkunft und Prägung zusammen? Gleich am Eingang der Vätergeschichten findet sich ein Text, der oft als »Programm des Jahwisten« bezeichnet wird: Gen 12, 1–3 gilt als eigene Schöpfung dieses »Schriftstellers« aus der frühen Königszeit, in der er seine theologischen Leitlinien für die Gestaltung der Väterüberlieferungen formuliert.

Die Verheißung des *Segens* ist sein zentrales Thema. Er schlägt es nicht nur zum Eingang der Vätergeschichten an, sondern zeigt, wie sich die Verheißung Schritt für Schritt entfaltet.

Die Segenszusage schließt das Versprechen des Landbesitzes und der zahlreichen Nachkommenschaft ein. Zuerst bezieht sie sich unmittelbar auf den Träger der Verheißung, greift dann aber durch die Komposition der Vätergeschichte immer weiter aus – über die zwölf Söhne Jakobs auf die Stämme Israels.

Zwar haben die bekannten »Schriftsteller« (J, E und P) an der Ausgestaltung der Vätererzählungen mitgearbeitet, aber sie sind doch insgesamt dem verheißungsgeschichtlichen Ansatz verpflichtet. Sie alle möchten zeigen, wie Jahwe seinen Heilsplan trotz menschlicher Schwäche und Gemeinheit, trotz Zweifel und Versagen der Väter ans Ziel bringt.

Es gibt gute Gründe für die Annahme, dass speziell der Jahwist nicht nur diese heilsgeschichtliche Spur zog, sondern auch eine kritisch-prophetische Sicht verfolgte. Der Alttestamentler Hans-Walter Wolff vertritt die These, dass Gen 12,1–3 (»Das Kerygma des Jahwisten« – Wolff, 1964) die kritische These des Jahwisten in seiner Zeit formuliere: Ein Segen soll Israel für die Völker sein – wie erfahren aber seine Nachbarn in davidisch-salomonischer Zeit den Imperialismus der neuen Großmacht? In der Geschichte der Väter zeichnet der Jahwist dann – so Wolff – Gegenbilder zum tatsächlichen Leben seiner Zeitgenossen: Frieden statt Krieg – Versöhnung statt

Rache (vgl. die Beispiele für die Konsequenzen einer solchen Sichtweise für die Auslegung und unterrichtliche Vermittlung jahwistischer Texte in Kapitel 1.3.2 und 7.3.1).

2 Didaktische Erwägungen

Die religionspädagogische Rezeptionsgeschichte der Vätergeschichten ist nicht besonders überzeugend.

In älteren Lehrplänen und Religionsbüchern überwog deutlich der Ansatz einer Vorbild-Pädagogik: Die Schüler sollten so gehorsam im Glauben sein wie Abraham, so gern zur Vergebung bereit wie Josef. Aber vermutlich hat jedes Kind, jeder Jugendliche genau gespürt, dass diese Gestalten aus der Vergangenheit so einschüchternd fremd, so übermächtig groß sind, dass eine Identifikation mit ihnen nicht gelingen kann; erfahrungsbezogenes Lernen kommt nicht zustande. Wo dies versucht wird, kommt es gelegentlich zu peinlichen Trivialisierungen (besonders bedenklich ist der in Religionsbüchern immer wieder vertretene Vorschlag, Gen 12 mit einer Geschichte zu kombinieren, in denen ein Zweitklässler umzieht – mit Möbelwagen – Bild!).

Auch neuere Bearbeitungen, nach denen stärker der Charakter der Väter-Erzählungen als Führungs-Geschichten betont wird, bleiben wohl letztlich den möglichen Erfahrungen von Kindern und Jugendlichen sehr fern.

Die Vorschläge, die ich unterbreiten werde, wollen trotz der genannten Schwierigkeiten einen Lebensbezug versuchen.

- Der Plan für die Grundschule greift die spezifische Eigenart der Josefsnovelle als Lern-Geschichte auf:
  Josef lernt von Gott
  Die Schüler sollen mit-erlebend erkennen, wie ein Mensch kluge Menschlichkeit lernt, indem er seine Erfahrungen im Licht des Glaubens verarbeitet.
- Für die 7.–9. Klasse wird vorgeschlagen, mit den Schülern die Gebrauchsgeschichte von Gen 22 kritisch zu beleuchten:
  Gehorsam – eine christliche Tugend?
  Die Schüler sollen durchschauen, wie diese Geschichte als Legitimation für eine sich christlich verstehende »Abrichtung zum Gehorsam« mißbraucht worden ist – und ein alternatives Verständnis kennen lernen.
- Für 9./10. Klassen biete ich eine tiefenpsychologische Auslegung von Jakobs Kampf am Jabbok (Gen 32, 24–32) an: *Der Kampf mit dem Schatten.* Die Schüler sollen verstehen lernen, dass biblische Geschichten auch als Ausdruck intrapsychischer Konflikte, aber auch als Angebote von Verarbeitung und Heilung ausgelegt werden können.

Einführende Literatur
G. von Rad, Das erste Buch Mose. 1961
C. Westermann, Am Anfang. 1. Mose. Teil 2. Jakob und Esau. Die Josephserzählung. 1989
J. Johannsen/Chr. Reents, Alttestamentliches Arbeitsbuch für Religionspädagogogen. 1987, S. 69ff
W. Laubi, Geschichten zur Bibel 3. 1985
H. W. Wolff, 1964
K. Koch, [5]1989

3 Unterrichtsvorschläge

3.1 Josef lernt von Gott (2. Klasse)

Kurzcharakteristik

Inhalt:	Josefserzählung
Klassenstufe:	2. Klasse
Lernchance:	Den Lernprozess Josefs nacherleben, bedenken, was es heißt: Von Gott lernen
Hermeneutisches Konzept:	Linguistische Auslegung und Existentiale Auslegung

ANSATZ

Die Josefserzählung übt auf jüngere Kinder eine starke Faszination aus. Das hängt wohl nicht nur mit der Dramatik der Handlung zusammen, sondern auch mit der »Weltlichkeit« dieser Texte. Der Autor der Novelle redet sehr indirekt von Gott: Josef denkt an Jahwes Weisung (Gen 39,9), er träumt, er ist »gottesfürchtig« (Gen 42,18) usw. Diese Eigenart tritt besonders deutlich im Vergleich mit den Väter-Sagen über Abraham, Isaak, Esau und Jakob hervor.
Wegen dieser Faszination empfiehlt es sich, die Novelle im Zusammenhang möglichst anschaulich darzubieten. Als unterrichtsbegleitendes Medium eignet sich ein biblisches Erzähllied. Ich schlage vor »Josef will nicht so allein immer nur beim Vater sein« (aus: Watkinson, 9x11 neue Kinderlieder zur Bibel, Nr. 9). Für den praktischen Gebrauch hat eine Gruppe von Praktikanten an der Pädagogischen Hochschule Weingarten ein Lied in Anlehnung an das oben genannte neu komponiert (vgl. **M 1**).
Der Unterrichtsvorschlag setzt voraus, dass die große Erzählung der Josefsnovelle

bereits abgeschlossen wurde. Er ist als Wiederholung unter der spezifischen Frage nach den Beziehungen zwischen Josef und seinen Brüdern konzipiert.
Diese Beachtung der Beziehungen zwischen den Personen eines Textes schlägt vor allem die Linguistische Auslegung vor (zum Linguistischen Ansatz vgl. die ausführlichere Darstellung in Kapitel II.3 in Band I sowie den 3. Steckbrief ebd.; zur Anwendung auf die Josefsnovelle vgl. Zirker u.a., 1981, S. 98ff).
Die Beobachtung der Beziehungen zwischen den Akteuren der Josefserzählung kann sich besonders aufschlussreich gestalten, wenn sie dem Charakter der Novelle als »Lerngeschichte« Rechnung trägt. Die Schüler können dann beobachten, wie sich die Beziehungen zwischen Josef und seinen Brüdern in der Erzählung verändern, sie können über die Ursachen nachdenken und Josefs Deutung als eine von Gott geleitete Geschichte kennen lernen.
Der erwartete Lernerfolg bleibt nicht auf die biblische Überlieferung begrenzt: Die Schüler könnten lernen, Gefühle und Beziehungen sprachlich zu fassen und Grundkonstellationen zu erkennen (dazu helfen ihnen vor allem die unten erläuterten Symbole). So eröffnet sich ihnen die Chance, ähnliche Situationen in ihrem eigenen Erfahrungsbereich nicht einfach unreflektiert und ohnmächtig zu erleben, sondern sich bewusst zu verhalten. Vermutlich wird es in diesem Unterricht zum Austausch eigener Erfahrungen kommen. Das sollte der Lehrer nicht verhindern, sondern fördern!

VERLAUF

a. Wiederholung und Erschließung des ersten Teils. Lied-Strophe 1–5 (ca. 2 Stunden)

Die wechselnden Konstellationen der Beziehungen zwischen den Brüdern sollen durch stilisierte Figuren symbolisiert werden. Der Lehrer sollte vorbereiten:

- Eine Pappfigur für den Vater, 12 Pappfiguren für die Brüder. – Herstellung: Aus Tonpapier Kreise mit etwa 10 cm Radius schneiden; durchschneiden; Halbkreise zu Kegeln zusammenkleben. Die Figuren der 12 Brüder haben die gleiche Farbe. Für Josef einen weiteren bunten Kegel vorbereiten (»bunter Rock«), der dann auf den anderen gesetzt wird.
- Ein kleines Pappkästchen als »Podest« für Josef.
- Aus Pappstreifen geschnittene Pfeile (ca. 30 cm lang, 4 cm breit) werden mit je 2 Strichmännchen sowie mit Symbolen versehen, die die Beziehungen deuten.

♥ für Zuneigung;
ϟ für Abneigung, Haß
● für Angst
∞ für Hilfe
▶ für Bedrohung
? für unklare Gefühle

Beispiel für einen »Beziehungspfeil«:

Die Schüler singen die ersten vier Strophen des Liedes (**M 1**).
Zur visuellen Unterstützung können zusammenfassende Bilder verwendet werden (**M 2**. Aus: Sigrid und Horst Klaus Berg, Lieder, Bilder, Szenen im Religionsunterricht 3, S. 71). Am besten werden die nachfolgenden Zeichnungen vergrößert kopiert und an die Tafel geheftet (Zuordnung: Zeichnung 1 zu Strophe 2, Zeichnung 2 zu Strophe 3 und 4; Zeichnung 3 zu Strophe 5).
Die Schüler sitzen im Kreis, sie beratschlagen gemeinsam, wie die Figuren hingestellt werden sollen. Auf dem Boden werden die Figuren in den verschiedenen Konstellationen aufgestellt.

Vorschlag für die erste Anordnung (Ausgangslage):

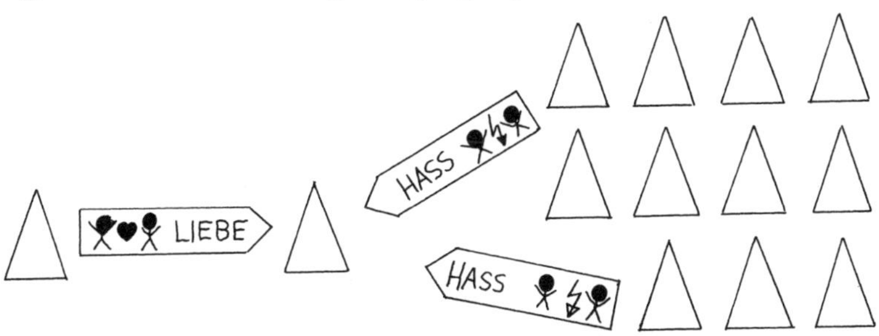

Anschließend gehen die Schüler an ihre Plätze und zeichnen die Konstellation ins Heft (Vorbereitete Schemata wie die obige Skizze).

Die Schüler kommen wieder im Kreis zusammen und überlegen die zweite Situation (Bild 1 und 2). Als Ergebnis könnte herauskommen (der Josef-Figur einen zweiten bunten Kegel überstülpen und auf den Sockel stellen!):

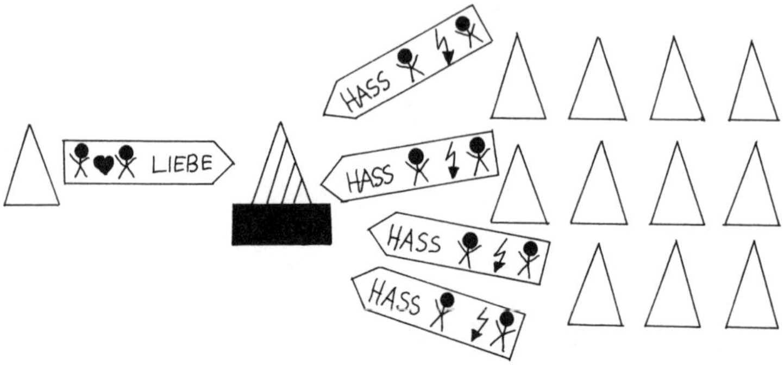

Wichtig ist, dass die Beziehungspfeile die Gefühle ausdrücken und die Schüler erkennen: Bevorzugung isoliert, schließt die Benachteiligten zusammen, erzeugt Gefühle der Abneigung. Die Schüler tragen die Symbole in ihr Heft ein und finden kurze Texte für die Beziehungspfeile (das muss nicht für die ganze Lerngruppe einheitlich sein). Der Lehrer sollte ausdrücklich zu eigenen Variationen der gemeinsam gefundenen Lösung anregen!

Zum Abschluss dieser Phase wird die Situation gestellt, in der der Hass der Brüder zur (tödlichen) Gewalt eskaliert. Mögliches Ergebnis (die totale Ausgrenzung evtl. durch eine Schnur, ein Lineal o.ä. symbolisieren):

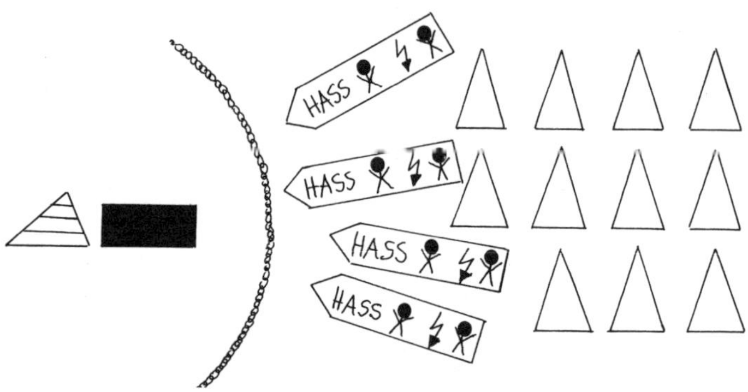

Nachdem die Schüler das Ergebnis ins Heft übernommen haben, ist diese erste Phase abgeschlossen.

b. Wiederholung der ägyptischen Zeit Josefs. Lied-Strophe 6–9 (ca. 1 Stunde)

Da es nur um die Beziehungen Josefs zu seinen Brüdern gehen soll, können die Ereignisse in Ägypten relativ schnell summarisch anhand der Liedstrophen und Bilder wiederholt werden. Da die Erzählung über die Beziehung der Brüder in dieser Zeit nichts aussagt, wird nur die Grundkonstellation aufgebaut und der Pfeil mit einem Fragezeichen versehen.

c. Die neue Begegnung mit den Brüdern. Lied-Strophe 10–12 (ca. 2 Stunden)

Zunächst geht es um die erste Prüfung der Brüder. Die Konstellation ist klar: Josef kennt seine 10 Brüder, sie erkennen ihn nicht.
Sie empfinden wohl so etwas wie Hochachtung und Furcht vor dem Mächtigen. Josef beginnt mit den Prüfungen. Er ist sich wohl über die Gefühle gegenüber den Brüdern noch nicht im Klaren. Die Anordnung könnte so aussehen (die Bedeutung Josefs visuell wieder durch den Sockel hervorheben):

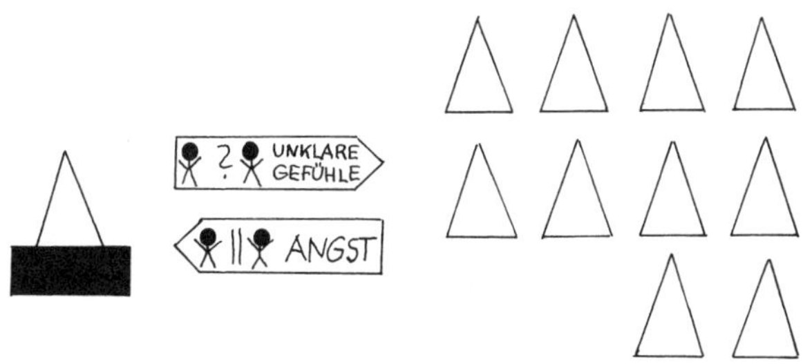

Anschließend wieder Hefteintrag.

Die zweite Anordnung bezieht sich auf die Situation, in der es um die Versklavung Benjamins geht. Josef setzt seine Prüfung fort. Die Brüder haben große Angst. Aber sie zeigen – vertreten durch Juda – starke Solidarität mit Benjamin und können damit Josef von ihrer neuen Lebensweise überzeugen. Die Szene könnte so gestellt werden:

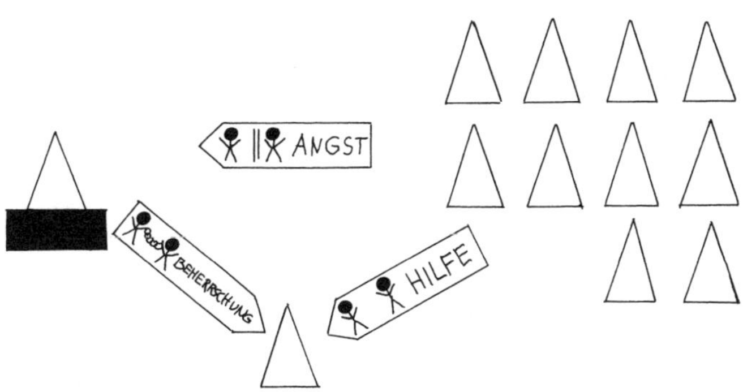

Anschließend wieder Hefteintrag

Den Abschluss bildet eine Darstellung, in der alle 12 Brüder vereint sind. Vielleicht haben die Schüler Lust, auch Jakob mit einzubeziehen.

d. Was heißt von Gott lernen? Abschließendes Gespräch (ca. 1 Stunde)

Die Lerngruppe zeichnet noch einmal die Beziehungsgeschichte in ihrer Entwicklung nach. Das geschieht am besten, indem noch einmal kurz die Konstellation vom Anfang der Geschichte nachgestellt wird: Der überhebliche Josef auf dem Podest. Die Schüler überlegen: Wie würde Josef sich am Schluss verhalten, wenn er noch der Gleiche wäre wie am Anfang? (Er hätte wohl die Gelegenheit nicht ausgelassen, die Brüder zumindest zu demütigen). Wie aber verhält er sich wirklich? Das zeigt die letzte Aufstellung: Josef ist tatsächlich »größer« als die Brüder, aber er benutzt seinen Einfluss nur, um ihnen zu helfen.
Die Schüler verstehen, dass bei allen Beteiligten im Verlauf der Geschichte eine grundlegende Veränderung stattgefunden hat. Josef deutet diese Geschichte als eine »Geschichte von Gott her«, vor allem in dem in Gen 50,20 genannten Ausspruch, der auch den Abschluss des Liedes bildet:

Ihr habt geplant, mir Böses anzutun,
aber Gott hat es zum Guten gewendet.

Das »Gute« meint im Zusammenhang der Vätergeschichten natürlich zunächst einmal die Rettung der Vorläufer des Volkes Israel, ist aber sicher im Duktus weisheitlicher Literatur auch auf den Lernprozess zu beziehen.
Es bietet sich an, mit den Schülern zu erarbeiten, dass Josef von Gott aus Träumen gelernt hat, vor allem aus den Träumen, die er dem Pharao deutete. Daraus erkannte Josef: Gottes Wille ist das gute Leben in der Gemeinschaft. Das ist Friede.
Wenn wir unsere Gefühle verstehen, lernen, mit ihnen umzugehen, über sie zu sprechen und auch Beziehungen zum Guten verändern können, dann gehören wir in diese Friedens-Lerngeschichte hinein, die wir bei Josef und seinen Brüdern kennenlernten.
Vielleicht kann die Lerngruppe noch Ergänzungsstrophen zum Josefslied erfinden, die die Ergebnisse zusammenfassen – etwa so:

Alle haben jetzt kapiert:
Hass und Streit zu gar nichts führt –
Alle rufen laut im Chor:
So was kommt nicht wieder vor!

Wie man andere versteht,
gut mit ihnen auch umgeht,
zeigte Josef allen hier,
zeigte Josef allen hier.

Der Bilderbogen (**M 2**) dient als visuelle Zusammenfassung. In die freien Zeilen können die Kinder eintragen, was ihnen aus dem Lied besonders gefallen hat.

Materialien

M 1

Lied: Josef will nicht so allein …

2. Josef kommt im bunten Rock, sie bedroh'n ihn mit dem Stock.
   Ja, sie werden gelb vor Neid über Josefs neues Kleid.

3. Von zwölf Garben voller Pracht träumt dem Josef in der Nacht,
   träumt: die zwölfte, das bin ich, sieht: die elf verneigen sich.

4. Er erzählt von seinem Traum, doch als er geendet kaum,
   seine Brüder zornig schrein: »Soll'n wir deine Diener sein?«

5. In den Brunnen, der dort ist, werfen sie ihn voller List.
   Als die Karawane hält, geben sie ihn weg für Geld.

6. Nach Ägypten muss er gehn, und als Sklave dort bestehn.
   Potifar, der reiche Mann, schickt ihn ins Gefängnis dann.

7. Pharao sucht einen Mann, der die Träume deuten kann.
   Als er hört, wer Josef sei, holt er ihn ganz schnell herbei.

8. Josef gibt den guten Rat, dass ein jeder Essen hat.
   Pharao gefällt das sehr, Josef wird ein großer Herr.

9. Seht, nun kommt die schwere Zeit, und die Brüder müssen weit.
   Denn in ihrer großen Not schickt der Vater sie nach Brot.

10. In Ägypten beugen sie vor dem Bruder ihre Knie,
    den sie voller Furcht erkannt: »Jetzt sind wir in Josefs Hand.«

11. Im Gepäck von Benjamin, finden sie den Becher drin.
    Bruder Juda aber spricht: »Allein lassen wir dich nicht«.

12. Josef sagt: »Was ihr getan – ich verzeih's und denk nicht dran.
    Ihr habt Böses ausgedacht. Gott hat alles gut gemacht!«

M 2

Bildbogen Josef und seine Brüder

3.2 Gehorsam – eine christliche Tugend? (7.–9. Klasse)

Kurzcharakteristik	
Inhalt:	Gehorsam
Klassenstufe:	7.–9. Klasse
Lernchance:	Interessengeleitete Bibelinterpretation wahrnehmen und kritisch beurteilen
Hermeneutisches Konzept:	Wirkungsgeschichtliche Auslegung

ANSATZ

Seit eh und je galt (gilt?) Gehorsam als eine christliche Grund-Tugend. Die wichtigste Belegstelle dafür ist die Erzählung von der Opfer-Forderung Jahwes an Abraham in Gen 22,1–19.
Schon in der Bibel selbst wird Abraham als Held des Glaubensgehorsams gepriesen (vgl. **M 5**). Dabei ist interessant, dass Paulus, der vor allem in dem großen Abraham-Kapitel Röm 4 den Glauben des Stammvaters als vorbildlich hinstellt, gerade nicht auf die Gehorsams-Leistung Bezug nimmt, wie der Hebräerbrief, sondern ganz offensichtlich auf Gen 15,6 zurückgreift: Abraham glaubte Jahwe, und das rechnete er ihm als Gerechtigkeit an.
Kann sich nun die Auffassung, blinder Gehorsam sei eine besonders schätzenswerte Tugend, auf Gen 22 berufen?
Diese Frage lässt sich nur aufgrund einer genaueren Analyse des Textes beantworten, deren Ergebnisse hier knapp skizziert werden sollen:
Auf den ersten Blick fällt auf, dass die Forderung, den Sohn darzubringen, dem ganzen Alten Testament widerspricht. Das Menschenopfer war zwar im Alten Orient durchaus geläufig, speziell die Darbringung des ersten Sohnes als Brandopfer. Aber diese Praxis galt in Israel als zutiefst abscheulich (z.B. 2. Kön 3,24–27) und war dem jahwetreuen Israeliten als Dienst am »Moloch« oder »Baal« verboten (z.B. Lev 18,21; Dtn 18,10).
Das deutet darauf hin, dass gerade nicht die Forderung des Menschenopfers im Vordergrund steht. Vielmehr ist daran zu denken, dass in Gen 22 ein ätiologisches Motiv vorliegt, genauer gesagt, die Kultlegende eines Ortes, an dem das Menschenopfer durch Tieropfer ersetzt wurde. Hier könnte sich durchaus eine frühe Auseinandersetzung der einwandernden israelitischen Nomaden mit dem altorientalischen Kult niedergeschlagen haben.
Erst bei der Bearbeitung durch den Elohisten (ca. 8. Jh. v. Chr.) kam es dann wohl zur

Deutung des alten Stoffs als beispielhafte Glaubenstat Abrahams, der auch das Liebste nicht für sich behalten will.

So ist diese Erzählung in sich widersprüchlich – es spiegeln sich darin wohl die Widersprüche, die Israel selbst erfahren hat: Brüche im Bild, das es sich von seinem Gott gemacht hat, aber auch Widersprüche in seiner eigenen Glaubenspraxis, die oft genug hin- und hergerissen war zwischen dem Dienst am menschenfreundlichen Jahwe und dem menschenfressenden Moloch.

Die Auslegung muss diese Widersprüche wahrnehmen und annehmen. Auf keinen Fall aber erlaubt der exegetische Befund, den Text als normative Aussage über die Notwendigkeit blinden Gehorsams zu verstehen, der das Menschenleben nicht achtet. Letztlich entscheidet sich die Deutung des Textes am biblischen Gottesbild – und dies ist eben nicht das Bild des Diktators, der bedingungslosen Gehorsam fordert und belohnt. Pointiert erkennt Alfred Schilling (Schilling, 1989, S. 130) hierin das Bild »eines Gottes, der den Menschen von Zeit zu Zeit und nach Lust und Laune zum Test vorlädt und der ihm dann, je nach Ausfall einer brutalen und unmenschlichen Prüfung, die begehrte ›Glaubens‹plakette verleiht … und das Opfer zahlt die Prüfungsgebühr mit seinen Leiden und Ängsten.« Der Gott der Bibel aber ist der, der Leben, Frieden und Gerechtigkeit will.

Schon die innerbiblische Benutzungsgeschichte hat mit der einseitigen Inanspruchnahme des »glaubensstarken« Stammvaters begonnen. Es ist interessant, dass einige dieser Texte diese Sichtweise verstärken, um bei den Hörern/Lesern bestimmte Verhaltensweisen zu stimulieren. Das zeigt sich besonders deutlich an den Abschnitten aus Judit und 1. Makkabäer: Die in Bedrängnis geratenen und mutlosen Israeliten sollen wie Abraham die verzweifelte Situation als »Prüfung« verstehen, deren Bestehen ihnen »Ruhm und einen ewigen Namen« eintragen werde.

Dies schreibt sich deutlich in der Benutzungsgeschichte außerhalb der Bibel fort (**M 2**). Hier hat sich dann ganz eindeutig das Motiv des Gehorsams durchgesetzt, der nicht fragt oder zweifelt. Auch ist das leitende Interesse klar zu erkennen: Ein Unterwerfung fordernder Gott ist gut für Obrigkeitskirchen und Obrigkeitsstaaten, die auf absoluten Gehorsam der von ihnen Abhängigen aus sind.

Erst in unserer Zeit hat eine kritische Auseinandersetzung mit der »christlichen Tugend« des Gehorsams eingesetzt – vor allem angestoßen durch die Arbeit »Fantasie und Gehorsam« von Dorothee Sölle (Sölle, 1968). Der Schrift ist deutlich abzuspüren, dass sie von den schrecklichen Folgen absoluten Gehorsams beeindruckt ist – sie setzt mit einem Auszug aus den Memoiren des Auschwitz-Kommandanten Höß ein, der seine mörderische Tätigkeit mit dem erlernten Gehorsam gegenüber den Herrschenden begründete (vgl. **M 3**).

Aber haben wir daraus gelernt?

Die Praxis der kirchlichen Lebensäußerungen spricht eher dagegen – jedenfalls werden nach wie vor Gehorsam fordernde Texte unkritisch vermittelt (vgl. **M 4**).

Die Schüler können an diesem Beispiel erkennen, dass die Wirkungsgeschichte biblischer Texte immer die Geschichte ihrer Benutzer ist, die die Überlieferung zur Legitimation bestimmter Interessen in Dienst nahmen (nehmen?). Die Schüler können sich darüber informieren, dass die biblische Quelle selbst sich solchen Beanspruchungen verweigert. Sie sollen lernen, sich selbständig mit Forderungen nach unkritischem Gehorsam und unbefragter Anpassung auseinander zu setzen.

VERLAUF

a. Gehorsam – bis zum Tod? (ca. 2 Stunden)

Die Lerngruppe beschäftigt sich mit dem Film »Abraham«. Nähere Informationen bietet **M 1**. Falls der Film nicht zur Verfügung steht, kann der Informationstext aus **M 1** gelesen werden. Es sollte darauf geachtet werden, dass die Schüler es nicht bei emotionaler Betroffenheit oder moralischer Entrüstung bewenden lassen, sondern versuchen, die Mechanismen herauszufinden, die die unbeschreibliche Prozedur in Gang hielten. Vor allem geht es um die unkritische Anerkennung von Autoritäten (»die Wissenschaft«; der Versuchsleiter), die bei den Versuchspersonen alle moralischen Barrieren beseitigten. Die Schüler übertragen diese Beobachtungen auf andere Erfahrungen.
Abschließend wird geklärt, dass der Filmtitel »Abraham« auf die Erzählung von Isaaks Opferung (Gen 22,1–19) zurückgeht.
Die Geschichte wird kurz gelesen und andiskutiert. Es geht vor allem darum, dass die Schüler die analogen Mechanismen im Experiment und in der biblischen Erzählung erkennen: Es handelt sich um einen Test (»Prüfung« Gen 22,1), der – in traditioneller Sicht des Bibeltextes – den absoluten Gehorsam feststellen will.

b. Gehorsam – des Christen Schmuck? (ca. 3 Stunden)

Die Schüler beschäftigen sich jetzt mit den Materialien aus der Benutzungsgeschichte von Gen 22 (**M 2**). Als Thema könnte der berühmte Satz aus Schillers Gedicht »Der Kampf mit dem Drachen« an der Tafel stehen: »Mut zeiget auch der Mameluck, Gehorsam ist des Christen Schmuck.«)
Die Schüler können sich mit den Texten in arbeitsteiliger Gruppenarbeit beschäftigen. Mögliche Leitfragen:

- Welche Verhaltensweisen oder Eigenschaften Abrahams werden besonders hervorgehoben?
- Woran sollen sich die Leser ein Beispiel nehmen?

- Was will der Verfasser wohl beim Leser erreichen?
- Welches Bild vom Menschen liegt einer Erziehung zugrunde, die mit solchen Texten arbeitet?

Der Vergleich der Ergebnisse wird zeigen, dass die erwünschten Einstellungen und die verwendeten Methoden recht stabil sind.

c. Gehorsam um jeden Preis? (ca. 2 Stunden)

Die zerstörenden Folgen bedingungslosen Gehorsams können die Schüler an zwei markanten Beispielen kennen lernen (**M 3**):
Die personalen Zerstörungen schildern die Auszüge aus Tilman Mosers Buch »Gottesvergiftung« (Moser, 1976, S. 14f; 20f).
Die mörderischen Folgen einer Erziehung zur Unterwerfung verdeutlichen die Auszüge aus dem Tagebuch von Rudolf Höß (Höß, 1963, S. 25).

Damit die Schüler nicht die monströsen Entstellungen und Beschädigungen bestaunen und selbst unbetroffen bleiben, sollte besprochen werden, welche Entstellungen und Fehlentwicklungen im täglichen Leben eine einseitige Erziehung zum Gehorsam auslösen kann.

d. Haben wir aus der Geschichte gelernt? (ca. 2 Stunden)

Für diesen Arbeitsschritt werden einige Materialien angeboten, die belegen sollen, dass viele kirchlichen Lebensäußerungen auch heute noch ganz unreflektiert die alten Gehorsamsforderungen transportieren (**M 4**): Die Choräle aus dem Evangelischen Kirchengesangbuch gehören zum gebräuchlichen Liedgut, der Katechismus Luthers zum Lernstoff der kirchlichen Unterweisung, das Lied »Pass auf, kleine Hand« immer noch zum Standardprogramm vieler kirchlicher Kindergärten.
Die Schüler können die Aussagen mit dem Befund der historischen Auslegungsbeispiele von Gen 22 vergleichen.

e. Abraham als Vorbild in der Bibel (ca. 1 Stunde)

Anhand ausgewählter Stellen (**M 5**) zeigt sich, dass die Glorifikation Abrahams bereits in biblischer Zeit einsetzte. Dabei ist auf die oben angedeutete Funktion der Texte aus Judit und 1.Makkabäer zu achten. Dieser Schritt kann ausgelassen werden, wenn er den Unterricht zeitlich überlasten würde.

f. Wie ist die Erzählung von Isaaks Opferung zu verstehen? (ca. 2 Stunden)

Jetzt können sich die Schüler mit dem Text selbst auseinandersetzen. Das Material **M 6** bietet dazu Informationen und Arbeitsvorschläge.
Als Ergebnis dürfte den Schülern klar geworden sein, dass es keinen eindeutigen Erklärungsansatz für den Text gibt. Damit sperrt er sich gegen eine einseitige Beanspruchung als Legitimation der Gehorsamserziehung.

g. Gehorsam – Eine christliche Tugend? (ca. 1 Stunde)

Zur Auseinandersetzung mit dieser Fragestellung wird ein Polaritätsprofil angeboten (**M 7**): Die Schüler werden gebeten, jeweils einen der beiden Pole als zutreffend auszuwählen und den Grad der Zustimmung auf der Skala anzukreuzen. Die Besprechung der Ergebnisse kann anregen, Vor-Urteile wahrzunehmen, kontrovers zu diskutieren, vielleicht auch zu überprüfen.

h. Weiterführung (ca. 1 Stunde)

Abschließend können die Schüler zwei Fragen besprechen:
- Gibt es heute noch »christlich« begründete Forderungen absoluten Gehorsams?
- Gibt es Forderungen zu unkritischer Unterwerfung und/oder Anpassung, die religiös oder mit einer nicht mehr kritisierbaren »letzten Instanz« begründet werden?

Materialien

M 1

Abraham – ein Experiment

Das Max-Planck-Institut für Bildungsforschung lud Männer im Alter zwischen 19 und 49 aus allen Bevölkerungsschichten ein, an einem wissenschaftlichen Experiment teilzunehmen: Es ging darum, die Wirkung körperlicher Strafen auf das Lernen festzustellen. Die Teilnehmer wurden aufgefordert, sich nacheinander als »Tester« (Person A) zur Verfügung zu stellen. Sie fanden einen Prüfling (Person B) vor, der im Nebenraum auf einem Stuhl festgeschnallt und durch Kabel mit einem elektrischen Schockgerät verbunden war. Person A nahm in einem Nebenraum vor einem Schaltpult Platz, ohne dass er Person B sehen konnte. Es bestand aber eine akustische Verbindung.
Person B sollte bestimmte Wortgruppen fehlerfrei voneinander unterscheiden. Konnte sie es nicht, sollte sie mit einem Stromstoß bestraft werden. Die Skala begann

bei 15 Volt und steigerte sich bei jedem Fehler von Person B. Bei 200 Volt waren Schreie des Prüflings zu hören, bei 300 wimmerte er um Erbarmen; bei 375 Volt war ein rotes Signal zu sehen »Vorsicht! Lebensgefahr!«, bei 400 Volt: »Gefahr! Schwerste Schocks!«. Zögerte eine Person A, die nächste Stufe der Bestrafung zu wählen, wurde er vom Versuchsleiter ermahnt und auf die Wichtigkeit des Experiments hingewiesen, das man nicht einfach abbrechen könne. Allerdings wurde allen »Prüfern« gesagt, dass ihnen auch bei Abbruch keine persönlichen Nachteile entstehen würden. 85% der »Prüfer« benutzten die ganze Skala – bis der »Prüfling« keinen Laut mehr von sich gab.
Am Ende des Experiments wurde ihnen mitgeteilt, dass keine Person an das Schockgerät angeschlossen war, die Schreie erzeugte ein Tonbandgerät.

M 2

»Gehorsam ist des Christen Schmuck«? Beispiele aus der Geschichte

1.
Glücklichere Eltern hatte es wohl noch nie gegeben als Abraham und Sarah nach der Geburt ihres Sohnes. Sie sahen nun schon mit der größten Hoffnung der Zukunft entgegen, wo ihr Sohn fürs allgemeine Beste wirken und eine Stütze in ihrem Alter werden sollte. Aber ach! Auf einmal trübte sich der Himmel über ihrem Haupte, und Kummer, wie ihr ihn euch, Kinder, nur immer schwer genug denken könnt, nagte an ihrem Herzen. Abraham, ein Mann, den Gott, wie ihr wohl wisst, wegen seiner Frömmigkeit vorzüglich lieb hatte, sollte auch für andere ein Muster des Gehorsams gegen ihn und der Ergebenheit in seinen Willen werden. Einstmals erhielt er von Gott den Befehl, seinen Sohn Isaak zu opfern, da er vorher bloß von seiner Herde Opfer gebracht hatte.

Anwendung und nützliche Lehren:

Lied:
Gehorsam fordert Gott von Allen,
Die ihn zu kennen fähig sind.
Auch ich kann ihm nur dann gefallen,
Wenn ich ihm folgsam als sein Kind
Thu', was er will, aus Lieb und Dank
Und nicht aus Sklavenfurcht und Zwang.

(Aus: Hübners Biblische Historien zum Gebrauche für die Jugend und in Volksschulen. Umgearbeitet und herausgegeben von M. F. Chr. Adler. Leipzig, 6. Auflage, 1821, S. 23–25)

2.
Ziel: Wie Gott dem Abraham eine letzte und schwere Glaubens- und Gehorsamsprobe auferlegt …
Dann – welch ein Bild: der Sohn auf dem Altar gebunden, so dass er sich nicht wehren kann, von der einen Hand Abrahams gehalten, in dessen anderer Hand das Schlachtmesser blitzt, – kein Zweifel, dass er im nächsten Augenblick zustoßen wird! Welch ein Gehorsam! Kein Murren, keine Klage, kein Wort der Unzufriedenheit ist über seine Lippen gekommen. Nicht einmal mit Gebet, mit anhaltendem Flehen um Zurücknahme des Gebotes hat es Abraham versucht. Nein, er ist Gott völlig untertan und gehorsam, sein Wille ganz dem Willen Gottes unterworfen. Da – da greift Gott ein!
Wie erkennt Gott Abrahams Gehorsam an? – Wir denken an den Anfang der Erzählung; es heißt da: Gott wollte ihn versuchen, d.h. erproben = zusehen, ob Abraham gehorsam und wirklich fromm sei. Abraham hat die Probe bestanden. Nun kann Gott nicht länger schweigen. Ausdrücklich erkennt Gott Abrahams Frömmigkeit an, und er entbindet ihn von dem Opfer. Gott wollte Abrahams Gesinnung erkennen; darauf kam es ihm an. Nun kennt er diese Gesinnung; da bedarf es des Opfers nicht mehr.
Wer vermag den Jubel im Herzen Abrahams zu schildern! Eine Last ist von seiner Seele genommen, und das nachfolgende Opfer des Widders ist ein Dankopfer.
Womit schließt die Erzählung? – Gott spricht – als Lohn für Abrahams Glaubensbewährung – ein Segenswort aus, worin er alles zusammenfasst, was er jemals verheißen hat. Weise das nach!
Dann kehrt Abraham heim. Welch ein Gegensatz: Hinweg – Rückweg!

Zusammenfassung: Abraham besteht die schwerste Glaubensprobe; im unerschütterlichen Gehorsam will er auf Gottes Befehl seinen Sohn opfern. Im letzten Augenblick greift Gott ein und erlässt ihm das Opfer. Dabei erkennt er Abrahams fromme Gesinnung an.

Kerngedanke: Wer Gott fürchtet und liebt, ist um seinetwillen bereit, auch das Liebste und Teuerste, das zu opfern scheinbar unmöglich ist, hinzugeben.

Sittlich- religiöse Vertiefung:
Wie hat sich der Erzähler Gott vorgestellt? – Er redet von Gott ganz menschlich; Gott muss erst ausprobieren, ob Abraham ihm wirklich und vollkommen gehorsam ist …

1 Sucht Beispiele der Versuchung im kindlichen Leben (vgl. das Lesestück: Gott sieht alles). Besprecht, wie schwer es ist, in der Versuchung zu bestehen, wie groß aber auch die innere Befriedigung ist, wenn wir bestehen.
2. Welche Opfer kann Gott von uns fordern? (Opfer an Geld und Gut für die Armen, an Zeit und Kraft bei Krankenbesuchen und Krankenpflege.) Was opfern Krieger, Missionare, Samariter usw?
3. Erkläre und wende an: Nur dieses Mal lass dich nicht fangen, dann bist du hundert Mal entgangen!
4. Erkläre und wende an in diesem Sinne: Einmal ist nicht keinmal, sondern hundert – und tausendmal!

(Aus: Präparationen für den evangelischen Religionsunterricht. Zweiter Teil: Mittel- und Oberstufe. Das Alte Testament. Von Robert Kessel. Osterwieck/Leipzig 1913, S. 54–57)

3.
Abraham soll seinen Sohn Isaak opfern.
Vorbemerkung: An dieser biblischen Erzählung kann der Katechet den Kindern den Begriff der Gottesliebe anschaulich erklären und zur Betätigung derselben anleiten. Er empfehle den Kindern, recht oft Akte der Liebe zu erwecken, und übe selber diese Akte mit den Kindern im Gebet in der Schule …
Auswertung: Gebt an, wer dem Abraham lieb war! (Vaterhaus, Vaterland, Eltern, Neffe.) Wer aber war ihm lieber? Zeigt, dass Abraham Gott mehr geliebt hat! Euch sind viele Dinge auf Erden lieb (aufzählen lassen). Doch einer soll euch lieber sein als alles auf der Welt? Darum merkt euch den Satz: Wir müssen Gott mehr lieben als alles auf der Welt. Die Liebe kommt aus dem Herzen. Abraham liebte Gott aus ganzem Herzen, nicht bloß ein wenig. Gewiss hat er seine Eltern usw.im Herzen auch sehr geliebt, aber Gott war ihm in seinem Herzen doch noch lieber; ihn hat er von ganzem Herzen geliebt. So müsst es auch ihr machen; ihr müsst Gott lieben von ganzem Herzen. Beispiel: Max hat Geld in seiner Sparbüchse. Er hat das Geld in seinem Herzen sehr lieb. Er möchte immer mehr Geld in die Sparbüchse bringen. Hergeben will er davon keinen Pfennig. Sein Bruder möchte, dass er auch in den Kindheit-Jesu-Verein eintrete und dafür jeden Monat 10 Pfennig opfere. Aber Max will für Gott nichts hergeben. Ihm ist das Geld lieber als Gott. Er liebt Gott nicht von ganzem Herzen …
Wer Gott folgt, der zeigt, dass er ihn liebt (Kinder den Eltern gegenüber folgsam). Freilich manchmal kann das Folgen einem Kind schwer ankommen. Wie war es bei Abraham? Gott hat Schweres verlangt? Wenn es euch schwer wird, den Eltern zu folgen, zu lernen, in die Kirche zu gehen, gegen andere freundlich und friedfertig zu sein, dann denket an Abraham.

(Aus: Biblische Katechesen im Anschluss an das Religionsbüchlein für die Grundschule (3. und 4. Schuljahr) für das Bistum Rottenburg, bearbeitet von Friedrich Ernst. Erste Hälfte: Altes Testament. Rottenburg 1932, S. 80–86)

4.
Anwendung: So haben Eltern ihre Söhne, Frauen ihre Männer neu geschenkt erhalten, als diese aus dem Krieg heimkamen – so erhalten die Eltern ein Kind neu geschenkt, wenn es nach schwerer Krankheit gesundet. So erhält das Kind sein Spielzeug zurück, das es hat weglegen müssen, um zuerst seine Aufgaben zu machen. »Gib's mir!« so heißt die Forderung der Eltern an die Kinder, so heißt die Forderung Gottes an die Menschen. Und die Antwort? »Ja, gerne!« Aber die Antwort ist schwer!

(Aus: Die Biblische Geschichte [Altes und Neues Testament] für alle Stufen. Von Rudolf Emlein [Der Neue Religionsunterricht. Methodik und Anleitungen im Geiste der Arbeitsschule II]. Langensalza 1929, S. 31–33)

5.
Unsere Eltern
Das Gotteskind überlegt: Wie kann ich meinen Eltern Freude machen? Dazu gibt es viele Gelegenheiten. Wenn wir den Eltern Freude machen, freut sich auch Gott darüber, und wir selbst werden froh. Es wird schön zu Hause.

Gott will, dass wir unsern Eltern und Vorgesetzten gehorchen und Freude machen.

Wie war ich gegen meine Eltern?
Wie war ich gegen meine Vorgesetzten?
Wie gehorche ich?
Wie zeige ich meine Dankbarkeit?
Vor welchen Fehlern will ich mich besonders hüten?
Erzähle, wie es einmal schwer für dich war, zu gehorchen.

Gebet für die Eltern
Die Eltern mein empfehl ich dir,
behüte, lieber Gott, sie mir
Vergilt, o Herr, weil ich nicht kann,
das Gute, das sie mir getan.

(Aus: Glaubensbuch für das 3. und 4. Schuljahr, Ausgabe für das Bistum Regensburg, herausgegeben von den deutschen Bischöfen, Verlag Friedrich Pustet Regensburg/Patmos Verlag, Düsseldorf 1963, S. 164–165)

M 3

Über die Folgen einer Erziehung zum absoluten Gehorsam

1.
Der Psychoanalytiker Tilmann Moser hat eine sehr strenge »christliche« Erziehung erlebt. Er hat sie als sehr belastend, ja zerstörerisch für seine Persönlichkeit erfahren. In seinem Buch »Gottesvergiftung« rechnet er mit dem Gott ab, der ihm in dieser Erziehung vermittelt wurde. Darin heißt es u.a.:
»›Herr, erhebe dein Antlitz über uns …‹, so haben wir am Ende jedes Gottesdienstes gefleht, als gäbe es keine andere Sehnsucht, als immerzu dein ewig-kontrollierendes big-brother-Gesicht über uns an der Decke zu sehen. Du als Krankheit in mir bist eine Normenkrankheit, eine Krankheit der unerfüllbaren Normen, die Krankheit des Angewiesenseins auf deine Gnade, die von beamteten Herabflehern zusätzlich zu meinem Geflehe bei dir erbettelt werden musste. Ein Wucherer warst du mit deiner Gnade, oft nur hast du sie gegen Menschenfleisch, doch immer nur provisorisch, mit dauerndem Widerrufsrecht, vergeben. Jeden Tag neu müssen wir den Herrn um Gnade bitten, uns von seiner Gnade beschenken lassen. Amen. Dabei wurde erzählt, dass deine Gnade wunderbar und unerschöpflich, und wie froh wir sein müssten, wenn wir trotz unserer immer wiederkehrenden Sünden immer wieder die Chance hätten, sie zu erwerben; dass du dein Antlitz nie endgültig abwenden würdest, aber doch lange genug, um Angst zu erzeugen und uns in der Furcht des Herrn zu halten …
Ich habe dich, wie es mir deine Diener nahe legten, angestaunt ob deiner Güte, Abraham den Isaac nicht abschlachten zu lassen. Du hättest es ja so leicht fordern können, er hätte es für dich getan, und mit dem Rest von Menschenwürde in deinem auserwählten Volk hätte es nur noch ein wenig fürchterlicher ausgesehen.«

2.
Rudolf Höß war SS-Führer und Kommandant des faschistischen Vernichtungslagers Auschwitz. Dort wurden etwa 3 Millionen Juden ermordet. In seinen Memoiren schreibt er, dass er immer nur die Befehle seiner Vorgesetzten ausgeführt habe. Der Gehorsam sei ihm in der Erziehung beigebracht worden:
»Von meinen Eltern war ich so erzogen, dass ich allen Erwachsenen und besonders Älteren mit Achtung und Ehrerbietung zu begegnen hätte, ganz gleich, aus welchen Kreisen sie kämen. Überall, wo es notwendig ist, behilflich zu sein, wurde mir zur obersten Pflicht gemacht. Ganz besonders wurde ich darauf hingewiesen, dass ich Wünsche oder Anordnungen der Eltern, der Lehrer, Pfarrer usw., ja aller Erwachsenen bis zum Dienstpersonal unverzüglich durchzuführen, bzw. zu befolgen hätte und ich mich durch nichts davon abhalten lassen dürfte. Was sie sagten, sei immer richtig.

Diese Erziehungsgrundsätze sind mir in Fleisch und Blut übergegangen … Es wurde in meinem Elternhaus streng darauf geachtet, dass alle Aufträge genau und gewissenhaft ausgeführt wurden.«

M 4

Fordern die Kirchen noch immer Gehorsam? – Einige Beispiele

1.
In dem bis 1995 geltenden Evangelischen Kirchengesangbuch fanden sich etliche Lieder, die den Gehorsam priesen, z.B.:

»Schaff in mir, Herr, den neuen Geist, der dir mit Lust Gehorsam leist
und nichts sonst, als was du willst, ach Herr, mit ihm mein Herz erfüll!«

In der Neuausgabe sind solche Aussagen weitgehend entfallen.

2.
Immer noch wird jedoch der Kleine Katechismus von Martin Luther gelernt; dort heißt es in der Erklärung zum 4. Gebot:

»Wir sollen Gott fürchten und lieben, dass wir unsere Eltern und Herren nicht verachten noch erzürnen, sondern sie in Ehren halten, ihnen dienen, gehorchen, sie lieb und wert halten.«

3.
Das folgende Kinderlied wird in vielen Kindergärten gesungen:

Pass auf, kleine Hand, was du tust!
Denn der Vater im Himmel,
schaut immer auf dich.

Pass auf, kleiner Mund,
was du sagst
Pass auf, kleines Auge,
was du siehst!
Pass auf, kleines Kind,
was du glaubst!
Denn der Vater …

M 5

Abraham in der Bibel

Du aber, Israel, mein Knecht,
Jakob, mein Auserwählter,
du Spross Abrahams, meines Freundes ... (Jes 41,8)

Durch Glauben hat Abraham, als er versucht wurde, den Isaak dargebracht, und er, der die Verheißungen empfangen hatte, brachte den einzigen [Sohn] dar, über den gesagt worden war: Nach Isaak soll deine Nachkommenschaft genannt werden, indem er urteilte, dass Gott auch aus den Toten erwecken könne, von woher er ihn auch im Gleichnis empfing.
(Hebräer 11, 17–19)

Abraham wurde der Vater vieler Völker,
seine Ehre blieb makellos ...
In der Prüfung wurde er treu befunden ...
(Sir 44,19–20)

Lasst uns dem Herrn, unserm Gott, danken, dass er uns ebenso prüft wie schon unsere Väter. Denkt daran, was er mit Abraham machte, wie er Isaak prüfte ... Denn wie er diese Männer im Feuer geläutert hat, um ihr Herz zu prüfen, so hat er auch mit uns kein Strafgericht vor, sondern der Herr züchtigt seine Freunde, um sie zur Einsicht zu führen.
(Jud 8, 25–27)

Denkt an die Taten, die unsere Väter zu ihren Zeiten vollbrachten;
erwerbt euch Ruhm und einen ewigen Namen!
Wurde nicht Abraham für treu befunden in der Erprobung,
und wurde ihm das nicht als Gerechtigkeit angerechnet?
(1. Makk 2,52).

M 6

Hinweise zum Verständnis von Gen 22,1–19

1. Gott verlangt von Abraham ein Menschenopfer. Das ist eigentlich im Alten Testament etwas ganz Unmögliches. Denn Menschenopfer sind den Israeliten ein Abscheu. Sie gelten als heidnisch und sind dem gläubigen Israeliten verboten (z.B. 2. Kön 3,24–27; Lev 18,21; Dtn 18,10).
2. Viele Ausleger vermuten daher, dass der Erzähler hier eine alte Sage verwendet hat, die davon erzählt, wie in früherer Zeit Menschenopfer durch Tieropfer ersetzt wurden. Diese alte Geschichte ist also gerade gegen das Menschenopfer gerichtet. – Erst viel später hat dann ein Schriftsteller diese alte Geschichte mit einer »Prüfung« Abrahams verbunden.
3. Die Erzählung ist also in sich nicht eindeutig, sondern enthält Widersprüche. Bibelwissenschaftler erklären sich das so, dass die Israeliten hier ihre eigenen Widersprüche beschrieben haben: Sie hörten auf Baal, in dessen Religion Menschenopfer selbstverständlich waren, und zugleich auf Jahwe, den Gott des Lebens, zu dem auf gar keinen Fall Menschenopfer passen.
4. Fest steht jedenfalls, dass man diese Geschichte nicht für sich allein betrachten darf, sondern sie aus dem ganzen Zusammenhang der Bibel verstehen muss (das gilt übrigens für alle biblischen Texte!). Wie Israel seinen Gott angesehen hat, kann man u.a. folgenden Texten entnehmen: Ex 3,6–15; Ps 103,3–8; Jes 43,1.

M 7

»Typisch Christ?« – Ein Polaritätsprofil

Wählt bitte die Eigenschaften aus, die ihr für typisch »christlich« haltet. Kreuzt auf den entsprechenden Linien der Skala an, wie eure Einschätzung ist.

+ 5 bedeutet: Starke Zustimmung zur linken Reihe von Aussagen
0 bedeutet: Unentschieden
– 5 bedeutet: Starke Zustimmung zur rechten Reihe von Aussagen.

Die angekreuzten Punkte könnt ihr durch eine Linie verbinden.

	+5 +4 +3 +2 +1 0 –1 –2 –3 –4 –5	
ruhig		laut
hilfsbereit		egoistisch
intelligent		dumm
selbständig		angepasst, gehorsam
fleißig		faul
ehrlich, aufrichtig		unehrlich, hinterhältig
friedlich		aggressiv
ordentlich		schlampig
locker		steif

3.3 Der Kampf mit dem Schatten (9./10. Klasse)

Kurzcharakteristik

Inhalt:	Jakobs Kampf
Klassenstufe:	9./10. Klasse
Lernchance:	Einen biblischen Text als Deutungs-und Orientierungsangebot für das eigene Leben wahrnehmen
Hermeneutisches Konzept:	Tiefenpsychologische Auslegung und Historisch-Kritische Auslegung

ANSATZ

a. Zum inhaltlichen Verständnis

Gen 32,23–33 wird in der vorliegenden Form einhellig der Quellenschrift des Jahwisten zugeschrieben. Aber gerade bei diesem Text zeigt sich, wie »weiträumig« die alten Überlieferungen sind, die die biblischen »Schriftsteller« aufgenommen haben. Die Erzählung von Jakobs Kampf am Jabbok gleicht einem alten Haus, an dem viele Generationen herumgebaut haben (von Rad, 1961, z.St).
Welche Traditionen sind in dem Text erkennbar? – Am Anfang stand wohl die Erzählung von einem Unhold, der den Wanderern nachts an einer unheimlichen Stelle auflauert (der Jabbok ist ein reißender, tief ins Gelände eingeschnittener Fluss). Dieses Motiv ist in vielen Märchen verbreitet. Typische Züge solcher Erzählungen sind, dass es sich um ein mächtiges, aber letztlich ungreifbares Wesen handelt, das einen Menschen bei Nacht anfällt. Wenn der Tag heraufkommt, bricht die Macht des Wesens zusammen. Bisweilen gelingt es dem Überfallenen, dem unheimlichen Gegner durch List etwas Wertvolles abzunehmen, beispielsweise einen Schatz. Oft kommt es zu einer dauernden Verletzung des Betroffenen.
Da sich solche »Gespenstersagen« meist mit einer bestimmten Örtlichkeit verbinden, kann man davon ausgehen, dass eine alte Geschichte von einem Menschen, der mit einer un-menschlichen Macht kämpfte und diese besiegte, an einer Furt am Jabbok haftete. Vielleicht hatte sie auch schon in vor-israelitischer Zeit die Funktion einer Kult-Ätiologie für ein Heiligtum mit Namen Penuel (»Angesicht Gottes«). Hier ist nichts Sicheres mehr auszumachen.
Eine solche urtümliche Tradition müssen die eingewanderten Israeliten vorgefunden und mit der Person ihres Stammvaters Jakob verbunden haben. Dies bedeutete nicht nur eine Umwidmung der Erzählung im Blick auf den beteiligten Menschen, sondern vor allem auch im Blick auf die Gottheit: Jetzt musste Jahwe mit der unheimlichen Macht in Verbindung gebracht werden.
Sicher war es unmöglich, dass Jakob nun Jahwe überwunden habe. Der Text löst diese Schwierigkeit dadurch, dass er vieles aus der übernommenen Tradition unbestimmt zur Sprache bringt und in der Schwebe lässt. Wer ist denn eigentlich »der Mann«, der Jakob anfällt? – Was bedeutet es, dass »der Mann« Jakob nicht überwinden kann, obwohl er ihm die Hüfte verrenkt hat? – Wie ist der neue Name Jakobs zu verstehen? »Israel« bedeutet im Wortsinn: »Gott möge herrschen bzw. streiten«. Daraus wird jetzt ein Ehrenname für den, der mit Gott (und Menschen) gestritten und gesiegt hat. Interessant sind noch die Ätiologien im Text: Neben der Ätiologie des Namens »Israel« bietet er noch die ätiologische Erklärung des merkwürdigen Brauchs, dass »bis auf den heutigen Tag« in Israel ein bestimmter Hüftnerv (der Ischias-Nerv) nicht gegessen wird.

Schließlich wurde die Erzählung von Jakobs Kampf am Jabbok (wohl vom Jahwisten) in den Zusammenhang der Vätererzählungen eingebaut. Jetzt ist sie Bestandteil der Geschichte von Jakob und Esau: Jakob ist der schlaue Schwindler, der sich den Segen erschlichen hat. Sein Name bedeutet so viel wie »Betrüger«. Er flieht vor der Rache des übervorteilten Bruders und kehrt am Ende als reicher Mann zurück. Aber muss er nicht nach wie vor den Zorn des Bruders fürchten? Er schickt ihm reiche Geschenke entgegen und teilt sogar seine Karawane, um bei einem Angriff nicht alles zu verlieren.
Dies ist die Situation, in die der Text jetzt gestellt ist. Dadurch gewinnt er noch einmal neue Züge, die zwar die Rätsel und Unbestimmtheiten nicht vollends erklären, aber einige Aspekte deutlicher hervortreten lassen. Da ist einmal der Segen: Der ergaunerte Segen wird nun als rechtmäßig bestätigt. Das bedeutet: die Geschichte Gottes mit den Menschen geht eben durch diesen Jakob weiter. Als »Israel« ist er der Ahnherr des Gottesvolks.
Allerdings wird ihm diese Erwählungszusage erst zuteil, nachdem er den Kampf bestanden hat. In diesem Kampf wird er radikal mit seinem Wesen konfrontiert: Er muss seinen Namen sagen, (sich und seinem Gegenüber) eingestehen, dass sein Leben auf Betrug aufgebaut war. Und dann erst kann der Prozess der Erneuerung einsetzen.

b. Zum Tiefenpsychologischen Ansatz

Der Text schließt so viele existenzerhellende Aspekte ein, dass eine nur historische Betrachtungsweise ihn entstellend verkürzen würde. Als ein Auslegungsweg, der die existentiellen Bezüge ans Licht bringt, bietet sich die Tiefenpsychologische Hermeneutik an (vgl. den »Steckbrief« im Anhang dieses Bandes und vor allem Kapitel II 4 in Band 1).
Das Konzept der Tiefenpsychologischen Auslegung stützt sich vor allem auf Ideen und Methoden der Psychologie von C. G. Jung. Er selbst hatte nicht die Auslegung von Texten im Sinn, aber seine Methoden der Traumanalyse, die er im therapeutischen Interesse vornahm, lassen sich gut auf die Textinterpretation übertragen.
Jung geht davon aus, dass das Leben in der Frühzeit der Menschheit ganzheitlich ausgewogen war und dass heilvolle und heilende Erinnerungen daran im »kollektiven Unbewussten« verwahrt sind. Sie gestalten sich in »Archetypen«, in symbolischen Bildern und Mythen. Auch biblische Texte können archetypische Erinnerungen einschließen.
Diese Erinnerungen können durch geeignete Methoden erschlossen und für ein gutes Leben produktiv werden.
Alle Methoden tiefenpsychologischer Interpretation basieren im Grunde auf der Annahme, dass Texte nicht nur äußere Ereignisse schildern, sondern auch Vorgänge

innerhalb der Psyche wiedergeben. Die äußeren Abläufe werden auf der sogenannten »Objektstufe« dargestellt, die intrapsychischen auf der »Subjektstufe«.
Methodisch greift die Tiefenpsychologische Auslegung zunächst einmal Verfahren auf, die Texte erfahrungsbezogen und ganzheitlich erschließen.
Ein stärker wissenschaftlich reflektierter Ansatz kann sich an folgenden Fragen ausrichten:

- Welche archetypischen Bilder enthält der Text? Auf welche Mythen nimmt er Bezug? (Amplifikation)
- Wie lassen sich die im Text geschilderten Ereignisse (Objektstufe) unter intrapsychischer Perspektive (Subjektstufe) verstehen? (Symbolische Deutung)
- Welche Person ist die »ICH-Figur«? Gerade der intrapsychische Interpretationsansatz erfordert es, eine Person aus dem Text als »ICH-Figur« zu wählen. Die anderen Personen der Handlung werden dann nicht als verschiedene Individuen aufgefasst, sondern als unterschiedliche Aspekte dieser einen Person.
- Wie lassen sich die Ereignisse als intrapsychische Entwicklungen interpretieren?
- Welche Impulse zur Erkenntnis oder Veränderung der eigenen Lebensverhältnisse gehen vom Text aus?

Wie stellt sich nun Gen 32, 23–33 in Tiefenpsychologischer Sicht dar? Im Zentrum der Erzählung steht die Erinnerung daran, dass ein Mensch mit einer lebensbedrohenden Macht kämpft und aus diesem Kampf als »neuer Mensch« herausgeht.
In der Sprache C. G. Jungs geht es hier um die »Wandlung« eines Menschen, die grundlegende Neuorientierung der Lebensrichtung, die bisher vergessene, verschüttete oder gestörte Lebenschancen aufgreift und aktiviert. Die archetypischen Bilder der Wandlung sind u.a.: Reise – Fluss – Sterben – Wiedergeburt … alles zentrale Elemente der Erzählung von Jakobs Kampf am Jabbok. Solche Wandlungsprozesse werden häufig durch eine Krisensituation ausgelöst. Auch diese ist ja in der Erzählung deutlich zu erkennen. Sie zeigt sich in der nicht mehr gut gelingenden Kommunikation mit Laban, in dem Wunsch, das Leben zu ordnen, in der Angst und schließlich in der nächtlichen Extremsituation am Ufer des Jabbok.
Welche Richtung will die Wandlung nehmen? – Einen Fingerzeig gibt der Kampf in der Nacht: Der dunkle, ungreifbare Gegner deutet auf das archetypische Symbol des Schattens. Er meint bei Jung die Seiten am Ich, die der Mensch nicht wahrhaben oder annehmen kann und darum verdrängt. Ein Leben aber misslingt, wenn der Schatten nicht integriert wird. Jakobs Schatten wird in Esau verkörpert. Der Bruder ist der erdverbundene, trieborientierte Mensch (behaart wie ein Tier; bedenkenlos das Erstgeburtsrecht für die Befriedigung des Hungers preisgebend …). Jakob dagegen ist der berechnende Verstandesmensch, der offenbar die nicht-bewusste Innenwelt gewaltsam niederhalten und verdrängen muss. Diese meldet sich mit so elementarer Wucht, dass sie wie ein außermenschliches Wesen erscheint.

Bleibt nach dem Segen zu fragen: Er steht wohl synonym für das hebräische Schalom, was so viel wie »Ganzheit«, »Heil« meint. Segen bedeutet für Jakob: Ein eigener, integrierter Mensch werden. Diesen Segen kann er nicht erschleichen, sondern nur durch die ausgehaltene, erkämpfte Wandlung hindurch als Geschenk empfangen. Der neue Name ist das Symbol der neuen Geburt. Bei jungen Menschen können diese Erfahrungen eigene Erlebnisse und Gedanken ansprechen und ein Orientierungsangebot sein.
Abschließend könnte der Versuch unternommen werden, Gen 32,23–33 auf der Subjekt- und Objektstufe gegenüber zu stellen.

Objektstufe	**Subjektstufe**
1 Jakob lässt seine Familie und seinen Besitz zurück.	Jakob gerät in eine Krisensituation. Die festen Größen, mit denen er bisher rechnen und auf die er sich stützen konnte, stehen nicht mehr zur Verfügung.
Er bleibt allein an der Furt.	Er ist auf sich allein gestellt an einem »Übergang«.
2 Er wird von einem unheimlichen Wesen überfallen.	Etwas überkommt ihn mit unheimlicher Gewalt. Es kommt aus ihm selbst, bleibt aber ungreifbar.
3 Er kämpft mit aller Macht.	Er spürt, dass er alles einsetzen muss, um unversehrt zu bleiben.
4 Er spürt, dass er den »Segen« braucht.	Ihm wird klar, dass er sein Leben durch »Segen« gewinnen, d.h. zur Ganzheit kommen muss.
5 Jakob muss seinen Namen sagen.	Er muss sich zu sich selbst bekennen und Fehlentwicklungen anerkennen.
6 Er hat dem Wesen den Segen abgerungen	Er ringt sich dazu durch, alle Aspekte seines Lebens zu erkennen und zu einem ganzen Menschen zu integrieren.

VERLAUF

a. Einführung in die Textgeschichte (ca. 2 Stunden)

Die Beobachtungen zur innertextlichen Diachronie von Gen 32,23–32 zeigten in den einzelnen Schichten einen sehr aufschlussreichen Prozess sich anreichender Erfahrungen und Gedanken über die Existenz des Menschen.
Es legt sich nahe, diesen Prozess mit den Schülern zu Beginn nachzuzeichnen. Das versucht **M 1**. Gleichzeitig kann das Blatt den Schülern verdeutlichen, dass eine Historisch-Kritische Sicht einen Text nicht atomisiert und zerstört, sondern ihn zum Sprechen bringen kann. Damit soll auch eine erfahrungsbezogene Sichtweise des Textes vorbereitet werden.

b. Bildanalyse Herbert Falken, Ringer (ca. 1 Stunde)

Die bildende Kunst leistet einen hervorragenden Beitrag zur existenzbezogenen Erschließung. Sie ist auch der Welt der Bilder und Mythen, in die die Tiefenpsychologie führt, besonders nahe.
Das Werk (**M 2**) gehört zu einem Zyklus großformatiger Bilder zum Thema Jakobskampf, die der Aachener Maler und Priester Herbert Falken von 1983 bis 1985 schuf. »Der Ringer« ist 110 x 110 cm groß, Graphit und Pastell wurden verwendet. Als Erstes springt die kraftvoll-gespannte Diagonale ins Auge, die vom linken unteren Bildrand ausgeht. Man erkennt ein Bein, auf das sich ein kräftiger Körper aufstützt. Er ist nicht klar konturiert und geht in einen Wirbel von dynamischer Bewegung über. Von links läuft aus der dunklen Tiefe des Bildgrundes etwas auf die Gestalt zu: unklare Linien, die aber doch der Figur auf der rechten Bildhälfte eigentümlich entsprechen und sich mit ihr verschlingen. Sie ist ein Teil des Ringers und kommt doch von außen aus der unheimlichen Dunkelheit. So entsteht das Bild eines nicht endenden Kampfes, in dem nichts mehr fest ist außer dem Standbein des Ringers, in dem auch niemand siegt – die Bildzeichen bleiben im Gleichgewicht. Die Schüler sollten das Bild in Ruhe anschauen (möglichst in Originalgröße – vielleicht als Tageslicht-Folie – projizieren!). In einem informellen Gespräch können sie frei assoziieren, Beziehungen zu eigenen Erfahrungen, aber auch zur Jakobs-Erzählung herstellen.

c. Beschäftigung mit einem meditativen Text (ca. 1 Stunde)

Die Lerngruppe kann sich jetzt mit einem Text beschäftigen (**M 3**), der versucht, die Erfahrungsdimension von Gen 32 noch tiefer zu erschließen und damit den Schritt der expliziten Tiefenpsychologischen Auslegung des Textes vorzubereiten.

d. Einführung in die Tiefenpsychologische Auslegung

Der Unterrichtende weist darauf hin, dass die bisher in den Phasen b und c gesuchten Zugänge zu Gen 32 dem mehr informellen Weg der Tiefenpsychologischen Interpretation entsprechen. In einem nächsten Schritt soll es darum gehen, den Interpretationsvorgang methodisch zu ordnen. Als einführende Information erhalten die Schüler den Text **M 4**.

e. Interpretation von Gen 32,23–33 auf der Subjekt – und Objektstufe

Die Schüler können jetzt versuchen, eine methodische Interpretation des Textes nach Tiefenpsychologischem Verständnis vorzunehmen (**M 5**).
Vermutlich sind die meisten Klassen noch nicht in der Lage, die Interpretationsschritte *selbständig* durchzuführen. Vor allem am Anfang wird eine gemeinsame Auslegung bzw. eine klare Anleitung nötig sein.
Vielleicht sind sie bereit, ihre Gedanken in einem selbst verfassten meditativen Text (etwa in der Art von **M 4**) zusammenzufassen.

MATERIALIEN

M 1

Ein Text und seine Geschichte

Der Text Gen 32,23–32
23 Jakob stand in jener Nacht auf, nahm seine beiden Frauen, seine beiden Mägde und seine elf Söhne und zog über die Furt des Jabbok; 24 und er nahm sie und führte sie über den Fluss und führte hinüber, was er hatte. 25 Und Jakob blieb allein zurück. Da rang ein Mann mit ihm, bis die Morgenröte heraufkam. 26 Und als er sah, dass er ihn nicht überwältigen konnte, berührte er sein Hüftgelenk; und das Hüftgelenk Jakobs wurde verrenkt, während er mit ihm rang. 27 Da sagte er: Lass mich los, denn die Morgenröte ist aufgegangen! Er aber sagte: Ich lasse dich nicht los, es sei denn, du hast mich [vorher] gesegnet. 28 Da sprach er zu ihm: Was ist dein Name? Er sagte: Jakob. 29 Da sprach er: Nicht mehr Jakob soll dein Name heißen, sondern Israel; denn du hast mit Gott und mit Menschen gekämpft und hast überwältigt. 30 Und Jakob fragte und sagte: Teile [mir] doch deinen Namen mit! Er aber sagte: Warum fragst du denn nach meinem Namen? Und er segnete ihn dort. 31 Und Jakob gab der Stätte den Namen Pnuel: denn ich habe Gott von Angesicht zu Angesicht

gesehen, und meine Seele ist gerettet worden! 32 Und die Sonne ging ihm auf, als er an Pnuel vorüberkam; und er hinkte an seiner Hüfte.

Hinweise zum Verständnis

Der Text nimmt ein Motiv auf, das in vielen Märchen vorkommt: Ein Mensch wird an einem gefährlichen Ort (nachts) von einem unheimlichen Wesen (Gespenst; »weiße Frau«; »Eisenhans«) überfallen und muss um sein Leben kämpfen. Wahrscheinlich hat man solche Geschichten in Bezug auf bestimmte Orte erzählt, die gefährlich und unheimlich waren (Moor, unsichere Furt über einen Fluss …). Mit Erzählungen dieser Art haben Menschen versucht, ihre Angst auszudrücken und mit ihr fertig zu werden. Die biblischen Wissenschaftler schließen aus dieser Beobachtung, dass der Text mündlich erzählt wurde, bevor man ihn aufschrieb und dass er von einem Dämon am Jabbok-Fluss in einer Zeit erzählte, als man Jahwe nicht kannte. Als dann die Israeliten diese Geschichte kennen lernten, haben sie sie wohl mit Jahwe in Verbindung gebracht, aber es blieb offen, woher die dunkle Gestalt des nächtlichen Kampfes eigentlich kam und wer sie war. Die Israeliten drückten in dieser Geschichte wohl die Erfahrung aus, dass Jahwe nicht berechenbar ist, sondern seine dunklen, rätselhaften, ja unheimlichen Seiten behält.

In der jetzigen schriftlichen Form steht der Text im Zusammenhang mit den Aussagen über den Segen, der für die so genannten Vätererzählungen des Alten Testaments typisch ist.

Sie beginnen in Gen 12,1–3 mit der Segensverheißung an Abraham, von dem der Segen weiter gehen soll, bis er schließlich »zu allen Völkern« gelangt. Abraham gibt den Segen seinem Sohn Isaak weiter und von dem kommt er zu dessen Sohn Jakob.

Aber da war Betrug im Spiel. Der Segen war im Altertum immer dem ältesten Sohn bestimmt. Das aber war Esau, Jakobs älterer Bruder. Durch einen Trick hat Jakob den Esau um das Recht des Erstgeborenen betrogen und musste fliehen.

Nach vielen Jahren kehrte er zurück. Da er immer noch Angst vor der Rache des Bruders hatte, schickte er ihm reiche Geschenke. Außerdem teilte er seine Karawane, damit bei einem Überfall nicht alles verloren ging.

In dieser Situation spielt die Erzählung, die ihr gelesen habt.

Jakob war also ein Mann, der alles genau plante. Er war ein berechnender Mann, der immer seinen Vorteil im Auge hatte. Der Name »Jakob« bedeutet im Hebräischen so viel wie »Schleicher« oder auch »Betrüger«.

Umso größer muss der Schock gewesen sein, als er in der Dunkelheit überfallen wurde.

Der Erzähler teilt mit, dass er diesen Kampf besteht und aus ihm als ein neuer Mensch hervorgeht (das symbolisiert der neue Name). Jetzt ist er offenbar der rechtmäßige Träger des Väter-Segens.

Was soll man sich unter dem »Segen« vorstellen? Im Hebräischen entspricht er etwa dem Wort »Schalom«, was so viel wie Glück, Heil, Ganzheit bedeutet. »Segen« heißt wohl, dass einem Menschen äußerlich, aber auch innerlich sein Leben so gelingt, dass er sich bejahen und annehmen kann.

M 2

Herbert Falken, Der Ringer

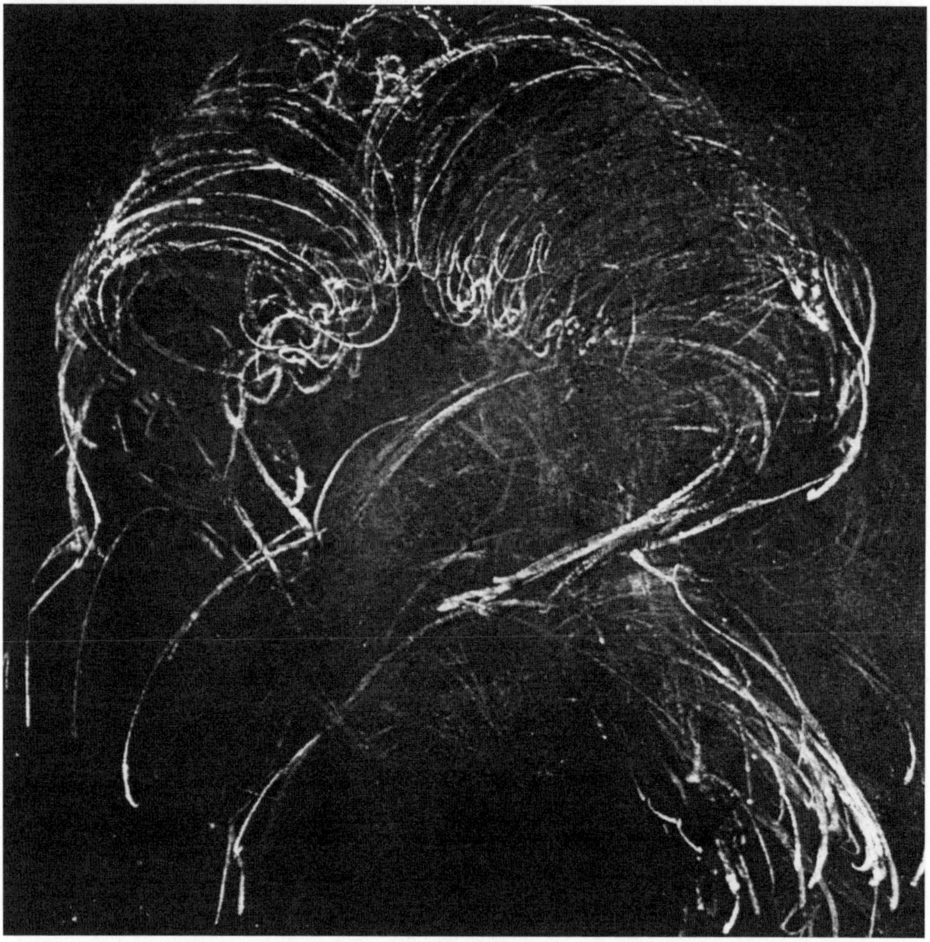

(Aus dem Zyklus: Jakobskampf. 110 x 110 cm, Graphit und Pastell)

M 3

kampf im dunklen

jakob

es ist nacht
nichts sieht mehr so aus, wie sonst
alles verschwimmt im dunkel

jakob ist allein
alles, was er kennt
was ihn sichert
hat er zurücklassen müssen
seine familie, seine freunde, seinen besitz
all das hilft ihm jetzt nicht mehr.
jakob ist mit sich allein
in der nacht

nur ein rauschen ist zu hören
der fluss, der unheimlich in der tiefen schlucht tobt

da kommt aus der dunkelheit etwas auf ihn zu
unheimlich ungreifbar – drohend
– lebensbedrohlich erstickend
jakob spürt: jetzt muss er kämpfen
jetzt muss sich zeigen, was in ihm steckt
jakob kämpft mit aller kraft

kann er das umheimliche, drohende packen?
was ist das?
wer ist das?
jakob ist mit sich allein
in dieser nacht
oder ist da noch jemand?

Horst Klaus Berg

M 4

Tiefenpsychologische Auslegung von Texten

Die Tiefenpsychologie geht davon aus, dass der Mensch nicht nur bewusst reflektiert und sein Verhalten steuert, sondern dass es Schichten in seiner Persönlichkeit gibt, die sich der bewussten Wahrnehmung und Beeinflussung entziehen.
In der Psychologie nennt man solche Schichten das Unterbewusstsein oder das Unbewusste. Die Tiefenpsychologie versucht, zu diesen (Tiefen-) Schichten vorzudringen.
Die Begründer der Tiefenpsychologie sind Sigmund Freund und Carl Gustav Jung. Beide entwickelten ihre Theorien in der ersten Hälfte unseres Jahrhunderts.
Tiefenpsychologische Ansätze werden seit längerem nicht nur für die Erklärung und Heilung seelischer Probleme verwendet, sondern auch für das Verständnis von Texten. In diesem Fall geht man davon aus, dass Texte – vor allem Märchen, Dichtungen und auch Bibeltexte – uralte Menschheitserkenntnisse über seelische Probleme enthalten. Diese Erkenntnisse bringen solche Texte nicht direkt zur Sprache, sondern verschlüsselt. Wer sie entschlüsselt, kann nach der Meinung von Tiefenpsychologen sich selbst besser verstehen und von diesen Menschheitserfahrungen lernen. Solche Texte erzählen also nicht nur bestimmte Ereignisse (beispielsweise das Märchen von Rotkäppchen und dem Wolf), sondern geben auch seelische Erfahrungen wieder.

Eine wichtige Methode zum Tiefenpsychologischen Entschlüsseln von Texten ist das so genannte intrapsychchische Verständnis. Es besagt, dass Personen, die im Text vorkommen, nicht nur als verschiedene Menschen aufzufassen sind, sondern auch als verschiedene Schichten eines einzelnen Menschen. Im Blick auf das Beispiel Rotkäppchen geht es nicht nur um das Kind, dem gegenüber der Wolf als böse Gestalt steht, sondern »Rotkäppchen« und »der Wolf« sind jeweils verschiedene Bereiche einer Person. Sie verkörpern Liebe und Zuwendung gegenüber der Großmutter (»Rotkäppchen«), aber auch Abneigung und Aggression im Blick auf die alte Frau (»der Wolf«). Beide kämpfen darum, welcher Teil der Persönlichkeit sich mit seiner Einstellung durchsetzt und das Verhalten steuert. In der Handlung des Märchens geht es dann nicht nur um die Frage: Frisst der Wolf die Großmutter? – sondern auch darum, wer am Ende die Oberhand behält: »Rotkäppchen« (Liebe) oder »der Wolf« (Hass). Dieser Kampf spielt sich in dieser Sicht also innerhalb der Seele eines einzigen Menschen ab. Darum wird der Ausdruck »intrapsychisches Verständnis« verwendet.

Die Tiefenpsychologische Deutung von Texten will dazu anregen, solche verschiedenen Schichten oder Bereiche in sich selbst zu entdecken. Man kann lernen, beispielsweise »den Wolf« in sich zu erkennen. Darüber muss man nicht erschrecken, sondern kann lernen, ihn zu »zähmen«, d.h. mit Feindseligkeiten oder Aggressionen besser umzugehen.

M 5

Tiefenpsychologische Auslegung von Gen 32

»Objektstufe«	**»Subjektstufe«**
1 Jakob lässt seine Familie und seinen Besitz zurück. Er bleibt allein an der Furt.	
2 Er wird von einem unheimlichen Wesen überfallen.	
3 Er kämpft mit aller Macht.	
4 Er spürt, dass er den »Segen« braucht.	
5 Jakob muss seinen Namen sagen.	
6 Er hat dem Wesen den Segen abgerungen.	

Kapitel 4: Die Freiheit und das Land

1 Theologische Erwägungen

1.1 Historische Grundlagen

Im Gegensatz zur Väter-Überlieferung läßt sich die Exodus-Tradition historisch etwas genauer bestimmen. Die Angaben in Ex 1,11 über die Fronarbeit weisen auf die Zeit des Pharao Ramses II. (1301–1324 v. Chr.). Dieser versuchte, das geschwächte Reich wieder zu festigen. Immer wieder kamen Nomaden ins Land, die anderswo für ihre Herden keine Nahrung fanden und Weideplätze suchten. In der Regel mußten sie dafür in Form von Fronarbeit bezahlen. Über derartige Vorgänge gibt es Quellen in den ägyptischen Annalen.

Solche Nomaden waren es auch, die den Exodus erlebten. Allerdings kann es sich nur um einzelne Sippen gehandelt haben, keineswegs um ein großes »Volk Israel«, sonst gäbe es sicher Spuren davon in den Aufzeichnungen des ägyptischen Staates.

Jedenfalls entzogen sich offenbar diese Nomaden der Fronarbeit durch Flucht, wobei sie nur mit Not einer nachsetzenden ägyptischen Truppe entkamen. Sie haben diese Rettung als Wunder wahrgenommen, das ihr Gott Jahwe für sie bewirkt hat.

Diese Jahwe-Leute sickerten in Kanaan ein und fanden dort ethnisch verwandte Sippen von Nomaden, die ebenfalls auf dem Weg zur Seßhaftwerdung waren. Jede Sippe verehrte ihren »Gott der Väter«, d.h. eine Gottheit, die zu den »Vätern« der Sippen bzw. Stämme in enger Beziehung stand. Diese Sippen in Kanaan brachten wohl die Jakob-Israel Tradition mit.

Man kann davon ausgehen, daß sie sich mit den »Jahwe-Leuten« zusammentaten. Dabei muß die Erzählung vom rettenden Jahwe so beeindruckend gewesen sein, dass sie den Glauben an ihn übernahmen und diese Gruppen dann zu einem Stämmeverband zusammenwuchsen, der den Namen »Israel« trug.

Israel hat die Traditionen vom Exodus und von der Landnahme als Wunder gesehen, die Jahwe an seinem ganzen Volk tat. Es hat diese Erinnerungen immer weiter ausgestaltet, immer mehr ins Mirakulöse gesteigert. Das läßt sich besonders deutlich an den bekannten zwei Fassungen des Schilfmeer-Wunders in Ex 14 ablesen: die frühe (jahwistische) Fassung bringt die Rettung in Verbindung mit einem Wind, der das Wasser so wegschiebt und zurückfluten lässt, daß die Flüchtlinge entkommen, die Verfolger aber umkommen. Die spätere (priesterschriftliche) Version schildert das Geschehen dann als überwältigendes Wunder: Mose lässt die Wasser zurückweichen und wieder zusammenstürzen.

Wichtig ist nicht die historische Stimmigkeit, sondern die *Bekenntnisqualität* der Exodusüberlieferung.

1.2 Die Erinnerung an den Exodus im Alten und Neuen Testament

Die Stichworte »Exodus« und »Landnahme« bezeichnen nicht nur bestimmte Textgruppen in der Hebräischen Bibel, sondern schließen eine ganze Welt von Erinnerungen und Hoffnungen, von Preisungen und Lebensorientierungen ein. Das zeigt sich schon am innerbiblischen Befund. Hier einige Beispiele:

Das heilsgeschichtliche Credo
Ein »Urdatum« der Exodus-Tradition ist Dtn 26,5–9. Es ist hier mit dem Rahmen der Verse 3–5a und 10 abgedruckt.

3 Und du sollst zu dem Priester kommen, der in jenen Tagen da ist, und zu ihm sagen: Ich bezeuge heute JAHWE, deinem Gott, daß ich in das Land gekommen bin, das uns zu geben JAHWE unseren Vätern geschworen hat. 4 Und der Priester soll den Korb aus deiner Hand nehmen und ihn vor den Altar JAHWES, deines Gottes, niedersetzen. 5 Du aber sollst vor JAHWE, deinem Gott, anheben und sprechen:
Ein umherirrender Aramäer war mein Vater; und er zog nach Ägypten hinab und hielt sich dort als Fremder auf, als ein geringes Häuflein. Doch er wurde dort zu einer großen, starken und zahlreichen Nation. 6 Und die Ägypter mißhandelten uns, unterdrückten uns und legten uns harte Arbeit auf. 7 Da schrien wir zu JAHWE, dem Gott unserer Väter, und JAHWE hörte unsere Stimme und sah unser Elend und unsere Mühsal und unsere Bedrängnis. 8 Und JAHWE führte uns aus Ägypten heraus mit starker Hand und mit ausgestrecktem Arm und mit großem Schrecken und mit Zeichen und Wundern. 9 Und er brachte uns an diese Stätte und gab uns dieses Land, ein Land, das von Milch und Honig überfließt.
10 Und nun siehe, ich habe die Erstlinge der Frucht des Landes gebracht, das du, JAHWE mir gegeben hast. (Dtn 26,3–10).

Dieser Text läßt einige charakteristische Merkmale der Exodus-Erinnerung erkennen:
- Befreiung und das Geschenk des guten Landes gehören zusammen.
- Jahwe allein ist es, der die Befreiung bewirkt und das Land gibt.
- Die Erinnerung ist nicht absichtslos, sondern nimmt eine bestimmte Funktion im religiösen und gesellschaftlichen Leben wahr. In Dtn 26 geht es um die dankbare Erinnerung an den Befreier und die Vergegenwärtigung des erinnerten Geschehens: Der Beter identifiziert sich mit der Geschichte. Indem er das Bekenntnis aus

Anlaß des Ernte-Opfers spricht, erkennt und bekennt er, dass der Befreier auch der Erhalter des Lebens ist.

Diese Merkmale der Exodus-Erinnerung sind offenbar schon von alters her bestimmend. Davon ist sicher auszugehen, auch wenn Dtn 26,5bff nicht mehr unbestritten als sehr alter Text anerkannt wird.
Zwei weitere Grundfunktionen der Rückbesinnung auf den Exodus und die Landnahme beschreiben die folgenden Hinweise:

Trost und Hoffnung aus der Exodus-Erinnerung
Immer wieder hat Israel aus der Rückbesinnung auf den Exodus Mut und Hoffnung in scheinbar aussichtslosen Situationen geschöpft. Die im Entwurf für die 5./6. Klasse abgedruckten Beispiele aus Ps 74 und Jes 43 zeigen, daß die Erinnerung zugleich eine Vergegenwärtigung bedeutet, die das vergangene Geschehen als jetzt möglich vor Augen stellt. Dieser ermutigende Rückgriff auf die Tradition ist vor allem in den Psalmen zu beobachten, aber auch der unter der Bezeichnung »Deuterojesaja« bekannte Exilsprophet hat seine Landsleute mit der Erinnerung an die befreiende Rettung zu neuer Hoffnung inspiriert.

Aufruf zum befreiten Leben für alle
Schließlich leiten biblische Weisungen aus der Exodus-Erinnerung die Verpflichtung zu einem Leben in Freiheit und Gerechtigkeit für alle ab. Auch dazu bietet der genannte Unterrichtsvorschlag für die 5./6. Klasse Materialien an. Gerade Ex 20,20ff zeigt, daß die Armen in der israelitischen Gesellschaft mit den armen Israeliten in Ägypten identifiziert werden. Wie Jahwe deren »Schreien hörte« (z.B. Dtn 26,7f), hört er die Armen aller Zeiten; so, wie er die ägyptischen Unterdrücker bekämpfte, richtet sich dann sein Zorn gegen die Unterdrücker aus dem Gottesvolk selbst, die den armen Israeliten Freiheit und Gerechtigkeit nehmen.
Am Ende kehrt sich ganz Israel von dem Exodus-Gott und seiner Weisung ab, so daß der Prophet die Klage Jahwes über sein Volk ausrufen muss:

Mein Volk, mein Volk, was habe ich dir getan?
Womit bin ich dir lästig gefallen?
Antworte mir!
Ich habe dich doch aus dem Land Ägypten herausgeführt,
aus dem Haus der Knechtschaft dich befreit!
(Mi 6,2f)

Das Neue Testament nimmt die Linien auf

Das Neue Testament ist stark von der Thematik des Auszugs und der Landnahme geprägt – auch da, wo die typische Begrifflichkeit nicht verwendet wird (vgl. Exeler, 1975, S. 155ff).

Vor allem die Ausrufung der Gottesherrschaft greift auf die zentrale Vorstellung des Exodus zurück, denn bereits das Mirjam-Lied schließt mit dem Ausruf: »Jahwe ist König immer und ewig« (Ex 15,18).

Einige Aspekte sind noch besonders hervorzuheben:

- Vor allem das Matthäus-Evangelium schildert Jesus als den neuen Mose, z.B. in der Ausgestaltung der Geburtsgeschichte (Gefährdung des Kindes) oder in der Darstellung Jesu als endzeitlichem Tora-Lehrer (Bergpredigt!).
- Dreimal wird explizit auf die Rettung aus Ägypten zurückgegriffen: In Apg 7 beruft sich Stephanus in seiner Verteidungungsrede ausführlich auf die Exodustradition (Apg 7,17–44), vor allem, um die Analogie Mose-Jesus herauszustellen und darzulegen, daß Israel schon immer die Propheten verfolgt habe. Diese Analogie durchzieht das ganze Neue Testament (vgl. Exeler, 1975, S. 165ff). – Die zweite Stelle findet sich im Hebräerbrief: Im großen »Glaubenskapitel« wird Mose als der geschildert, der »aus Glauben« Ägypten verließ (Hebr 11,27). – Schließlich benutzt der Judasbrief die Exodus-Erinnerung, um vor Ungehorsam zu warnen (Jud 5).
- Vor allem aber die gesamte paulinische Theologie mit ihrer Ansage der durch Christus bewirkten Befreiung steht in der Tradition des Exodus-Geschehens und führt es überbietend fort (vgl. Exeler, 1975, S. 199ff).

1.3 Die Erinnerung an den Exodus in der Gegenwart

Auch die außerbiblische Wirkungsgeschichte der Exodus-Tradition ist reich und vielschichtig. Einige Beispiele:

- Am intensivsten wird die Erinnerung an die Befreiung sicher in der Begehung des Pessach-Festes im Judentum wachgehalten. Da die Pessach-Feier auch bei Christen mittlerweile recht bekannt ist, genügen wenige Hinweise: Die sehr anschaulichen Riten beim Sederabend bewirken eine immer wiederkehrende ganzheitliche Rückbesinnung. Die traditionellen Fragen sorgen dafür, daß die Sinngebung über die Generationen hinweg wachgehalten wird. Besonders wichtig ist, daß der Gegenwartsbezug immer aufs Neue gesucht wird: »zu allen Zeiten ist es Pflicht jedes Einzelnen, sich alles so vorzustellen, als sei er selbst in Ägypten gewesen« heißt es in einem Seder-Gebet oder noch deutlicher im Spruch über den

Mazzot: »Dies ist das Brot der Armut, das unsere Väter im Land Ägypten aßen. Jeder, der hungrig ist, komme und esse. Wer in Not ist, komme und feiere mit uns das Pessach-Fest. In diesem Jahr noch hier, im nächsten Jahr in Israel. Dieses Jahr sind wir noch Sklaven, im kommenden – Söhne der Freiheit.« So ist die Exodus-Erinnerung an Pessach Quelle der Hoffnung und der Verpflichtung, genau wie in der Hebräischen Bibel.

- Besonders intensiv wird das Gedenken an den Exodus in Gruppen und Gesellschaften wachgehalten, die selbst in Unterdrückung leben. Das zeigt sich vor allem in den Liedern der Neger -Sklaven im 19. Jh. und in den Gemeinden der armen Campesinos in Lateinamerika. Diese Beispiele werden im Unterrichtsvorschlag für die 8./9. Klasse bearbeitet.
- In den Jahren des gesellschaftlichen Aufbruchs und der Neuorientierung stand in Theologie und Religionspädagogik das Stichwort »Exodus« für Neuanfang und Hoffnung. Ein sehr charakteristisches Beispiel ist das damals konzipierte Unterrichtswerk EXODUS. Der dritte Band (1974) begann mit den Worten: »Lasst uns hinausgehen in ein anderes Land … Es gibt einen Weg, den wir finden können, wenn wir ihn gemeinsam gehn. Laßt uns hinausgehen in ein anderes Land … Im neuen Land leben neue Menschen. Sie denken und fühlen neu. Sie erwarten das Neue nicht von andern. Sie fangen bei sich selber an …« Und im Nachwort für Eltern und Schüler hieß es unter Rückgriff auf die biblische Tradition: »Auszug, das heißt Zug in die Freiheit, heißt Befreiung. Auszug, das heißt, von Gott befreit werden zur Selbständigkeit, zu selbstverantwortetem Handeln«. Religionspädagogische Theorie und Praxis versuchte in jenen Jahren, in der Wahl der Themen und der Art der vorgeschlagenen Arbeitsformen, diese Chancen zur Selbständigkeit aufzugreifen. – Was ist davon geblieben? Eine »Trendwende« zu eher traditionellen Denk- und Handlungsmustern hat viele dieser Anstöße verschüttet (Beispiel: Aus den Neuausgaben von EXODUS sind die zitierten Abschnitte längst verschwunden!). Es wäre gut, wenn diese Hoffnungs- und Handlungsimpulse heute wieder entdeckt und zur Geltung gebracht würden.

2 Didaktische Erwägungen

Vier Unterrichtsansätze zum Themenbereich »Exodus« sind in den meisten Lehrplänen und Religionsbüchern vertreten:

- Die Konzentration auf die Gestalt Moses. Dieser Ansatz wird meistens für die Grundschule gewählt, um eine stärkere Anschaulichkeit und Identifikationsmöglichkeit für die Schüler zu erreichen.
- Erschließung vom Pessach-Fest her. Das Interesse dabei ist neben der größeren

Anschaulichkeit das Verständnis für die gemeinsamen Wurzeln von Juden und Christen in der Tradition der Hebräischen Bibel.

- Verknüpfung mit der neutestamentlichen Überlieferung von Passion und Auferstehung. Beide Überlieferungen beleuchten und vertiefen sich gegenseitig.
- Auseinandersetzung mit den Exodus-Texten, speziell Ex 14, als Beispiel für die Quellenscheidung im Pentateuch. Die Schüler können lernen, die unterschiedlichen Ausgestaltungen als Antworten des Glaubens auf die Erfahrungen der geschichtlichen Situation zu verstehen.

Die folgenden Vorschläge nehmen diese Ansätze *nicht* auf, weil sie in zahlreichen veröffentlichten Entwürfen und auch Religionsbüchern recht gut aufbereitet sind.

Ich biete alternativ dazu drei Entwürfe an:

a. Das gute Land nicht verachten
Für die 3./4. Klasse wird die Erzählung von der Aussendung und Rückkehr der Kundschafter (Num 13 und 14) urprungsgeschichtlich erschlossen. Die Schüler sollen die Geschichte als »Antworttext« kennen lernen, der eine bestimmte geschichtliche Erfahrung im Horizont der Erinnerung an die Befreiung und die Gabe des Landes verarbeitet.

b. Erinnerung hält lebendig
Für die 5./6. Klasse wird vorgeschlagen, die innerbiblische Wirkungsgeschichte der Exodus -Tradition nachzuzeichnen, um Grundzüge ihres Verständnisses zu erarbeiten, die sich in bestimmten Situationen konkretisieren.

c. Symbol der Freiheit
Schülern der 8.–10. Klasse wird Material aus der Wirkungsgeschichte der Exodus-Erinnerung in der Gegenwart angeboten, vor allem in Negro Spirituals und im Bibelgebrauch der lateinamerikanischen Basisgemeinden.

Einführende Literatur

M. Noth, Das zweite Buch Mose. Exodus. 1959
E. Zenger, Das Buch Exodus. 1987
A. Exeler, Exodus. Ein Leitmotiv für Pastoral und Religionspädagogik. 1975

3 Unterrichtsvorschläge

3.1 Das gute Land nicht verachten (3./4. Klasse)

Kurzcharakteristik

Inhalt:	Num 13 und 14
Klassenstufe:	3./4. Klasse
Lernchance:	Einen Text als »Antwort« auf eine konkrete geschichtliche Situation erkennen
Hermeneutisches Konzept:	Ursprungsgeschichtliche Auslegung

ANSATZ

Die Erzählung über die Entsendung von Kundschaftern in das verheißene Land, die herausfinden sollen, wie es beschaffen ist und ob Israel es in Besitz nehmen kann, ist sehr alt. Es geht, kurz gesagt, darum, dass Mose vor dem Betreten des versprochenen Landes Kundschafter vorausschickt, die zwar die Fruchtbarkeit des Landes entdecken, aber von der Stärke seiner Bewohner so beeindruckt sind, dass sie Israel warnen, es in Besitz zu nehmen. Die Geschichte erzählt weiter, dass das Volk wegen des mangelnden Vertrauens in Jahwes Beistand gestraft wird. In Num 13 und Num 14 sind zwei schriftliche Versionen der Überlieferung ineinander verwoben worden:
Zur jahwistischen Quelle gehören vermutlich (Zählung nach der Einheitsübersetzung; die Zürcher Bibel zählt anders; 13,1 ist dort 13,2 usw.): 13,17–20; 13,22–24; 13,27–31; 14,4; 14,11–25; 14,39–45.
Zur Priesterschrift wird gerechnet: 13,1–17; 13,21.25f; 13,32f; 14,1–3.5–10; 14,26–38.
Der Unterrichtsvorschlag stützt sich auf die priesterschriftliche Version. Die Priesterschrift (P) weist im Vergleich zu J einige charakteristische Merkmale auf:

- Bei ihr geht es nicht um eine Erkundung im militärischen Interesse.
- Mose schickt 12 Männer, die ganz Israel repräsentieren.
- Es wird das ganze Land erkundet (V. 21: vom äußersten Süden bis nach Norden).
- Beim Bericht der Kundschafter wird ihre skeptische Aussage sehr kritisch als »böses Gerede gegen das Land« qualifiziert.
- Die Reaktion des Volkes wird sehr ausführlich und drastisch geschildert. Josua und Kaleb rücken das »böse Gerede« zurecht, indem sie das Land als »sehr gut«

bezeichnen (Rückgriff auf die Schöpfungsaussage Gen 1,31 P) und auf Jahwes Beistand verweisen. Aber das Volk will sie steinigen.

- Das vertrauenslose Volk hat sich das Unheil auf den Hals geredet: so, wie sie es wollten, werden die Israeliten »in der Wüste sterben« (14,2f –14,29). Erst die kommende Generation wird das Land einnehmen.

Diese Akzentuierungen in der Gestaltung sind im Zusammenhang mit der geschichtlichen Konstellation zu erklären, in der die priesterschriftliche Version von Num 13 und 14 entstand:
Der Perserkönig Kyros hatte das babylonische Reich niedergeworfen. Er vertrat eine recht liberale Politik gegenüber unterworfenen Völkern: Er war nicht an der Zerstörung ihrer nationalen und kulturellen Identität interessiert, sondern stützte die gewachsenen Ordnungen, um damit für stabile Verhältnisse zu sorgen. So hatten die exilierten Israeliten die Möglichkeit, in die Heimat zurückzukehren (das in Esra 6,3–5 in aramäischer Sprache wiedergegebene »Kyros-Edikt« regelt nur den Wiederaufbau des Tempels und sagt nichts über die Erlaubnis zur Heimkehr, setzt diese aber wohl voraus).
Ganz offensichtlich hat die neue Freiheit keine massenhafte Rückwanderung ausgelöst. Dafür ist wohl in erster Linie die Tatsache verantwortlich, dass die Deportation schon 50 bzw. 60 Jahre zurücklag und die Kinder oder Kindeskinder der ersten Generation sich entscheiden mussten. Hinzu kam, dass wohl die meisten in der Fremde soziale Sicherheit gewonnen hatten, nicht wenige sogar zu einem gewissen Wohlstand gekommen waren. Ihnen musste die Rückkehr als eine Reise in ungewisse, ja gefährliche Verhältnisse erscheinen. So haben sich wohl recht wenige zur Übersiedlung entschlossen.
Dies war nicht nur ein politisches oder ethnisches Problem, sondern vor allem ein theologisches. Die Exilspropheten, allen voran »Deuterojesaja« (Jes 40–55), hatten immer wieder den Verbannten die Heimkehr als neuen Exodus, ja, als Überbietung der überlieferten Befreiung und Verleihung des Landes geschildert (z.B. Jes 43,14ff; Jes 52,10ff): Jahwe habe seinem Volk vergeben und wolle selbst das Land wieder zur Wohnstatt machen (z.B. Jes 44,24ff).
Die priesterschriftliche Fassung von Num 13 und 14 ist aus dieser Situation heraus auszulegen: Es geht offensichtlich um die Situation, dass die Verbannten vor der Wahl stehen, ob sie nach Israel zurückkehren sollen oder nicht. Num 13 und 14 gehen davon aus, dass Israel die Gabe Jahwes nicht annehmen will!
Diese Poduktionssituation erklärt einige charakteristische Züge des Textes:

- Die fast prozessionsartige Begehung des ganzen Landes durch ganz Israel symbolisiert die Vorstellung, dass Jahwe seinem Volk das gute Land noch einmal verleiht.

- Die Sünde der Kundschafter besteht in der »Verleumdung des Landes«. Sie machen sich sogar das geringschätzige Urteil anderer Völker über das gelobte Land zu eigen, wenn sie es als »Menschenfresserin« bezeichnen (Num 13,33; Hes 36,13!). In diesen »Kundschafterberichten« spiegelt sich wohl nicht nur das Urteil von Abgesandten, die man aus Babylonien in die Heimat geschickt hatte, sondern auch die Mutlosigkeit der Verbannten: Sie wollten lieber im sicheren Land sterben als sich der Leitung Jahwes in das verheißene Leben anvertrauen.
- Dass Israel gegen Mose – und damit gegen Jahwe – »murrt«, ist ein immer wiederkehrendes Motiv in der Exodus-Überlieferung. In Gefahrensituationen kommt es zu radikaler Kritik: An den »Fleischtöpfen Ägyptens« waren sie zwar Sklaven, aber nicht vom Hunger bedroht (Ex 16,2ff u.ö.).
- Damit weisen die Israeliten letztlich die Befreiungstat Jahwes zurück und wollen sich wieder dem Pharao und seinen Gesetzen unterwerfen. Grundsätzlich geht es um das 1. Gebot in diesen »Murr -Geschichten«.
- Die so denken und reden, trifft der Fluch: Sie müssen tatsächlich »in der Wüste sterben«.

So sind Num 13 und 14 eine eindringliche Warnung, das Angebot des Landes nicht auszuschlagen und den Beistand Jahwes gering zu achten.

Der Unterrichtsvorschlag basiert auf der Ursprungsgeschichtlichen Auslegung. Sie ist daran interessiert, biblische Texte als Antworten auf die »Provokation der Situation« in einer bestimmten historischen Konstellation kenntlich zu machen.
Im Unterricht kann es nun nicht das Interesse sein, die Schüler gleichsam zu »Mini-Exegeten« zu schulen. Sie sollen vielmehr lernen, dass biblische Texte weder die historische Dokumentation von Tatsachen im Auge haben, noch »ewige« Glaubenswahrheiten kundgeben wollen, sondern *Antworten des Glaubens* sind.
Das wird in der Grundschule nicht in erster Linie in Form der historischen Analyse und der Ursprungsgeschichtlichen Textinterpretation geschehen, sondern erzählend. Allerdings sollen die Schüler durchaus in elementarer Weise in Ursprungsgeschichtliche Fragestellungen eingeführt werden, so dass sie selbst den Gang der Auslegung nachvollziehen können.

VERLAUF

a. Israel in der Verbannung (ca. 1 Stunde)

Die Ursprungsgeschichtliche Auslegung basiert darauf, dass die Situation, in der ein Text (vermutlich) entstand, historisch geklärt wird. Dabei geht es nicht nur um die Darstellung der geschichtlichen Entwicklung, sondern um die Rekonstruktion des sozialen, kulturellen und religiösen Lebens als »Sprechanlass« für den Textproduzenten.
Der folgende Vorschlag geht davon aus, dass der Unterrichtende in den ersten Stunden bereits Grundkenntnisse über das Exil vermittelt hat (vgl. dazu den Entwurf in Kapitel 8, aber auch die Informationen für die Klassen 5/6 in Kapitel 1). Es wird hier also nur ein Info-Blatt als Zusammenfassung angeboten (**M 1**).

b. Heimkehr ins gute Land? (ca. 3 Stunden)

Jetzt ist die »Sprechsituation« darzustellen. Das soll in Form einer Szene (**M 2**) geschehen. Sie bietet gute Möglichkeiten, nicht nur die Lage anschaulich zu erzählen, sondern auch die Fragen, Zweifel und Konflikte um die Frage der Heimkehr zu schildern. Es wäre günstig, die Szene vorher als kleines Hörspiel aufzunehmen (durch Mithilfe von Kollegen, älteren Schülern)
Nach dem Anhören der Szene (evtl. als Leseszene wiederholen) arbeiten die Schüler anhand des Arbeitsblatts **M 3** die kontroversen Einstellungen heraus.

c. Der Priester Parnach erzählt eine Geschichte (ca. 2 Stunden)

Die Schüler hören zunächst eine Nacherzählung der priesterschriftlichen Fassung von Num 13 und 14 (**M 4**) als »Antwort« auf die Fragen und Zweifel.
Sie lernen, den Text als »Antwortgeschichte« aufzufassen und erarbeiten ein Ursprungsgeschichtliches Verständnis einzelner Züge der Erzählung (**M 5**).

MATERIALIEN

M 1

Israel in der Verbannung

»An den Flüssen Babylons saßen wir und weinten ...« – Dieses Lied sangen die Israeliten immer wieder. Sie hatten ihre Heimat verloren, als Nebukadnezar, der mächtige König Babylons, Israel besiegt hatte. Der babylonische König brachte viele Israeliten als Gefangene in sein Reich, das Land zwischen den großen Flüssen Euphrat und Tigris, damit sie ihm nicht mehr gefährlich werden konnten.
Die Israeliten wurden nicht ins Gefängnis gesteckt, aber sie mussten an bestimmten Orten wohnen, die sie nicht verlassen durften.
Es ging ihnen nicht schlecht in Babylon. Sie durften zusammen wohnen und auch Berufe ausüben. Manche waren sogar wohlhabend geworden.
Aber das Leben war für sie doch sehr traurig. Denn sie vermissten die Heimat. Oft dachten sie an die Hauptstadt Jerusalem mit dem herrlichen Tempel, wo sie so viele Gottesdienste für Jahwe, ihren Gott, gefeiert hatten. Jetzt dachten sie: Der babylonische König hat uns besiegt, darum ist der Gott der Babylonier auch stärker als Jahwe. Er kann uns nicht mehr helfen.
In Babylonien gab es viele Götter. Der mächtigste und wichtigste hieß **Marduk**. Die Babylonier glaubten, dass er Tiamat, den gefährlichen Drachen, besiegt hatte.

MARDUK SIN ISCHTAR SCHAMASCH

Andere wichtige Götter hatten verschiedene Aufgaben: Die Sternengöttin **Ischtar** war für die Fruchtbarkeit des Landes zuständig, der Sonnengott **Schamasch** sorgte dafür, dass es Tag und Nacht wurde. Er kümmerte sich auch um Gerechtigkeit. Der Mondgott **Sin** hatte mit Leben und Gedeihen zu tun. Die Menschen glaubten, dass die Gestirnsgötter das Schicksal beeinflussten.

M 2

Hoffnung für die Verbannten?

Sprecher: Viele Jahre waren die Israeliten nun schon in der Verbannung in Babylonien. Für manche war das Land zwischen Euphrat und Tigris fast schon zur neuen Heimat geworden. Und es gab auch nicht wenige, die schon gar nicht mehr an Israel dachten – und Jahwe hatten sie auch vergessen. – Aber es gab auch kluge Männer, Priester und Propheten, die immer wieder an Jahwe erinnerten. Immer wieder sagten sie: Gebt die Hoffnung nicht auf! Eines Tages wird Jahwe uns aus Babylonien befreien, wie er unsere Vorfahren aus Ägypten befreite. Und er wird uns wieder in das Land bringen, das er unseren Vorfahren versprochen hat.
Und eines Tages war es tatsächlich so weit. Kyros, der starke König der Perser, hatte die Babylonier besiegt. Nun durften die Israeliten in die Heimat zurückkehren. Er erlaubte ihnen sogar, daß sie den Tempel wieder aufbauten und wollte ihnen dabei helfen. – Die Priester und Propheten hatten Recht behalten: Jahwe schenkte seinem Volk das versprochene Land noch einmal.
Bald wurden Boten in die Heimat geschickt, die erkunden sollten, wie es dort aussah. – Und so könnte es gewesen sein, als sie zurückkamen:

Da stehen ein paar Israeliten beieinander. In der Mitte Benjamin und Josua, die gerade aus der Heimat zurückgekommen sind.Ganz aufgeregt unterhalten die Frauen und Männer sich.

Samuel: Nun sagt schon, Benjamin, Josua, wie sieht es aus in der Heimat?

Elidad: Heimat! Heimat! Wenn ich das schon immer höre! Vater, das ist deine und Mutters Heimat. Wir sind jetzt hier zu Hause! Stimmt's Rut?

Miriam: Sei still, Elidad. Laß sie doch erst mal erzählen.

Benjamim: Na ja, es war schon ein tolles Gefühl, auf dem Boden zu stehen, auf dem schon unser Erzvater Abraham gestanden hat. Hab ich mir schon oft gewünscht, nur nicht geglaubt, dass es Wirklichkeit wird.

Ruben: Ist ja gut. Aber nun erzähl schon, wie es dort aussieht.

Josua: Es ist wirklich ein schönes Land … Ich mußte an die Geschichte denken, die uns der Priester von der Erschaffung der Erde erzählt hat. Da heißt es immer wieder: Und es war gut.

Samuel: Hört ihr, es ist ein gutes Land. Gott sei Dank, daß wir endlich wieder heimkehren dürfen. Jahwe wird vor uns herziehen, wie er es versprochen hat. Nun fängt ein herrliches Leben an!

Benjamin: Mal langsam mit deiner Begeisterung, Samuel. Du hast ja recht, es ist ein schönes Land. Aber so wunderbar, wie Josua sagt, ist es auch wieder nicht. Nicht so, wie ihr es euch vorstellt.

Samuel: Warum nicht? Ich kann es mir gar nicht schön genug vorstellen!

Josua: So war es wohl auch mal. Aber ihr dürft nicht vergessen, was inzwischen dort geschah. Viele Äcker sind seit Jahren nicht bebaut worden, wüst sehen sie aus. Und viele Häuser liegen noch in Trümmern.

Ruben: Kann ja wohl nicht anders sein, wenn keiner von uns da ist. Aber das soll uns nicht hindern. Wir sind jung und kräftig, wir werden alles wieder aufbauen. Ich freue mich darauf.

Samuel: So ist es recht! Und Jahwe wird uns helfen.

Benjamin: Täuscht euch nicht, Freunde! Und stellt es euch nicht so einfach vor. Vieles geht dort drunter und drüber. Frag mal Josua, wie oft wir Räubern begegneten. Zum Glück sind wir ihnen immer entkommen, aber nur mit Mühe. Stimmt's, Josua?

Josua: Ja, ja , du hast recht. Gefährlich ist es dort schon. Trotzdem bleibt es unsere Heimat.

Elieser: Heimat hin, Heimat her! Mir scheint, das Land frißt die Leute, die dort wohnen. Ich will nicht dazugehören!

Elidad: Hörst du, Vater! Wer soll wohl dorthin zurück wollen?

Rut: Ich will auch nicht dahin. Da muss man ja immer Angst haben!

Miriam: Seid still, Kinder! Ihr sollt doch nicht allein dort leben. Wir alle werden zurückgehen.

Rut: Was sollen wir da? Alles ist kaputt. Und dort kenne ich keinen Menschen. Hier sind alle meine Freundinnen.

Miriam: Schöne Freundinnen! Babylonische Mädchen sind's. Was haben wir mit denen zu tun! – Wir müssen zurück!

Benjamin: Ich glaube, du stellst dir das zu einfach vor, Miriam.

Miriam: Und Du, Benjamin, bist ein Angsthase und willst uns auch Angst machen, nichts anderes! Du hast gehört, was Samuel gesagt hat: Jahwe wird uns helfen, neu anzufangen.

Elieser: Neu anfangen! Wenn ich das schon höre. Haben wir hier nicht gerade erst alles aufgebaut und sind froh, dass wir es so weit geschafft haben? Das war Mühe genug.

Ruben: Du denkst wohl vor allem an Deinen Profit, Elieser! Du willst doch nur in Babylonien bleiben, weil du hier so gute Geschäfte machst!

Miriam: Und du, Josua? Du sagst ja gar nichts mehr!

Josua: Ich denke, Benjamin hat in einer Weise schon recht: Das Land ist teilweise wüst, und das Leben dort ist jetzt unsicher. Aber ich habe die Hoffnung, daß wir es schaffen. Ich vertraue auf Jahwes Versprechen. Er wird uns helfen, daß das Land wieder zu einem guten Ort für uns alle wird. – Wenn ihr mich fragt: Ich gehe ins versprochene Land.

Elieser: Und ich bleibe hier! Was soll mir das »versprochene Land«? Besser hier in Unfreiheit leben und einmal in Frieden sterben, als ins Ungewisse wandern!

Samuel: Daß ich das noch erleben muß! Jahwes Volk verachtet das gute Land! Er wird uns strafen!

Miriam: Ihr seid alle verrückt! Erst jammert Ihr über die Gefangenschaft – und dann seid ihr zu feige zur Rückkehr!

Josua: Laßt uns nicht streiten! Kommt, wir fragen den Priester um Rat!

M 3

Wer hat recht?

Da hatte nun der Perserkönig Kyros erlaubt, dass die Israeliten in die Heimat zurückkehren durften. Er wollte ihnen sogar helfen, den Tempel Jahwes in Jerusalem wieder aufzubauen.

So sah der Befehl des Kyros aus, auf dem er den Wiederaufbau des Tempels in Jerusalem verkündet. Schreibmaterial ist ein Zylinder aus Ton

Aber nicht alle Verbannten waren davon begeistert.

Lest die Szene noch einmal und schreibt mit eigenen Worten auf, welche Meinung die sieben Leute vertreten.

Vielleicht könnt ihr auch herausfinden, welchen Grund sie für ihre Meinung haben?

Benjamin: ____________________

Josua: ____________________

Samuel: ____________________

Rut: ____________________

Miriam: ____

Elidad: ____

Ruben: ____

Elieser: ____

M 4

Der Priester Parnach erzählt eine Geschichte

Da kamen sie nun zum Priester Parnach und erzählten von ihrem Streit. Sie fragten ihn um Rat: Benjamin und Josua, Rut und Mirjam, Ruben und Elidad, Elieser und der alte Samuel.
Parnach dachte lange nach. Dann sagte er: »Ich erzähle euch eine Geschichte.«
Die Männer und Frauen setzten sich auf den Boden und warteten gespannt auf Parnachs Erzählung. Und er begann:

»Vor langer Zeit, als unsere Vorfahren noch nicht im verheißenen Land waren, sondern noch durch die dürre Steppe wanderten, sahen sie eines Tages grüne Bäume und Sträucher, wie ein Paradiesgarten sah das aus.
Da sagte Mose: ›Wir wollen Kundschafter ausschicken, die das Land besichtigen sollen.‹«
Ungeduldig fiel ihm Elidad ins Wort: »Was soll das, Parnach! Wir alle kennen die Geschichte von den Kundschaftern. Willst du uns zum Narren halten?«
Aber Parnach sagte ruhig: »Hab nur ein wenig Geduld, Elidad. Du wirst schon sehen, dass meine Erzählung eine Antwort auf eure Fragen und einen Rat für euch enthält. Ich erzähle die alte Geschichte ein wenig anders, als ihr sie kennt. Also, hört zu:
Mose suchte aus jedem der zwölf Stämme einen zuverlässigen Mann aus – alle Israeliten sollten dabei sein. Alle sollten erkennen, wie gut das Land war, das Jahwe seinem Volk schenken wollte.
Als die Männer nach 40 Tagen zurückkamen, erzählten sie, was sie gesehen hatten: Schön war das Land – aber auch gefährlich. ›Das ist kein Land, in dem man leben kann‹, sagten sie, ›es gibt dort viele Feinde. Das Land frisst die auf, die darin wohnen‹.
Da bekamen es die Israeliten mit der Angst. Sie sagten: ›Wären wir doch noch in

Ägypten. Da waren wir Sklaven, aber wir hatten wenigstens zu essen und waren in Sicherheit. Es wäre besser, wir würden alle in der Wüste sterben.‹
Nur zwei von den Kundschaftern, Josua und Kaleb, redeten anders: ›Das Land ist gut‹, sagten sie, ›so schön wie das Paradies, das Jahwe geschaffen hat. Und Jahwe wird uns beschützen, wir müssen keine Angst haben.‹
Da wurde das Volk wütend und wollte sie töten. Aber sie konnten entkommen.
Mose war sehr traurig, dass das Volk das gute Land verachtete, das Jahwe ihnen versprochen hatte. Und er sagte im Namen Gottes zu ihnen: ›Ihr werdet das Schicksal bekommen, das ihr gewünscht habt. Niemand von euch wird in das versprochene gute Land hineinkommen. Ihr müsst so lange umherwandern, ohne Heimat, bis ihr alle gestorben seid. Erst eure Kinder dürfen in das Land hinein‹.«

Parnach war fertig mit seiner Geschichte. Lange Zeit war es ganz still im Raum.
Alle hatten verstanden, was der Priester ihnen mit der Geschichte sagen wollte.
Dann gingen sie heim.

M 5

Parnachs Erzählung – eine Rätselgeschichte

In Parnachs Geschichte ist eine geheimnisvolle Botschaft versteckt. Sicher ist euch auch klar geworden, warum der Priester den Israeliten die alte Geschichte gerade so erzählt hat.

Versucht, aufzuschreiben, was ihr herausgefunden habt.

Was Parnach erzählt	*Was er den Israeliten wohl sagen wollte*
Mose schickt zwölf Männer	______________________
Die Kundschafter machen das gute Land schlecht	______________________
Die Israeliten haben Angst	______________________
Josua und Kaleb loben das Land	______________________
Die Israeliten dürfen nicht in das gute Land, sondern müssen ohne Heimat leben	______________________

Parnach will den Israeliten in seiner Zeit nicht eine Geschichte aus alter Zeit erzählen, sondern er möchte ihnen zeigen, wie sie selbst sind und was sie tun könnten, damit sie sich nicht selbst schaden.
Seine Erzählung ist eine ________________-Geschichte

3.2 Erinnerung hält lebendig (5./6. Klasse)

Kurzcharakteristik

Inhalt:	Das Exodus-Motiv im Alten Testament
Klassenstufe:	5./6. Klasse
Lernchance:	Erinnerung an den Exodus als Anstoß zur Ermutigung, Lebensorientierung und Umkehr wahrnehmen.
Hermeneutisches Konzept:	Intertextuelle Auslegung

Ansatz

Der folgende Unterrichtsvorschlag geht der Erinnerung an den Exodus innerhalb der Hebräischen Bibel nach. Das Interesse ist nicht einfach eine Zusammenstellung von Bibelstellen, in denen das Stichwort vorkommt, sondern die Frage, welche Funktion diese Erinnerung in bestimmten Situationen hatte und wie dabei immer neue Erfahrungen hinzugekommen sind. Dabei kann es zu einer wechselseitigen Beleuchtung der einzelnen Stellen und zur Vertiefung der Thematik kommen. Einen Interpretationsansatz, der den Beziehungen zwischen Texten nachgeht, bezeichnet man als »Intertextuelle Auslegung«. Sie entfaltet sich in unterschiedliche Richtungen (vgl. den »Steckbrief« und vor allem das ausführlichere Kapitel II.10 im ersten Band). Dem Unterrichtsvorschlag liegt der Ansatz »wachsende Überlieferung« zugrunde: Er geht davon aus, dass eine Basis-Erfahrung wie »Befreiung« sich in verschiedenen Erfahrungssituationen mit neuen Aspekten angereichert hat.
Am Anfang wird die Erkenntnis gestanden haben, dass die Jahweleute sich auf einen Gott verlassen konnten, der die Schwachen gegen die Mächtigen in Schutz nimmt, zu dem man Vertrauen haben kann (Grunderfahrung: Vertrauen, Mut). – Diese Erkenntnis schließt im Grunde schon ein, dass es in einer Gemeinschaft der Befreiten keine Unterdrückung mehr geben darf. Aber offenbar ist dieser Grundsatz erst in Konfliktsituationen bewusst wahrgenommen worden und musste immer wieder gegen egois-

tische Interessen zur Geltung gebracht werden (Grunderfahrung: Freiheit aller als Lebensrichtung). – Aber Israel hat auch erlebt, dass diese Freiheit verspielt und damit letztlich der geschenkte Lebensraum zerstört wurde: Wo das Land nicht mehr die gute Gabe für alle ist, sondern die Besitzgier anstachelt, verdirbt es. Das ist die kritische Botschaft der Propheten unter Rückgriff auf den Exodus. Die Rückbesinnung wird dann zur »gefährlichen Erinnerung«, weil sie selbstverständlich akzeptierte Normen radikal in Frage stellt (Grunderfahrung: Gefährliche Erinnerung).
Der Unterrichtsvorschlag versteht sich als ein Baustein innerhalb der Exodus-Thematik. Er geht davon aus, dass das Thema inhaltlich bereits erarbeitet worden ist und führt es intertextuell weiter.
Im Rahmen einer kurzen Zusammenfassung anhand von Dtn 26,2–11 können noch einmal die wichtigsten Inhalte der Exodus-Landnahme-Überlieferung wiederholt und leitende Fragestellungen entwickelt werden.
Anschließend bearbeiten drei Gruppen arbeitsteilig die oben genannten drei »Grunderfahrungen«. Dabei sind auch kreative Elemente eingeplant.

Verlauf

a. Du sollst fröhlich sein! Dtn 26,2–11 (ca. 2 Stunden)

Die Schüler beschäftigen sich mit dem Text anhand des Materials **M 1**. Zunächst tragen sie zusammen, was ihnen noch an Informationen über den Exodus gegenwärtig ist.
Die Rahmung des Textes (V. 3–5a und 10) lässt drei wichtige Bedeutungsnuancen der Exodus-Erinnerung erkennen:

- *Dank*
  (Opfer der Früchte: Das ursprüngliche Ernte-Fest hat sich mit der Begehung des Auszugs verbunden)
- *Freude*
  (über das gute Land und seinen Ertrag)
- *Vergewisserung, dass der Segen allen zukommen soll*
  (auch dem Leviten, der kein eigenes Einkommen hat, und dem »Fremden« – das kann ein Zugereister sein, aber auch ein Flüchtling oder Asylant!)

b. Erinnerung an den Exodus (ca. 2 Stunden)

Der Unterrichtende weist darauf hin, dass die Exodus-Erinnerung in Israels Geschichte ganz unterschiedliche Bedingungen gehabt hat.

Die Klasse bearbeitet die drei wichtigsten Aspekte anhand der Materialien und Vorschläge (**M 2–M 4**).

Gruppe 1: Trost- und Hoffnungstexte (M 2)
Die Schüler arbeiten selbständig an den Materialien. Falls nötig, könnte zu den Deuterojesaja-Texten (Nr. 2 und 3) eine Hintergrundinformation gegeben werden: Der Prophet ermutigt im babylonischen Exil die Israeliten.
Die Schüler könnten als zusammenfassende Charakterisierung »Trost- und Hoffnungstexte« notieren.
Sie überlegen, wie sie der Klasse ihre Ergebnisse vermitteln können (Poster; Folie; Rollenspiel …).

Gruppe 2: Texte der Lebensorientierung und Mahnung (M 3)
Vermutlich wird der Text aus Deuterojesaja den Schülern nicht leicht zugänglich sein. Eine Hintergrundinformation zum Exil und ein Hinweis auf die Verknüpfung von Schöpfung und Befreiung bei Deuterojesaja könnte hilfreich sein.
Eine zusammenfassende Charakterisierung wäre vielleicht in Form einer Erinnerungs- und Mahnrede möglich. Im Übrigen vgl. die Bemerkungen zu Gruppe 1!

Gruppe 3: Prophetische Ansage des Unheils (M 4)
Diese Gruppe geht ebenso vor wie die beiden anderen.
Bei dem Ausschnitt aus Am 2 ist wahrscheinlich Unterstützung nötig: Die Schüler werden auf den Begriff (Erd-)Boden als Hinweis auf das geschenkte gute Land aufmerksam gemacht. Sie sollen herausfinden, dass dieses Land verdirbt, wenn Freiheit und Gerechtigkeit für alle nicht darin wohnen (vgl. z.B. Jes 1,21!). Als zusammenfassender Begriff bietet sich an: *Prophetische Unheilsrede.*

c. Auswertung (ca. 1 Stunde)

Alle Gruppen tragen ihre Ergebnisse vor. Besonders wichtig ist, dass auch die kreativen Gestaltungen zum Zuge kommen.
Die Lerngruppe erkennt, dass die Erinnerung an den Exodus nie als unverbindliche Information weitergegeben wurde, sondern immer eine bestimmte Funktion in einer bestimmten geschichtlichen Situation hatte.
Vielleicht kann die Lerngruppe, alle drei Aspekte (Trost und Hoffnung – Erinnerung und Mahnung – prophetische Unheilsansage) noch einmal auf einem Poster zusammenfassen.

MATERIALIEN

M 1

Freude an der Freiheit und dem Land (Dtn 26,2–10)

2 Du sollst von den Erstlingen aller Feldfrüchte nehmen, die du von deinem Land einnimmst, das Jahwe, dein Gott, dir gibt, und sollst sie in einen Korb legen und an die Stätte gehen, die Jahwe, dein Gott, aussucht, damit dort sein Name wohnt.
3 Und du sollst zu dem Priester kommen, der in jenen Tagen da ist, und zu ihm sagen: Ich bezeuge heute JAHWE, deinem Gott, dass ich in das Land gekommen bin, das uns zu geben JAHWE unseren Vätern geschworen hat. 4 Und der Priester soll den Korb aus deiner Hand nehmen und ihn vor den Altar JAHWES, deines Gottes, niedersetzen. 5 Du aber sollst vor JAHWE, deinem Gott, anheben und sprechen:
Ein umherirrender Aramäer war mein Vater; und er zog nach Ägypten hinab und hielt sich dort als Fremder auf, als ein geringes Häuflein. Doch er wurde dort zu einer großen, starken und zahlreichen Nation. 6 Und die Ägypter misshandelten uns, unterdrückten uns und legten uns harte Arbeit auf. 7 Da schrien wir zu JAHWE, dem Gott unserer Väter, und JAHWE hörte unsere Stimme und sah unser Elend und unsere Mühsal und unsere Bedrängnis. 8 Und JAHWE führte uns aus Ägypten heraus mit starker Hand und mit ausgestrecktem Arm und mit großem Schrecken und mit Zeichen und Wundern . 9 Und er brachte uns an diese Stätte und gab uns dieses Land, ein Land, das von Milch und Honig überfließt.
10 Und nun siehe, ich habe die Erstlinge der Frucht des Landes gebracht, das du, JAHWE mir gegeben hast. So sollst du sie vor JAHWE, deinen Gott stellen und JAHWE, deinen Gott, anbeten 11 und sollst fröhlich sein über all das Gute, das JAHWE dir und deiner Familie gegeben hat, du und der Levit und der Fremde, der bei dir wohnt.« (Dtn 26,2–10).

Der Text enthält zwei deutlich voneinander abgehobene Teile: Einen »Rahmen« und einen »Mittelteil«. Sucht sie bitte heraus.
Den Rahmen kann man als eine Anweisung für einen Gottesdienst bezeichnen. Den Mittelteil nennt man ein Bekenntnis. Ein Bekenntnis ist eine kurz zusammengefasste Erinnerung wichtiger Glaubensinhalte.
Tragt bitte zusammen, welche Informationen ihr zu diesen Glaubensinhalten habt. Kann man der gottesdienstlichen Anweisung entnehmen, welche Bedeutung die Erinnerung an den Exodus hat?

M 2

Erinnerung an den Exodus (1)

1. Drei Beispiele

1
Wie lange, Gott, darf der Bedränger noch schmähen ...?
Doch Gott ist mein König von alters her, Taten des Heils vollbringt er auf Erden.
Mit deiner Macht hast du das Meer zerspalten ...
(Aus Ps 74, 10–13)

2
So spricht Jahwe, der einen Weg durchs Meer bahnt,
einen Pfad durch das gewaltige Wasser.
Seht her, nun mache ich etwas Neues ...
Ja, ich lege einen Weg durch die Steppe
und Straßen durch die Wüste ..
(Aus Jes 43,16–19)

3
Wach auf, wach auf, waffne dich mit Kraft,
du Arm Jahwes.
Bist du es nicht, der das Meer austrocknete,
damit die Geretteten hindurchzögen?
(Aus Jes 51, 9–10)

Lest euch bitte die Texte genau durch! Unterstreicht, welche Hinweise auf den Exodus jeder Text gibt. Wenn der Zusammenhang nicht ganz klar ist, könnt ihr in der Bibel nachlesen.
Stellt euch bei jedem Text vor, in welcher Situation wohl derjenige ist, der ihn spricht oder hört. Denkt daran, dass diese Texte schon vor langer Zeit entstanden sind!
Überlegt euch, welche Bedeutung wohl für den Sprecher die Erinnerung an den Exodus hat.

2. Weitere, ähnliche Beispiele

Ihr könntet noch andere Texte lesen, die eine ähnliche Aussage machen wie die unter Punkt 1: Ps 80,9–13; Ps 136.
Überlegt euch dazu die gleichen Fragen wie zu den anderen Texten!

Schreibt bitte auf, welche Bedeutung die Erinnerung an den Exodus in diesen Texten hatte.

Es sind ______________________________-Texte

Überlegt euch bitte, wie ihr den anderen mitteilen könnt, was ihr herausgefunden habt. Einige Ideen:

- *Ihr könnt ein Poster oder eine Folie gestalten: In den oberen Teil könnt ihr eine Geschichte malen, wie es den Personen oder den Menschen geht, die ihr euch bei den Texten vorgestellt habt. In den unteren Teil könnt ihr dann den Text als »Antwort« hineinschreiben.*
- *Ihr könnt die Geschichte aufschreiben und dann schildern, wie jemand anderes kommt und diesen Menschen mit dem Text als »Antwort« tröstet.*
- *Ihr könnt diese Szene auch den anderen vorspielen.*

3. Eine eigene Erinnerung an den Exodus selber gestalten

Ihr könntet euch jetzt eine Notsituation aus unserer Zeit überlegen, in der die Erinnerung an den Exodus wichtig wäre. Schreibt dazu einen ähnlichen Text wie die Bibel.
Ein Beispiel: Als eine Schülerin erfuhr, dass wohnungslose Menschen oft schlecht behandelt und eingeschüchtert werden, sagte sie: »Das die sich das gefallen lassen! Die haben wohl noch nie was vom Exodus gehört!«

M 3

Erinnerung an den Exodus (2)

1. Drei Beispiele

1
Einen Fremden darfst du nicht übervorteilen und nicht bedrücken; ihr wart ja selbst Fremde in Ägypten. Witwen und Waisen sollt ihr nicht bedrücken. Wenn du sie doch bedrückst und sie schreien zu mir, so werde ich ihr Schreien gewiss erhören, und mein Zorn wird entbrennen und ich werde euch mit dem Schwerte töten, dass eure Frauen Witwen und eure Kinder Waisen werden. (Ex 20,20ff)

2
Du darfst das Recht von Fremden und Waisen nicht beugen ... Vielmehr sollst du immer daran denken, dass du Knecht in Ägypten warst und dass dich daraus Jahwe, dein Gott, befreite. (Dtn 23,17–18)

3
So spricht Gott, Jahwe, der die Himmel schuf und sie ausspannte, der die Erde ausbreitete und was ihr entsprosst, der dem Volk auf ihr den Atem gab und den [Lebens]hauch denen, die auf ihr gehen: Ich, Jahwe, ich habe dich in Gerechtigkeit gerufen und ergreife dich bei der Hand. Und ich behüte dich und mache dich zum Bund des Volkes, zum Licht der Völker; du hast den Auftrag, blinde Augen aufzutun und Gefangene aus dem Kerker herauszuführen [und] aus dem Gefängnis, die in der Finsternis sitzen. (Jes 42,5–7)

- *Lest euch bitte die Texte genau durch!*
- *Unterstreicht, welche Hinweise auf den Exodus jeder Text macht. Wenn der Zusammenhang nicht ganz klar ist, könnt ihr in der Bibel nachlesen.*
- *Stellt euch bei jedem Text vor, in welcher Situation wohl derjenige ist, der ihn spricht. Denkt daran, dass diese Texte schon vor langer Zeit entstanden sind!*
- *Überlegt euch, welche Bedeutung wohl für den Sprecher die Erinnerung an den Exodus hat.*

2. Weitere ähnliche Beispiele

Ihr könntet noch andere Texte lesen, die eine ähnliche Aussage machen wie die unter Punkt 1: Ex 22,20–27; Dtn 23,21–22.
Überlegt euch dazu die gleichen Fragen wie zu Punkt 1! – Schreibt bitte auf, welche Bedeutung die Erinnerung an den Exodus in diesen Texten hatte.

Es sind ________________-Texte

Überlegt euch bitte, wie es den anderen mitteilen könnt, was ihr herausgefunden habt. Einige Ideen:

- *Ihr könnt ein Poster oder eine Folie gestalten: In den oberen Teil könnt ihr eine Geschichte malen, wie es den Personen oder den Menschen geht, die ihr euch bei den Texten vorgestellt habt. In den unteren Teil könnt ihr dann den Text als »Antwort« hineinschreiben.*
- *Ihr könnt die Geschichte aufschreiben und dann schildern, wie jemand anderes kommt und diesen Menschen mit dem Text als »Antwort« tröstet.*
- *Ihr könnt diese Szene auch den anderen vorspielen.*

3. Erinnerung an den Exodus selber gestalten

Ihr könntet euch jetzt eine Notsituation aus unserer Zeit überlegen, in der die Erinnerung an den Exodus wichtig wäre. Schreibt dazu einen ähnlichen Text wie die Bibel.

M 4

Erinnerung an den Exodus (3)

1. Zwei Beispiele

1
Seine Taten vergaßen sie und seine Wunder,
die er ihnen gezeigt hatte....
Das Meer zerteilte er und führte sie hindurch,
er staute das Wasser gleich einem Wall auf ...
Doch sie versuchten den Höchsten
und forderten ihn heraus
und hielten seine Satzungen nicht.
(Ps 78,11f; 66f)

2

So spricht Jahwe:
Wegen der ... Verbrechen, die Israel beging,
... nehme ich es nicht zurück:
Weil sie die Kleinen zu Boden treten
und das Recht der Schwachen beugen...
Dabei bin ich es doch gewesen,
der euch aus Ägypten herausgeführt und vierzig Jahre lang durch die Wüste geleitet hat,
damit ihr das Land der Amoriter in Besitz nehmen könnt.
Seht, ich lasse den Erdboden unter euch schwanken,
wie ein Wagen schwankt, der voll ist von Garben.
Dann gibt es für den Schnellsten keine Flucht mehr
(Aus Am 2).

Lest euch bitte die Texte genau durch! Unterstreicht, welche Hinweise auf den Exodus und die Landnahme jeder Text macht. Wenn der Zusammenhang nicht ganz klar ist, könnt Ihr in der Bibel nachlesen.
Stellt euch bei jedem Text vor, in welcher Situation wohl derjenige ist, der ihn spricht. – Überlegt euch, welche Bedeutung wohl für den Sprecher die Erinnerung an den Exodus hat.

2. Weitere, ähnliche Beispiele

Ihr könntet noch andere Texte lesen, die eine ähnliche Aussage machen wie die unter Punkt 1: Ps 106,6–13; Hes 20,10–17.
Überlegt euch dazu die gleichen Fragen wie zu Punkt 1!
Schreibt bitte auf, welche Bedeutung die Erinnerung an den Exodus in diesen Texten hatte.

Es sind ________________-Texte

3. Eine Erinnerung an den Exodus selber gestalten

Ihr könntet euch jetzt eine Situation überlegen, in der die Erinnerung an den Exodus wichtig wäre. Schreibt dazu einen ähnlichen Text wie die Bibel.

3.3 Exodus: Symbol der Freiheit (8.–10. Klasse)

Kurzcharakteristik	
Inhalt:	Wirkungsgeschichte des Exodus-Motivs
Klassenstufe:	8.–10. Klasse
Lernchance:	Die Dynamik der Erinnerung an den Exodus an konkreten Beispielen kennenlernen
Hermeneutisches Konzept:	Kritische Wirkungsgeschichte – Relectura

ANSATZ

Ein sehr eindrucksvolles Feld der Wirkungsgeschichte biblischer Text ist ihr Gebrauch in Gemeinden, die Opfer von Gewalt, Unterdrückung und Ausbeutung sind. In erster Linie bieten sich hierfür die Gemeinden der Dritten Welt an. Vor allem in Südafrika und Lateinamerika haben sich neue Formen der Bibellektüre entwickelt, die das in den »alten Kirchen« oft erlahmte Interesse an biblischer Überlieferung wieder anregen könnten.
Für die Auseinandersetzung ist es kaum sinnvoll, die verschiedenen Entwicklungen und Ausprägungen der neuen Lektüre zu vermischen. Der Unterrichtsentwurf stützt sich zunächst auf die Wirkungsgeschichte des Exodus in der Geschichte der nordamerikanischen Neger-Sklaven (Spirituals) und vor allem auf die heutigen Ansätze in Lateinamerika (vgl. den »Steckbrief« in diesem Buch und vor allem die ausführlicheren Informationen und Beispiele in Kapitel 9 des 1. Bandes).
Die Situation der Sklaverei im 18. und 19. Jh. in Nordamerika und die Kultur der Spirituals ist recht bekannt. Deshalb beschränke ich mich auf einige Informationen zur heutigen Situation.
In den lateinamerikanischen Basisgemeinden, die von den armen Campesinos getragen werden, wird die neue Praxis als »Relectura« (Releitura) bezeichnet: Das bedeutet »neues Lesen«. Drei Merkmale sind grundlegend:

- Die Bibel wird ganz bewusst vom Standort der eigenen Lebenspraxis aus gelesen. Diese Praxis ist bestimmt durch die Erfahrung des Leidens an Unterdrückung, Gewalt und Ausbeutung.
- Die Bibel wird in dem Interesse gelesen, Mut und Orientierung für die Befreiung aus dieser Lage zu finden.
- Die Bibel wird in der Gemeinschaft der Leidenden und Kämpfenden gelesen.

Damit ist die biblische Überlieferung an diejenige Adresse gekommen, die Jesus ihr zugedacht hat: »… den Armen wird die gute Nachricht verkündet« (Mt 11,5 unter Rückgriff aus Jes 35,4!).
Die Gemeinden der armen Campesinos identifizieren sich intensiv mit der biblischen Geschichte. Sie verstehen sich als »Israel in Ägypten«, dessen Schreien Gott hört. Sie sind das Gottesvolk, das Jahwe aus der Knechtschaft führt.
So lehrt die Bibel sie, ihre Situation besser zu verstehen, und löst kräftige Hoffnungs- und Handlungsimpulse aus. Denn die Befreiung kommt nach Überzeugung dieser Christen nicht allein »von oben«, sondern muss – »mit Gottes Hilfe« – erkämpft werden.
Damit stellt sich die Relectura offen gegen eine Theologie und ein Christentum, das den Glauben vor allem oder ausschließlich in der Innerlichkeit des Einzelnen Christen erkennen will. Denn so wird die lebensgestaltende Kraft des Glaubens verschüttet oder in den Binnenraum privater Frömmigkeit abgedrängt.
Die Relectura hat sich bestimmte Themen und Motive aus der biblischen Überlieferung gewählt. Dazu gehört, wie schon angedeutet, ganz zentral das Exodus-Thema (weitere Überlieferungszusammenhänge sind: babylonisches Exil; Tod und Auferstehung Jesu; Prophetie; Weisheit).
Wenn europäische Christen die Relectura rezipieren, besteht leicht die Gefahr, dass sie als neue Methode zur Belebung der Bibelarbeit aufgefasst wird. Das wird aber dem Ernst und der Radikalität dieses neuen Ansatzes nicht gerecht. Wenn europäische Christen beispielsweise die Exodus-Tradition im Sinne der Relectura lesen, dann ist es ihnen verwehrt, sie – wie die Campesinos – vom Standort der Opfer aus aufzunehmen. Ihnen kommt – im Verhältnis Erste Welt – Dritte Welt der Standort der Täter zu. Sie sind – bildhaft gesprochen – Pharao. So erreicht sie die Gute Nachricht als Ruf zur Umkehr aus verkehrten Lebensrichtungen und als Chance einer Umkehr zum Leben. Wenn sie sich auf diese Sichtweise einlassen, können europäische Christen viel von der Relectura lernen, vor allem die Entschiedenheit des Bezugs auf die eigene Lebenspraxis.

Der Unterrichtsvorschlag geht in drei größeren Schritten vor:
Im *ersten Zugang* wird die Wirkungsgeschichte der Exodus-Tradition in den Spirituals der nordamerikanischen *Neger-Sklaven* aufgespürt. Das geschieht vor allem aus zwei Gründen:
Einmal ist damit zu rechnen, dass die Schüler etliche Spirituals kennen und auch Lust haben, sie zu singen. Damit kann der Unterricht an Bekanntes anknüpfen.
Außerdem spielt die Exodus-Thematik auch in diesen Liedern der unterdrückten Farbigen eine große Rolle. Allerdings kommen die für die Relectura typischen Befreiungs- und Handlungsimpulse hier kaum zum Zug, sodass diese für die Schüler dann im weiteren Verlauf des Unterrichts Schritt für Schritt umso deutlicher hervortreten.

In einem *zweiten Zugang* gehen die Schüler dann der Exodus-Erinnerung in der Praxis der *lateinamerikanischen Basis-Gemeinden* nach. Sie sollen die charakteristischen Merkmale erarbeiten und die Konsequenzen für das europäische Christentum reflektieren.
Abschließend sollte die Lerngruppe die eigene Praxis im Licht der Relectura überdenken. Vor Beginn der Einheit sollte sich der Lehrer überzeugen, ob die Klasse so weit über die biblische Exodus-Tradition Bescheid weiß, dass sie sie als Hoffnungs-Symbol erkennen kann.
Falls eine kurze Wiederholung nötig ist, kann Material aus dem Vorschlag für die 5./6. Klasse verwendet werden (s.o.S. 140ff).

Verlauf

a. Grundinformation zur Geschichte der Sklaverei in den USA (ca. 1 Stunde)

Zum besseren Verständnis sollten die Schüler gewisse Kenntnisse über die Situation der schwarzen Sklaven in der Entstehungszeit der vorgesehenen Lieder haben. Eine Grundinformation bietet **M 1** an; sie kann, wenn nötig, ergänzt werden, z.B. aus Schulbüchern oder auch aus den entsprechenden Kapiteln der Liedsammlungen.

b. Auseinandersetzung mit Liedern zur Exodus-Thematik (ca. 3 Stunden)

M 2 enthält fünf Lieder, die in unterschiedlicher Weise die Exodus-Thematik aufgreifen und zeigen, welche Bedeutung die Erinnerung an die Befreiung bei den Sklaven wohl hatte (Benutzte Liedsammlungen: Dixon, Jahn, Zenetti, Balladen und Lieder, Go down, Moses).
Einige Beobachtungen zu den Liedern:

Lied 1 (When Israel was in Egypt's land ...): deutlich identifiziert sich der Sänger mit dem unterdrückten Gottesvolk, seinem Leiden und seiner Befreiung. Möglicherweise wurde die Gestalt Moses mit Harriet Tubman in Verbindung gebracht. Diese war eine geflohene Sklavin. Sie organisierte eine Untergrundbewegung, die Tausenden von Negersklaven zur Flucht nach Kanada verhalf.

Lied 2 (When Moses an' his soldiers ...): Dieses Lied betont intensiv, dass der Befreiergott, der Israel rettete und Daniel in aussichtsloser Lage beschützte, auch heute noch für die Unterdrückten da ist. Das ist ein sehr kraftvolles Ermutigungs-Motiv. Allerdings wird in keiner Weise angedeutet, wie man sich die Befreiung in der Gegenwart vorstellen könnte.

Lied 3 (Oh, Mary, don't you weep): Dieses Spiritual greift das alte Motiv des Mirjam-Lieds aus Ex 15 auf. Allerdings ist es umgestaltet worden: Aus dem Lied der Mirjam ist ein Lied an die Prophetin geworden, und der Siegesjubel über die Befreiung von den Ägyptern hat sich in die Freude über die Rettung der Seele vor dem Satan verwandelt.

Lied 4 (Ride on, Moses): Der Rückbezug auf die Exodus-Überlieferung ist in diesem Lied verhältnismäßig vage: Mose steht hier für die Befreiung. Hinzu kommt der Immanuel als Symbol kommender Erlösung. Der Sänger musste offenbar einen weiten Weg hinter sich bringen, um an einer Gebetsversammlung teilzunehmen. Er hofft aber, dass ihm auf dem »Heimweg« (Rückkehr in den Alltag des Sklavenlebens? Oder Symbol für Erlösung?) Mose und Immanuel vorangehen, ja Gott selbst dabei ist.

Oft sind die Spirituals – gerade im Vergleich mit der Theologie und Praxis der Befreiung im heutigen Lateinamerika – so bewertet worden, dass sie die Erwartung einer realen Befreiung durch die Hoffnung der Erlösung im Jenseits verdrängten und damit jeden Impuls zu praktischem Tun erlahmen ließen. Ein differenziertere Sicht kann demgegenüber wichtige Aspekte kenntlich machen:

- Die Situation der schwarzen Sklaven in der Entstehungszeit der Spirituals war wohl doch fundamental anders als die der südamerikanischen Campesinos: Die Sklaven waren aus ihrer Heimat, ihrer Kultur und ihrem Sozialgefüge radikal entwurzelt. Damit war ihr Selbstbewusstsein minimalisiert. Außerdem machte die Situation einen Widerstand wohl ganz und gar unmöglich.
- Darum blieb den Sklaven offenbar nur die Möglichkeit, die Hoffnung auf Befreiung zum Ausdruck zu bringen. Aber keineswegs alle Lieder verengen diese Hoffnung auf das Seelenheil des einzelnen Christen (Lied Nr. 3) oder die Erlösung im Jenseits (Lied Nr. 5). Viele lassen offen, wie die Rettung zu denken ist, und finden vielleicht gerade darin ihre subversive Kraft.
- Man muss sich auch vor Augen halten, dass die Spirituals – entsprechend den religiösen Anschauungen von Afrikanern – Beschwörungsgesänge sind: Die Sänger malen die befreite Zukunft aus und wollen sie durch magische Lieder herbeisingen (vgl. Exeler, 1975, S. 88).
- Schließlich ist nicht zu unterschätzen, dass die Lieder Gemeinschaftscharakter haben. Das »Ich« der Spirituals ist kollektiv zu deuten: Die Gemeinde betet, hofft, singt (ganz deutlich in Lied 4). Die Zugehörigkeit zu dieser Gemeinde bedeutet für den Einzelnen sicher Trost, Hoffnung und Ermutigung.

Die Schüler werden gebeten, die Liedtexte in Gruppen unter folgenden Fragen zu bearbeiten:

- Welche Erfahrungen, Gefühle und Hoffnungen kommen zur Sprache?
- In welcher Weise wird die Exodus-Überlieferung aufgegegriffen?
- Wie stellt sich das Lied die Befreiung vor?

Nach Möglichkeit sollten die Lieder nicht nur analysiert, sondern auch gesungen werden!

c. Grundinformation zur Lage der Campesinos in Lateinamerika (ca. 1 Stunde)

Wieder wird vorausgesetzt, dass die Schüler Grundkenntnisse zur Problematik »Erste Welt – Dritte Welt« mitbringen.
Anhand von **M 3** verschaffen sich die Schüler einen knappen Überblick über die gesellschaftliche Situation in Lateinamerika; Ergänzungen aus anderen Quellen sind erwünscht.

d. Beschäftigung mit Texten der Relectura (ca. 3 Stunden)

Drei Materialien sollen die Relectura in den lateinamerikanischen Basisgemeinden bekannt machen (**M 4**):

- Auszug aus dem peruanischen Campesino-Katechismus VAMOS CAMINANDO (1977). Der Titel der deutschen Übersetzung lautet: »Machen wir uns auf den Weg – Glaube, Gefangenschaft und Befreiung in den peruanischen Anden«. Das Buch entstand in Zusammenarbeit des Equipo Pastoral de Bambamarca mit den Campesinos, den armen Bauern. Es gliedert sich in 15 größere Kapitel, z.B. »Wir sind Campesinos« oder »Das Volk, mit Christus auf dem Weg zur Befreiung«. – Das eigentliche Grundmuster des Glaubensbuchs bilden kleine thematische Abschnitte, meist auf einer Doppelseite dargestellt. Sie enthalten in der Regel fünf Grundelemente: Schilderung des elenden Lebens der Campesinos in Wort und Bild; Anregung zur Diskussion (»Kommt, wir sprechen miteinander«); Schriftlesung; Lied oder Gebet; abschließender Impuls in Form eines Schriftwortes (»Wir gehen mit dem Herrn«). – Das abgedruckte Beispiel enthält nicht alle Elemente, lässt aber den Ansatz sehr gut erkennen: Der Exodus geschieht hier und jetzt! Die Campesinos sind überzeugt, dass Gott auch sie retten will. Diese Zuversicht gibt ihnen Kraft zum eigenen Kampf um Befreiung und Gerechtigkeit.
- Lied: O povo de Deus (aus: Mesters, 1989). Auch dieses Lied lässt eine starke Identifikation mit der Exodus-Überlieferung erkennen, die Mut und Vertrauen auslöst.

- Gebet: Geheiligt werde dein befreiendes Eingreifen (Leonardo Boff; aus: Reiser, Schoenborn, 1982, S. 151). Der Text lehnt sich sprachlich an das Vaterunser an, greift aber auch deutlich auf Elemente der Exodus-Tradition zurück (»Schreien deiner unterdrückten Kinder« – »Kampf« – »befreiendes Eingreifen« gegen Unterdrücker – »Verarmte«…). An dem Gebet ist besonders der Schluss interessant. Er bringt einen Gedanken zur Sprache, der in der lateinamerikanischen Theologie und Praxis der Befreiung eine große Rolle spielt: Die Einsicht, dass Befreiung nicht einfach eine Umkehrung der bisherigen Machtverhältnisse bedeuten kann, sondern eine Neuorientierung aller einschließen muss. Die Befreiung der Unterdrückten muss sich mit der Befreiung der Unterdrücker von Egoismus und Machtgier verbinden, die Befreiten müssen Gerechtigkeit für alle suchen.

Die Schüler bearbeiten die Materialien anhand der gleichen Erschließungsfragen wie bei den Spirituals.
Ein Vergleich mit den dort gewonnenen Ergebnissen lässt die spezifische Eigenart beider Erfahrungs- und Handlungsfelder deutlicher hervortreten.

e. Information über die Spiritualität der lateinamerikanischen Basisgemeinden (ca. 2 Stunden)

Erst nach der Beschäftigung mit den Materialien erhalten die Schüler Gelegenheit, sich mit der Eigenart der Basisgemeinden und ihres Bibelgebrauchs näher zu beschäftigen; Ausgangsinformationen und Vorschläge bietet **M 5.**

f. Verbindung mit dem eigenen Leben (ca. 2 Stunden)

Dem praxisbezogenen Ansatz der lateinamerikanischen Bibellektüre folgend, sollten die Schüler eine eigene »Relectura« versuchen.
Die Texte belegen sehr deutlich, dass eine Exodus-Erinnerung nur sachgemäß ist, wenn sie das eigene Leben und damit auch die Notwendigkeit des Aufbruchs aus falschen Verhältnissen einschließt.
Die Schüler könnten – unter Rückgriff auf ihre Kenntnisse über das Problemfeld »Erste Welt – Dritte Welt« – überlegen, für wen sie als Europäer »Pharao« sind und welche Richtung eine befreiende Praxis einschlagen müsste (vgl. das Beispiel für eine Relectura in unserer Gesellschaft: Band 1, S. 286ff).

MATERIALIEN

M 1

Schwarze Sklaven in den USA

Die Versklavung afrikanischer Menschen begann schon in der Mitte des 15. Jh.s. Zunächst wurden einzelne Personen als Kuriositäten nach Europa gebracht; aber schnell erkannte man ihren Wert als kostenlose Arbeitskräfte. Schon bald wurden Beutezüge nach Afrika veranstaltet. Es entwickelte sich ein umfangreicher Menschenhandel, der 1501 durch ein Gesetz der spanischen Krone geregelt wurde. Dabei ging es auch um Steuern, die für dieses Geschäft zu entrichten waren.
Etwa hundert Jahre später fing man in Nordamerika an, Sklaven in großem Umfang einzuführen und vor allem auf den Baumwollfarmen der Südstaaten zu beschäftigen. Man schätzt, dass insgesamt 20 Millionen afrikanische Menschen versklavt wurden. Zunächst gab es für sie noch die Möglichkeit, durch Übertritt zum Christentum die Freiheit zu erhalten; aber das wurde zu teuer. 1667 bestimmte ein Gesetz, dass alle leibeigenen Farbigen und ihre Kinder Sklaven auf Lebenszeit seien.
Die Lebens- und Arbeitsbedingungen waren grausam. Die Herren der Sklaven konnten nach Belieben mit ihnen verfahren, sie sogar töten, wenn sie den Gehorsam verweigerten. Mit Drohungen und Strafen wurden sie zu äußerster Arbeitsleistung angetrieben.
Trotz der strengen Aufsicht konnten immer wieder einzelne Sklaven fliehen. Auch gab es hier und da Widerstand, der jedoch immer mit größter Brutalität gebrochen wurde. Gegenwehr wurde vor allem von solchen Sklaven angefacht, denen es gelungen war, sich Kenntnisse und Bildung anzueignen. Auch christliche Prediger wiesen auf die Gleichheit der Menschen vor Gott hin und weckten damit Kräfte der Hoffnung und des Widerstands. Deshalb wurden sie oft verfolgt und ermordet.
Von 1861 bis 1865 führten die Nord- und die Südstaaten von Nordamerika Krieg gegeneinander, der mit dem Sieg des Nordens endete. In den ganzen Vereinigten Staaten wurde daraufhin die Sklaverei formell aufgehoben – aber bis heute müssen die farbigen Bürger in den USA oftmals um ihre Rechte kämpfen.

M 2

Spirituals

Go down, Moses

When Israel was in Egyptland,
Let my people go,
Oppressed so hard they could not stand,
Let my people go.

Go down, Moses,
'Way down in Egyptland,
Tell ole Pharaoh,
To let my people go.

»Thus spoke the Lord«, Bold Moses said;
Let my people go,
»If not I'll smite your first born dead«,
Let my people go.

Go down, Moses,
'Way down in Egyptland,
Tell ole Pharaoh,
To let my people go.

»No more shall they in bondage toil«,
Let my people go,
»Let they come out with Egypt's spoil«,
Let my people go.

Go down, Moses,
'Way down in Egyptland,
Tell ole Pharaoh,
To let my people go.

The Lord told Moses what to do
Let my people go,
To lead the children of Israel through,
Let my people go.

Go down, Moses,
'Way down in Egyptland,
Tell ole Pharaoh,
To let my people go.

When Moses an' his soldiers

When Moses an' his soldiers
F'om Egypt's lan' did flee,
His enemies were in behin' him
An' in front of him de sea.
God raised de waters like a wall,
An' opened up de way,
An' de God dat lived in Moses' time
Is jus' de same today.

Is jus' de same today,
Jus' the same today,
An' the God dat lived in Moses' time
Is jus' the same today.

When Daniel faithful to his God
Would not bow down to men,
An' by God's enemy he was hurled
Into the lion's den,
God locked de lion's jaw we read,
An' robbed him of his prey,
An' the God dat lived in Daniel's time
Is jus' de same today.

Is jus' de same today,
Jus' the same today,
An' the God dat lived in Moses' time
Is jus' the same today.

Als Moses und seine Soldatenschar

Als Moses und seine Soldatenschar
Flohn von Ägypten her,
Und hinter ihm alles voll Feinden war,
Und vor seinen Augen das Meer,
Hob Gott die Wasser empor zur Wand,
Riß auf den Weg so breit,
Und der Gott, der lebte zu Moses Zeit,
Er ist derselbe noch heut.

Er ist derselbe noch heut,
Er ist derselbe noch heut,
Und der Gott, der lebte zu Moses' Zeit.
Er ist derselbe noch heut.

Als Daniel, seinem Gott getreu,
Den Menschen sich nicht fug,
Und Gottes Feinde warfen ihn
In eine Löwengrub,
Schloß Gott des Löwen Rachen zu,
Entriß ihm seine Beut',
Und der Gott, der lebte zu Daniels Zeit,
Er ist derselbe noch heut.

Er ist derselbe noch heut,
Er ist derselbe noch heut,
Und der Gott, der lebte zu Moses' Zeit.
Er ist derselbe noch heut.

Oh, Mary, don't you weep

Oh, Mary, don't you weep, don't you mourn;
Oh, Mary, don't you weep, don't you mourn;
Pharaoh's army got drowned,
Oh, Mary, don't you weep.

If I could I surely would
Stand on the rock where Moses stood.
Pharaoh's army got drowned,
Oh, Mary, don't you weep.
Oh, Mary, don't you weep, don't you mourn;
Oh, Mary, don't you weep, don't you mourn;
Pharaoh's army got drowned,
Oh, Mary, don't you weep.
Wonder what Satan's a-grumblin' 'bout,
Chained in Hell an' he can't git out.
Pharaoh's army got drowned,
Oh, Mary, don't you weep.

Oh, Mary, don't you weep, don't you mourn;
Oh, Mary, don't you weep, don't you mourn;
Pharaoh's army got drowned,
Oh, Mary, don't qou weep.
Ol' Satan 's mad an' I am glad,
Missed that soul he thought he had.
Pharaoh's army got drowned,
Oh, Mary, don't you weep.

Oh, Mary, don't you weep, don't you mourn;
Oh, Mary, don't you weep, don't you mourn;
Pharaoh's army got drowned,
Oh, Mary, don't qou weep.
Don't know what my mother wants to stay here fuh,
Dis ole world ain't been friend to huh.
Pharaoh's army got drowned,
Oh, Mary, don't you weep.

Oh, Mary, don't you weep, don't you mourn;
Oh, Mary, don't you weep, don't you mourn;
Pharaoh's army got drowned,
Oh, Mary, don't you weep.
One of dese mornings, bright an fair,
Take my wings and cleave the air.
Pharaoh's army got drowned,
Oh, Mary, don't you weep.

O Mirjam, weine nicht

O Mirjam, weine nicht, stöhne nicht,
(Exod. 15:21)
O Mirjam, weine nicht, stöhne nicht,
Pharaos Heer, das ging unter,
O Mirjam, weine nicht.
Könnte ich, möcht ich unverwandt
Stehn auf dem Fels, wo Moses stand.
Pharaos Heer, das ging unter,
O Mirjam, weine nicht.

O Mirjam, weine nicht, stöhne nicht,
O Mirjam, weine nicht, stöhne nicht,
Pharaos Heer, das ging unter,
O Mirjam, weine nicht.
Warum wohl Satan greint und knurrt:
Ist in der Hölle festgezurrt.
Pharaos Heer, das ging unter,
O Mirjam, weine nicht.

O Mirjam, weine nicht, stöhne nicht,
O Mirjam, weine nicht, stöhne nicht,
Pharaos Heer, das ging unter,
O Mirjam, weine nicht.
Satan tobt und ich bin froh,
Denn meine Seele entkam ihm so.
Pharaos Heer, das ging unter,
O Mirjam, weine nicht.

O Mirjam, weine nicht, stöhne nicht,
O Mirjam, weine nicht, stöhne nicht,
Pharaos Heer, das ging unter,
O Mirjam, weine nicht.
Warum bleibt Mutter weiter hier,
Ist doch die Welt nicht gut zu ihr?
Pharaos Heer, das ging unter,
O Mirjam, weine nicht.

(weitere einfügbare Strophen nach
Belieben, siehe »Hell and Heaven«)

O Mirjam, weine nicht, stöhne nicht,
O Mirjam, weine nicht, stöhne nicht,
Pharaos Heer, das ging unter,
O Mirjam, weine nicht.
An einem schönen hellen Tag
Spalt ich die Luft mit Flügelschlag.
Pharaos Heer, das ging unter,
O Mirjam, weine nicht.

Ride on, Moses

I've been travlin' all de day,
Ride on, Moses,
To hear de goods folks sing an' pray;
I want to go home in de mawnin'.
  Ride on, ride on, ride on, Moses,
  Ride on, King Emanual,
  I want to go home in de mawnin'.

Dey pray'd so long I could not wait,
Ride on, Moses,
I know de Lord would pass dar way.
I want to go home in de mawnin'.
  Ride on, ride on, ride on, Moses,
  Ride on, King Emanual,
  I want to go home in de mawnin'.

Weiter, Moses

Den ganzen Tag bin ich gereist,
Weiter, Moses,
Daß ich beim Beten Beitrag leist'
Ich möchte nach Haus gehn am Morgen.
  Weiter, weiter, weiter, Moses, (Jes 7,14)
  Weiter, König Manuel,
  Ich möchte nach Haus gehn am Morgen.

Sie beteten zu lang, ich schied,
Weiter, Moses,
Und ich wußt', daß sie der Herr nicht mied.
  Weiter, weiter, weiter, Moses,
  Weiter, König Manuel,
  Ich möchte nach Haus gehn am Morgen.

M 3

Lateinamerika – Ein ausgebeuteter und geknechteter Kontinent

Lateinamerika erstreckt sich von Norden nach Süden über ein Entfernung von über 10.000 km. Der Subkontinent umfasst Kleinstaaten wie beispielsweise Costa Rica, aber auch sehr große Staaten wie z.B. Brasilien, das 22 mal so groß wie die Bundesrepublik.
Auch das Klima weist extreme Unterschiede auf: Es gibt die tropischen Zonen, aber auch die Gebiete mit arktischem Klima an der Südspitze.
1492 entdeckte Kolumbus Amerika. Knapp 100 Jahre später war ganz Lateinamerika zur Kolonie der Spanier und Portugiesen geworden. Die Kolonien dienten einzig und allein dem Zweck, von den Eroberern ausgebeutet zu werden. Vor allem die Gold- und Silbervorkommen erregten die Gier der Europäer. Zu ihrer Ausbeutung brauchte man viele Arbeitskräfte. Daher wurden die Eingeborenen zu Leibeigenen bzw. Sklaven gemacht; die Vernichtung der lateinamerikanischen Völker begann.
Das Land wurde in riesige Gutsbezirke aufgeteilt, die die Herrscher der Kolonialmächte als »Lehen« erhielten. Die Indianer hatten Fronarbeit zu leisten.
Damit war die gesellschaftliche Grundstruktur geschaffen, an der sich bis heute prinzipiell nichts geändert hat.
Als der französische Kaiser Napoleon zu Beginn des 19. Jh.s die Kolonialmächte Spanien und Portugal besiegte, zerfiel deren Macht in Lateinamerika. Die Völker konnten sich befreien. Aber schon bald gerieten sie in völlige wirtschaftliche Abhängigkeit von England; ein neuer Kolonialismus begann.
Er wurde abgelöst durch die politische und wirtschaftliche Vormachtstellung der USA nach dem 2. Weltkrieg, die eine eigene Entwicklung der Völker Lateinamerikas verhinderte. An die Stelle der alten Kolonialherren traten vielfach die multinationalen Großkonzerne.
Im Blick auf Lateinamerika gilt, was insgesamt für die Länder der »Dritten Welt« festgestellt werden muss: Das extreme Eigentumsgefälle findet nicht nur im Verhältnis zu den Industrienationen statt, sondern wirkt sich ebenso extrem innerhalb der Länder aus: Immer weniger Reiche besitzen immer mehr, immer mehr Arme verfügen über immer weniger Eigentum.
Die armen Bauern, die Campesinos, sind vielfach der Willkür und Gewalt der Großgrundbesitzer ausgesetzt – ohne Hoffnung, ihre Lage verändern zu können. Allerdings gibt es Beispiele von Befreiung; eins davon ist Nicaragua.
Solche Befreiungsaktionen sind nie nur gewaltsame Ablösung der alten Willkürherrschaft, sondern verbinden sich mit Maßnahmen zur praktischen Veränderung, z.B. mit Bodenreform, genossenschaftlichen Organisationsformen und Bildungsprogrammen. Hieran sind oft die Kirchen beteiligt.

M 4

Materialien aus Lateinamerika

1. Auszug aus VAMOS CAMIONANDO

Eladio Chumpitaz berichtet folgendes:
Wir sind, solange wir uns erinnern können, Sklaven eines begüterten Ausbeuters. Er hielt uns lange als seine Lehenspflichtigen, nahm uns unser Brot und unseren Schweiß und zwang uns alle Tage, schwere Arbeit umsonst zu tun. Das Essen, das sie uns gaben, war eine klägliche Schüssel Wasser mit Gerste, mit Pökelsalz, in dreckigen und ekelhaften Blechdosen.
1969 beschloss unser Ausschuss, keine unentlohnte Arbeit mehr zu leisten und nur den Zehnten zu bezahlen. Aufgrund dieser Lage und unserer Entscheidung, die sogar vom Gesetz über die Bodenreform gedeckt wird, kamen wir ins Gefängnis und vor Gericht: Wir wurden gedemütigt, geschunden und massakriert vom Gutsbesitzer und seinen Henkersknechten. Bei alldem steckten sie mit den Behörden unter einer Decke.

Heute haben wir verstanden, dass wir Vertrauen in unsere Kraft haben und auf die Masse der Campesinos bauen müssen, um voranzukommen. Darum besetzen wir auf Biegen und Brechen das Gut mit unseren eigenen Mitteln.

Kommt, wir sprechen miteinander

- Wie reagieren die Mächtigen, wenn wir Campesinos damit beginnen, unsere Rechte zu verteidigen? Wie reagieren die Gutsbesitzer?
- Kann man sein Recht nur mit schriftlichen Zusagen erlangen? Mit Papier?
- Was machten sie mit den Campesinos, die ihre Rechte verteidigen wollten? Wie kämpften sie? Was erreichten sie?

Wir lesen zusammen die Erfahrungen anderer Campesinos:

1. Mose versammelt die Israeliten um sich und redet zu ihnen über die Notwendigkeit, sich zu befreien, und davon, dass Gott sie erretten will:
   Aber sie wollten es nicht glauben. Die elenden Lebensbedingungen und die schwere Arbeit, die sie ertragen mussten, ließen sie nicht daran glauben (Exodus 6,9).
2. Mose verlässt sich auf seinen Bruder Aaron, der mit dem Volk gut zu reden versteht, während Mose kraftvoll vor ihnen handelt:
   Sie gingen gemeinsam nach Ägypten und scharten das Volk um sich. Das Volk

glaubte. Sie verstanden, dass Jahwe ihr Leiden sah und kam, sie heimzusuchen (Exodus 4,29.31).

3. Mose und eine Abordnung treten an den Pharao heran und bitten im Guten, er möge sie aus Ägypten ausziehen lassen:
   Gib mein Volk frei! Lass uns ziehen! (Exodus 5,1)!
4. Der Pharao bestraft sie und lässt sie noch härter arbeiten
   (siehe Exodus 5,4–21).
5. Dann folgt ein langer Kampf zwischen dem Pharao und den Israeliten
   (siehe Exodus 7–11).
6. Erst als der Pharao sieht, dass die erwachsenen Söhne der Ägypter fallen, lässt er die Israeliten abziehen:
   Macht euch auf und zieht sofort weg aus meinem Volk. Wir sind sonst alle des Todes (nach Exodus 12, 31–33).

- Was lehrt uns die Bibel mit diesen Ereignissen?

2. Lied: O povo de Deus

2. Wenn Gottes Volk schwach ward auf seinem Wege.
verzweifelt der Liebe kaum mehr trauen mochte,
hat es um Verzeihn seinen Gott dann gebeten
und mutig von neuem den Marsch angetreten.
Auch ich bin dein Volk, guter Gott, und auf deinen Bahnen.
Vergib, wenn ich zweifel, Herr, an deinem Planen.

3. Als Hunger es traf dort auf seinem Wege,
hast du ihm vom Himmel zu essen gegeben.
Dein Volk hat dir Dank, hat dein Lob dort gesungen,
von deiner nie endenden Liebe durchdrungen.
Auch ich bin dein Volk, guter Gott, und auf deinem Wege
und dank dir für Brot, Herr, und jegliche Pflege.

4. Als Gottes Volk erst von weitem gesehen
das Land, von dem ihm einst Verheißung geschehen,
da lief es voran, da hat laut es gesungen,
war von deiner Macht, Herr, vollständig durchdrungen.
Auch ich bin dein Volk, guter Gott, ich glaube und fühle:
Mit dir komm ich täglich nur näher zum Ziele.

Text und Melodie: Edições Paulinas/Übersetzung: Christoph Jahn. Aus: Carlos Mesters, befreit – gebunden. Die 10 Gebote, Verlag der Ev.-Luth. Mission, Erlangen 1989.

3. Gebet

Vater,
du bist nicht an erster Stelle unser Richter und Herr,
sondern unser Vater,
denn du hörst das Schreien deiner unterdrückten Kinder.
Du bist im Himmel,
wohin wir im Kampf unseren Blick richten.
Geheiligt
werde dein befreiendes Eingreifen gegen die,
die in deinem Namen die Menschen unterdrücken.
Es komme zu uns,
angefangen mit den Verarmten, deine Gerechtigkeit.
Es geschehe
die Befreiung durch dich, angefangen auf der Erde
bis hin zum Himmel.
Das tägliche Brot,
das wir gemeinsam bereiten, gib du es uns
und lass es uns auch gemeinsam essen.
Vergib uns
unseren Egoismus – in dem Maße, in dem wir
den kollektiven Egoismus bekämpfen.
Und führe uns nicht in Versuchung,
die Menschen auszubeuten, um Reichtum anzuhäufen.
Sondern befreie uns
von der Rache und vom Hass gegen den Bösen,
der unterdrückt und erdrückt.
(Leonardo Boff)

M 5

Neues Christsein in Lateinamerika

Die Kirchen in Lateinamerika waren lange Zeit hindurch auf der Seite der Mächtigen, so, wie sie es auch in vielen anderen Ländern waren.
Aber dann kam es zu einem Neuanfang. 1968 fand in Medellin (Kolumbien) eine Konferenz der lateinamerikanischen katholischen Bischöfe statt. Sie hatten ihre Mit-Verantwortung für Freiheit und Gerechtigkeit erkannt. Sie schrieben: »Es ist derselbe Gott, der in der Fülle der Zeit seinen Sohn sandte, der Mensch wurde, um alle Men-

schen aus aller Knechtschaft zu befreien, in der sie die Sünde, die Unwissenheit, den Hunger, das Elend und die Unterdrückung, mit einem Wort die Ungerechtigkeit und den Hass gefangen halten, die ihren Ursprung im menschlichen Egoismus haben.«
In dem gleichen Dokument stellte sich die Kirche unmissverständlich auf die Seite der Armen und rief zur praktischen Solidarität auf: »Diese Solidarität bedeutet, dass wir uns ihre Probleme und Kämpfe zu Eigen machen und für sie zu sprechen wissen.«
Eine Theologie, die von solchen Entscheidungen ausgeht, nennt man »Theologie der Befreiung«.
Gleichzeitig war es zu einem Neuaufbruch an der Basis der Kirchen gekommen. Seit Anfang der sechziger Jahre kam es zur Bildung von Gemeindegruppen, die ein neues Verständnis von Christsein und Kirche entwickelten. Seit der Konferenz von Medellin werden diese Gruppen als »Basisgemeinden« bezeichnet und sind auch von der Kirche anerkannt. Fünf Merkmale kennzeichnen eine Basisgemeinde:

- Sie ist so klein, dass alle Mitglieder sich persönlich kennen und daher auch zusammenhalten können.
- Alle Mitglieder kommen regelmäßig zusammen.
- Die Erfahrungen aller Mitglieder werden in der Gemeinde erzählt und besprochen.
- Die Basisgemeinde feiert miteinander Gottesdienst.
- Sie arbeiten gemeinsam an praktischer Lebensveränderung im Sinne der Befreiung.

Die herrschenden Gruppen erkannten sofort die Gefahr, die ihnen von der erneuerten Kirche drohte.
Sie behaupten, die Kirchen seien kommunistisch unterwandert. Sie arbeiten mit Drohungen und schrecken auch vor Mord nicht zurück: Immer wieder werden Kirchenleute verschleppt und ermordet. Das bekannteste Opfer ist wohl der Erzbischof von El Salvador Oscar Romero.
Auch die Basisgemeinden werden immer wieder bedroht und verfolgt; aber sie sind inzwischen so stark, dass sie nicht mehr beseitigt werden können.

*Seht euch bitte noch einmal die drei Materialien (**M 4**) an und überlegt, welche Merkmale der Theologie der Befreiung bzw. der Basisgemeinden ihr darin erkennen könnt.*
Ihr könntet darüber diskutieren, ob auch bei uns eine solche »Theologie der Befreiung« notwendig wäre.
Welche Themen müsste sie behandeln?
Welche Ziele müsste sie verfolgen?

Kapitel 5: Die Tora

1 Theologische Erwägungen

1.1 Das Alte Testament im Schatten des Neuen Testaments

»Das Judentum ist eine durch und durch gesetzliche Religion … Das Alte Testament ist das Buch des Gesetzes. Es ist durch das Neue Testament, das Buch des Evangeliums, überholt …« – solche und ähnliche Urteile sind durchaus verbreitet. Ihre Vorgeschichte reicht bis ins Neue Testament zurück, vor allem bis zur Auseinandersetzung der paulinischen Theologie mit »dem Gesetz«. Nach Paulus wird der Mensch eben nicht mehr durch »Werke des Gesetzes« vor Gott gerecht, sondern allein aus Gnade (z.B. Röm 3, 21ff); Christus ist »das Ende des Gesetzes (Röm 10,4).« Hier scheinen sich die eben genannten Urteile zu bestätigen. Aber zwei Aspekte dürfen nicht übersehen werden:

- Einmal geht es Paulus um die Auseinandersetzung mit einer spezifischen Form jüdischer Frömmigkeit seiner Zeit, die die Erfüllung bestimmter »Gesetze« als Vorbedingung für die Annahme durch Gott postulierte.
- Außerdem ist zu beachten, dass dem von Paulus verwendeten griech. Begriff »nomos« das alttestamentliche Wort »tora« zugrunde liegt. Diese Übersetzung geht bereits auf die Septuaginta zurück. Es ist nicht zu übersehen, dass es damit zu einer starren, juridischen Verengung des im Vergleich zur griech. Übersetzung sehr vielschichtigen und lebendigen hebräischen Begriffs kam.

Vor allem im Luthertum hat dann eine etwas einseitige Paulus-Rezeption die eingangs genannten Urteile begünstigt.
Es bietet sich an, zunächst einmal vom Sprachgebrauch der Hebräischen Bibel und des Judentums auszugehen, um ein deutlicheres Verständnis zu gewinnen.

1.2 Tora als Heilige Schrift

Für den Juden bedeutet »Tora« zunächst einmal einen bestimmten Teil seiner Bibel, nämlich den Pentateuch. Das zeigt sich sehr schön am fröhlichsten Fest des jüdischen Jahres, an Simchat Tora: »Freude an der Tora«. An diesem auf das Laubhüttenfest folgenden Tag endet die auf das Jahr verteilte gottesdienstliche Verlesung der Tora, und die Lesung beginnt wieder mit der Schöpfungsgeschichte. Es ist eine Ehre, an diesem Tag den letzten und den ersten Abschnitt vortragen zu dürfen; wer den letzten Teil liest, ist »Bräutigam der Tora« (chatan tora), wer wieder beginnt, wird »Bräutigam des Anfangs« genannt (chatan bereschit). Es wird ein großes Freudenfest gefeiert, man tanzt, lacht und singt. In einem Lied für diesen Tag heißt es:

Wir jubeln, der Tora freuen wir uns,
denn sie ist Kraft und Licht für uns.

Dieses Verständnis, das Tora als einen größeren Schriftzusammenhang begreift, kommt durchaus auch im Alten Testament in den späteren Überlieferungen vor. So wird beispielsweise die ganze Mose-Rede im Deuteronomium mit ihren Verheißungen und ihren Mahnungen, ihren Erinnerungen und Weisungen als Tora bezeichnet (Dtn 1,5).

1.3 Tora als Weisung

Um die verengte juridische Sichtweise wieder zu weiten, hat Martin Buber »Tora« konsequent mit »Weisung« übersetzt.
Diese Bedeutung lässt sich sehr gut am Gebrauch des Begriffs im Buch der »Weisheit« erkennen (vgl. Jenni/Westermann, 1984, Sp. 1032ff). Der Familienvater mahnt:

Hört, meine Söhne, auf die Mahnung des Vaters
und merkt auf, dass ihr Einsicht lernt,
denn gute Lehre gebe ich euch, meine Tora verlässt nicht! (Spr 4,1f).

Oder:

Höre, mein Sohn auf die Mahnung deines Vaters,
die Tora deiner Mutter verachte nicht (Spr 1,8).

Tora ist hier die hilfreiche Lebens-Unterweisung, die die Heranwachsenden an den guten Erfahrungen der Generation vor ihnen beteiligt.
In den religiösen Bereich führt die Tora, die der Priester gibt; er erteilt Auskunft über (kult-) gesetzliche Vorschriften und ihre Anwendung (z.B. Lev 11,46f; Mal 2,6f). Tora ist auch hier kein festgeschriebenes Gesetz, sondern praktische Weisung. Damit kommt die dritte Bedeutungs-Ebene in den Blick:

1.4 Tora als Gebot und Gesetz

Tora meint auch das, was als »Gesetz« Jahwes gilt; so heißt es von den Leviten:

Sie lehren Jakob deine Rechte
und Israel deine Tora (Dtn 33,10).

Tritt hier nun der »gesetzliche Charakter« des Alten Testaments hervor?
Am besten klärt sich diese Frage in Auseinandersetzung mit dem Hauptstück des Gottesgesetzes, dem Dekalog (Ex 20,1–17; Dtn 5,6–21). Der Dekalog setzt so ein:

»Ich bin Jahwe, dein Gott, der dich aus Ägypten geführt hat; aus dem Sklavenhaus.«

Dieser Satz wird als Selbstvorstellungsformel bezeichnet. Er bringt klar zum Ausdruck, wie die Gebote zu verstehen sind: Die Stimme vom Sinai ist die Stimme Jahwes, des Befreiers. Damit hat der Dekalog seinen Ort in der Geschichte der Befreiung und der Einführung in das versprochene Land, die Israel immer als Ur-Kunde seiner Existenz verstanden hat. Wenn Jahwe seinen Namen über Israel ausruft, ist der Zusatz »... der dich aus Ägypten geführt hat, aus dem Sklavenhaus« fast nicht mehr notwendig. Denn der Name ist Israel wohl vertraut:

Ich bin der ›Ich-bin-für-euch da‹ ... Jahwe, der Gott eurer Väter ... das ist mein Name für immer, und so wird man mich nennen in allen Generationen ... ich habe sorgsam auf euch geachtet ... ich habe beschlossen, euch aus dem Elend Ägyptens hinaufzuführen in ... ein Land, wo Milch und Honig fließt ...«(Ex 3,14ff).

Der Name »Jahwe«, die Befreiung und die Zusage des Landes, in dem Gottes Volk zur Ruhe kommen soll, sind untrennbar verbunden. Und ein Drittes kommt hinzu, das der Text Ex 3 nicht ausspricht: Israel wird zum Volk. In seiner ganzen Geschichte hat es sich dazu bekannt, dass es seine Existenz allein seinem Gott verdankt. Das Leben in der Gemeinschaft ist für den israelitischen Menschen lebensnotwendig; sein Leben, das auch den Glauben einbezieht, ist immer Leben im Plural. So schließt der Name Jahwes seine drei Grund-Gaben für Israel ein:

- Jahwe gibt Freiheit für alle
- Jahwe gibt den guten Lebensraum für alle
- Jahwe stiftet Gemeinschaft

Und wenn der Eingang des Dekalogs ihn sagen lässt: »Ich bin Jahwe...«, dann schließt dieser Satz diese drei Gaben ein – wie ein Nusskern den ganzen Nussbaum in sich einschließt.
Diese Zusage – im neutestamentlichen Sinne müsste man sagen: dieses Evangelium – ist die Basis des Dekalogs, der Schlüssel zum Verständnis.

Das betrifft vor allem das erste Gebot: »Du wirst keine anderen Götter außer mir haben!« – Die Existenz anderer Götter wird im ersten Gebot als selbstverständlich vorausgesetzt – und Israel hat mit ihnen ja reichlich Bekanntschaft gemacht. Es geht um die Gottheiten, die im kanaanäischen Fruchtbarkeitskult Segen und Gedeihen für das agrarische Leben garantierten. Die Hebräische Bibel erzählt immer wieder, welche Faszination von diesen Göttern ausgegangen ist. Warum besteht Jahwe nun so sehr darauf, dass er allein angebetet wird?

Eine Antwort ist dem Text selbst zu entnehmen: Jahwe ist ein eifersüchtiger Gott. Diese Wendung kommt häufiger im AT vor (Belege: von Rad, 1987, S. 216f). Zum Verständnis ist wichtig, dass dieser Eifer nicht mit dem Unterwerfungsanspruch eines absolutistischen Potentaten verwechselt wird. Was Jahwes Eifersucht bedeutet, hat vielleicht am eindrücklichsten der Prophet Hosea in der Mitte des 8. Jh.s v. Chr. zur Sprache gebracht: Jahwe, der Liebhaber, hat Israel, seine Braut, gewonnen; in der Wüstenzeit erlebten sie die Zeit der ersten Liebe, der bedingungslosen Hingabe. Aber dann hat Israel sich mit fremden Herren eingelassen (Baal heißt ja: Herr!), Jahwe trauert und wütet vor Eifersucht. Hosea will sagen: Jahwe thront nicht in ewiger Ruhe und Bewegungslosigkeit hoch über dem Menschen – in seiner Liebe hat er sich klein und verletzlich gemacht; ich kann diesen Gedanken hier nur andeuten. (Vor allem Jürgen Moltmann ist diesem Zusammenhang von Leidenschaft und Leidensbereitschaft Gottes nachgegangen – bis hin zur Passion Jesu).

Aber die Überlegung muss noch einen Schritt weiter gehen: Die Eifersucht Jahwes wurzelt nicht nur in seiner Liebe zu seinem Volk, sondern ist auch aus dem Befreiungsansatz heraus zu verstehen: Jahwe ist so leidenschaftlich daran interessiert, dass seine Leute bei ihm bleiben, weil er weiß, dass die anderen Herren die Menschen nur versklaven. So ist die Exodus-Erzählung in bewusster Spannung auf den Satz hin angelegt: Israel wurde befreit vom Sklavendienst für den Pharao zum Dienst an Jahwe, der ihm die Freiheit gibt.

Das ganze Alte Testament ist voll von solchen Hinweisen (dies hat Ingo Baldermann in seiner eindringlichen Studie gezeigt: Baldermann, 1983). Israel ist immer wieder der unheimlichen Faszination erlegen, die von diesen Göttern der Macht ausging; das begann bei den Göttern Kanaans – setzte sich fort über das unbedingte Vertrauen in militärische Rüstung und Bündnisse zur Zeit Jesajas – und spitzte sich noch einmal zu, als Israel in der Erniedrigung und Angst des Exils vor Marduk und Ischtar niederkniete. Aber diese Götter bringen den Tod: Der Moloch fordert das Menschenopfer – die Militärpolitik treibt Israel in den Untergang … Das ist der letzte Grund für Jahwes Eifersucht – er will nicht, dass Israel das geschenkte Leben, die ihm erkämpfte Freiheit wieder verspielt. Darum geben wir das erste Gebot am besten so wieder:

Bleibe bei deinem Befreier! Nur bei ihm findest du Leben und Freiheit in der Gemeinschaft!

In dieser befreiungstheologischen Sicht bringen die Gebote weder die Unterwerfungsforderung des Herrschers zum Ausdruck noch den Anspruch auf dankbare Pflichterfüllung (»Das tat ich für euch ... was tut ihr für mich?«); sie sind vielmehr Ausdruck der befreienden, lebenspendenden Zuwendung Jahwes zu den Menschen. In allen Geboten geht es darum, dass alle, auch die Schwachen und Kleinen, in Frieden und Gerechtigkeit leben können, also letztlich um die Erhaltung der Menschlichkeit. Nicht »wie in Ägypten« soll es in Israel zugehen (in Dtn 17,16 wird dem König verboten, sich so zu verhalten, dass er das Volk »wieder nach Ägypten führt«), sondern ein Land der Freiheit und des Rechts soll es sein. Daran erinnern die Gesetze. Darum sind sie »Worte zum Leben«:

> *Ich führte sie aus dem Land Ägypten heraus und brachte sie in die Wüste. Dort gab ich ihnen meine Satzungen und übermittelte ihnen meine Gebote, damit sie am Leben blieben (Hes 20, 10f).*

Auch das Deuteromium bringt immer wieder eindringlich zur Sprache, dass die Gebote eine Sache auf Leben und Tod sind (z.B. Dtn 30,15–20). Dies sind keine Drohungen, sondern werbende Mahnungen, das Leben zu wählen, das die Tora vor Augen stellt. So besingen es geradezu überschwenglich die »Tora-Psalmen« Ps 1, Ps 19b und Ps 119: Wer sich an die Tora hält,

> *der ist wie ein Baum,*
> *gepflanzt an Wasserbächen,*
> *der seine Frucht zu seiner Zeit bringt,*
> *und seine Blätter welken nicht,*
> *und was er tut, gerät zum Guten (Ps 1,3).*

2 Didaktische Erwägungen

Der Tora-Baum

Für die Grundschule, etwa das 3./4. Schuljahr, wird die Tora als Lebens-Weisung erarbeitet. Das soll anhand von ausgewählten Stellen aus dem Alten und Neuen Testament geschehen, die die Schüler für sich selbst als Orientierungs-Angebot (»Lebensworte«) annehmen können. Sie sollen dann an einen Tora-Baum als Lebenssymbol gehängt werden.

Dieser Vorschlag sucht also nach einem Existenzbezug der Tora für Kinder, er folgt dem Ansatz der Existentialen Auslegung.

Das Licht der Tora
Dieser Vorschlag ist für das 5.–7. Schuljahr gedacht. Er geht aus von dem jüdischen Fest Schawuot, an dem der Empfang der Tora gefeiert wird. Das Fest kann die Bedeutung der Tora für Juden und damit auch für uns lebendig in Erfahrung bringen; der Ansatz der Jüdischen Auslegung ist grundlegend.

Die Leben-erhaltende Tora
Auch bei Kindern und Jugendlichen ist das Missverständnis der christlichen Ethik als »Verbotsmoral« durchaus verbreitet.
Für die Klassen 7–10 wird ein Entwurf angeboten, der von dieser Ausgangslage bestimmt ist. Ich schlage vor, mit den Schülern die geschichtliche Konkretheit der Gebote kennenzulernen. Sie können erfahren, dass der Dekalog eine bestimmte Form der lebens-erhaltenden Tora in einer spezifischen geschichtlichen Situation war, dass andere Formen im Alten Testament überliefert sind, dass jede Zeit ihre Gebote finden muss. Als hermeneutischer Ansatz liegt diesem Vorschlag die Historisch-Kritische Auslegung zugrunde.

Einführende Literatur
F. Crüsemann, Bewahrung der Freiheit. 1983
J. Magonet, Wie ein Rabbiner seine Bibel liest. 1994
H. D. Preuß, Theologie des Alten Testaments. Band 1. 1991, S. 98ff

3 Unterrichtsvorschläge

3.1 Der Tora-Baum (3./4. Klasse)

Kurzcharakteristik

Inhalt:	Die Tora – Wort zum Leben
Klassenstufe:	3./4. Klasse
Lernchance:	Die Tora als Angebot zur Lebensorientierung und Reifung wahrnehmen
Hermeneutisches Konzept:	Existentiale Auslegung und Jüdische Auslegung

Ansatz

Dass die Hebräische Bibel ein »Buch des Gesetzes sei« und dass Gesetze das Leben einengen und die Menschen bevormunden, wird Kindern wohl schon früh vermittelt – vielleicht auch in einem Religionsunterricht, der die Unterscheidung von »Gesetz« und »Evangelium« einseitig und engführend vermittelt.
Es bietet sich an, Grundschülern einen Eindruck von der Lebenskraft der biblischen Tora zu vermitteln. Aus dem jüdischen Verständnis ist zu lernen, dass die ganze biblische Überlieferung Tora ist, Weisung, die den Weg zum gelingenden Leben zeigt. Damit ist nicht nur ein kognitives Ziel ins Auge gefasst, den Schülern soll auch eine neue Sicht auf die Texte des Alten und Neuen Testaments vermittelt werden, sie sollen erkennen, dass ihnen dort Lebens-Worte angeboten werden. Drei Elemente des Unterrichts sind auf diese Intention ausgerichtet:

- die Begegnung mit dem jüdischen Verständnis der Tora als »Lebenswort«
- die Aufnahme eines zentralen Symbols für die Tora
- die Wahrnehmung bisher bekannter biblischer Texte unter der Perspektive der »Lebensworte«

Verlauf

a. Freude an der Tora (ca. 2 Stunden)

Der Unterrichtende erzählt vom Tora-Freudenfest (Simchat Tora), das am letzten Tag des Laubhüttenfestes gefeiert wird. Zuerst kann der Text von Bella Chagall auszugsweise vorgelesen werden (**M 1**). Dazu könnten einige Fotos von Männern gezeigt werden, die mit der Tora-Rolle im Arm tanzen (z.B. aus: Berg/Weber, So lebten die Menschen zur Zeit Jesu, Die Thora, Karte 6. Dort weitere Informationen). Einige Sachfragen können schnell geklärt werden: Was ist eine Synagoge – ein Tora-Schrein – eine Tora-Rolle ...?
Dann geht es um die Frage, was diese ausgelassene Freude an Simchat Tora wohl auslöst.
Diese Freude ist nur verständlich, wenn man sich klar macht, dass die Tora für einen Juden nicht ein enges »Gesetz« bedeutet, sondern lebensnotwendige Weisung, hilfreiche Orientierung.
Zur Konkretisierung steht ihnen das Blatt »Tora – Gute Worte zum guten Leben« (**M 2**) zur Verfügung. Es enthält »Lebensworte« in Form der Weisung und der Verheißung ebenso wie Äußerungen des Gottvertrauens. Der Unterrichtende wird u.U. Material auswählen, das sich für die Lerngruppe eignet und sie nicht überfordert.

b. Die Tora – ein Baum (ca. 1 Stunde)

Die Lebensbedeutung der Tora erschließt sich gut aus der Symbolik des Baums. Er steht für: Wachstum, Frische, Nahrung, Beständigkeit. Das an Simchat Tora angestimmte Tora-Lied (**M 3**) bringt dies treffend zur Sprache. Die Schüler lernen das Lied kennen. Der Lehrer könnte das Bild eines Baums mitbringen und mit den Schülern gemeinsam das Baum-Symbol meditieren. Hier soll es allerdings nicht um den Baum als Symbol des ganzen menschlichen Lebens gehen, sondern um seine Bedeutung als Lebenszeichen im oben genannten Sinn.
Wenn das Bedürfnis besteht, das Bedeutungsspektrum des Symbols noch zu erweitern, könnte die Lerngruppe sich mit Ps 1 beschäftigen: Hier symbolisiert der Baum nicht die Tora selbst, sondern den Menschen, der sein Leben an der Weisung ausrichtet.

c. Der Tora-Baum – ein Lebensbaum für uns? (ca. 3 Stunden)

Der Lehrer weist darauf hin, dass die Tora in der Bibel öfter mit einem Baum verglichen wird. Er schlägt vor, einen Tora-Baum als Gemeinschaftsarbeit zu gestalten. Es bieten sich verschiedene Techniken an: Reißtechnik, Materialcollage usw. Die Größe könnte etwa 2 m betragen. In den Wurzeln könnte mit hebräischen Buchstaben T O R A geschrieben sein.
Als »Früchte« des Baums sollen die Schüler Worte aus der Tora auswählen, die sie als hilfreiche Weisung, Tröstung oder Aufgabe erfahren haben.
Dann gestaltet jeder Schüler seine Frucht: Er schreibt auf eine Pappscheibe mit ca. 10 cm Durchmesser sein »Lebenswort«, gestaltet es aus und hängt es an die Zweige des Tora-Baums.
Die Schüler sollen berücksichtigen, dass nicht nur an einzelne Verse oder Aussprüche zu denken ist, auch Geschichten können solche »Lebensworte« sein. Der Lehrer weist darauf hin, dass für Christen nicht nur die Hebräische Bibel »Tora« ist, sondern auch das Neue Testament. Im Klassengespräch könnten einige Beispiele überlegt werden. Der Baum wird ergänzt.
Schließlich sollten die Kinder Gelegenheit haben, selbst zu überlegen, was für sie zu einem guten, glücklichen Leben gehört. Sie schreiben dies als ihre »Lebensworte« auf und fügen sie den Tora -Früchten hinzu.
Der Baum sollte über längere Zeit im Klassenzimmer hängen, so dass die Lerngruppe immer wieder auf einzelne »Früchte« zurückgreifen und darüber nachdenken kann, warum dieser Texte, diese Geschichte »Lebenswort« sein könnte. Auch sollten die Schüler Gelegenheit haben, ihre »Früchte« durch andere auszutauschen.

MATERIALIEN

M 1

Bella Chagall erzählt

Einmal im Jahr ist es den Kindern erlaubt, in der Synagoge ungehindert vergnügt zu sein. Schon am Vorabend des Festes sind wir todmüde und atemlos vor lauter freudigem Tanzen.
Die Synagoge ist voller Menschen, und so viele Jungen sind da, dass man nicht weiß, wo man sich vor ihnen verstecken soll. Zur Hakkafot-Prozession dürfen auch die kleinen Mädchen in die Männerabteilung; sie balgen sich zwischen den Füßen der Erwachsenen mit den Jungen herum.
Die Lichter scheinen mit neuem Feuer zu brennen. Der heilige Schrein steht offen, die Tora-Rollen, alle in Festtagsmäntelchen, werden eine nach der anderen herausgenommen. Die Synagoge ist festlich wie ein hoher Tempel. Die Männer tanzen, die Tora-Rollen in den Händen, und die Kinder stampfen und tanzen mit ihnen.
Wir rennen wie die Wilden um das Pult des Vorbeters, laufen an der einen Seite hinauf, an der anderen hinunter. Die Stufen ächzen unter unseren Füßen …
In unseren Händen rasseln Klappern. Wir vollführen einen schrecklichen Lärm. Unsere Papierfähnchen pfeifen, flattern und zerreißen im Wind.

(Aus: Bella Chagall, Brennende Lichter, © 1966 by Rowohlt Verlag GmbH, Reinbek, S. 91)

M 2

Tora – gute Worte zum guten Leben

Ich bin Jahwe, Dein Gott. Ich habe dich aus der Knechtschaft befreit (Ex 20,1)

Wie ein Mensch von seiner Mutter getröstet wird, so tröste ich euch. (Jes 66,13)

Du sollst niemand umbringen. (Ex 20,13)

Ich bin in eurer Mitte. Ich will euer Gott sein, ihr sollt mein Volk sein. (Lev 26,12)

Keiner soll über den anderen mit Gewalt herrschen. (Lev 25,46)

Wenn ein Flüchtling unter euch lebt, sollt ihr ihn nicht unterdrücken. Ihr seid doch selbst einmal Flüchtlinge in Ägypten gewesen! (Lev 19,33f)

Der Herr ist mein Hirte – mit wird nichts fehlen. (Ps 23,1)	Besser ein trockenes Stück Brot und Frieden, als ein Haus voller Braten und Streit! (Spr 17,19)
Ich, Gott, gebiete dir: Sei mutig und habe keine Angst! (Jos 1,9)	Jahwe segne dich und behüte dich, Jahwe lasse sein Angesicht über dir leuchten und sei dir gnädig. Jahwe wende sein Angesicht zu dir und schenke dir Heil! (Num 6,24–26)
Wir sind dein Volk, du bist unser Gott. Glücklich ist das Volk, von dem dies gilt! (Ps 144,15)	Du sollst fröhlich sein, dich über alles Gute freuen, das Gott dir schenkt … freuen sollen sich auch die Flüchtlinge, die Waisenkinder und die Witwen, die bei dir leben. (Dtn 26,11;16,11)
Und wenn ich auch wandern muss im Tal des Todesschattens, fürchte ich kein Unglück, denn du bist bei mir. (Ps 23,4)	Jahwe ist mein Licht und mein Heil. Vor wem sollte ich mich fürchten? (Ps 27,1)
Höre, Israel, Jahwe ist unser Gott, Jahwe ist einzig. (Dtn 6,4)	Wie gut und schön ist es, wenn Geschwister in Eintracht beisammen sind! (Ps 133,1)
Du sollst Jahwe, deinen Gott, lieben mit ganzen Herzen, mit ganzer Seele und mit ganzer Kraft. (Dtn 6,5)	Meine Hilfe kommt von Jahwe! Ps 121,2)
Du sollst ein Segen sein! (Gen 12,2) Kommt und seht die Taten Gottes. (Ps 66,5)	
Gott setzt den Menschen in die Welt, damit er sie bebaut und auf sie achtgibt. (Gen 2,15)	

M 3

Ein Lied zu Simchat Tora

Jauchzen wir und freuen uns
mit dieser Tora.
Denn sie ist uns Kraft und Licht!
Ein Baum des Lebens ist die Tora.
Leben für alle, denn in ihr ist die Quelle des Lebens

(Aus: Leo Hirsch, Jüdische Glaubenswelt. Gütersloh 1962, S. 98)

3.2 Das Licht der Tora (5.–7. Klasse)

Kurzcharakteristik

Inhalt:	Schawuot, das Fest der Tora
Klassenstufe:	5.–7. Klasse
Lernchance:	Ein besseres Verständnis für die Tora als Basis des jüdischen Glaubens und Lebens gewinnen
Hermeneutisches Konzept:	Jüdische Auslegung

Ansatz

Eine wichtige Quelle jüdischer Schriftauslegung ist die gottesdienstliche Praxis: In welchem Zusammenhang hat ein biblischer Inhalt seinen Ort, welches Verständnis erschließt sich von dort aus?
Hier bietet sich eine Beschäftigung mit dem Fest Schawuot an. Es hat sich von einem Erntefest zur Feier der Offenbarung der Tora am Sinai entwickelt.
Der folgende Vorschlag ist nicht als ausgeführter Unterrichtsentwurf konzipiert, sondern als Baustein, der in verschiedenen Zusammenhängen eingesetzt werden kann, z.B.

- im Rahmen des Themas »Judentum« mit Schwerpunkt Feste oder Tora
- im Rahmen des Themas »Die zehn Gebote«

Den Schülern könnte daran aufgehen, dass Tora in der jüdischen Tradition und Praxis eben nicht enge Gesetzlichkeit bedeutet, sondern Lebensweisung, über die man sich freut. Das kann sich ganz besonders deutlich aus der Festpraxis zu Schawuot erschließen. Damit verbindet sich dann organisch eine Besprechung des Tora-Verständnisses im Judentum.

Das Materialangebot gliedert sich in vier Abschnitte:

- *Grundinformation zu Schawuot* (**M 1**)
- *Verschiedene kleinere Quellen zum Fest* (**M 2**; Quelle vor allem: Seder Hattefilliot. Das Jüdische Gebetbuch. Herausgegeben von J. Magonet u.a. Band 1: Gebete für Schabbat, Wochentage und Pilgerfeste. 1997)
- *Informationstext zu Tora* (**M 3**; hier könnte ergänzend auch die Information aus dem Vorschlag für die 3./4. Klasse einbezogen werden: **M 1**; s.o. S. 174)
- *Einige Quellen zu »Tora«* (**M 4**). Hier könnte ergänzend auch das Material »Tora – Gute Worte zum guten Leben« (**M 2**) aus dem Vorschlag für die 3./4. Klasse herangezogen werden (s.o.S. 174)

Im Unterricht können diese Materialien je nach Situation einzeln oder in Kombination gebraucht werden. Sie sind so angelegt, dass sie unabhängig voneinander zu benutzen sind.

MATERIALIEN

M 1

Schawuot – ein jüdisches Fest

Im Frühsommer feiern die Juden das Fest Schawuot. Das bedeutet »Wochenfest«, da es sieben Wochen (plus einen Tag) nach dem Pessachfest stattfindet. Nach dem jüdischen Festkalender gehört Schawuot ganz eng zum Pessach, dem Fest, an dem die Befreiung aus der ägyptischen Gefangenschaft gefeiert wird.
Früher war Schawuot ein ausgesprochenes Erntedankfest: Aus dem ersten Weizen der neuen Ernte wurden Opferbrote gebacken. Diese brachte man in einer Wallfahrt nach Jerusalem zum Tempel. Die Getreideernte war jetzt vorbei.
Später wurde Schawuot nicht mehr so sehr als Erntefest gefeiert. Es bekam eine stärker religiöse Bedeutung: In den alten Geschichten des Volkes Israel wird erzählt, daß Mose an diesem Tag die Zehn Gebote, die er von Gott auf dem Berg Sinai erhalten hatte, an das Volk weitergab. Im Zusammenhang damit stand die Erzählung vom Bund, den Gott mit Israel schloss; dieser Bund wurde mit dem feierlichen Spruch bekräftigt: »Ich will euer Gott sein und ihr sollt mein Volk sein!«
Schawuot wurde mehr und mehr zu einem Fest, bei dem man diese »Offenbarung Jahwes am Sinai«, die Tora, und den Bund Gottes mit seinem Volk feiert!
Wie feiern die Juden heute dieses Fest?
An die ursprüngliche Bedeutung als Erntedankfest erinnert der Blumenschmuck: Die Synagoge und auch die Häuser werden mit vielen Blumen festlich verschönert.
Im Mittelpunkt des Festes aber steht die Freude über die Tora. Tora wird im Deutschen oft mit »Gesetz« wiedergegeben. Dabei denken viele an eine Unzahl von Vorschriften und Verboten, die das Leben einengen. Für einen Juden bedeutet Tora aber etwas ganz anderes. Er weiß, dass Gott den Menschen in der Tora gezeigt hat, wie sie glücklich und in Frieden miteinander leben können; die Tora ist darum ein kostbares Geschenk, über das man sich freut.
Ein jüdischer Mensch feiert an Schawuot dankbar, dass Gott ihm alles gibt, was er zum Leben braucht: Die Nahrung – die Tora – die Freiheit.
Im Gottesdienst wird vorgelesen, wie Israel die Tora bekam. Auch das ganze Buch Rut wird gelesen. Das erklärt man so: Im Buch Rut geht es ebenfalls um die Ernte; aber auch Treue und Segen spielen eine große Rolle: Wie Rut treu war und Segen bekam, so soll Israel auch der Tora die Treue halten!

Zu den Traditionen des Festes gehört, dass Milchspeisen gegessen werden. Als Begründung wird genannt: In der Bibel wird die Tora mit »Milch und Honig« verglichen (Hld 4,11): So süß und nahrhaft ist die Weisung.

M 2

Lieder, Sprüche und Geschichten zu Schawuot

1. Gebet aus der Liturgie

Gott, wir warten auf die Erneuerung deiner Offenbarung. Wie unsere Vorfahren am Fuß des Sinai standen, so stehen wir vor den Schriftrollen dieser Synagoge. Wir schauen auf zu dem Licht deiner Gegenwart und sprechen unser Gebet. So, wie du auf den Feldern die Ernte reifen lässt, unsere Nahrung, die uns Kraft gibt, die Blumen wachsen lässt, die uns erfreuen, genau so lass auch die Saat der Güte, die du in uns eingepflanzt hast, gedeihen.

2. Zum Bund Gottes mit seinem Volk

Oft wird in dem Teil des Schawuot-Gottesdienstes, der an den Bund Gottes mit seinem Volk erinnert, unter einer Chuppa gebetet. Die Chuppa ist ein Baldachin, unter dem die jüdische Hochzeitszeremonie stattfindet. An Schawuot lässt die Chuppa den Gedanken anklingen, dass Gott den Menschen Treue zusagt, wie Braut und Bräutigam einander Treue geloben. Dazu wird aus der Bibel die Zusage Gottes gelesen:

Ich verlobe mich mit dir für ewige Zeiten.
Ich verlobe mich mit dir in Gerechtigkeit und Recht,
in Liebe und Erbarmen.
Ich verlobe mich mit dir in Treue (Hos 2,21–22).

3. Schawuot und die Tora

Man fragte einen weisen Rabbi: »Warum wird (Schawuot) das Fest der Offenbarung, die Zeit der Verleihung unserer Tora genannt und nicht die Zeit des Empfangs unserer Tora?«
»An dem Tag«, antwortete er, »den das Fest erinnert, geschah das Geben, aber das Nehmen geschieht zu jeder Zeit. Gegeben ist allen in gleichem Maß, aber sie haben nicht alle das gleiche Maß genommen«.

4. Die Tora – etwas für Rindviecher?

Ein Mensch, der nichts von der Religion hielt, kam einmal am Vorabend von Scha-

wuot zum Rabbi. »Rabbi«, sagte er, »ich habe herausgefunden, warum wir Juden zu Schawuot nur Milchspeisen essen.«
»Lass hören«, sagte der Rabbi.
Der Mann sagte: »Man isst Milchspeisen, weil am Tag, als uns die Tora gegeben wurde, doch alle Rindviecher zum Berg Sinai liefen!«
»Gut!«, lächelte der Rabbi. »Du hast Recht. Bevor wir Juden beim Berg Sinai angekommen sind, waren wir wirklich wie Rindvieh. Wir wussten von nichts etwas, nichts von guten Taten, nichts von Menschlichkeit. Erst durch die Tora wurden wir zu richtigen Menschen. Aber die Juden, die bis heute die Tora nicht angenommen haben, sind Rindviecher geblieben!«

M 3

Was ist die Tora?

Meistens wird das hebräische Wort Tora im Deutschen mit *»Gesetz«* wiedergegeben; damit verbindet sich dann die Vorstellung, dass die jüdische Religion die Menschen durch viele kleinliche Gesetze gängelt. Tatsächlich bezeichnen die Juden mit Tora auch die Gesetze, die das Zusammenleben regeln; vor allem die Zehn Gebote sind ein Grundgesetz, das von Gott gegeben ist. Aber sie sind keine engen Vorschriften und Verbote, die das Leben einengen, sondern Wegweiser zu einem guten Leben für alle Menschen.
Darum wird heute Tora auch oft mit *»Weisung«* wiedergegeben; beispielsweise nennt das Alte Testament die Lebensklugheit, die Eltern ihren Kindern mit auf den Weg geben, Tora (z.B. Spr 1,4).
Aber es gibt noch eine dritte Bedeutung: Tora bedeutet für einen Juden einen bestimmten Teil der Hebräischen Bibel, nämlich die *fünf Mosebücher*. Aus der Tora wird jede Woche ein Abschnitt im Gottesdienst gelesen. Wenn der letzte Abschnitt der Tora gelesen ist, beginnt man wieder mit dem Anfang, der Schöpfungsgeschichte. Der Tag, an dem dies geschieht, ist ein Festtag: »Simchat Tora« nennen ihn die Juden. Oft tanzen die Leute mit Tora-Rollen im Arm durch die Straßen. – Manchmal meint man auch das ganze Alte Testament, die Hebräische Bibel, wenn man von der Tora spricht.
Und dort stehen ja nicht nur Gesetze, sondern auch viele Zusagen, dass Gott für die Menschen da ist, dass er sie liebt, dass er ihnen alles gibt, was sie zum Leben brauchen. Darum ist die Tora für die Juden ein kostbares Geschenk von Gott, für das sie dankbar sind, oder auch ein Licht, das den Lebensweg hell macht.

M 4

Freude an der Tora

1. Gebet an Schawuot:

> *Gott, wir danken dir für das Licht – für das Licht der Tora; für das Licht des Lernens, durch das wir in unserem Leben geleitet werden; für das Licht der Wahrheit und für das Licht des Gewissens; für die großen, guten Menschen, die wie die Sterne am Himmel glänzen; für das Licht dieser Kerzen, durch die wir dieses Fest heiligen.*

2. In einer alten Geschichte heißt es:

Die Schüler fragten einen frommen Mann: »Es heißt in der Tradition, unser Vater Abraham habe das ganze Gesetz erfüllt. Wie ist dies möglich, da es ihm noch nicht gegeben war?«
»Man muss nichts anderes tun«, sprach er, »als Gott zu lieben. Willst du etwas tun und merkst, es könnte deine Liebe vermindern, dann wisse, es ist Sünde; willst du etwas tun und merkst, daraus wird sich deine Liebe vermehren, dann wisse, dein Wille entspricht Gottes Willen. So hielt es Abraham.«

3.3 Der Dekalog – Gottes Gebot? (7.–10. Klasse)

Kurzcharakteristik

Inhalt:	Der Dekalog
Klassenstufe:	7.–10. Klasse
Lernchance:	Den Dekalog als Beispiel einer geschichtlichen Ausformung von stimmigen Lebensregeln wahrnehmen
Hermeneutisches Konzept:	Historisch-Kritische Auslegung

Ansatz

Für viele Jugendliche ist vermutlich die Aversion gegen die Gebote besonders hoch. Sie nehmen sie im Zusammenhang kirchlicher Moral wahr, die ihnen als weltfremd, rigide und oft auch wenig aufrichtig erscheint. Auch wenn sie vielleicht im schulischen und kirchlichen Religionsunterricht ganz andere Sichtweisen kennen gelernt

haben, sitzen erfahrungsgemäß die Abneigungen und Vorbehalte in diesem Bereich besonders tief; wahrscheinlich sind sie durch (Vor-)Urteile der öffentlichen Meinung stark beeinflusst.
Dieser Ausgangslage versucht der folgende Vorschlag Rechnung zu tragen, indem er die Einstellungen der Schüler durchaus bewusst macht und ernst nimmt, ihnen aber nicht abwehrend-apologetisch begegnet, sondern sachliche Informationen über das Verständnis der alttestamentlichen Gebote anbietet. Drei Merkmale der alttestamentlichen Gebote sind besonders hervorzuheben:

- Die biblischen Gebote sind nicht als Normen aufzufassen, die der menschlichen Gemeinschaft aufgezwungen werden, sondern als Kompendium verbindlicher Regeln, die für ein sinnvolles Zusammenleben nötig sind.
- Was zum Leben nötig ist, kann nicht ein für alle Mal festgelegt werden. Es ist in den jeweiligen Lebensverhältnissen neu zu umreißen. Das hat seinen Niederschlag in verschiedenen Zusammenstellungen im Alten Testament gefunden. Die alttestamentliche Wissenschaft bezeichnet solche Aufreihungen als »Gebots- bzw. Verbotsreihen«.
  Historisch ist die Entwicklung wohl so verlaufen, dass solche Gebotsreihen sich zunächst auf die unmittelbaren Bedürfnisse und Erfordernisse des engsten Lebenskreises bezogen, z.B. wollen die Bestimmungen über erlaubten und unerlaubten Sexualverkehr das intakte Zusammenleben im Zelt der Großfamilie sichern (Lev 18,6–18). Oder die Reihe Ex 34,14–26 regelt kultische Verrichtungen. Erst allmählich kam es dann zur Formulierung allgemeiner Verhaltensgrundsätze.
- Diese lebensnotwendigen Regeln hat Israel als Gabe Jahwes aufgefasst, die die geschenkte Freiheit für alle sichern soll.
  Dieses Bekenntnis schließt auch die Grundkriterien ein, die den unterschiedlichen geschichtlichen Ausprägungen der Gebote zugrunde liegen: Bewahren der Freiheit und des guten Lebens in der Gemeinschaft für alle.

Die Schüler könnten lernen, dass die alttestamentliche Gebotsüberlieferung Erinnerungen an hilfreiche Orientierungsangebote zum guten Leben aufbewahrt, die in jeder Zeit neu zu aktualisieren sind.

VERLAUF

a. Von Verboten umstellt? (ca. 1 Stunde)

Der Unterrichtende bietet der Lerngruppe eine Karikatur von Jals an (**M1**). Ein Bischof steht im Weg. Seine Gestik verrät Starre, Entschiedenheit, Verschlossensein. Das Verbotsschild signalisiert: Durchfahrt verboten!
Nachdem die Schüler sich kurz über den Bildinhalt verständigt haben, äußern sie sich assoziativ in Form eines Brainstorming. Vermutlich werden Stichworte wie »Die Kirche sagt immer NEIN! In der Kirche ist alles verboten, was Spaß macht! …« überwiegen.
Im folgenden Unterrichtsgespräch sollte versucht werden, die genannten Stichworte an Erfahrungen festzumachen. Vielleicht könnten die Beiträge in einer Übersicht zusammengefasst werden, in der jeweils gegenübersteht: Das verlangt die Kirche – Eigentlich möchte ich … Denkbar wären Hinweise auf die Sexualmoral oder die Sonntagsheiligung (Sport!). Diese Gesprächsphase verfolgt keineswegs die Intention, den Schülern unbegründete Vorurteile nachzuweisen, sondern soll einen Erfahrungsbezug herstellen und, wenn auf eigene Erfahrung nicht verwiesen werden kann, Erlebnisse anderer einbeziehen.

b. Eine alte Gebotsreihe für Nomaden – Regeln zum vernünftigen Leben (ca. 2 Stunden)

In Jer 35,6b–7a ist ein Text überliefert, der die überkommenen Lebensregeln der Rechabiter zusammenfasst. Die Rechabiter waren eine Gruppe in Israel, die die nomadische Lebensweise nie aufgegeben hatte. Sie lehnten die Sesshaftwerdung sowie den Acker- und Weinbau ab; sie verstanden sich als besonders treue Anhänger Jahwes. Sie beriefen sich auf die Anweisungen ihres Ahnherrn Jonadab und zitierten seine Weisung.
Dieses sehr alte Textstück hat offenbar eine auf die Nomadenzeit Israels zurückgehende Stammesordnung aufbewahrt; an ihr lassen sich die oben genannten charakteristischen Merkmale alter Gebotsreihen erkennen.
Die Schüler erhalten den Text (**M 2**). Sie werden kurz über die in Jer 35 geschilderte Situation sowie über die Rechabiter informiert. Anschließend erarbeiten sie die Merkmale einer alten Gebots-/Verbotsreihe.
Abschließend versuchen die Schüler, eine eigene weiterführende Gebotsreihe für Nomaden zu entwickeln. Ausgangspunkt ist die Überlegung, welche Ordnungen unter den spezifischen Bedingungen des Nomadenlebens wohl nötig wären.
(*Hinweise*: Wegen der gefährlichen Lebensverhältnisse in der Steppe hat der Besitz

einen relativ geringen Stellenwert: Nomaden sind freigebig. – Niemand kann in der Steppe auf sich allein gestellt überleben: Solidarität und Gastfreundlichkeit sind wichtig, meist auch in der Form des Asyls für Schutzsuchende. – Die harten Lebensbedingungen sind der Preis für die Ungebundenheit des Nomadenlebens, darum ist die Freiheit ein wichtiges Gut. – Wasser ist lebensnotwendig. Darum ist die Zerstörung von Wasserstellen (Brunnen, Zisternen) in der Steppe ein todeswürdiges Verbrechen. – Da es keine »Obrigkeit« gibt, ist der Strafvollzug Angelegenheit der Sippe; er wird vielfach in Form der Blutrache ausgeübt.

c. Der Dekalog – eine Zusammenstellung von Lebensregeln für eine bäuerliche Gemeinschaft (ca. 2 Stunden)

Die Schüler beschäftigen sich mit dem Text des Dekalogs (vgl. Arbeitsblatt **M 3**)

(1) Für wen wurde der Dekalog geschrieben?
Die Schüler überlegen, auf welche sozialen Verhältnisse die Gebote zielen; gerade die letzten Gebote zeigen, dass die bäuerliche Lebensgemeinschaft angesprochen ist. Der Dekalog kann also kaum in der Mosezeit entstanden sein. Im Alten Testament gibt es nicht nur den klassisch gewordenen Dekalog, sondern verschiedene Gebots- und Verbotsreihen für verschiedene Lebensverhältnisse.

(2) Zur Sprachform des Dekalogs
Nun werden die formalen Merkmale des Dekalogs untersucht. Es treten große Unterschiede hervor: Ausführlich argumentierende Formulierungen (v.a. V. 6–11) wechseln mit kurzen, apodiktischen Sätzen. Außerdem sind unterschiedliche Gottesbezeichnungen zu beobachten (»Ich« bis V. 6; »Jahwe« ab V. 7). Daraus kann geschlossen werden, dass der Dekalog in seiner vorliegenden Form aus verschiedenen Stücken zusammengewachsen ist. Der Unterrichtende informiert, dass es der alttestamentlichen Wissenschaft bis heute nicht überzeugend gelungen ist, den Entstehungsvorgang zu klären und den Dekalog zu datieren; meist wird angenommen, dass er aus der späten Königszeit stammt (7. Jh. v. Chr.).
Auch an den formalen Unterschieden lassen sich unterschiedliche Verwendungssituationen ablesen: Bei den argumentativen Sätzen wird man eher an eine Lehr-Situation denken, bei den apodiktischen Sätzen an eine feierliche Proklamation, vielleicht im Rahmen eines Gottesdienstes.

(3) Welche Bedeutung hat der Dekalog?
Einleitend führt der Unterrichtende die »Selbstvorstellungsformel« V. 2 ein. Die Schüler erfahren, dass die Israeliten die Lebensregeln als Willen Jahwes annehmen, und dass der Dekalog in den Gesamtzusammenhang der Freiheitsgeschichte Jahwes mit Israel eingebettet ist. Auch die Gebote sind Teil dieser Freiheitsgeschichte: Nach

dem Bekenntnis Israels sind die Gebote als An-Gebote zum Leben in Freiheit und Gerechtigkeit für alle zu verstehen. Das zeigt sich sehr deutlich in der Fassung des Sabbat-Gebots im Paralleltext Dtn 5,12–15: Hier wird der Ruhetag ausdrücklich als Ausdruck der Freiheit hervorgehoben.

Als Ergebnis von Schritt b und c sollte festgehalten werden: Es gibt verschiedene »Dekaloge« im Alten Testament. Sie beruhen alle auf der gleichen Basis, die sich vor allem im Dekalog zeigt: Gebote sind gute Lebensregeln. Diese haben sich aber unterschiedlich ausgeformt, je nach der geschichtlichen Situation, in der sie galten.

d. Ein Dekalog für unsere Zeit (ca. 2 Stunden)

Auf der Grundlage des bisher Erarbeiteten könnten die Schüler nun versuchen, einen Dekalog für unsere Zeit zu entwerfen. Ausgangspunkt wäre wieder die Überlegung: Welche Grundsätze in unserer Gegenwart sind lebensnotwendig? Bei der Gestaltung sollte bedacht werden:

- Welche Grundsätze sind gefährdet und müssten geschützt werden?
- Wie könnte man einen solchen Dekalog so formulieren, dass er akzeptiert und gern praktiziert wird?

e. Gebote als An-Gebote der Freiheit – ein Text von Ernst Lange (ca. 2 Stunden)

Abschließend könnte sich die Lerngruppe mit einer Verfremdung des Dekalogs beschäftigen, die Ernst Lange geschrieben hat (**M 4**).
Der Text erschließt sich nicht auf den ersten Blick. Folgende Anstöße wären als Hilfestellungen nützlich:

- Welche Form hat der Verfasser gewählt? (»Du brauchst nicht…« statt »Du sollst nicht …!). Welches Verständnis zeigt sich darin?
- Wie begründet der Verfasser jeweils die »Angebote«?
- Welche Verhaltensweisen sprechen die »Zehn großen Freiheiten« an? Diese Verhaltensweisen sind in der Sicht des Textes problematisch bzw. schädlich. Für wen gilt jeweils diese Einschätzung? (Für den, der in dem Text angesprochen wird? Für andere?) Teilen die Schüler diese Einschätzung?
- Wären aus der Sicht der Schüler andere »Angebote« dringlich?

Die Lerngruppe kann herausfinden, dass der Text Grundgedanken des Dekalogs aufgreift und so auf unsere Gegenwart hin weiterführt, dass die bei uns wirksamen Gefährdungen von Freiheit und Menschlichkeit angesprochen werden.

MATERIALIEN

M 1

Löwensteiner Cartoon
Service 384, Smolinski

M 2

Eine alte Sippenordnung

Ihr sollt niemals Wein trinken,
weder ihr, noch eure Nachkommen!
Ihr sollt auch kein Haus bauen,
keine Saat aussäen und
keinen Weinberg pflanzen noch besitzen!
Sondern in Zelten sollt ihr wohnen euer ganzes Leben!
(Aus Jer 35,6–7)

Dieser Text gibt eine sehr alte israelitische Sozialordnung wieder.
Untersucht sie nach folgenden Gesichtspunkten:

- *Welch eine Lebensform setzen die Regeln voraus?*
- *Für wen sind sie bestimmt?*
- *Welche Gefahren für die Gemeinschaft setzen sie voraus und welche Ziele verfolgen sie?*

M 3

Hinweise zur Arbeit mit dem Dekalog Ex 20,1–17

a. Beobachtungen zu den Adressaten des Dekalogs
- *Welche Lebensform setzen die Regeln voraus?*
- *Für wen sind sie bestimmt?*
- *Welche Gefahren für die Gemeinschaft setzen sie voraus und welche Ziele verfolgen sie?*
- *Vergleicht den Text mit den nomadischen Regeln (**M 2**)*

b. Beobachtungen zur sprachlichen Form des Dekalogs
- *Untersucht den Text im Blick auf die Textmenge: Welche Teile sind ausführlich geschildert? Welche knapp?*
- *Könnt ihr daraus Rückschlüsse auf die Anlässe ziehen, bei denen die Stücke vorgelesen oder vorgetragen wurden? (Bei welchen Anlässen spricht man sehr kurz und knapp? Wann ausführlich – begründend?)*
- *Wer spricht in den einzelnen Abschnitten des Dekalogs?*
- *Wie kann man sich die unterschiedlichen Sprachformen erklären?*

M 4

Die zehn großen Freiheiten

1 Du brauchst keine Angst zu haben!
Ich, der allmächtige Gott, will dein Helfer sein.

2 Du brauchst dir nichts einreden zu lassen!
Ich, der allmächtige Gott, will dein Lehrer sein.

3 Du brauchst mich nicht zu zwingen, dir zu helfen!
Ich, der allmächtige Gott, bin ganz freiwillig dein Freund.

4 Du brauchst dich nicht zu Tode zu hetzen!
Ich, der allmächtige Gott, will dein Meister sein.

5 Du brauchst nicht in ständiger Auflehnung zu leben!
Ich, der allmächtige Gott, will dein Vater im Himmel sein.

6 Du brauchst die anderen nicht als Konkurrenten zu behandeln!
Ich, der allmächtige Gott, will dein Beschützer sein.

7 Du brauchst dich nicht auszutoben!
Ich, der allmächtige Gott, will der Stifter deines Glücks sein.

8 Du brauchst dich nicht unehrlich zu bereichern!
Ich, der allmächtige Gott, will dein Versorger sein.

9 Du brauchst nicht von der Wahrheit abzuweichen!
Ich, der allmächtige Gott, habe Vertrauen zu dir.

10 Du brauchst nicht neidisch zu sein!
Ich, der allmächtige Gott, bin der Geber guter Gaben für dich.

(Aus: Ernst Lange, Die zehn großen Freiheiten. 16. Aufl. Burckhardthaus Laetare 1958)

Kapitel 6: Rut

1 Theologische Erwägungen

Das kleine Buch Rut ist in den letzten Jahren wieder entdeckt worden, vor allem wohl, weil es ein »Frauen-Buch« ist, das im Zuge feministisch orientierter Bibellektüre neue Beachtung findet. Jedenfalls wurde es in viele Lehrpläne aufgenommen – ein Grund, es in diesen Praxisband zum Alten Testament aufzunehmen.

1.1 Inhalt, Gliederung

Der Inhalt des kleinen Buchs Rut ist schnell nacherzählt:
Es setzt mit einer für das Alte Testament ganz typischen Situation ein. Wie Abraham und Sara oder wie Jakob mit seiner Familie verlässt in einer Hungersnot eine Familie ihre Heimat Betlehem, um im fremden Land zu überleben. Aber ausgerechnet dieser Zufluchtsort wird zu einem Ort des Todes: Zunächst stirbt Elimelech, dann sterben auch die beiden Söhne Machlon und Kiljon, die nach dem Tod des Vaters die Moabiterinnen Orpa und Rut geheiratet hatten. Das Buch Rut erzählt nun, wie die allein übrig gebliebene Witwe Noomi wieder ins Leben zurückkehrt: vor allem ist ihr ihre moabitische Schwiegertochter Rut behilflich auf dem Weg ins Leben. Diese geht mit ihr nach Betlehem (»Haus des Brotes« Kapitel 1), sammelt dort während der Gerstenernte auf dem Feld des Boas Ähren (Kapitel 2), legt sich nach der Ernte nachts auf der Dreschtenne zu Boas und bittet ihn um die Ehe (Kapitel 3). Boas heiratet Rut. Der aus dieser Ehe hervorgehende (erste) Sohn Obed gilt dann als Sohn der Noomi und wird schließlich der Großvater Davids, wie in einer geradezu feierlich vorgetragenen Geschlechterfolge (Genealogie) am Schluss des Buchs unterstrichen wird (Kapitel 4).
Das Buch Rut ist nach einer sehr durchdachten, planvollen Komposition aufgebaut. Die Kapitel sind jeweils weitgehend parallel gegliedert und geben damit auch der Handlung eine klare Struktur; dies belegt die Übersicht anschaulich. Man erkennt die analogen Teile deutlich. Auch die »Hauptpersonen«, auf die das ganze Geschehen zuläuft, treten prägnant hervor: Noomi in Kapitel 1 und 4, Rut in den mittleren Teilen.

Kap. 1 Rückkehr der Noomi nach Bethlehem	**Kap. 2** Rut auf den Feldern des Boas	**Kap. 3** Rut auf der Tenne des Boas	**Kap. 4** »Lösung« für Noomi in Bethlehem
1–5 Eröffnung (Handlung)	1–2 Eröffnung (Gespräch)	1–5 Eröffnung (Gespräch)	1–2 Eröffnung (Handlung)
6–19a Entscheidung der Rut für Noomi (dreifache Gesprächsrunde auf dem Weg nach Bethlehem)	3–18 Begegnung zwischen Rut und Boas auf dem Gerstenfeld (Rut wirft sich nieder vor Boas)	6–15 Begegnung zwischen Boas und Rut auf der Gerstentenne (Rut legt sich nieder zu Boas)	3–12 Entscheidung des Boas für Noomi und Rut (dreifache Gesprächsrunde im Tor zu Bethlehem)
19b–22 Ankunft in Bethlehem (Noomi und die Frauen)	19–22 Deutendes Gespräch Noomi – Rut	16–18 Deutendes Gespräch Noomi – Rut	13–17 Geburt in Bethlehem (Noomi und die Frauen)
Noomi	Rut	Noomi	Noomi
			+
			18–22 Genealogie Davids

(Aus: E. Zenger, Einleitung in das Alte Testament. Kohlhammer Verlag. Stuttgart 1995)

Da die angesprochenen sozialen Verhältnisse und Handlungen zum Verständnis des Geschehens unbedingt notwendig sind, sollen sie vorab geklärt werden:
Im Zentrum steht der »Löser« (hebr. »go'el«; es wird der gleiche Begriff verwendet wie für die religiöse Vorstellung des »Erlösens« bzw. des »Erlösers«). Gerät ein Familienmitglied in eine Notlage, wird der Löser aktiv. Er ist nach altisraelitischem Sozialrecht ein Mitglied der Familie, das dem/der Betroffenen am nächsten ist; er ist zur Hilfe verpflichtet. Das bezieht sich auch auf das Institut der sog. »Leviratsehe« (die Bestimmungen dazu finden sich in Dtn 25,5–10): Wenn zwei Brüder zusammenleben und einer stirbt, so heiratet der andere die Witwe. Der erste Sohn aus der Ehe gilt als Sohn des toten Bruders. Sinn dieser Regelung ist nach Dtn, dass der Name des Verstorbenen »nicht aus Israel vertilgt« werden soll. Das bekannteste Beispiel ist die Geschichte der Tamar, die mit List das ihr verweigerte Recht durchsetzt und mit Juda

den Perez bekommt – ein wichtiger Teil der Heilsgeschichte Israels. Bei der Leviratsehe handelt es sich aber wohl in erster Linie um ein Instrument zur Erhaltung des Familienbesitzes. Dies spielt auch in der Rut-Erzählung eine Rolle.

1.2 Gattung

Die Beobachtungen zum Aufbau geben wichtige Hinweise:

- Zu dem kunstvoll gebauten, planvoll entwickelten und reflektierten Text passt am besten die Gattungsbezeichnung: *Novelle*. Es zeigt sich die typische Novellenstruktur: Tiefpunkt – Wendepunkt – Höhepunkt; der »Wendepunkt« ist in der Novelle oft durch ein zufälliges Ereignis herbeigeführt (2,3!).
- Das Geschehen ist ganz immanent, weltlich erzählt. Kaum einmal wird Gott als direkter Urheber des Geschehens genannt, in wenigen deutenden Sätzen aber wird klar, dass er es ist, der im Verborgenen geleitet und gelenkt hat (v.a. 4,14f: Lobpreis). – Diese zurückhaltende Darstellungsweise ist in der Hebräischen Bibel aus dem Bereich der »Weisheitsliteratur« bekannt, einer Weise des Denkens und Glaubens, die wohl zuerst in der Zeit Salomos aufkam. In dieser Zeit wurde die Welt »weltlich«, die direkte Gotteserfahrung, das Gefühl, überall ganz unmittelbar und direkt von Gott begleitet zu sein, ging zurück. Man versuchte also, eine weltlich gewordene Welt und das Leben in ihr aus dem Glauben zu deuten, indem man das Leben so darstellte, wie es war: weltlich, immanent. Aber an den Wendepunkten des Lebens vergewisserte man sich, dass Gott im Verborgenen wirkt. Bestes Beispiel hierfür ist wohl die zu dieser Zeit entstandene Josefsnovelle (vgl. Kapitel 3, 2). Als Gattung für das Buch Rut lässt sich festlegen: Weisheitlich geprägte Novelle.

1.3 Zur historischen Einordnung

Die Frage der historischen Einordnung ist eine der schwierigsten Fragen der Rut-Exegese. Sie ist auch am meisten umstritten!
Sie hängt zusammen mit der Frage, ob die kurze chronologische Notiz (1,1) und die Genealogie (4,18–22 – Bezug auf David) zum ursprünglichen Bestand des Buchs gehören. Die Exegeten, die diese Frage bejahen, ordnen das Buch in die vor-davidische Zeit ein.
Dies allerdings erscheint fraglich. Der Bezug auf die »Richter« ist nicht besonders ausgeprägt, da im weiteren Buch keine Richter vorkommen. Auch die Genealogie am Schluss ist wohl nicht ursprünglich. Dagegen spricht u.a., dass die Familiengeschichte Davids im Buch sonst überhaupt nicht angelegt ist.

Über diese Vermutungen hinaus gibt das Buch keine Anhaltspunkte im Blick auf die Datierung. Für eine nachexilische Einordnung spricht vielleicht die starke Betonung Betlehems; gerade in dieser Epoche wird sie zunehmend zum Symbol für die Hoffnung auf einen Messias aus davidischem Geschlecht. Ebenso ist die Verbindung von Heimkehr aus der Fremde und Er-Lösung typisch für die exilisch-nachexilische Zeit.

1.4 Hinweise zur Einzelexegese

Eine fortlaufende, ausführliche Auslegung ist im Rahmen dieses Buches nicht möglich. Deshalb beschränke ich mich bei einem kurzen Durchgang auf die Klärung interessanter Fragen und Begriffe.

1,1–5: Exposition

Der Name des verstorbenen Ehemannes Elimelech bedeutet: »Gott ist König«; Noomi lässt sich wiedergeben mit: »meine Lieblichkeit«.

1,6–22: Heimkehr

Hier fängt die eigentliche Geschichte an: Die Darstellung wird ausführlich und anschaulich.

1,6–18: 1. Szene
In V. 8 fällt die Wendung auf: »zu Müttern gehen«; dies unterstreicht noch die durchgehende Frauenperspektive, aus der erzählt wird. In V. 9 wünscht Noomi ihren Schwiegertöchtern, dass sie »Geborgenheit finden« in einer Ehe. Dieser Begriff ist später noch zu erörtern.

1,20.21: Schlussworte Noomis
Diese unterstreichen noch einmal die kritische Lage: In einer Männergesellschaft mit ihren Dominanz- und auch Gewaltstrukturen sind allein stehende Frauen weitgehend schutzlos. Der Hinweis auf die Gerstenernte ist sicher als Vorbereitung auf Kapitel 2 gedacht.

2,1–22: Die Begegnung mit Boas

Im eröffnenden Gespräch (2,1–2) wird Boas als dritte Hauptfigur eingeführt.

2,3–18: Szene auf dem Feld
In V. 3 ist von »Zufall« die Rede (Näheres s.u.) – In der Erzählung wird das altisraelitische Armenrecht der Nachlese vorausgesetzt. Allerdings ist dort festgelegt, dass »hinter den Schnittern« gesammelt wird, d.h. wenn die Arbeit abgeschlossen ist.
In V. 10f sagt Boas, dass er die Geschichte der Zuwendung zu Noomi kennt. Die Rede ist als eine feierliche Deklaration abgefasst, hinter der die aufkommende Zuneigung und Liebe zu Rut kaum zu erkennen sind. Boas erklärt, dass Rut jetzt im Schutzraum Jahwes ist und Zuflucht findet.

2,19–22 Das deutende Gespräch Noomi-Rut
Noomi erklärt Rut die Angelegenheit. Danach geht die Geschichte ruhig ihren Gang – sie wartet im Grunde auf neuen Anstoß.

3,1–18: Die zweite Begegnung mit Boas

3,1–5 Eröffnung im Gespräch
Noomi hält einen lebensklugen Rat bereit: Sie weiß, dass nach dem Worfeln gute Stimmung einkehrt, die günstig für ihre Pläne ist. Boas bleibt die Nacht über auf der Tenne, um das Korn vor Dieben zu schützen.

3,6–15 Nächtliche Szene
In V. 9 bittet Rut den Boas, den Gewandzipfel über sie zu werfen. Das ist nach altisraelitischem Brauch eine Heiratserklärung. In seiner Antwort verknüpft Boas Ruts Tun mit ihrer Zuwendung zu Noomi. – Bevor nun die Liebe zu ihrem Recht kommen kann, ist die Rechtsangelegenheit aufzuklären! – Die erneute, noch reichere Gabe macht deutlich, dass die Lebenssicherung für Noomi in der Erzählung eine zentrale Rolle spielt.

4,1–17 Die »Lösung« für Noomi und Rut

4,1f Eröffnende Handlung
Das Tor ist der Ort der Rechtsfindung und -sprechung. Dort findet die Verhandlung statt.

4,3–12 Die Verhandlung
Der Vorgang des Lösens bedeutet hier: Den Acker durch Kauf in das Eigentum der Familie zurückführen und gleichzeitig Noomi absichern. – Der »Löser« erfährt, dass er den Acker nicht für sich behalten kann, sondern Rut im Sinne der Leviratsehe dazunehmen muss; ihrem gemeinsam Sohn würde dann der Acker gehören. Das veranlasst ihn, auf die Abmachung zu verzichten; Boas kommt jetzt zum Zug. – Die Abmachung

wird durch einen alten Brauch besiegelt. Boas bekräftigt sie mit einer feierlichen Erklärung. In der Aussage des Volkes wird Rut mit den großen Gestalten aus der Väterzeit verglichen. Man nimmt an, dass es sich hier um die »Eingemeindung« der künftigen Urgroßmutter Davids in die Gemeinde und Geschichte Israels handelt.

4,13–17 Heirat und Geburt in Betlehem

Die Hauptaufmerksamkeit liegt auf Noomi: Sie ist es, die einen »Löser« bekommen hat. – Sie legt das Kind an den Busen, eine im Alten Orient bekannte symbolische Geste der Adoption. Damit wird Obed auch zu ihrem Kind, es hat jetzt eine »echt jüdische« Mutter.

1.5 Zusammenfassung unter theologischen Aspekten

Das kleine Buch Rut bietet eine Fülle von theologischen Aspekten. Es ist nicht sinnvoll, diese in einen einzigen Ansatz zu komprimieren. Vielmehr bietet sich an, mehrere Aspekte und Zugänge zu suchen.

a. Das Buch Rut als eine Geschichte vom verborgenen Leiten Gottes

Dieser Ansatz greift noch einmal die Beobachtungen zur literarischen Form des Buchs auf. Aufgrund charakteristischer Merkmale stellt sich die Erzählung als *Weisheitlich geprägte Novelle* dar. »Weisheit« bezeichnet hier ein Denk- und Glaubensverständnis, das dem verborgenen Walten Gottes in einer säkularen Welt nachspürt (vgl. die auffälligen Parallelen zur Josef-Geschichte). Ganz weltlich wird die Rut-Geschichte als Erzählung von Menschen in Not und Gefahr, in Solidarität und Zuwendung, im Handeln und Verhandeln, in aufkeimender, wachsender und bewusster Liebe vorgetragen. Und dennoch ist in dieses dichte Geflecht von Handlungsweisen und Gefühlen ein geheimer Faden eingewoben, der immer wieder das verborgene Walten Gottes aufscheinen lässt; vor allem die Deuteworte geben darüber Aufschluss (z.B. 2,12: Rut sucht Zuflucht unter den Flügeln Gottes«; 4,11f: Rut wird unter die Ahnfrauen Israels eingereiht). Gerade und auch im »Zufall« (2,3!) verbirgt sich das geheime Führen Gottes.
Das kann gerade in unserer Zeit einer »weltlich gewordenen Welt« (vgl. Bonhoeffer) ein wichtiger Ertrag der Beschäftigung mit der Rut-Erzählung sein. Dabei ist interessant, dass hier nicht eine Geschichte der großen Ereignisse, der herausragenden Personen erzählt wird, sondern ein sehr alltägliches, eigentlich im Zusammenhang der Weltgeschichte »banales« Geschehen.

b. Das Buch Rut als eine Geschichte der »starken Frauen«

Das Buch Rut ist das eigentliche »Frauenbuch« des Alten Testaments. Denn während die beiden anderen nach einer Frau benannten biblischen Bücher Ester und Judit die reale soziale Lage von Frauen weitgehend ausblenden, thematisiert das Buch Rut sie ausdrücklich und ausführlich. »Es geht um den Überlebenskampf zweier (oder dreier) Frauen in einer patriarchalischen und vor allem für arme Frauen lebensgefährlichen Welt; es geht ... um den Einsatz des Körpers in diesem Überlebenskampf. Es geht um Frauen als Opfer, als Verhandlungsgegenstand und als mutig und listig Handelnde; es geht um Frauensolidarität und Frauenrivalität« (J. Ebach, 1995, 278).
Das Buch Rut ist eine ermutigende Geschichte für Frauen, denen immer noch – und nicht zuletzt in Christentum und Kirche – die volle Anerkennung verweigert wird. Hier zeigt sich, dass Gott nicht nur bei diesen Frauen ist, sondern dass seine Heilsgeschichte durch zwei Frauen vorankommt, die ihr Schicksal in die eigene Hand nehmen, zunehmend zu Subjekten des Geschehens werden. Hier wird ein anderes Kapitel in der sonst sehr einseitig von einer patriarchalen Sichtweise beherrschten Geschichte Israels aufgeschlagen: Rut, die Frau, die Ausländerin, wird als Urgroßmutter Davids zu einer zentralen Gestalt in der Geschichte.

c. Das Buch Rut als eine Geschichte von Gott, dem Leben schenkenden König

Erich Zenger hat den einleuchtenden Vorschlag gemacht, den anfangs genannten Namen des dann verstorbenen Mannes der Noomi, Elimelech, in die Deutung einzubeziehen. Elimelech bedeutet: Mein Gott ist König. Anfangs verbindet er sich mit dem Todesaspekt (der Mann stirbt, Noomi bleibt dann kinderlos ...); am Ende zeigt sich: Gott selbst ist der König des Lebens.
Diese Königsherrschaft Gottes manifestiert sich im Königtum Israels, das dann wieder hinausweist über Zeit und Geschichte. Dies ist die messianische Dimension des Buchs Rut. Es ist sicher kein Zufall, sondern Ergebnis planvoller theologischer Gestaltung, dass am Schluss des Buchs Obed, der Sohn, als der »Löser« Noomis bezeichnet wird – die Assoziation, dass der (Er-)Löser von hier aus seinen Weg in die Geschichte nimmt, wird nahe gelegt.
Die neutestamentlichen Stammbäume Jesu in Mt 1 und Lk 3 beziehen die Rut-Tradition mit ein. Vor allem Matthäus hat programmatisch die vier Frauen (Tamar; Rahab; Rut; Batseba) hervorgehoben; hier wird die »Normalität« der männerbeherrschten Gesellschaft durchbrochen!
Das Buch Rut unterstreicht ebenso programmatisch: Die Geburt des Königs/Messias kommt letztlich zustande durch alltägliche Solidarität und praktische Nächstenliebe

d. Das Buch Rut als eine Geschichte der erfahrenen und gegebenen Solidarität

Einer der zentralen Begriffe der Rut-Erzählung ist »Solidarität« (hebr. Haesaed). Hier stoßen wir auf einen der wichtigsten theologischen Begriffe des Alten Testaments. Haesaed ist zuallererst haesed Gottes. Diese ist in den Psalmen wichtig. Dabei ist interessant, dass haesaed im Plural gebraucht wird – es ist kein abstrakter Begriff der »Gnade«, sondern ein praktischer Ausdruck für Liebe, Treue, Solidarität, auch: Hingabe, die sich immer in Taten zeigt (»Liebestaten«, »Erweise der Treue …«). In den Psalmen wird haesaed häufig synonym zu hebr. sedaqa gebraucht, das heißt: Gerechtigkeit, ein Begriff, der übrigens ebenfalls im Plural vorkommen kann! Auch zum Grundbegriff des schalom besteht eine enge Verwandtschaft!
Im Buch Rut setzt die haesaed ein mit der Bindung der Rut an Noomi (Kapitel1); Boas greift sie dann im ersten Gespräch mit Rut auf: 2,11f; dabei wird klar: Rut ist mit ihrer haesaed eingetaucht in die Geschichte des Lebens, die von Gott, dem König Israels ausgeht! – Der nächste Anlass für die Erwähnung der haesaed ist das liebevolle nächtliche Gespräch des Boas mit Rut »auf der Tenne«: Sie zeigt haesaed, indem sie sich nicht jungen Männern zuwendet, sondern dem Boas.
Die Geschichte zeigt: Der haesaed gebende Gott teilt sich im Leben von Menschen mit, die haesaed geben; wo das geschieht, gelingt Leben, für die, denen die Solidarität das Leben ermöglichen soll, aber auch für die, die Solidarität praktizieren.
Was zu denken geben sollte: Die haesaed geht nicht von einer Israelitin aus, sondern von einer »Fremden« – eine Verbindung zur Erzählung vom barmherzigen Samaritaner bietet sich an!
Ein letzter Gedanke: Das Christentum wird von vielen Menschen als ein durch eine kleinliche Moral beengtes Lebens- und Glaubenskonzept wahrgenommen. Im Buch Rut kann gelernt werden: Ein gutes, haesaed- und schalom- bestimmtes Leben muss nicht durch eine Ethik der Verbote und Gebote angetrieben werden, sondern zeigt sich als Angebot, als »Verlockungsmodell« für alle, die Hunger nach Leben haben.

2 Didaktische Erwägungen

Es sollte sorgfältig darauf geachtet werden, dass nicht der Eindruck entsteht, es handele sich bei der Rut-Erzählung um eine ländlich-erbauliche Idylle (Goethe: »…das lieblichste kleine Ganze …, das uns episch und idyllisch überliefert worden ist«). Es sollte sehr klar werden, dass zwei Frauen ihren Weg finden und entschlossen gehen, der aus der Not zur Geborgenheit führt. Ebenso deutlich sollte aber auch herausgestellt werden, dass dies ein Weg wachsender Güte und Liebe ist, ebenso ein Weg wachsenden Selbstbewusstseins und Selbstvertrauens. Diese Überlegungen sollen in zwei unterrichtlichen Ansätzen eingelöst werden:

a. Die Geschichte von Rut, die die Liebe entdeckte

Dieser Vorschlag ist für die 2./3. Klasse gedacht. Kern des Entwurfs ist eine *Erzählung*. Hinzu kommen Elemente der linguistischen Auslegung, die dem Text im Blick auf seine Beziehungskonstellationen und die Erzählperspektiven nachspürt. Ein Anlass für Schüler, sich intensiver in die Geschichte einzuleben. Gleichzeitig soll die »Oberflächenstruktur« der erzählten Ereignisse durchscheinend werden für ihre Tiefenstruktur, die Ebene von Gefühlen, Beziehungen, Lebensorientierungen. Damit kann es für die Kinder zu einer existentiellen Zentrierung der Überlieferung kommen, die dann auch eigene Erfahrungen und Einstellungen anspricht.

b. Zwei Frauen entdecken ihre Kraft

Dieser Entwurf ist für die 8.–10. Klassenstufe konzipiert. Er lädt dazu ein, eine biblische Geschichte als eine Geschichte wachsenden Selbstbewußtseins von Frauen wahrzunehmen. Dies ist nicht nur ein Beispiel für eine feministisch orientierte Exegese, sondern kann die Lernenden anregen, eigene Sichtweisen und gewohnte gesellschaftliche Praktiken zu überdenken.

Einführende Literatur

E. Zenger, Das Buch Ruth. Zürcher Bibelkommentare AT, Bd. 8. 2. durchges. u. erg. Aufl. 1992

J. Ebach, Fremde in Moab – Fremde aus Moab. In: ders./R. Faber (Hg.), Bibel und Literatur. 1995

3 Unterrichtsvorschläge

3.1 Die Geschichte von Rut, die die Liebe entdeckte (2./3. Klasse)

Kurzcharakteristik	
Inhalt:	Das Buch Rut
Klassenstufe:	2./3. Klasse
Thema:	Die Geschichte von Rut, die die Liebe entdeckte
Lernchance:	Eine biblische Geschichte als »Führungs- und Wachstumsgeschichte wahrnehmen
Hermeneutisches Konzept:	Linguistische Auslegung/Existentiale Auslegung

ANSATZ

Der Vorschlag bezieht sich vor allem auf eine Erzählung (**M 1**). Dabei wurde eine Vorlage von Max Bolliger herangezogen; sie ist überarbeitet, vor allem deutlicher akzentuiert worden. (Quelle: Gott hat viele Gesichter, Band 1. Lehrmittelverlag des Kantons Zürich. 1994). Um die harmlose Idylle zu vermeiden, die sich vielleicht auch mit einer eher oberflächlichen Nachzeichnung des Geschehens zufriedengibt, wurden bestimmte Gestaltungsmittel eingesetzt:

- Die bedrohlichen und bedrückenden Elemente wurden bewusst nicht ausgeblendet.
- Die Erzählung spielt sich – ebenso wie die biblische Vorlage der »weisheitlich geprägten Novelle« – weitgehend auf der Ebene des sich »weltlich« - immanent entwickelnden Geschehens ab. Es wurden aber »Deuteworte« eingebaut, die das Ganze als Geschichte »der geheimen Leitung« durch Gott kenntlich machen, so vor allem in kleinen Gebeten und Reflexionen.

Ein zweites Element des Vorschlags greift einige Aspekte der linguistisch akzentuierten Auslegung auf. Dieser hermeneutische Ansatz befragt einen Text nicht auf seine historischen Aspekte, sondern betrachtet ihn als abgeschlossenen sprachlichen Organismus (»Textwelt«), der in sich verständlich ist. Sie faßt einen Text als ein System von Beziehungen zwischen verschiedenen sprachlichen Elementen auf, die sich in charakteristischen Strukturen erfassen und beschreiben lassen.
Der Vorschlag nimmt die Anregung auf, die gegenseitigen Beziehungen der Akteure ins Auge zu fassen. Gleichzeitig fragt er im Rahmen der Erzählperspektiven nach den

Grundgedanken des Textes (»Werte«); dafür bieten sich »Liebe und Güte« (haesaed) an. Ich nenne dieses Verfahren, eine biblische Geschichte auf bestimmte Grundworte hin auszurichten, »existentielle Zentrierung«.
Die Erzählung ist so aufgebaut, dass Rut Liebe und Güte (haesaed) als Grundmotiv ihres Lebens entdeckt: Zuerst taucht das Motiv in den Worten Noomis auf, in denen sie ihren Schwiegertöchtern ein gutes Leben wünscht, dann im Gebet, das Noomi nach der Treue-Erklärung Ruts spricht. Hier wird auch schon der Grundgedanke sichtbar: Liebe und Güte gehen von Gott aus; wer sich darauf einlässt, kommt in einen guten, heilvollen Lebenszusammenhang, er wird auch für sich Liebe und Güte schöpfen wie aus einer Quelle. Von haesaed ist dann wieder im ersten Gespräch zwischen Boas und Rut die Rede: Boas hat erkannt, dass Rut aus dieser Quelle lebt – und er bringt sich selbst durch sein Reden und Tun in diese Geschichte der wachsenden haesaed ein (Freundlichkeit gegenüber Rut – Fürsorge für Noomi). In den folgenden Szenen wird dann deutlicher die sinnliche Qualität der haesaed sichtbar, in der aufkeimenden Liebe zwischen Boas und Rut. Liebe und Güte kommen zur Fülle in den Schlusspassagen des Buchs: Ehe und Kind für die Liebesleute, Geborgenheit und Glück für Noomi. Und das Ganze weist hinaus in die Heilsgeschichte Israels.
Die Einsicht in das Verständnis der Rut-Erzählung als Geschichte der wachsenden Liebe und Güte bestimmt nicht allein den Erzähltext; zwei weitere methodische Ideen sollen dieses Verständnis bei den Kindern noch verdeutlichen und vertiefen:

- Die Hauptpersonen wurden als Umrisszeichnungen (**M 2**) gestaltet, die in wechselnden Konstellationen ausgelegt werden können. Das Symbol der gebenden Hand steht für Liebe und Güte, die von diesen Personen ausgehen. Es wird vorgeschlagen, jeweils nach den vier Hauptabschnitten der Erzählung mit den Kindern zu überlegen, welche Beziehungen sich gezeigt haben. Die Konstellationen der Figuren kann als Tafelbild, auf einem großen Poster (hierfür jeweils die Vorlagen vergrößern) oder aber von den Kindern in Einzelarbeit (mit Kopien) gestaltet werden. Auch eine Gestaltung mit Egli-Figuren wäre reizvoll. – Das Schluss-Bild könnte vielleicht so angelegt werden, dass über alle Figuren ein Regenbogen gemalt wird, ein Symbol dafür, dass Liebe und Güte von Gott ausgehen und zu ihm hinführen.
- Das Lied »Wo die Liebe wohnt« (**M 3**) kann immer wieder gesungen werden und vertieft die Grundausrichtung emotional.

Es ist zu erwarten, dass die Schüler sich in die Geschichte von Rut, die die Liebe entdeckte, miterlebend einfühlen. Sie könnten auch sensibilisiert werden für die Wahrnehmung alltäglicher Erfahrungen als Ort der »geheimen Führung« durch Gott. Schließlich ist daran zu denken, dass die Geschichte der wachsenden haesaed sich ihnen als »Verlockungsmodell« für das eigene Leben vor Augen stellt ... in der Hoffnung, dass es auch bei den Kindern wächst und vielleicht einmal für sie selbst wich-

tig wird. Dabei wurde ausdrücklich auf »Aktualisierungen« verzichtet, wie sie in manchen Entwürfen zu finden sind (z.B. Armut; Fremdenfeindlichkeit; Freundschaft ...«). Damit würde die Einheit überladen, und die Bezüge zur Gegenwart blieben doch oberflächlich.
Wegen der offenen Anlage des Unterrichtsvorschlags wird kein Planungsentwurf angeboten.

Materialien

M 1

Die Geschichte von Rut, die die Liebe entdeckte

1.
Ich will von einer Familie erzählen, die vor langer Zeit in der Stadt Betlehem lebte. Der Vater hieß Elimelech, das heißt: Mein Gott ist König. Seine Frau war schön; sie hieß Noomi, die Liebliche. Elimelech und Noomi hatten zwei Söhne, Machlon und Kiljon.
Betlehem liegt im Land Juda und bedeutet: Haus des Brotes. Aber damals gab es dort kein Brot; es hatte keinen Regen gegeben und darum war das Korn nicht gewachsen. Es gab immer weniger zu Essen, die Menschen mussten Hunger leiden. Da beschlossen Elimelech und seine Familie auszuwandern. Im Lande Moab fanden sie eine neue Heimat. Dort gab es genug Nahrung, sie mussten nicht mehr hungern. Aber bald wurde Elimelech krank und starb.
Noomi wäre gerne nach Juda zurückgekehrt, aber ihre Söhne baten sie, in Moab zu bleiben. Machlon und Kiljon fanden Arbeit und viele neue Freunde. Das grüne fruchtbare Land gefiel ihnen. Unter ihren Freunden lernten sie zwei Mädchen kennen, Orpa und Rut.
Es fiel den Eltern schwer, ihre Töchter den Fremden zur Frau zu geben. Auch Noomi wäre es lieber gewesen, Machlon und Kiljon hätten zwei Mädchen aus Juda geheiratet. Aber die Liebe der jungen Leute war stärker als die Vorurteile ihrer Eltern und sie heirateten.
Danach lebten Noomi, ihre Söhne und ihre Schwiegertöchter in Glück und Frieden. Dann aber breitete sich im Land Moab eine schwere Krankheit aus. Viele Menschen starben daran, auch Machlon und Kiljon.
Noomi beschloss nach Betlehem, in ihre alte Heimatstadt in Juda, zurückzukehren. Orpa und Rut wollten Noomi nicht allein den langen Weg ziehen lassen, und sie gingen mit ihr. Aber als sie an die Grenze zum Land Juda kamen, versuchte Noomi die beiden Frauen wieder zurückzuschicken. Orpa und Rut weinten, aber Noomi sagte zu ihnen:

»Kehrt doch beide heim zu euren Müttern. Gott schenke euch Liebe, wie ihr sie den Toten und mir geschenkt habt. Der Herr lasse jede von euch Geborgenheit finden bei einem Mann.«
Orpa ließ sich von Noomis Worten überzeugen, aber Rut sagte: »Wo du hingehst, will ich auch hingehen, und wo du bleibst, will ich auch bleiben. Dein Volk ist mein Volk und dein Gott ist mein Gott.« Da sagte Noomi: »Laßt uns noch zu Gott beten, bevor wir weiter gehen.« Sie hielt sich mit Rut an den Händen und betete: »Guter Gott, danke, dass ich wieder in die Heimat komme. Danke auch für meine Tochter Rut, sie hat Liebe und Güte in mein Leben gebracht. Bewahre uns vor allen Gefahren und sei mit uns.«

2.
Als Noomi und Rut in Betlehem ankamen, redete die ganze Stadt davon. Alle fragten Noomi nach Elimelech und ihren beiden Söhnen. Noomi verstand ihre Neugier und antwortete ihnen: »Nennt mich nicht mehr Noomi, die Liebliche, sondern Mara, die Bittere, denn viel Trauriges habe ich erlebt. Als ich fortging, hatte ich meinen Mann und meine Söhne bei mir, nun muss ich ohne sie heimkehren. Aber Gott hat mir eine liebe Tochter geschenkt. Sie heißt Rut und ist eine Moabiterin.«
Noomi war froh, wieder in ihr altes Haus einzuziehen. Auch ein Acker vor den Toren der Stadt gehörte dazu. Aber in ihrer Not blieb ihr nichts anderes übrig, als ihn zum Verkauf anzubieten.
Es war zu Beginn der Gersten- und Weizenernte. Da ging Rut hinaus, um Ähren aufzulesen. Das durften alle, die nicht genug zu essen hatten. Sie mussten aber warten, bis die Schnitter mit der Arbeit fertig waren, und durften dann nach Ähren suchen, die noch auf dem Feld lagen.
Rut kam auf ein Feld, das einem Mann namens Boas gehörte. Boas war mit der Familie Elimelechs verwandt und hatte von der Heimkehr Noomis gehört. Als sein Aufseher ihm erzählte, dass die Ährenleserin eine junge Moabiterin sei, wusste er gleich, dass er Noomis Schwiegertochter vor sich hatte. Er sprach zu ihr: »Geh auf kein anderes Feld um Ähren aufzulesen. Halte dich an meine Mägde. Ich werde meinen Knechten befehlen, dich nicht anzurühren. Hast du Durst, so sollen sie dir Wasser geben.«
Boas wusste, was Rut für Noomi getan hatte und dass sie ihren Vater und ihre Mutter und ihr Volk verlassen hatte, um mit ihr nach Juda zu kommen. »Ich habe gehört, wieviel Liebe und Güte du der Noomi geschenkt hast. Der Herr, der Gott Israels, zu dem du gekommen bist, um dich unter seinen Flügeln zu bergen, möge dich reich beschenken.«
Rut dankte ihm und wunderte sich über seine Güte, da sie doch nicht einmal eine seiner Mägde und nur eine Fremde war. Als es Zeit zum Essen war, rief Boas Rut von neuem und bat sie, sich unter seine Knechte und Mägde zu setzen und mit ihnen das Mahl zu teilen. Er selbst reichte ihr eine Schale mit gerösteten Körnern, von denen

sie aber einen Teil aufbewahrte, um sie Noomi mitzubringen.
Noomi staunte, als Rut ihr am Abend erzählte, was sie auf dem Feld alles erlebt hatte.
Nun erfuhr auch Rut, dass Boas ein Verwandter Elimelechs war und dass sie hoffte, Boas würde ihren Acker kaufen, um ihn der Familie zu erhalten.
Nun wanderte Rut jeden Tag hinaus und tat, was Boas ihr geraten hatte. Sie ging auf keine anderen Felder; sie war dankbar, dass Boas sie beschützte, denn für eine alleinstehende junge Frau war es damals gefährlich. Rut merkte auch bald, dass Boas seinen Knechten befohlen hatte, Ähren eigens für sie liegen zu lassen.
Noomi aber, die zu Hause saß, dachte immer wieder darüber nach, wie Rut wohl zu einem neuen Heim, einem Mann und einer Familie kommen könnte.

3.
Als das Getreide gedroschen und geworfelt war und das Erntedankfest gefeiert wurde, war auch Rut dazu eingeladen.
Noomi half Rut, sich für das Fest zu schmücken, aber sie gab ihr den Rat, sich Boas erst nach dem Fest zu zeigen.
Boas wunderte sich und war betrübt, als er während des Erntetanzes vergeblich nach Rut Ausschau hielt … er hatte nämlich Rut lieb gewonnen.
Um die Ernte vor Dieben zu schützen, ging nach dem Fest niemand nach Hause. Enttäuscht legte sich Boas zwischen den aufgeschütteten Getreidehaufen zur Ruhe. Aber wie staunte er, als er in der Nacht erwachte und merkte, dass jemand unter seinem großen Mantel Schutz gesucht hatte.
Er fragte: »Wer bist du?« Da antwortete Rut: »Ich bin Rut. Ich bitte dich, Noomi zu helfen und ihren Acker zu kaufen. Und breite den Saum deines Mantels auch über mich.«
Boas verstand, dass Rut ihm mit diesen Worten sagen wollte: »Ich mag dich und möchte deine Frau werden.« Boas sagte: »Du bist von Gott gesegnet, Rut. Morgen will ich tun, worum du mich gebeten hast und Noomis Acker erwerben. Mit deiner Bitte zeigst du mir deine Liebe noch schöner als zuvor. Du bist nicht den jungen Männern nachgelaufen, und jeder in Betlehem weiß, dass du eine tüchtige Frau bist.«
Boas und Rut blieben zusammen, bis der Morgen dämmerte. Aber als die Sonne aufging, schickte Boas sie nach Hause, denn er wollte nicht, dass die Leute schon von ihrer Liebe erfuhren oder gar schlecht über Rut redeten. Er bat sie, ihm ihr Tuch zu reichen, und er füllte es mit sechs Maß Gerste als Geschenk für Noomi; auch sie sollte Liebe erfahren.

4.
Auch Boas kehrte von der Tenne in die Stadt zurück. Er wusste, dass es seine Pflicht war, die Angelegenheit mit allen seinen Verwandten und auch mit den Ältesten, den

Räten der Stadt, zu besprechen und in Ordnung zu bringen. Als niemand anders Anspruch erhob, Noomis Acker zu kaufen, wurde der Vertrag besiegelt. Es war auch niemand, der sich nicht darüber freute, dass sich Boas und Rut in Liebe gefunden hatten.

Die Hochzeit wurde ein großes Fest, und ebenso froh, wie Boas und Rut, war auch Noomi, deren Kummer sich wieder in Freude verwandelt hatte. Als Rut ihren ersten Sohn gebar, taufte sie ihn Obed. Noomi zog in das Haus von Boas und Rut und wurde die Wärterin des Kindes.

Da sagten die Nachbarinnen zu ihr: »Du wirst jemanden haben, der dein Herz erfreut und dich im Alter versorgt, denn deine Schwiegertochter, die dich liebt, hat ihn geboren, sie, die mehr wert ist als sieben Söhne. Gepriesen sei der Herr.«

Als Obed, Ruts erster Sohn, erwachsen wurde, verheiratete er sich und nannte seinen ersten Sohn Isai. Isai aber ist der Vater Davids, des Hirtenjungen, der ein großer König in Israel wurde.

M 2

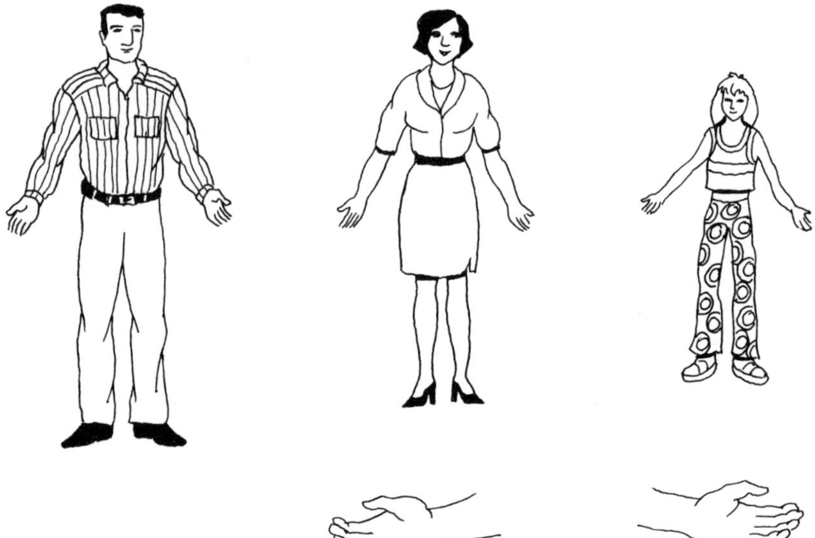

M 3

Ubi caritas et amor
Wo die Liebe wohnt und Güte

3.2 Zwei Frauen entdecken ihre Kraft (8.–10.Klasse)

Kurzcharakteristik

Inhalt:	Das Buch Rut
Klassenstufe:	8.–10. Klasse
Lernchance:	Eine biblische Geschichte als eine Geschichte wachsender Selbstwahrnehmung von Frauen entdecken
Hermeneutisches Konzept:	Feministische Auslegung

Ansatz

Feministische Bibelinterpretation verfolgt u.a. diese Ziele:

- Die Überlieferung des Alten und Neuen Testaments soll von den jahrtausendelangen Überlagerungen durch patriarchale Sichtweisen, Denkmuster und Normen befreit werden.
- Damit verbindet sich ein zweites Interesse: Die – nach dieser Befreiung von einer patriarchalen Sichtweise – oft sehr kraftvollen biblischen Frauen sollen als Vorbilder und Anregerinnen eigener Kräfte und Chancen entdeckt werden.

Der erste Ansatz legt sich beim Buch Rut nicht so deutlich nahe, da es bereits aus einer Frauenperspektive geschrieben wurde; dafür bietet der zweite Ansatz gute Chancen für einen ergiebigen Lernprozess.
Damit das Ungewöhnliche an der Darstellung des Buchs Rut kenntlich wird, brauchen die Lernenden Kenntnis über die »normale« Einschätzung und Stellung der Frau in der Gesellschaft des alten Israel; sie wird als Informationstext zum Selbststudium angeboten (**M 1**).
In einem zweiten Schritt ist vorgesehen, dass die Schüler das Buch Rut selbständig lesen unter der Fragestellung: Was ist anders als in der »normalen« Sicht der Frau? (Einige Anregungen dazu siehe unten.)
Abschließend können einige Problemstellungen aus der heutigen gesellschaftlichen Situation angesprochen werden. Dabei kann es im Rahmen dieses Entwurfs nicht darum gehen, solche Probleme gründlich zu bearbeiten. Es ist lediglich daran gedacht, dass die Schüler an einigen Stichproben prüfen, ob die neuen Sichtweisen und Ideen, die im Buch Rut aufscheinen, heute noch orientieren und tragen können.

VERLAUF

In einem *1. Schritt* wird zunächst das Thema genannt: »Frauen in einer patriarchalen Gesellschaft.« Die Schüler tragen zusammen, welche Vorkenntnisse sie bereits mitbringen. Die Lektüre des Informationstextes (**M 1**) kann klären und vertiefen. Ein Vergleich mit heutigen Verhältnissen könnte nützlich sein. Möglicherweise haben die Schüler auch bereits einen gewissen Überblick über geschichtliche Entwicklungen zur sozialen Stellung der Frau (evtl. Erkundigungen im Nahbereich einholen: Mütter, Großmütter …).

In einem *2. Schritt* wird das Buch Rut ganz gelesen. Beim Vergleich mit den Informationen über die Stellung der Frau im Alten Israel könnte beachtet werden:

- Die sehr *reale Schilderung der Bedrängnisse* unterstreicht noch einmal überdeutlich, dass die Frau ohne den Mann in diesem gesellschaftlichen Umfeld eigentlich verloren ist. Beispiele: Das Angewiesensein auf den »Löser«; der Hunger, der dazu zwingt, das Armenrecht in Anspruch zu nehmen; die Gefahr sexueller Belästigung (2,8.9); die Notwendigkeit, sich einem Mann »anzudienen«, um versorgt zu sein.
- Die konsequente *Erzählweise aus der Sicht der Frauen:* Sie werden zunehmend zu Handlungsträgerinnen, sie bestimmen das Geschehen. Details in der Darstellung lassen diese Frauen-Perspektive immer wieder aufblitzen. Beispiele: »Kehrt ins Haus eurer Mütter zurück«, sagt Noomi zu den Schwiegertöchtern (1,8). In 4,13 heißt es nur: »Sie gebar einen Sohn«; es fehlt der übliche Zusatz »… dem Boas«. – Noomi und Rut zeigen sich noch deutlicher als die »starken Frauen«, wenn man die durchgehend ziemlich klägliche Rolle der Männer bedenkt: Im 1. Kapitel betreten sie eigentlich nur die Bühne, um alsbald »wegzusterben«. – Auch Boas beginnt als Versager, denn als Verwandter wäre es seine Pflicht gewesen, in der Hungersnot (1,1) zu helfen; wegen der unterlassenen Solidarität musste Elimelech als »Wirtschaftsflüchting« ins Ausland gehen. Erst im Verlauf der Erzählung wächst Boas dann in die Geschichte der Liebe und Güte hinein. – Schließlich der Verwandte, der eigentlich »Löser« gewesen wäre. Er ist ein solcher Krämer-Tropf, dass er nicht einmal einen Namen hat!
- Programmatisch wird die patriarchale »Normalität« durchbrochen:
  - Das aktive Tun der Frauen wird von Gott anerkannt (»gesegnet«), und sie sind es, die die Heilsgeschichte voranbringen.
  - Rut verbindet sich mit Noomi, wie sonst eigentlich nur Frau und Mann im Rahmen einer Ehe. Das steht im offenen Gegensatz zu den herrschenden kulturellen und sozialen Normen ihrer Zeit.
  - von Rut (Noomi!) geht die erotische Aktivität aus, nicht von dem üblicherweise aktiven Mann.

Der Unterrichtende entscheidet je nach Vorkenntnissen der Schüler, ob bzw. welche Vorgaben er zur Lektüre macht. Auch muss offenbleiben, ob er die in vielen Zügen parallele Tamar Geschichte aus Gen 38 einbeziehen will.

Der *3. Schritt* versucht einen Brückenschlag in die Gegenwart.
Mögliche Beobachtungen sind: Wie werden Alleinlebende, Alleinerziehende, Witwen, alte Frauen, lesbische Frauen in unserer Gesellschaft angesehen und behandelt? Stimmt es immer noch, dass Gewalt in sexuellen Beziehungen eher toleriert wird als ein Abweichen von Konventionen (gleichgeschlechtliche Beziehungen)?
Die Klasse spricht darüber, ob sich strukturelle Analogien zu den Informationen über die patriarchale Gesellschaft zeigen, und ob sich aus dem bisherigen Unterricht Kriterien und Anstöße für die Auseinandersetzung mit solchen Problemen ergeben.

MATERIALIEN

M 1

Frauen in einer patriarchalen Gesellschaft. Beispiel: Alter Orient

Die Gesellschaft im Alten Orient war eindeutig patriarchalisch ausgerichtet: Der Mann allein bestimmte, er allein konnte Rechtsgeschäfte abschließen und die Familie vertreten.
Entsprechend war die soziale Stellung der Frau: Eine selbständige Rolle war nicht vorgesehen, immer »gehörte« sie einem Mann: Dem Vater, dem Ehemann, dem Bruder …; ihr Mann war ihr »Herr« und »Besitzer« – gelegentlich wurde sie zusammen mit dem Vieh und den Sklaven zum beweglichen Eigentum des Mannes gezählt (so bestimmt es das letzte der zehn Gebote im Alten Testament). Diese Abhängigkeit bedeutete allerdings auch, dass die Frau unter dem Schutz des Mannes stand.
Der Mann hatte das Recht, mehrere Frauen gleichzeitig zu Ehefrauen zu nehmen; nur er hatte auch die Möglichkeit, eine Scheidung von seiner Frau auszusprechen (sie zu entlassen). Eheliche Untreue von Seiten der Frau wurde schwer bestraft, u.U. konnte der Familienvater sie zum Tod verurteilen; für den Mann gab es keine Pflicht, seiner Frau treu zu sein.
Wurde eine Frau Witwe und hatte sie keine Kinder, konnte sie in das Haus ihres Vaters zurückgehen. Daneben gab es auch die Möglichkeit der »Schwagerehe«: Der Bruder eines verstorbenen Mannes hatte die Pflicht, die Witwe zu heiraten, damit der Gestorbene noch die Möglichkeit hatte, (indirekt) zu Kindern zu kommen.
Verwitwete oder »entlassene« Frauen konnten aber schnell in Not und Bedrängnis kommen, wenn sie sich nicht auf eine starke Familie stützen konnten.

Die Arbeit der Frau war auf die Tätigkeit im Haushalt begrenzt; dies war allerdings eine wesentlich schwierigere und umfangreichere Leistung als heute! Auch die Erziehung der Kinder war weitgehend ihre Sache. Daraus ergab sich sicher eine eigene Bedeutung und ein besonderes Gewicht innerhalb der Familie.

Kapitel 7: Könige

1 Theologische Erwägungen

1.1 Historische Grundlagen

Nach der »Landnahme« – bis heute ist nicht deutlich geklärt, wie der Verlauf historisch zu rekonstruieren ist – lebten die Israeliten als eine Stammesgesellschaft in Kanaan: Es gab keine Hauptstadt, keinen König, keine zentrale Gerichtsbarkeit, kein stehendes Heer. Als Basisgröße des sozialen Lebens ist die »Großfamilie« anzunehmen; sie umfasst mehrere Generationen. Als nächste Größe ist die Sippe zu nennen, ein Zusammenschluss mehrerer Großfamilien. Die Sippe hatte ihre eigenen Regeln und Strukturen: Konflikte wurden von den Sippenältesten, den Vätern der Großfamilien, geregelt. Als größte soziale Einheit lässt sich der Stamm ausmachen. Er bildet eine Kult-, Verteidigungs- und Rechtsgemeinschaft einer größeren Zahl von Sippen. Aber er hat keine Weisungsbefugnis gegenüber den anderen Gruppen, überhaupt ist sein Zusammenhalt viel loser als der der Familien und Sippen.
Mehrfach im Jahr kamen die Männer eines Stammes zu Kultfesten an einem gemeinsamen Heiligtum zusammen, um den alle Stämme verbindenden Glauben an Jahwe zu festigen. Im Kriegsfall konnten die Stammesältesten eine gemeinsame militärische Aktion beschließen und in strittigen Rechtsfragen konnte die Versammlung der Ältesten angerufen werden.
Als eine Art basisdemokratisches Modell solidarischen Lebens hat diese Lebensform wohl recht gut funktioniert. Aber bei der Sicherung des Lebensraums nach außen erwies sie sich zunehmend als unzureichend. »Israel« war nämlich von allen Seiten durch feindliche Mächte bedroht. Im Westen die überaus starken Stadtstaaten der Philister, die drauf und dran waren, die Vorherrschaft in Palästina zu erringen. Im Osten kreisten drei Königreiche das Stammesgebiet ein: Die Moabiter, die Ammoniter und die Edomiter. Dazu kamen zwei äußerst aggressive Stämme räuberischer Nomaden: Die Amalekiter und die Midianiter. Ihnen war etwa ab dem 13. Jh. die Domestizierung des Kamels gelungen, was ihre Aktionen sehr beweglich machte.
Im Fall einer Bedrohung traten in »Israel« immer wieder Anführer auf, die sich von Jahwes Geist inspiriert fühlten. Der Geist befähigte sie, mutig und tatkräftig den Heerbann der freien Bauern einzuberufen und ins Feld zu führen. Diese inspirierten Anführer nannte man »Richter«: Simson, Gideon und Deborah waren einige von ihnen. Ihr Amt galt immer nur auf Zeit – eben für den Zeitraum der Bedrängnis. Danach kehrten sie wohl in ihr Alltagsleben zurück. Allerdings war ihre Streitmacht

so schwerfällig und schwach, dass sie den Söldnerheeren der Feinde oder auch den schnellen Kameltruppen der Nomaden immer weniger gewachsen war.
So kam schon früh der Wunsch nach einem König auf, der fähig war, eine wirkungsvolle Verteidigung zu organisieren. Ri 8 und 9 haben die Erinnerung an frühe Versuche aufbewahrt: Zunächst wurde dem »Richter« Gideon die Königswürde angetragen, der aber ablehnte; dann scheiterte sein Sohn Abimelech mit dem Versuch, das ihm übertragene Königsamt mit Gewalt durchzusetzen.
Erst mit Saul kam es zu einer entscheidenden Wende. Als die Stämme durch Angriffe der Amalekiter in höchste Bedrängnis gerieten, griff Saul als inspirierter Anführer (»Richter«) ein und erkämpfte einen glänzenden Sieg. Daraufhin wählten ihn die Stämme zum König.
Saul – man rechnet mit einer kurzen Regierungszeit vor 1004 v. Chr. – errichtete eine kleine Residenz in der Stadt Gibea, aber schuf keine zentrale Staatsmacht mit entsprechender Infrastruktur. Man kann ihn eher als einen auf Lebenszeit bestimmten »Richter« auffassen.
Erst unter seinem Nachfolger David kam es zur Staatenbildung. Er verfügte über eine ihm ergebene schlagkräftige Söldnertruppe, eroberte Jerusalem und baute sie als Hauptstadt aus. Er holte die heilige Lade nach Jerusalem und machte die Stadt damit auch zum religiösen Mittelpunkt. Vor allem aber hatte er militärisch großen Erfolg: Er besiegte die Philister nachhaltig und bannte damit die Gefahr aus dem Westen. Die umliegenden Staaten eroberte er und schuf ein für seine Zeit beachtliches Reich – begünstigt durch die politische Konstellation im Vorderen Orient am Ausgang des 11. Jh. v. Chr.
Nach vielen blutigen Wirren setzte sich sein Sohn Salomo als Nachfolger durch. Er konsolidierte die ererbte Königsherrschaft: Außenpolitisch knüpfte er viele diplomatische Beziehungen zu den Nachbarstaaten und festigte damit sein Reich. Innenpolitisch richtete er eine durchorganisierte Verwaltung ein, schuf eine effiziente Militär- und Steuerverwaltung und baute vor allem die Hauptstadt durch die Errichtung des Tempels zu einem glanzvollen Regierungssitz aus; dem entsprach auch seine prunkvolle Hofhaltung.
Das alles war nur möglich durch eine straffe Staatsführung und Administration. Aus der einstmals in brüderlicher Solidarität verbundenen Gemeinschaft freier Bauern war nun ein Staat geworden, in dem es Herrscher und Beherrschte gab, gesellschaftlich einflussreiche und besitzende Gruppen und die große Masse der Untertanen.
Als Salomo 926 v. Chr. starb, brach das von David geschaffene Reich auseinander. Salomos Sohn Rehabeam verstand es nicht, mit allen Repräsentanten des Volkes klug und gerecht zu verhandeln. So kam es dazu, dass die nördlichen Stämme ihn nicht als legitimen Nachfolger anerkannten und einen eigenen – nicht davidischen! – König wählten.
Jetzt gab es ein Nordreich mit dem Namen Israel; später wurde Samaria zu seiner

Hauptstadt. Das Südreich Juda behielt Jerusalem als Hauptstadt und wurde bis zu seinem Untergang von Davididen regiert.
Aus dem Großreich Davids blieben damit zwei Kleinstaaten übrig, die keine besondere Bedeutung mehr hatten.
Das Nordreich wurde 922 v. Chr. von der assyrischen Großmacht erobert und hörte auf, als selbständige politische Größe zu existieren. Das Südreich behauptete sich länger, aber auch sein Schicksal war mit der Eroberung und Zerstörung Jerusalems durch die Babylonier (587 v. Chr.) und die Verschleppung der Oberschicht in das »babylonische Exil« (bis 538 v. Chr.) besiegelt.

1.2 Theologische Interpretationen

Von Anfang an hat Israel die Erscheinung des Königtums auch theologisch gedeutet. Schon Gideon wies nach Ri 8,23 das Königsamt mit den Worten zurück:

> *Ich will nicht über euch herrschen, und auch mein Sohn soll nicht über euch herrschen; Jahwe soll über euch herrschen.*

Ebenso lautet die Rede Jahwes an Samuel, als Israel einen König haben will:

> *Nicht dich, sondern mich haben sie verworfen, dass ich nicht König über sie sein soll (1. Sam 8,7).*

Wenn auch die Formulierungen wohl aus einer späteren Bearbeitung der Texte stammen, so lassen sie doch den Konflikt erkennen. Letztlich geht es um die Frage: Wer ist Israels König? Ein irdischer Herrscher oder Gott?
Hier meldet sich nicht der himmlische Machthaber zu Wort, der eifersüchtig seine Gewalt über das Volk gegen den weltlichen König verteidigt – sondern es stehen zwei Weisen des Regierens gegeneinander:

- Ein »König, der regiert, wie es bei allen Völkern Brauch ist« (1. Sam 8,5) steht für das altorientalische Königtum, dessen Grundzüge sich besonders deutlich in Ägypten zeigen.
  Diesem Königtum entspricht eine hierarchisch gegliederte Gesellschaft, in der – mit dem König an der Spitze – die Eliten die Untertanen beherrschen und letztlich auf deren Kosten immer größer und mächtiger werden. Gott ist ein Gott der Mächtigen.
  Dies führt der genannte Text 1. Sam 8 auch in aller Deutlichkeit aus, indem Samuel im Auftrag Jahwes genau diese neue Gesellschaftsordnung als Konsequenz des irdischen Königtums schildert (ab Vers 10).
- »Jahwe als König« steht dagegen für den, der sein Volk aus der Sklaverei zu einem Leben in Freiheit und Gerechtigkeit führt. Gott ist ein »Gott der kleinen Leute«.

Diesem Königtum entspricht eine demokratische Solidargemeinschaft, wie sie in der vorstaatlichen Lebensform Israels ansatzweise Wirklichkeit geworden ist.

Die beiden genannten Texte repräsentieren exemplarisch eine königskritische Tradition, die offenbar schon im Zusammenhang mit der Staatenbildung in Israel zur Sprache kam.
Daneben aber findet sich eine Überlieferung, die das Königtum überaus positiv bewertet. Ein charakteristischer Text ist Ps 2, der offenbar zur Krönungsliturgie der Jerusalemer Könige gehörte. Dort spricht Jahwe zum König:

Habe ich doch meinen König eingesetzt
auf Zion, meinem heiligen Berg

Dann geht es weiter:

Kundtun will ich den Beschluss Jahwes:
Er sprach zu mir: »Mein Sohn bist du;
heute habe ich dich gezeugt!« (V. 6f).

Dies entspricht altorientalischer Königsideologie, wie sie in ägyptischen Texten vertreten wird!
Auf dieser Linie liegt sicher auch die berühmte Verheißung an David, dass seine Dynastie auf ewig unter dem Segen Gottes bestehen soll (2. Sam 7,8–15).
Die beiden Anschauungen sind immer wieder heftig aufeinander geprallt.
So tritt schon in der frühen Königszeit neben die Erleichterung und Freude über die neugewonnene Sicherheit vor den Feinden die Kritik an den Königen, die die überkommenen Maßstäbe verletzen.
Ein bekanntes Beispiel ist die Erzählung von David und Bathseba (2. Sam 11 und 12): David nimmt sich – ganz wie ein altorientalischer Potentat – die Frau seines Heerführers Uria, weil sie ihm gefällt. Im Namen Jahwes zieht der Prophet Nathan ihn zur Rechenschaft; das bekannte Gleichnis vom Reichen, der dem Armen sein einziges Schaf nimmt und damit schuldig wird, stellt dem machtbewussten Potentaten scharf den »Gott der kleinen Leute« gegenüber, der nicht zulässt, dass den Armen ihr Recht genommen wird.
Dies ist der Maßstab, an dem alle Könige Israels gemessen werden. Im Laufe seiner Geschichte wurde Israel wohl immer deutlicher bewusst, dass seine Herrscher weder politisch noch religiös in der Lage waren, das Bild des von Gott bejahten Königs auszufüllen. So wuchs die Hoffnung auf den Heilskönig, der Zeit und Raum übersteigt – »Messias« heißt ja nichts anderes als der »Gesalbte«, ein Titel, der ursprünglich jedem König Israels als Zeichen der göttlichen Erwählung zugesprochen wurde.

1.3. Die Kritik des Jahwisten am Königtum

Nach allem, was wir wissen, hat sich in der Epoche der ersten Könige die Kritik an bestimmten Erscheinungsformen und Verhaltensweisen der Zeit nicht nur als prophetischer Protest – wie beispielsweise bei Nathan – geäußert, sondern auch ihren Niederschlag in der Schrift des so genannten Jahwisten gefunden (Näheres im Kapitel »Schöpfung«). Nach Überzeugung vieler Bibelwissenschaftler hat er nicht nur die alten geschichtlichen Überlieferungen Israels gesammelt und zusammengestellt, sondern sie planvoll so ausgestaltet, dass sie ihrer Gegenwart einen kritischen Spiegel vorhielten: Indem sie an die Herkunft und Bestimmung Israels erinnerten, stellten sie zugleich die kritische Frage, ob das Gottesvolk dieser Herkunft und Bestimmung noch gerecht würde.
Bei einer solchen »ursprungsgeschichtlichen Interpretation« wären die Texte des Jahwisten als verschlüsselte Stellungnahmen zu Problemen seiner Zeit aufzufassen, kurz: als »Antworttexte« mit prophetischem Charakter. Sie stellen scheinbar Selbstverständliches in Frage, indem sie »Gegenwelten« zeichnen, und rücken neue Maßstäbe ins Licht.

Fünf problematische Entwicklungen lassen sich in der frühen Königszeit ausmachen:

- Aufkommen von Nationalismus und Imperialismus
- Aufkommen »gottgewollter Herrschaft« mit einer entsprechenden Ideologisierung des Königsamtes
- Aufkommen kanaanäischer Einflüsse im Glauben: Nach der Einbeziehung der kanaanäischen Stadtstaaten in den neuen Staat gewann die Fruchtbarkeitsreligion der agrarischen Urbevölkerung offenbar zunehmend an Einfluss. Dies zeigte sich auch an Veränderungen in der Auffassung von Gott: Aus dem »Gott der kleinen Leute« wird zunehmend der machterfüllte Herrscher nach dem Bild des kanaanäischen Schöpfungsgottes Baal, ihm entspricht der König als »Sohn Gottes«
- Aufkommen bürokratischer Herrschaft im Inneren: Aus freien Bauern werden Untertanen
- Aufkommen von Kapitalwirtschaft und Entstehen einer Klassengesellschaft

Wie könnte der Jahwist durch die Ausgestaltung seiner Schrift auf solche Probleme eingegangen sein?
Im Kapitel »Schöpfung« habe ich gezeigt, wie man Gen 2,4b –25 als »Antworttext« auslegen kann; in wenigen Stichworten läßt sich dies wie folgt zusammenfassen:

- Das Bild des »Schalom-Gartens« scheint als »Gegenwelt« zur zunehmenden Gewaltherrschaft auf: Jahwe hat den Menschen die Welt zum Bebauen und Bewahren anvertraut und nicht zum Erobern und Zerstören!

- Der Anmaßung des »Gott-Königtums« hält Gen 2,7 die Vorstellung entgegen, dass Adam, also *alle* Menschen, aus Erde gemacht sind – eine spezielle Schöpfung oder Zeugung des Königs ist nicht vorgesehen!
- Dem zunehmenden Einfluss der kanaanäischen Religion stellt der Jahwist das Bekenntnis in den Weg, dass *Jahwe* Schöpfer und Erhalter der Welt ist.

Eine solche Sicht der jahwistischen Quellenschrift lässt ihr Profil deutlich hervortreten und bringt die in diesen Texten verschlüsselten Erfahrungen ans Licht.

2 Didaktische Erwägungen

Die frühe Königszeit ist als »Sprechzeit des Jahwisten« geschichtlich, theologisch und auch didaktisch besonders ergiebig. Darum legt es sich nahe, sich für das Thema »Könige« auf die ursprungsgeschichtliche Bearbeitung von Texten des »Jahwisten« zu konzentrieren. Die Unterrichtsvorschläge werden sich auf die ersten Könige Israels beschränken. Für diese Begrenzung spricht auch, dass in den meisten Lehrplänen die Könige Israels im Blick auf die drei ersten Herrscher bearbeitet werden. – Andere Könige kommen dann noch einmal im Zusammenhang mit dem Thema »Prophetie« in den Blick.

a. Wir sind gesegnet. – Sind wir ein Segen?

Im Entwurf für die *Grundschule* soll den Schülern vermittelt werden, dass biblische Texte als »Antworttexte« zu verstehen sind. Das soll anhand des Themas »Segen« entfaltet werden. Gedacht ist an die 3./4. Klasse.

b. »Sind wir denn wieder in Ägypten?«

Für die *Sekundarstufe I* (8.–10. Klasse) wähle ich die materialistische Variante des ursprungsgeschichtlichen Ansatzes. Sie betont noch entschiedener die gesellschaftskritische Bedeutung biblischer Überlieferung. Es geht darum, den Widerspruch zwischen der altorientalischen Königsideologie und der Sicht und Bewertung des Königtums herauszuarbeiten, die auf der Spur der Freiheits- und Gerechtigkeitstraditionen bleibt.

Einführende Literatur

M. Metzger, Grundriss der Geschichte Israels. 1994
E. Zenger (Hg.), Lebendige Welt der Bibel. 1997
J. Johannsen/Chr. Reents, Alttestamentliches Arbeitsbuch für Religionspädagogen. 1987, S. 120ff

3 Unterrichtsvorschläge

3.1 Wir sind gesegnet – sind wir ein Segen? (3./4. Klasse)

Kurzcharakteristik

Inhalt:	Königszeit
Klassenstufe:	3./4. Klasse
Lernchance:	Anhand einer Ursprungsgeschichtlichen Auslegung über die Bedeutung von »Segen« nachdenken
Hermeneutisches Konzept:	Ursprungsgeschichtliche Auslegung

Ansatz

Bei einer ursprungsgeschichtlichen Interpretation ist in einem ersten Schritt immer die Zeit zu charakterisieren, in der ein Text entstand. Man muss klären, in welchen Verhältnissen die Menschen lebten, was sie bewegte, welche Fragen sie stellten, welche Konflikte sie beschäftigten. Erst danach ist es möglich, eine biblische Geschichte als »Antworttext« zu erarbeiten.
Der Unterrichtsvorschlag geht davon aus, dass die frühe Königszeit in Grundzügen bereits besprochen wurde und setzt mit einer Diskussion von Israeliten zur Zeit Davids über Vor- und Nachteile des Königstums ein. Als Grundbegriff, an dem sich die Auseinandersetzung festmacht, wird »Segen« gewählt. Dies bietet sich an, weil man mit guten Gründen annimmt, dass der »Abraham-Segen« Gen 12,1–3 ein Schlüsseltext des Jahwisten war, mit dem er sein theologisches Programm zur Sprache brachte. »Segen« ist gleichsam das Erbe Israels, das es in Gestalt Abrahams mit auf seinen Weg bekommt; »Segen *für alle*« ist aber gleichzeitig die Verpflichtung, die Gaben Gottes nicht egoistisch für sich selbst in Anspruch zu nehmen. Man vermutet, dass der Jahwist mit diesem Schlüsseltext seine Zeitgenossen mit der bohrenden Frage konfrontiert, ob durch das Gottesvolk Segen für andere wirksam wird (Wolff, 1964).
Die Diskussion über David wird in Form einer Sprechszene realisiert; im Anschluss an den ersten Teil erarbeiten die Schüler Grundzüge von »Segen«.
In einem zweiten Teil der Sprechszene wird Jahu eingeführt. Hinter diesem Namen verbirgt sich der »Jahwist«. Er weist auf das Segens-Erbe hin, unterstreicht aber die damit verbundene Verpflichtung, *allen* Segen zu ermöglichen.

Verlauf

a. Streit im Dorf (ca. 2 Stunden)

Der Unterrichtende stellt zunächst in einer kurzen Wiederholung die wichtigsten Ereignisse im Umfeld des Themas zusammen: Die Bedrängnisse Israels durch die Feinde – der Wunsch nach einem König – Aufstieg und Untergang Sauls – David besiegt die Feinde, schafft Frieden, erobert andere Reiche.
Sodann wird der erste Teil der Sprechszene (**M 1**) vorgestellt (vielleicht mit Kollegen oder älteren Schülern auf Band sprechen).
Die Beobachtungen werden ausgewertet (Arbeitsblatt **M 2**).

b. Segen – was ist das? (ca. 2 Stunden)

Nachdem der Abraham gegebene Segen in der Szene mehrfach als ein Geschenk auch für die Gegenwart der Israeliten in der frühen Königszeit bezeichnet wurde, bringt ein Kanon dies zur Sprache und bietet eine emotionale Vertiefung an (**M 3**).
Dann versucht die Lerngruppe, herauszufinden, was damit gemeint sein könnte. Gen 12,1–3 wird in verkürzter Form auf ein Blatt geschrieben, wie in der Szene **M 4** Abner es ausdrückt.
Als Symbol für den Segen kann man einen Korb mit Früchten wählen: Der Umriss eines Korbs wird aus Pappe ausgeschnitten und an die Tafel geheftet. Die Früchte – aus farbigem Karton geschnitten – können mit verschiedenen Stichworten zum »Segen« beschriftet werden. Bevor eine Frucht in den Korb gelegt wird, sollte dies besprochen werden, z.B. ob alle Menschen diesen Segen bekommen, wem er vielleicht vorenthalten wird, wie er ihn dennoch bekommen könnte.

c. Jahu hat einen guten Rat (ca. 2 Stunden)

Im zweiten Teil der Szene (**M 4**) soll der Schreiber Jahu, der gut in der Überlieferung Bescheid weiß, entscheiden, wie der Abraham-Segen zu verstehen sei. Er weist darauf hin, dass es darauf ankommt, dass *alle* am Segen teilhaben.
Das Blatt mit dem Segensspruch wird ergänzt (**M 5**). Abraham und seine Nachkommen sollen nicht nur Segen bekommen, sondern auch »ein Segen« für andere sein. Der Segen gilt für alle. Die Schüler überlegen, wie sich dies praktisch in den genannten Konfliktsituationen auswirken könnte.

d. Weiterführung (ca. 2 Stunden)

In einem letzten Schritt denken die Schüler darüber nach, was heute »Segen« bedeuten könnte. Sie könnten z.B. einen neuen »Korb« gestalten; dabei wird sich herausstellen, dass die unmittelbare Existenzsicherung, die in der frühen Königszeit elementar wichtig war, in der Gegenwart der Kinder keine bedeutende Rolle mehr spielt. Im Gespräch sollte bedacht werden, was ihnen wirklich am Herzen liegt (immer wieder bestimmte »Früchte« aus dem Korb herausnehmen, prüfen, ob dann noch »Segen« da ist …)
Damit die vielleicht anfangs sehr auf die eigenen Erfahrungen und Interessen bezogene Sichtweise weitergeführt wird, sollte bedacht werden:

- Gibt es Menschen, denen Segen vorenthalten wird? Wie könnte ihnen geholfen werden?
- Könnten wir heute »ein Segen« für andere sein?

MATERIALIEN

M 1

Streit im Dorf

Sara: Und ich sage euch: Es ist eine Schande, dass die Männer nie zu Hause sind! Jetzt sind sie schon eine ganze Woche fort, und das mitten in der Erntezeit!

Esther: Auf unseren Feldern bleibt alles liegen. Als ob die Waldarbeiten im Libanon nicht warten könnten!

Sara: Natürlich nicht, liebe Esther, was denkst du dir! Die Bäume dort müssen doch sofort gefällt werden, damit der neue Palast für den Herrn König schneller fertig wird!

Mirjam: Dem ist es doch egal, was auf unseren Feldern passiert!

Sara: Was denkt der sich eigentlich! Sind wir denn gar nichts wert?

Ruben: Nun reg dich mal ab, Sara! Dein Mann wird bald wieder da sein!

Sara: Du vergisst den weiten Weg vom Libanon. Was meinst du, wie lange die noch mit den Bäumen unterwegs sind!

Ruben: Aber es ist doch eine große Ehre für uns, dem König zu dienen. Schließlich verdanken wir ihm doch so viel! Seid mal ehrlich, findest du das nicht auch, Esther?

Esther: Wer, ich? Ja, es geht uns besser als früher. Aber alles finde ich auch nicht gut – zum Beispiel, dass unsere Männer immer wieder für den König arbeiten müssen. Wir sind doch keine Sklaven!

Aram: Jetzt hört euch das an! Seid ihr denn nie zufrieden? Denkt doch mal nach! Noch vor wenigen Jahren mussten wir täglich zittern, ob nicht wieder irgendwelche Feinde über uns herfallen! Die Amalekiter mit ihren Kamelen, die blitzschnell auftauchten, mordeten und plünderten und ebenso schnell wieder verschwunden waren! – Oder die Philister mit ihren schwer bewaffneten Soldaten, die überall herumtrampelten und sich als die Herren im Land aufspielten.
Jetzt müssen wir vor niemand mehr Angst haben und uns vor niemand mehr ducken! Das ist doch wirklich ein Segen!

Rut: Ja, das stimmt schon, jetzt können wir in Ruhe arbeiten und uns über das freuen, was wir uns erarbeiten. So gut wie jetzt ging es uns doch noch nie. Da spürt man richtig, dass Jahwe uns segnet.

Sara: Na ja, für euch gilt das vielleicht! Dein Mann hat in allen Schlachten in König Davids Heer mitgekämpft und ist mit einem großen Stück Land, mit Vieh und einem schönen Haus belohnt worden. Euch geht es gut!
Aber wir kleinen Bauern kommen gerade so zurecht. Und wenn dann die Steuereintreiber des Königs an die Tür klopfen und jedes Mal mehr fordern, dann spüren wir nicht viel von dem Segen, von dem du redest. Früher mussten wir jedenfalls keine Steuern bezahlen.

Ruben: Nein, das brauchten wir nicht. Aber irgendwie müssen wir eben für das Gute zahlen!

Mirjam: Wenn's wirklich gut ist, ja. Nur nicht so viel – und alle gleich.
Abner, du bist doch der Älteste von uns und du bist klug. Sag auch mal was!

Abner: Aram und Rut haben schon recht, wenn sie sagen, dass Gott uns segnet. Wir bekommen viel Gutes und sollen Gott dafür dankbar sein. Ich muss so oft daran denken, was Gott vor langer Zeit zu Abraham sagte:
Ich will dich segnen. Durch dich sollen alle Generationen meines Volkes Segen bekommen.
Das ist doch heute eingetroffen. Wir leben in Frieden und Wohlstand. Wir müssen keine Angst mehr haben. So hat es Gott bestimmt. Wir sind Abrahams Kinder, der Segen gilt auch für uns!

Rut: Und seitdem die Feinde nicht mehr so viele von uns töten, werden wir auch immer mehr. Es ist eine Freude zu leben.

Benjamin: Ich finde es auch toll, wie wir es jetzt haben. Mein Vater hat mir oft erzählt, wie es war, als wir noch keinen König hatten. Man musste sich immer wieder vor den Feinden fürchten; dauernd gab es Überfälle und Krieg.

Rebekka: Das hat mir mein Vater auch erzählt. Aber dafür mussten unsere Väter auch nicht für den König schuften. Sie mussten sich auch nicht so plagen, damit sie Steuern zahlen konnten. Mein Vater schimpft manchmal ganz schön, dass er sich ständig von den königlichen Beamten herumkommandieren lassen muss.
Einmal hat er sogar gesagt: Sind wir denn wieder Sklaven wie in Ägypten?

Sara: Da hörst du's, Ruben! Meinst du, das ist Gottes Wille?

Esther: Da kommt Jonathan. Er hat seine Tochter besucht, die einen Mann aus Edom geheiratet hat. Schalom, Jonathan! Müde und staubig siehst du aus nach der langen Reise. Wie geht es deiner Tochter?

Jonathan: Schalom, Nachbarn. Ja, müde bin ich. Aber meiner Tochter geht es gut! Stellt euch vor, ich bin sogar Großvater geworden!

Ruben: Und ein Edomiter ist dein Schwiegersohn! Ein Mann aus einem Volk, das unser König David niedergeworfen und erobert hat! Ich verstehe nicht, wie deine Tochter einen Edomiter heiraten konnte. Das sind doch bloß … na ja …

Jonathan: Sprich ruhig weiter, Ruben. Ich weiß, was du sagen wolltest: Das sind Menschen zweiter Klasse! Ja, so werden sie von unseren Soldaten und Beamten behandelt, die dort stationiert sind. Aber meine Tochter fragt immer: Mit welchem Recht behandeln sie die Edomiter so? Und ich frage mich das inzwischen auch: … mit welchem Recht?

Esther: Eben! Sag mal, Abner, wo ist der Segen für die Edomiter? Und wo für die Leute aus unserem eigenen Volk, die wenig Eigentum besitzen und die vor lauter Schinderei nicht mehr aus noch ein wissen?

Abner: Ach was, nichts als Weibergeschwätz! Der David, der ist doch ein ganzer Kerl! Ich habe auch oft an seiner Seite gekämpft. Und David hat sich nicht versteckt. Im Gegenteil: Der hat mehr Feinde getötet als jeder andere! So einen König brauchen wir!

Esther: Aber – ist das wirklich ein König, wie Gott ihn will?

M 2

Arbeitsblatt

1. Was gefällt den Israeliten am König?

2. Was gefällt ihnen nicht?

3. Kannst du noch eigene Gedanken dazu finden?

4. Kannst du dir vorstellen, was Benjamins Vater meinte, als er sagte: Sind wir denn wieder Sklaven, wie einst in der Knechtschaft in Ägypten?

M 3

Lied: Ich will dich segnen…

M 4

Jahu hat einen guten Rat

Erzähler: Die Israeliten, die über den König und den Segen gestritten hatten, stehen noch immer beieinander.

Sara: Ich weiß nicht – so kommen wir nicht weiter. Wir müssen jemanden fragen, der klüger ist als wir. – Seht mal, da kommt Jahu, der Schreiber des Königs. Was will der denn hier?

Abner: Jahu will zu mir – er hat es mir durch einen Boten ausrichten lassen.

Sara: Was hast du denn mit dem König und seinem Schreiber zu tun? Willst du vielleicht verraten, was wir über den König reden?

Abner: Nein, nein! Jahu hat von König David den Auftrag bekommen, die alten Geschichten zu sammeln, die man sich aus früheren Zeiten erzählt. Ihr wisst, ich habe noch viele eigene Erinnerungen, und ich habe auch gut behalten, was mein Vater und mein Großvater erzählt haben.
Jahu soll alles aufschreiben, damit nichts vergessen wird.

Mirjam: Also will der uns doch aushorchen und bespitzeln!

Abner: Nein, ihr müsst keine Angst haben. Jahu ist ein ehrlicher Mann; dem kann man trauen. – Schalom, Jahu!

Jahu: Schalom, Abner. Sind das deine Nachbarn.

Mirjam: Das sind wir. Und wir streiten gerade – über den König, über Abraham und den Segen. Vielleicht kannst du uns einen Rat geben.

Jahu: Worüber habt ihr gestritten?

Esther: Ja, weißt du, einige von uns sind ganz begeistert von König David und der neuen Zeit. Sie sagen: Das alles ist Gottes Geschenk für uns.

Sara: Und Abner hat behauptet, das ist der Segen, den in alter Zeit Abraham bekommen hat und der auch für uns gilt – wir sind ja schließlich seine Nachkommen.

Jahu: Wie heißt denn der Segensspruch, Abner?

Abner: Ich habe ihn so gesagt, wie ich ihn von meinem Vater gelernt habe:
Und Gott sagte zu Abraham: Ich will dich segnen. Durch dich sollen alle Generationen meines Volkes Segen bekommen.
Und das ist doch auch eingetroffen!

Jahu: Ich glaube, dein Spruch ist nicht ganz vollständig. Ich habe die Priester befragt, die gut Bescheid wissen, und da lautete der Spruch anders.

Jonathan: Wie denn? Sag es uns!

Jahu: Der Spruch geht so:
Und Gott sagte zu Abraham: Ich will dich segnen. Du sollst ein Segen sein. Durch dich sollen alle Generationen der Erde Segen bekommen.

Abner: Ist doch das gleiche, wie ich gesagt habe.

Esther: Nicht ganz! Da heißt es außerdem: D*u sollst ein Segen sein*. Also nicht bloß Segen bekommen, sondern auch Segen geben … denen etwas abgeben, denen es nicht so gut geht, damit die auch Segen bekommen. Meint ihr, dass das bei uns auch so ist?

Sara: Überhaupt nicht: Segen bekommen wollen alle, aber Segen abgeben?

Jonathan: Mir ist noch etwas anders aufgefallen. Abners Spruch hieß: D*urch dich sollen alle Generationen meines Volkes Segen bekommen* – also nur die Israeliten. Aber bei Jahu hieß es: *durch dich sollen alle Generationen der Erde Segen bekommen* – also auch die Edomiter? Oder die Flüchtlinge, die bei uns wohnen? Die sind ja auch keine Israeliten! Wie ist das zu verstehen, Jahu?

Jahu: Ich glaube, so, wie ihr es gesagt habt: Segen kann man nicht nur für sich haben, sondern man muss ihn auch mit anderen teilen – so hat Jahwe es zu Abraham gesagt – und so soll es auch bei uns sein.

Rebekka: Das finde ich toll! Endlich denkt einer nicht nur an sich! Das musst du dem König sagen, Jahu! Der muss dafür sorgen, dass es gerechter bei uns zugeht!

Jahu: Ich weiß nicht, ob der König auf mich, seinen Schreiber, hört. Aber morgen werde ich ihm den Abraham-Segen zeigen, und ich glaube, er wird sehr gut verstehen, wie das gemeint ist.

M 5

Und Gott sagte zu Abraham:
Ich will dich segnen.
Du sollst ein Segen sein!
Durch dich
sollen alle Menschen
der Erde
Segen bekommen.

3.2 Sind wir denn wieder in Ägypten? (8.–10. Klasse)

Kurzcharakteristik

Inhalt:	Königskritik
Klassenstufe:	8.–10. Klasse
Lernchance:	Am Beispiel der kritischen Auseinandersetzung mit den ersten Königen Israels die Spannung von Macht und Recht reflektieren
Hermeneutisches Konzept:	Materialistische Auslegung

ANSATZ

Auch dieser Vorschlag orientiert sich an einem ursprungsgeschichtlichen Ansatz; er verfolgt aber mehr das Interesse, biblische Texte ideologiekritisch zu lesen. Dieses Interesse verfolgt vor allem die Materialistische Auslegung (vgl. dazu den Steckbrief und vor allem die ausführliche Darstellung in Band 1, Kapitel II.7)

Der folgende Vorschlag setzt voraus, dass die frühe Königszeit in Grundzügen bereits besprochen wurde.

Wie wohl keine andere Institution ist das Königtum in Israel der Gefahr der Ideologisierung ausgesetzt gewesen. Denn im ganzen Alten Orient war das Amt des Königs stark religiös überhöht, zweifellos in der Absicht, die Gefügigkeit der Untertanen zu verstärken. Hier handelt es sich um die klassischen Merkmale einer Ideologie. Besonders ausgeprägt war die Weltanschauung in Ägypten (Keel, 1984, 221ff). Zwei Merkmale sind besonders charakteristisch:

- Der Pharao ist der »Sohn« der Gottheit (meistens wird der Sonnengott Re genannt). Diese Kindschaft wird durchaus realistisch als Zeugung aufgefasst.
- Der Pharao ist »Sohn der Gottheit« nicht in einem abgeleiteten, sekundären Sinn, sondern selbst Gott. Von ihm allein gehen die Kräfte des Segens und der Schöpfung aus, wobei interessanterweise im Alten Ägypten Schöpfung vor allem auch als Ordnung, als Bändigung des Chaos aufgefasst wird. Die Abbildung 1 auf dem ersten Arbeitsblatt **M 1** zeigt sehr schön, wie von Re aus die Lebenskraft, verkörpert durch das Symbol des ANCH zum Pharao und seiner Gattin geht.

Wenn der Pharao Garant des Lebens, des Gedeihens und der Sicherheit ist, kommt alles darauf an, dass er in Lebens- und Machtfülle lebt.

Das Alte Testament hat Elemente dieser altorientalischen Königsideologie aufgegriffen; Hauptbelege sind: Ps 2,7; Ps 89,27f; Ps 110; auch hier geht es um die Erwählung

des Königs durch Gott, die im Bild der Sohnschaft ausgedrückt wird: »Du bist mein Sohn, heute habe ich dich gezeugt«, heißt es in Ps 2,7.
Sicher hat es in Israel keine Vergottung des Königs gegeben, wie in Ägypten. Aber solche Texte hoben ihn doch sehr weit aus dem Volk heraus und waren wohl geeignet, einem altorientalischen Despoten eine Legitimation zu ermöglichen.
Faktisch standen die Könige Israels immer wieder vor der Versuchung, sich wie »Pharao« zu verhalten, indem sie sich beispielsweise aneigneten, was ihnen gefiel, sei es die Frau eines anderen (2. Sam 11f) oder der Weinberg eines Bauern (1. Kön 21). Gerade die Erzählung von Nabots Weinberg enthält eine charakteristische kleine Szene: Als Ahabs Frau Isebel, eine phönikische Prinzessin, erfährt, dass Nabot seinen Weinberg nicht hergeben will, ruft sie entrüstet aus: »Bist du nicht König in Israel?« (1. Kön 21,7). Für sie ist selbstverständlich, dass dem König alles zufällt, was er zu seinem Wohlergehen braucht.
Im geplanten Unterricht wird zur Konkretion die Erzählung von David und Batscheba (2. Sam 11f) herangezogen. Die Schüler sollen lernen, dass David sich hier wie ein altorientalischer Herrscher verhält, und erfahren, dass die Beurteilung der Tat sich nicht an einer abstrakten Moral orientiert, sondern am Recht des Schwächeren, das in der Freiheits- und Gerechtigkeitstradition Israels wurzelt. Die Schüler lernen, die genannten »Königspsalmen« ideologiekritisch zu lesen.

Verlauf

a. Das Leben in der frühen Königszeit (ca. 2 Stunden)

Die politischen und sozialen Verhältnisse werden kurz wiederholt. Dafür können vielleicht die Arbeitsblätter **M 1** aus dem Vorschlag »Schöpfungstexte als Antworten« aus dem Kapitel »Schöpfung« verwendet werden (s.o. S. 35ff).

b. Die Ideologie der Pharaonen (ca. 2 Stunden)

Zunächst wird die Forderung der Israeliten nach einem König aufgegriffen, »der uns regieren soll, wie es bei allen Völkern Brauch ist« (1. Sam 8,5).
Als markantes Beispiel wird die ägyptische Königsideologie eingeführt.
Anhand der in **M 1** zusammengestellten Bilder und Texte arbeiten die Schüler heraus, dass der Pharao »Sohn Gottes«, ja Gott selbst ist, dass er als Garant des Lebens und Gedeihens gilt und dass sich darum alles um sein Wohlergehen dreht.

Charakteristische Merkmale des Königs sind:

- Er ist Sohn des Gottes.
- Er ist mit Machtfülle ausgestattet.
- Er sitzt auf dem Thron zur Rechten des Gottes.
- Von ihm gehen Leben und Segen aus.
- Er besiegt alle Feinde (in einigen Bildern ist zu sehen, wie die besiegten Feinde »Schemel unter den Füßen« des Pharao sind z.B. Keel, Nr. 342 und 343).

c. Ein König, wie ihn die anderen Völker haben (ca. 2 Stunden)

Anhand einiger »Königstexte« aus dem Alten Testament (**M 2**) erfahren die Schüler, dass in Israel ähnliche Vorstellungen über den König bekannt waren wie in Ägypten. Sie vergleichen die Aussagen aus **M 1** und **M 2**. Dabei leiten einige Fragen zur ideologiekritischen Sicht an.

d. Pharao in Jerusalem? (ca. 2 Stunden)

Anhand der Erzählung von David und Bathscheba (2. Sam 11 und 12) lernen die Schüler, dass der Jerusalemer König sich genau nach dem Schema der altorientalischen Königsideologie verhält: Sein Wohlergehen ist lebensnotwendig für das Volk, darum gibt es keine Bedenken, seine Bedürfnisse zu erfüllen.
Unter Umständen kann ergänzend die Erzählung von Nabots Weinberg studiert werden (1. Kön 21). Dabei wird deutlich, dass beide Geschichten nach dem gleichen Schema ablaufen.

e. Ein König nach Jahwes Willen (ca. 2 Stunden)

Anhand der Nathan-Rede (2. Sam 12,1–7a) lernen die Schüler eine andere Sichtweise des Königtums kennen, die dem Glauben an Jahwe entspricht: Maßstab ist nicht das Wohlergehen des Herrschers, sondern das Recht des Schwächeren. Nicht die Macht soll in Israel herrschen, sondern die Gerechtigkeit.
Die Gegenüberstellung der Nathanrede mit einigen Mahnworten (**M 3**) zeigt, dass die Freiheits- und Gerechtigkeitstraditionen ihren Ursprung im Exodus haben. Darum werden bewusst Texte aus Kapitel 4 herangezogen (aus dem Entwurf: »Erinnerung hält lebendig« vgl. S. 137ff).

Materialien

M 1

Der Pharaonenkult

Solch einen König wünscht sich Israel

Bei Israels Nachbarvölkern war der König der wichtigste Mann, z.B. in Ägypten:
Auf dem Bild ist zu sehen, wie der Sonnengott RE dem Pharao und seiner Frau Segen und Lebenskraft schenkt.
Das erkennt man an dem Zeichen für »Leben«, das von RE herunterkommt. Das Volk bekam Segen und Lebenskraft von RE nur durch den Pharao.
Den Menschen konnte es nur gut gehen, wenn es dem Pharao gut ging. Darum gehörte dem König alles, er konnte sich eigentlich alles erlauben.
Der Pharao war für das Land fast genauso wichtig wie die Götter selbst – daher stellten sich die Leute vor, dass er neben den Göttern auf dem Thron Platz nahm. Er war wie ein Sohn der Gottheit. Das bringt er auch in dem folgenden Text zum Ausdruck.

> Ich bin hervorgegangen aus RE
> Er ernannte mich zum Herrn der Untertanen, dazu geschaffen vor den Menschen. Er hat mich schon als Embryo dazu bestimmt, im Palast zu sein, bevor ich noch aus den Schenkeln meiner Mutter hervorgekommen war.
> Ich bin ein König meinem Wesen nach, ein Herrscher, dem man nicht erst die Macht geben muss.

Auch in Israel gab es solche Vorstellungen vom König:
In Ps 2 lässt der Dichter Jahwe sagen:
»Ich habe meinen König eingesetzt,
auf dem Zion, meinem Berge …
Mein Sohn bist du!«

M 2

Biblische Aussagen über den König

Warum toben die Nationen
und sinnen die Völkerschaften
Unsinniges?
Es treten auf Könige der Erde,
und Fürsten tun sich zusammen
gegen Jahwe und seinen Gesalbten
»Lasst uns zerreißen ihre Bande
und von uns werfen ihre Stricke!«
Der im Himmel thront, lacht,
Jahwe spottet über sie.
Dann spricht er sie an in seinem Zorn,
in seiner Zornglut schreckt er sie:
»Habe doch ich meinen König geweiht
auf Zion, meinem heiligen Berg!«
Lasst mich die Anordnung
Jahwes bekannt geben!
Er hat zu mir gesprochen:
»Mein Sohn bist du,
ich habe dich heute gezeugt.
Fordere von mir,
und ich will dir die Nationen zum Erbteil geben,
zu deinem Besitz die Enden der Erde.
Mit eisernem Stab magst du sie zerschmettern,
wie Töpfergeschirr sie zerschmeißen.«
(Aus Ps 2)

Jahwe spricht:
Ich habe meinen Knecht David gefunden,
ihn mit meinem heiligen Öl gesalbt.
Beständig soll meine Hand ihn halten,
ja, mein Arm soll ihn stärken.
Kein Feind soll ihn überfallen,
kein Ruchloser ihn bedrücken.
Er wird mich anrufen:
»Mein Vater bist du,
mein Gott und der Fels meines Heils.«
(Aus Ps 89)

Jahwe spricht zu meinem Herrn:
»Setze dich zu meiner Rechten,
bis ich deine Feinde als Schemel für deine Füße hinlege.«
(Aus Ps 110)

Die drei Texte aus den Psalmen des Alten Testaments wurden vermutlich verwendet, wenn ein neuer König feierlich in sein Amt eingeführt wurde.

1. *Vergleiche die Texte mit den Bildern und Texten aus **M 1***
2. *Überlege: Wer hat wohl Interesse daran, dass das Amt des Königs so geschildert wird?*
3. *Ist es nur der König – oder auch andere?*
4. *Wie wirkt sich diese Auffassung wohl auf das politische Leben in einem Volk aus?*

M 3

Und Jahwe sandte Nathan zu David.
Und er kam zu ihm und sagte zu ihm:
»Zwei Männer waren in einer Stadt, der eine reich und der andere arm.
Der Reiche hatte Schafe und Rinder in großer Menge.
Der Arme hatte aber nichts als nur ein einziges kleines Lamm, das er gekauft hatte.
Und er ernährte es, und es wurde groß bei ihm,
zugleich mit seinen Kindern.
Von seinem Bissen aß es, aus seinem Becher trank es,
und in seinem Schoß schlief es. Es war ihm wie eine Tochter.
Da kam ein Besucher zu dem reichen Mann;
dem aber tat es Leid, [ein Tier] von seinen Schafen
und von seinen Rindern zu nehmen,
um es für den Wanderer zuzurichten, der zu ihm gekommen war.
Da nahm er das Lamm des armen Mannes
und richtete es für den Mann zu, der zu ihm gekommen war.«
Da entbrannte der Zorn Davids sehr gegen den Mann,
und er sagte zu Nathan:
Im Namen Jahwes:
Der Mann, der das getan hat, ist ein Kind des Todes.
Das Lamm aber soll er vierfach erstatten,
dafür dass er diese Sache getan hat, und weil es ihm [um den Armen] nicht Leid getan hat.«
Da sagte Nathan zu David:
»Du bist der Mann!«

1. Wonach richtet sich Nathan in seinem Urteil? Welchen Maßstab wendet er an?
2. Vergleiche bitte diesen Maßstab mit den Geboten aus den folgenden Texten:

Einen Fremden darfst du nicht übervorteilen und nicht bedrücken; ihr wart ja selbst Fremde in Ägypten. Witwen und Waisen sollt ihr nicht bedrücken. Wenn du sie doch bedrückst und sie schreien zu mir, so werde ich ihr Schreien gewiss erhören, und mein Zorn wird entbrennen … (Ex 20,20ff)

Du darfst das Recht von Fremden und Waisen nicht beugen … Vielmehr sollst du immer daran denken, dass du Knecht in Ägypten warst und dass dich daraus Jahwe, dein Gott, befreite (Dtn 23,17–1).

Kapitel 8: Propheten

1 Theologische Erwägungen

1.1 Was ist ein Prophet?

Was ein Prophet ist, weiß heute jeder zu sagen: Ein Prophet ist jemand, der die Zukunft kennt und sie voraussagen kann. Schnell rücken dann die biblischen Propheten in die Nähe von Wahrsagern, Pendlern oder ähnlich dubiosen Gestalten.
Diese Sicht ist nicht auf den populären Bereich begrenzt, sie ist auch in der Theologie und in kirchlichen Kreisen vertreten. Zwei Beispiele:
In bestimmten christlichen Kreisen werden die Propheten des Alten Testaments vorwiegend oder ausschließlich dazu benutzt, einen »Heilsplan« Gottes zu beweisen, weil sie schon alles vorhersagten, was sich dann im Neuen Testament einlöst. Dieses *Schema »Verheißung/Erfüllung«* – jedenfalls wenn es so starr gehandhabt wird – legt nicht nur die Propheten auf die Rolle der »Weissager« fest, sondern führt auch zur Abwertung der Hebräischen Bibel, weil die Texte im Grunde durch die »Erfüllung« verbraucht, weil »überholt«, sind.
Ein zweiter Grund für die seltsam wirklichkeitsferne, ja exotische Sicht der Propheten scheint mir aber auch in dem Bild zu liegen, das die *exegetische Literatur* zur Hebräischen Bibel von ihnen entwirft: Da ist von »den geheimen Erfahrungen« die Rede oder vom »Gespräch zwischen dem Propheten und Jahwe« (Rendtorff, 1983,S. 122). Dieses Verständnis entrückt die Propheten ins Dämmerlicht einer Sonderwelt, in der wir sie als geschichtliche Schau-Stücke besichtigen, die Tiefe ihres Gottesverhältnisses bewundern und die Wucht ihrer Rede auf uns wirken lassen können. Aber ihren Weg können wir nicht gehen, weder als Einzelne noch als Gemeinde, weil wir ihre Orientierungszeichen nicht kennen.
Aber damit können wir uns nicht zufrieden geben, weil es daran nichts zu lernen gibt. Das Phänomen der Prophetie müsste vielmehr so weit aufgehellt werden, dass wir verstehen, was vor sich ging, dass wir nachvollziehen können, was Prophetie ausmacht.
Natürlich kann es nicht das Ziel sein, das Geheimnis aufzulösen, die prophetische Rede einfach aus der Persönlichkeitsstruktur des Boten oder aus den Zeitumständen abzuleiten. Aber wenn es heute von den Propheten etwas zu lernen gibt, muss versucht werden, das Dunkel, das sie umgibt, etwas aufzuhellen und einige mögliche Zugänge zu ihrer Botschaft zu entdecken.
Dabei kann es nicht darum gehen, den gesamten, sehr differenzierten Komplex der

»Prophetie« zu bearbeiten, sondern einigen Grundlinien nachzugehen. Es bietet sich an, nach drei Aspekten zu differenzieren:

- Dem *Inhalt* der prophetischen Rede: Welches sind typische Inhalte, charakteristische Strukturen, immer wiederkehrende Wendungen?
- Dem *Prozess* der prophetischen Rede: Wie kann man die Entstehung der prophetischen Rede aus dem Kontext der biblischen Tradition verständlich machen? Gibt es Beziehungen zu anderen Produktionsprozessen innerhalb der Bibel?
- Der prophetischen *Existenz*: Gibt es unverwechselbare Kennzeichen der prophetischen Existenz?

In diesem Kapitel soll es nur um die *vorexilische Prophetie* gehen. Man bezeichnet sie auch als Gerichtsprophetie, weil für diese Propheten charakteristisch ist, dass sie Unrecht in ihrer Zeit aufdecken und als dessen Folge Unheil ansagen.
Im Alten Testament unterscheidet man zwischen *vor-schriftlicher* und schriftlicher Prophetie: Als vor-schriftliche Propheten bezeichnet man die Gestalten, deren Reden und Handlungen vorwiegend in erzählender Form im Rahmen der geschichtlichen Überlieferungen tradiert sind. Hier ist vor allem an Elija und Elischa zu denken; Schriftpropheten sind dagegen die Verkünder, deren Wirken in eigenen Büchern festgehalten wurde; diese sind in den »Prophetischen Büchern des Alten Testaments« gesammelt.
Man kann vier Hauptphasen der prophetischen Tätigkeit in Israel unterscheiden:

9. Jh. v. Chr.: Elija; Elischa (Nordreich)
8. Jh. v. Chr.: Amos; Hosea (Nordreich); Jesaja; Micha (Südreich)
7. Jh. v. Chr. (Zeit der wachsenden Bedrohung durch Babylonien): Nahum; Zephanja; Jeremia; Habakuk; Obadja; Ezechiel (die Tätigkeit Jeremias und Ezechiels reicht weit in die Exilszeit hinein)
6. Jh. v. Chr. (Propheten im Exil und in Juda): Deuterojesaja; Tritojesaja; Haggai; Sacharja.

Ins 5. Jh. gehören Maleachi und Joel, ins 4. Jh. v. Chr. Deuterosacharja; in diese Zeit wird man wohl auch das Buch Jona datieren müssen. Den Ausklang bildet das Buch Daniel, das in der Mitte des 2. Jh. entstand; es zählt nicht zur prophetischen Literatur im engeren Sinn, sondern wird zum apokalyptischen Schrifttum gerechnet. Die Apokalyptik ist eine seit dem 2. Jh. auftretende Anschauung, die von der Erwartung einer unmittelbar bevorstehenden Untergangskatastrophe geprägt ist; in einer extrem dualistischen Weltsicht (Licht-Finsternis; gut-böse ...) versuchen die Apokalyptiker, die Geheimnisse dieser Endzeit zu enthüllen und die eigene Gegenwart verständlich zu machen.

1.2 Der Inhalt prophetischer Rede

Unendlich reich an Themen, Motiven und Bildern ist die prophetische Rede – und doch kreist alles um das eine Zentrum:

Ich will euer Gott sein und ihr sollt mein Volk sein (Lev 26,12 u.ö.)

Diese Zusage – sie wird auch als Erwählungszusage bezeichnet – schließt die enge Zusammengehörigkeit Jahwes mit seinem Volk und die Zugehörigkeit Israels zu Jahwe und seiner Sache ein.
Diese Erwählungszusage hat sich meistens mit bestimmten Erinnerungen an die Heilserweisungen Gottes für sein Volk verbunden.
An erster Stelle ist die *Exodus-Tradition* zu nennen, die Erinnerung an die Befreiung und die Gabe des guten Landes (vgl. Kapitel 4). Die Erinnerungen an den Exodus und die mit ihm verbundenen Heilsgaben nehmen einen breiten Raum bei den Propheten ein.
Andere besinnen sich auf die *Schöpfung* oder auch auf die *Erwählung des Zion* als Symbol des Friedens und des Schutzes.
Bei einigen Propheten ist diese Erinnerung so intensiv, dass Gerhard von Rad notieren kann: »Man kann die Verkündigung einiger Propheten geradezu als ein großes, nicht abreißendes Gespräch mit der überkommenen Erwählungstradition verstehen«

(G. von Rad, Theologie des AT, Bd. 2, 126).

Mit diesen Erinnerungen lebten die Propheten vermutlich in großer Übereinstimmung mit den meisten ihrer Zeitgenossen, denn die Heilstraditionen waren im Volk zu allen Zeiten lebendig; das belegen beispielsweise die Psalmen aufs deutlichste, in denen immer wieder der vergangenen Rettungen und Heilstaten Jahwes gedacht wird.
Aber es gibt einen charakteristischen, entscheidenden Unterschied zu anderen erinnernden Texten: In der prophetischen Verkündigung verbindet sich die Erinnerung mit scharfer Kritik. Jeremia sagt einmal:

Israel hat den Garten, den Jahwe ihm geschenkt hat, »entweiht« und »zum Greuel gemacht« (Jer 2,7).

Was bedeutet das? Nichts anderes, als dass Israel das Geschenk seines Gottes missachtet und missbraucht:

- Es *missachtet* das Geschenk, indem es den Geber, den Herrn, vergisst und sich mit »fremden Herren« einlässt (BAAL heißt ja nichts anders als: HERR).

- Es *missbraucht* den »Garten«, indem es ihn zweckentfremdet: Aus der Freiheit für alle sind die Freiheiten geworden, die sich die Reichen herausnehmen; aus dem Recht für die Schwachen ist die Rechtsprechung geworden, die die Einflussreichen zu Lasten der Entrechteten manipulieren; aus der Heimat für alle ist der Besitz der wenigen Großgrundbesitzer geworden, die auf Kosten der Armen immer mehr Reichtum anhäufen.

Und das alles bringen viele Israeliten offenbar mühelos mit ihrer Herkunft zusammen: Sie beanspruchen die Heilstraditionen als Garantien:

> *»Ist nicht Jahwe in unserer Mitte? Nicht kommt Unheil über uns« (Mi 3,11).*

Aus der intensiven Bindung an Jahwe ist ein sattes Verfügenwollen über das scheinbar garantierte Heil geworden. Das löst die prophetische Kritik aus. Im Fall Jeremias – buchstäblich – vernichtende Kritik, denn er fährt fort:

> *Ist Israel ein Sklave, ein im Haus geborener (leibeigener) Knecht? Warum wurde er zum Raub, wurden verbrannt seine Städte? Gegen ihn brüllten die Löwen, erhoben laut ihre Stimme und machten sein Land zur Öde, wo niemand wohnt (Jer 2,14f).*

Die Folgen des Fehlverhaltens sind bestürzend: Die Heilsgeschichte kehrt sich zur Unheilsgeschichte. Das zeigt sich an dem bis in die Wortwahl analogen Aufbau der zitierten Verse, in denen Jeremia das erahnte Unheil als bereits eingetreten sieht:

- aus dem Befreiten ist der Sklave geworden,
- der blühende Garten (V. 7) verwandelte sich in »Öde, in der niemand wohnt« (V. 15) – analog der Wüste, durch die Jahwe einst die Seinen hindurch geführt hatte.

Hierbei ist bemerkenswert, dass der Prophet nicht ein himmlisches Strafgericht bemüht, sondern feststellt:

> *Hast du dieses Los nicht selbst bereitet durch deinen Abfall von Jahwe, deinem Gott?* (Jer 2,17)

Diese Beobachtungen an einem einzelnen prophetischen Text lassen ein Grundmuster der prophetischen Rede überhaupt erkennen, jedenfalls in vorexilischer Zeit. Schon die beiden oben neben Jeremia zitierten Texte aus Amos und Ezechiel sind nach der gleichen Struktur gebaut, der sich unzählige andere zuordnen.
Halten wir noch einmal die Elemente dieses Grundmusters fest:

- Der Prophet erinnert an die Heilsgeschichte, die Überlieferungen, auf die Israel die Gewissheit stützte, von Gott geliebt, beschützt, angenommen zu sein (das Alte Testament bezeichnet dies auch als »Erwählung«).
- Die Erwählung schließt ein, diesen Heilsgaben gemäß zu leben. Von Anfang an ist in Israel klar, dass mit den Gaben auch Aufgaben gesetzt sind. So heißt es beispielsweise: *Einen Flüchtling darfst du nicht übervorteilen und nicht bedrücken; ihr wart ja selbst Flüchtlinge in Ägypten. Witwen und Waisen sollt ihr nicht bedrücken (Ex 22,21).*
- Der Prophet zeigt, dass Israel dieser Erwählung nicht gerecht wird, sondern die Geschenke seines Gottes missachtet und missbraucht.
- Er deckt auf, dass Israel sich in falscher Sicherheit auf die Erwählung beruft: Man will die Zusagen, aber nimmt sie egoistisch für Gruppeninteressen in Anspruch und setzt sie damit außer Kraft.
- Missachtung und Missbrauch haben zur Folge, dass die guten Gaben Gottes verderben.

Die Propheten ringen mit ihren Zeitgenossen um eine Lebens- und Glaubenspraxis, die der Erwählung gerecht wird. Amos spitzt das so zu:

> *(Spruch Jahwes): Nur euch erwählte ich aus allen Geschlechtern der Erde, darum suche ich alle eure Sünden an euch heim! (Am 3,2).*

Die Propheten proklamieren:

- Wer seine Herkunft verleugnet, verspielt seine Zukunft.
- Wer anderen die Freiheit vorenthält, kommt selbst unters Joch.
- Wer anderen das Land wegnimmt, verliert selbst die Heimat.
- Wer das Land durch Gewalt verwüstet, beschwört den Untergang herauf.
- Es zeigt sich deutlich: Israel scheitert nicht an Geboten und Verordnungen, sondern letztlich am Heil, das es verspielt.

Damit ist die inhaltliche Grundstruktur der prophetischen Rede umrissen (zumindest der vorexilischen).
Die meisten Propheten formulieren die Ankündigung des *Unheils*, das durch *Unrecht* entsteht, mit unerbittlicher Schärfe.
An einigen Stellen wird die Unheilsansage ein wenig aufgehellt durch das Versprechen, dass Jahwe den »Rest« derer, die umkehren, retten wird (z.B. Am 9,7ff; Jes 10,21f; vgl. den Symbolnamen des Sohnes des Jesaja: Schear-Jaschub »ein Rest kehrt um«; Jes 7,3).

1.3 Der Prozess der prophetischen Rede

Wie lässt sich der Prozess der prophetischen Rede verständlich machen?

1. Bei allen Propheten ist sicher ein Berufungsbewusstsein anzunehmen; ob dies auf eine explizite Berufungsvision oder -audition zurückzuführen ist, wie es von manchen Propheten berichtet wird, ist weniger wichtig; es kann sich auch um einen langen Prozess wachsender Gewissheit handeln. Jedenfalls ist davon auszugehen, dass der Prophet sich mit Gott, seiner Sache und seinem Wort untrennbar verbunden weiß (weiteres zur prophetischen Existenz s.u.).
2. Dieses »Wort Gottes« ist nicht als abstrakter Kanon »heiliger Schriften« anzunehmen, sondern als lebendige Erinnerung an den rettenden und befreienden Gott gegenwärtig. Hierbei geht es aber auch nicht um die feierliche Rezitation bestimmter Ereignisse aus der Vergangenheit, sondern um die Erkenntnis und das Bekenntnis, dass Gott mit seiner Geschichte für Israel auch Maßstäbe für ein Leben gesetzt hat; die geschichtlich erfahrenen Heilstaten sollen nun auch im Leben Israels Gestalt gewinnen lassen. Diese Einheit von Tat Gottes und entsprechenden Lebensmaßstäben bezeichnen manche Theologen auch als »Sache Gottes«. Als grundlegende Maßstäbe aus diesen Erinnerungen können Freiheit, Gerechtigkeit und guter Lebensraum für alle gelten.
3. Die intensive Ausrichtung an der Erinnerung führte dazu, dass der Prophet es lernte, seine Situation unter einer kritischen Perspektive gleichsam mit den Augen Gottes wahrzunehmen: Er »sieht« – wie es von Gott selbst erzählt wird – das Elend derer, denen die Befreiung vorenthalten wird; er »hört« – wie die Bibel von Gott selbst bezeugt – aus dem Mund der Unterdrückten den Schrei nach Gerechtigkeit. Er erkennt: In der täglichen Lebenspraxis stehen die Lebensgrundlagen der Befreiung, der Gerechtigkeit und des guten Lebensraums für alle auf dem Spiel. Im Licht dieser Kriterien kommt es zu einer kritischen Analyse der Situation
4. Im Schnittpunkt dieser Wirkungsfaktoren kann man sich die Entstehung einer prophetischen Rede vorstellen: Dem Propheten wird klar, dass er jetzt reden muss, damit die Erinnerungen an die Freiheits- und Gerechtigkeitstraditionen nicht verkümmern, sondern zur Geltung kommen: Ein prophetischer Text entsteht. (Horst Dietrich Preuß hat einleuchtend darauf hingewiesen, dass man die sog. »Wortereignisformel«: »es geschah das Wort Jahwes an …« auch so übersetzen kann: »Die Sache Jahwes wurde Realität bei …).

So wirken im Kontext der prophetischen Existenz diese vier Faktoren zusammen:

- der Prophet als Person (P)
- die Erinnerung an die heilvollen Taten Gottes (E)

- die kritische Analyse der Situation (S)
- die Formulierung der Rede (R)

Wegen der Dynamik dieser situationsbezogenen Rede bezeichne ich den Gesamtzusammenhang als »kontextuelles Kraftfeld«.

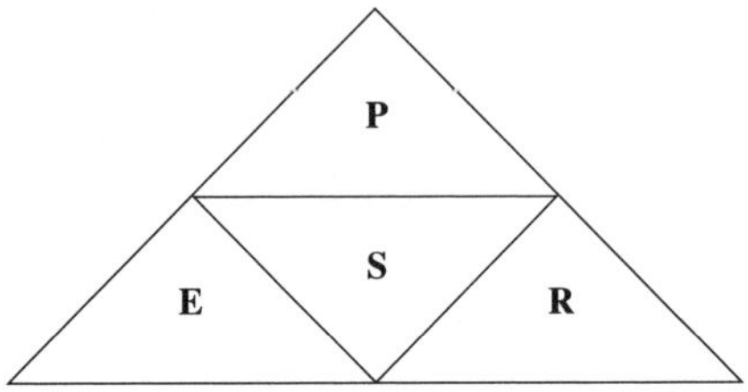

Kontextuelles Kraftfeld

Exkurs: direkte und indirekte Prophetie

Bei diesem Denkmodell des Prozesses einer Prophetenrede fällt eine frappierende Strukturanalogie zum Auslegungskonzept der ursprungsgeschichtlichen Interpretation auf (vgl. die Darstellung in Kapitel 1). Auch dort geht es darum, dass ein Mensch in einer bestimmten geschichtlichen Situation von Gott und Mensch zu sprechen beginnt. Man geht davon aus, dass dieser Mensch ein »Zeuge« ist, d.h. dass er die überkommenen Traditionen Israels aufgreift und neu gestaltet; die bekanntesten dieser »Zeugen« bezeichnet man als »Jahwisten« (J) bzw. als den Verfasser der »Priesterschrift« (P). Dieser »Zeuge« lebt intensiv in der Erinnerung an die gute Geschichte Gottes mit seinem Volk. Er ist sich offenbar sehr bewusst, dass die Erwählung Israels und die guten Gaben Gottes auch die Verpflichtung zum guten Leben für alle einschließen; auch er weiß, dass die Berufung auf die Geschichte immer eine »Erinnerung mit Folgen« sein muss. Diese inspiriert ihn zu einer kritischen Analyse seiner Situation und stimuliert ihn zu kritischer Stellungnahme: ein Text entsteht.
Versucht man, den gedachten Vorgang in einer Grafik festzuhalten, so ergibt sich ein ganz ähnliches Bild wie bei der Prophetenrede:

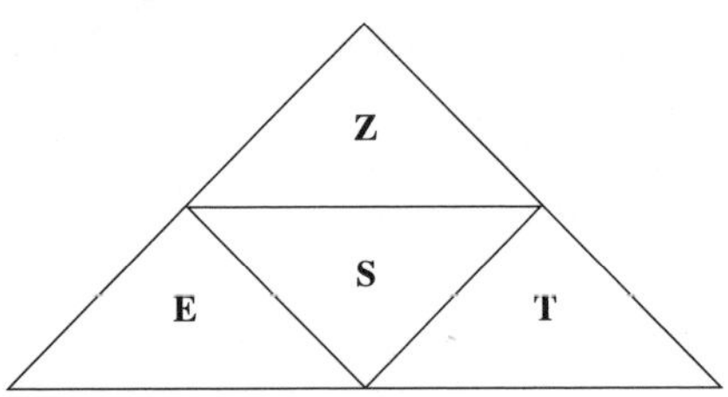

(Z = Zeuge; E = »Erinnerung mit Folgen«; S = Situation; T = Text)
Kontextuelles Kraftfeld

Die Stellungnahme des »Zeugen« kommt allerdings nicht direkt zur Sprache, wie bei den Propheten; sondern in der Art und Weise, wie der Zeuge die Überlieferung ausgestaltet, hält er seiner Zeit den kritisch-prophetischen Spiegel vor. Man kann dies – im Unterschied zur *expliziten* prophetischen Rede – als *implizite Prophetie* bezeichnen. Diese Analogie ist nicht nur im Blick auf die Auslegung erzählender bzw. prophetischer Texte interessant, sondern auch bibeldidaktisch: Man wird versuchen, beide Ansätze auch im Unterricht miteinander zu verknüpfen, damit sie sich gegenseitig erklären und ergänzen.

Mit den Überlegungen zum Prozess der prophetischen Rede ist allerdings ist die Wucht der prophetischen Rede, ihre spezifische Eigenart, noch nicht verständlich gemacht. Darum soll eine weitere Erörterung hinzukommen:

1.4 Die prophetische Existenz

Welche charakteristischen Merkmale prophetischer Existenz lassen sich erkennen?

Berufung
Ich denke, dass bei allen Propheten eine Art von Berufungserfahrung anzunehmen ist; teilweise sind solche Erlebnisse in visionären Bildern ausgeführt worden (v.a. Jes 6). Voraussetzung für diese Erfahrung ist sicher nicht eine spezielle »religiöse Veranlagung« oder eine durch besondere Praktiken herbeigeführte psychische Disposition, wohl aber eine starke Offenheit und Bereitschaft, sich an Jahwe und seine Sache »lebensbestimmend zu binden« (J. B. Metz). Mit dieser Grundorientierung verbindet sich wohl der Wunsch des Propheten, in so enger Verbindung zu Gott zu leben, dass er Zeichen seiner Nähe und Äußerungen seines Willens intuitiv wahrnehmen und verarbeiten kann.

Intensive Kenntnis der Überlieferung
Deutlich ist erkennbar, dass der Prophet sich nicht nur theoretisch mit der Überlieferung beschäftigt, sondern in ihr lebt, sich von ihr antreiben und beflügeln lässt; vom Propheten Ezechiel wird sogar berichtet, dass er eine Buchrolle mit dem Wort Gottes verspeist (3,1–3).

Gesteigerte Sensitivität
Bei allen Propheten lässt sich eine hohe Sensibilität für die Gefährdung der Heilsgaben beobachten, Mitleid für die Armen und Schwachen, denen Freiheit, Gerechtigkeit und guter Lebensraum zugedacht sind.

Fähigkeit zur treffenden Analyse

Die Aufgabe des Propheten ist es, die gesellschaftlich-politische Lebenssituation genau zu analysieren, »Dringlichkeiten« zu formulieren, die Folgen einzuschätzen. Das setzt eine umfassende Kenntnis der außen- und innenpolitischen Situation voraus, die Fähigkeit zur kritischen Analyse. Das Ergebnis deutet der Prophet dann wieder im Kontext seiner Bindung an Jahwe und seine Sache: Er sieht beispielsweise in der herannahenden assyrischen Gefahr nicht nur eine politisch-militärische Katastrophe auf Israel zukommen, sondern erkennt darin auch die Folgen des Abfalls von Jahwe.

Bei all dem muss man sich vor Augen halten, dass der Prophet nicht der neutrale Zuschauer ist, der seine Analysen unbeteiligt oder sogar mit boshafter Schadenfreude vorträgt; sondern er leidet an und mit seinem Volk, ringt um die Umkehr, wie es besonders deutlich bei Jeremia zu sehen ist.

Die hohe Sensibilität befähigt ihn, die Folgen der Entstellung von Freiheit, Gerechtigkeit und des guten Lebensraums vorauszuahnen: Er kann die Anzeichen der Verderbtheit und die Indikatoren für das Verderben schon da wahrnehmen und aussprechen, wo andere ahnungslos nichts als Normalität registrieren. Mit dieser oft bis über die Schmerzgrenze gesteigerten Sensibilität gleicht der Prophet vielleicht am ehesten den Künstlern und Dichtern unserer Zeit.

Dies zeigt sich am deutlichsten an den Visionen. Oft gehen sie von Alltagserfahrungen aus: Amos sieht einen Korb mit reifem Obst (Am 8,1–3) und plötzlich geht ihm auf: So reif ist Israel zum Verderben! Diese Alltagserfahrung wird blitzartig durchsichtig auf Jahwe und sein Wort hin, hinter der Alltagserfahrung nimmt der Prophet eine zweite, tiefere Ebene wahr. Dies erfährt er als eine von Jahwe ausgelöste Erleuchtung, »als gottgewirkte Erschließungssituation« (Preuß II, 80f).

Die Visionen unterstreichen gleichzeitig, dass die Erkennntnis unverfügbar ist, das Wort wird auch als Macht erfahren, die die Propheten ergreift.

Literarisch-künstlerische Qualitäten

Die Vielfalt und Wucht der prophetischen Ausdrucksformen setzt eine umfassende Kenntnis der zu seiner Zeit gebräuchlichen Sprachformen sowie die Fähigkeit zu deren produktiven Umgestaltung voraus. Für diese Arbeit ist sicher eine ausgeprägte künstlerische Begabung anzunehmen.

Diese fünf Qualifikationen lassen sich – mehr oder weniger ausgeprägt – bei allen Propheten beobachten.

Man wird kaum davon ausgehen können, dass ein Prophet mit einer so komplexen Aufgabenstellung und adäquaten Fähigkeiten plötzlich seinen »bürgerlichen« Beruf aufgegeben und spontan seine prophetische Tätigkeit begonnen hat, wie es beispielsweise von Amos berichtet wird (Am 7,15).

Vielmehr ist mit einem anhaltenden, umfassenden Lernprozess zu rechnen, wie Bernhard Lang plausibel annimmt (Lang, 1980).
Zusammenfassend lässt sich mit H. D. Preuß formulieren: »Eine Einsicht wird als göttliche Eingebung erfahren, verstanden und geglaubt, ohne dass es dabei zu einer Art mystischer Einigung zwischen Gott und Propheten kommt oder kommen kann. Erfahrungen werden gemacht, und der Hörer soll zu analogen Erfahrungen angeleitet und befähigt werden. Er soll ebenfalls hören, was JHWH jetzt sagt und zu sagen hat.« (Preuß II, 80).

Mit einer solchen Sicht öffnet sich die Möglichkeit für Lernprozesse, in denen die Schüler die Propheten kennen lernen, verstehen und sich vielleicht auch an ihnen orientieren können.

2 Didaktische Erwägungen

Aus dem weiten Feld der Prophetie stelle ich drei Ansätze vor, die mir fruchtbar erscheinen:

a. Die Berufung eines Propheten

Dieser Vorschlag ist für die Grundschule (3./4. Klasse) gedacht. Dabei sollte ganz und gar auf die »Vorbildfunktion« des Propheten verzichtet werden, die immer wieder in Lehrplänen auftaucht. So wird immer wieder die Erzählung, dass der junge (!) Samuel Gottes Ruf hört (1. Sam 3), zum Anlass genommen, um die Kinder zum Hören auf den Gottesruf zu ermahnen. Dadurch kommt es zu einer Verflachung des prophetischen Auftrags und einer Überforderung der Kinder.
Der folgende Vorschlag zielt darauf ab, verständlich zu machen, warum ein Mensch sich auf den Weg macht, um seine Zeitgenossen an die von Gott gestiftete und allen Menschen zugedachte Gerechtigkeit zu erinnern.
Dabei ist es nicht notwendig, den Begriff der Prophetie besonders zu betonen oder eine spezifische historische Einordnung vorzunehmen.

Für die Sekundarstufe I habe ich zwei Vorschläge entwickelt:

b. Wie arbeitet eigentlich ein Prophet?

Im Bereich der 6./7. Klassen ist daran gedacht, den Prozess der prophetischen Rede in seiner Grundstruktur verständlich zu machen. Dabei wäre es sehr günstig, wenn die Schüler bereits den ursprungsgeschichtlichen Ansatz kennen gelernt hätten und auch etwas über die innerbiblische Wirkungsgeschichte der Exodus-Erinnerung wüssten (vgl. Kapitel 4).

c. Die Sprache der Propheten

Unter diesem Thema ist für 9./10. Klassen an ein Unterrichtsvorhaben gedacht, das von den heute erlebten Situationen des Schöpfungsmissbrauchs und des Unrechts ausgeht. Das Mittel der Karikatur stellt die Verbindung zur prophetischen Sprache her und bahnt auch die inhaltliche Verknüpfung an.

Einführende Literatur
G. Fohrer, Die Propheten des Alten Testaments. Band I – VII. 1974ff
B. Lang, Wie wird man Prophet in Israel? 1980
A. Renker, Propheten – das Gewissen Israels. 1990

3 Unterrichtsvorschläge für die 3./4. Klasse

3.1 Amos muss reden (3./4. Klasse)

Kurzcharakteristik

Inhalt:	Prophetie
Klassenstufe:	3./4. Klasse
Lernchance:	Berufung eines Propheten verstehen lernen
Hermeneutisches Konzept:	Historisch-Kritische und Intertextuelle Auslegung

ANSATZ

Das Thema »Prophetie« kommt in den meisten Lehrplänen für die Grundschule nicht vor. Eine bekannte Ausnahme ist die schon erwähnte Erzählung von der Berufung Samuels (1. Sam 3).
Diese Enthaltsamkeit ist nicht besonders plausibel, denn prophetische Texte sind gewiss nicht schwerer zugänglich als beispielsweise neutestamentliche Wundererzählungen. Ich schlage vor, einen ersten Zugang zu suchen, der von der prophetischen Kritik an sozialer Ungerechtigkeit ausgeht, wie sie besonders deutlich in der 1. Welle der Schriftpropheten hervortritt (Amos, Hosea, Jesaja, Micha). Ich wähle Amos. Dabei ist es nicht erforderlich, den historisch-sozialen Hintergrund im einzelnen zu erarbeiten, denn es handelt sich um strukturelle Ungerechtigkeiten, die sich in Wirtschaft, Justiz, im sozialen Zusammenleben, aber auch in der Religion auswirken. Im Zentrum des Unterrichtsvorschlags steht eine Erzählung, die die Berufung des Propheten verständlich machen soll. Auf der Linie der Ausführungen über die Pro-

phetie soll sie zeigen, wie die »Berufung« des Amos letztlich auf seiner starken Bindung an die Gerechtigkeits- und Freiheitstraditionen seines Volks beruht. Indem er die Verhältnisse im Licht dieser Erinnerungen »sieht« – so, wie es die Bibel von Gott selbst erzählt –, erkennt er seine Berufung zum leidenschaftlichen Protest.
Zur Berufung und Tätigkeit des Amos hat Werner Laubi wunderbar plastische und anschauliche Erzählungen vorgelegt (Laubi, 1983). Der folgende Vorschlag will diese Erzählungen nicht ersetzen, sondern versucht, einen Ausschnitt, nämlich die »Berufung«, unter einer mehr inhaltlichen Perspektive nachzuzeichnen.
Der gewählte Zugang zur alttestamentlichen Prophetie bezieht sich stark auf die Freiheits- und Gerechtigkeitstraditionen Israels, die vor allem in der Exodus-Erinnerung wurzeln. Der Unterrichtsvorschlag setzt voraus, dass das Thema »Exodus« bereits erarbeitet wurde. Falls dies nicht der Fall ist, wird vorgeschlagen, es zunächst zu behandeln, bevor das Thema »Prophetie« aufgegriffen wird.
Die enge Verwandtschaft beider Themen bewirkt, dass es immer wieder zu Verklammerungen, Überschneidungen und Wiederholungen kommt. Dies ist auch bewusst so geplant, damit dies »Urgestein« des Glaubens in Israel bei den Schülern klare Konturen gewinnt.

VERLAUF

a. Erinnere dich, dass du ein Flüchtling warst! (ca. 1–2 Stunden)

Zunächst geht es darum, die Erinnerung an den Exodus als Basis der Freiheits- und Gerechtigkeitstraditionen Israels zu vergegenwärtigen.
Dies kann anhand der Weisung über die sozial Schwachen geschehen.
Die Schüler erhalten folgenden Abschnitt:

»Einen Flüchtling darfst du nicht übervorteilen und nicht bedrücken; ihr wart ja selbst Flüchtlinge in Ägypten« (Ex 22,21).

Im Unterrichtsgespräch wird kurz wiederholt, wie die Lage der Israeliten in Ägypten war. Es könnten sich folgende Stichworte ergeben:

- rechtlos
- heimatlos
- besitzlos

Es wird herausgearbeitet, dass die Erfahrung der Befreiung in Israel eine Lebensweise hervorbrachte, die diese erlebte Freiheit und Gerechtigkeit allen weitergeben wollte:
»Was die Israeliten sich vorgenommen haben …!«

Die Schüler überlegen, wie die Isareliten dieses Ziel immer wieder aus den Augen verloren hatten und wie sie darum immer wieder daran erinnert werden mussten. Die Schüler besprechen, welche anderen Gruppen in Israel wohl auch betroffen waren, wenn es um Freiheit und Gerechtigkeit für alle ging. Als Denkanstoß kann der Unterrichtende ihnen die Fortsetzung des Satzes aus Ex 22 anbieten:

»Witwen und Waisen sollt ihr nicht bedrücken«.

b. Amos muss reden (ca. 2–3 Stunden)

Die Erzählung **M 1** wird vorgelesen und erarbeitet:

- Sachverhalte werden geklärt, z.B. das Bodenrecht im alten Israel; Formen und Bedeutung der Schuldskaverei; das Leben als Tagelöhner usw. Wichtig sind u.a. folgende Informationen: Das altisraelitische *Bodenrecht* basierte darauf, dass die Familie ein Erbland besaß, das unverkäuflich war; als Eigentümer galt Gott selbst, um Missbrauch zu verhindern. Im Lauf der Zeit entwickelte sich ein feudales System, in dem ehemals freie Landbesitzer verarmten. Wer kein eigenes Land besaß, musste sich als Lohnarbeiter durchschlagen; solche *Tagelöhner* wurden oft willkürlich und ungerecht behandelt. Nicht wenige gerieten sogar in *Schuldsklaverei*. Dies wurde begünstigt durch die im Alten Orient sehr hohen Zinssätze (zwischen 20 und 40%!). Die Einrichtung des *Sabbatjahres* sollte die sozial Schwachen stützen: Alle sieben Jahre hat ein Schuldenerlaß zu erfolgen, israelitische Schuldsklaven sind freizulassen.
- Die Parallelisierung »Ägypten-Gegenwart« des Amos wird deutlich gemacht. Bei Klassen, die die Exodus-Erinnerung intensiv bearbeitet haben, könnten gewisse Züge der Erzählung bewusst gemacht werden, die auf die Exodus-Tradition anspielen, z.B. das »Sehen« und »Hören«.
- Günstig wäre auch, wenn die Schüler bereits die ursprungsgeschichtliche Auslegung kennen gelernt hätten; in diesem Fall bietet sich an, darauf zurückzugreifen, um die gleiche Stoßrichtung der Aussagen zu erkennen.

c. Amos – ein kritischer Warner (ca. 2 Stunden)

Die Schüler könnten versuchen, sich weitere Anlässe zu überlegen, bei denen Amos reden muss. Dabei können sie an Schritt 1 anknüpfen, aber vielleicht auch ausgewählte Texte aus dem Buch Amos bearbeiten.
Beispiele: 4,1–3; 5,10–12; 6,4–8. Eine vereinfachte Textfassung liegt in **M 2** vor.

Materialien

M 1

Amos muss reden

»Zum Wohl, Freunde … dass es uns weiterhin so gut geht, wie bisher …!« Der junge, reiche Bauer Ruben hebt den Weinbecher, und seine Freunde Abram und Manasse stoßen mit ihm an: »Zum Wohl …, ja, das ist ein guter Wunsch!«
Laut und lustig geht es zu im Haus von Ruben. Mitten in Tekoah liegt es, einer kleinen Stadt in der Nähe von Bethlehem.
Jeden Abend treffen sich die drei Freunde, um zu feiern – Braten wird aufgetragen, Schalen mit Trauben und Feigen herumgereicht – und die Weinkrüge werden immer wieder gefüllt. Da fehlt es an nichts!
»Hallo, wer kommt denn dort?« Manasse blickt neugierig zur Tür. »Oh, das ist ja Amos! Schalom, Amos. Du hast dich ja schon lange nicht mehr bei unseren Festen blicken lassen.«
Amos schaut in die Runde; auch er ist ein junger Bauer. Allerdings ist er nicht so reich wie die anderen drei, er besitzt eine Viehherde und einen kleinen Bauernhof, auf dem er Maulbeerfeigenbäume anbaut.
»Schalom, Freunde«, erwidert er.
Ruben winkt ihm zu: »Komm nur herein; schön, dass du wieder einmal kommst. Du hattest ja überhaupt keine Zeit mehr. Dauernd bist du bei dem alten Nathan gesessen und hast mit ihm gesprochen. Was gab es denn da so Interessantes? – Aber setz dich doch erst mal. – Esther, bring noch einen Becher für unseren Freund Amos!«
Amos nimmt einen ordentlichen Schluck von dem guten Wein: »Ja, wisst ihr, erst wollte ich von dem alten Nathan nur etwas über meine Vorfahren hören – mein Vater ist doch so früh gestorben. Da will man schließlich wissen, woher man kommt!«
Abram schaut Amos ernst an: »Das kann ich gut verstehen. Und – hast du etwas erfahren?«
Amos nickt: »Ja, ich weiß jetzt gut Bescheid über meine Familie. Aber ich habe noch viel mehr erfahren. Der alte Nathan weiß unendlich viel über die Geschichte unseres Volks. Er gehört ja zum Rat der Ältesten in unserer Stadt, da werden die Erinnerungen an die alten Zeiten immer wieder erzählt.«
Manasse hört ganz interessiert zu: »Da hast du bestimmt viele spannende Geschichten gehört – von unserem großen König David und seinen Heldentaten«.
»Ja, von David habe ich auch etwas gehört. Aber vor allem hat der alte Nathan erzählt, wie unsere Vorfahren in der Sklaverei in Ägypten waren und wie Jahwe sie befreit hat.
Und er hat erzählt, was unsere Vorfahren sich vorgenommen hatten und was Jahwe

ihnen auch aufgetragen hatte: es sollte im Volk Gottes nie mehr Unfreiheit und Ungerechtigkeit geben und jeder sollte genug zum Leben haben.
Und wir haben immer wieder überlegt, warum das bei uns nicht mehr so ist, warum wir dies alles vergessen haben. Aber wir haben es nicht herausbekommen.«
»Ach, lass doch die alten Geschichten« – Ruben wird langsam ungeduldig. »Komm, lasst uns die Becher füllen und darauf anstoßen, dass wir keine Sklaven mehr sind, dass es uns so gut geht«.
Aber Amos lässt den Becher stehen: »Ich bin nicht gekommen, um mit euch zu feiern und zu trinken. Ich muss mit euch reden. Über Jakob muss ich mit euch reden, unseren Nachbarn«.
Ruben springt auf: »Was soll denn das? Das geht nur Jakob und mich etwas an! Halt du dich da raus! Der ist ein Faulenzer, ein Tagedieb. Er hat selbst schuld, dass er alles verloren hat!«
»Das glaube ich nicht«, sagt Amos ruhig. »Jakob ist kein Faulenzer. Das weißt du auch ganz genau. Er wurde von einem Ochsen getreten und kann seitdem nicht mehr so richtig anpacken bei der Feldarbeit. Es geht eben alles etwas langsam bei ihm – und manches schafft er nicht, auch wenn seine Frau und die Kinder helfen.«
»Und was habe ich damit zu tun?« Ruben ist ganz rot im Gesicht geworden. Amos schaut ihn an: »Muss ich dir das erst erzählen? Jakob hatte vergangenes Jahr eine schlechte Ernte. Er musste bei dir Korn und Öl leihen, sonst wäre seine Familie verhungert. Zur Sicherheit hat er dir seinen einzigen Acker verpfänden müssen. In diesem Jahr sollte er dir die doppelte Menge Korn und Öl zurückzahlen, hast du verlangt. Und als er das nicht konnte, hast du ihm seinen Acker genommen. Das ist nicht recht! Wovon soll er denn jetzt leben?«
Ruben ist jetzt richtig wütend: »Woher soll denn ich das wissen? Soll er doch verpfänden, was er noch besitzt. Wie wäre es beispielsweise mit seiner jungen, hübschen Frau? Das wäre doch ein Pfand, das sich lohnt.«
Die drei reichen Bauern grölen vor Vergnügen … aber als sie Amos anschauen, werden sie ruhig. Manasse fragt: »Wer schickt dich eigentlich? Jakob? Hat der keinen Mut, selbst zu kommen?«
Amos nickt: »Nein, den Mut hat er nicht – er hat nicht vergessen, wie du ihn vom Hof gejagt hast, als du ihm seinen Acker weggenommen hast.
Aber er hat mich nicht geschickt. Ich muss nur immer wieder an unsere Vorfahren in Ägypten denken. Muss sich Jakob nicht wie ein Sklave vorkommen?«
»Jetzt übertreibst du aber wirklich, Amos!« Abram regt sich richtig auf, »dann wäre Ruben ja der Pharao!«
Und Ruben sagt: »Ich habe sogar dem Jakob gesagt, dass er bei mir arbeiten darf, wenn mal viel zu tun ist. Ist das vielleicht nichts?«
Aber Amos lässt sich nicht beirren: »Nein, das ist nicht das Leben, das Gott uns versprochen hat. Während ihr eure rauschenden Feste feiert und jeden Abend in Saus

und Braus lebt, muss eurer Nachbar hungern und nach den Abfällen suchen, die ihr hinauswerft. Und seine Kinder schreien, weil er ihnen nichts zu Essen geben kann. Wenn ich das mit ansehe und höre, dann lässt mir das keine Ruhe. Das ist nicht recht. Und ihr wisst doch ganz genau, dass ihr alle auf diese Art reich geworden seid! Ihr habe die Not der kleinen Bauern ausgenutzt und euch einen Acker nach dem anderen angeeignet.
Woher kommt denn euer Gold? Woher kommen die schönen Häuser? Womit bezahlt ihr eure Feste? Ich sage es euch: Mit den Tränen der Armen! Kommt ihr euch nicht manchmal selber vor wie Pharao?
Du hast mich gefragt, wer mich schickt, Manasse. Jakob war es nicht. Vielleicht hat mich Gott geschickt, damit ich euch an die Gerechtigkeit erinnere, die er von uns erwartet.«
Jetzt haben die drei Freunde endgültig genug: »Wer hat dich denn zum Richter über uns eingesetzt? Verschwinde, du störst!«
Amos bleibt ganz ruhig: »Nein, euer Richter bin ich nicht. Aber ich habe furchtbare Angst, dass es mit uns so enden wird, wie mit den Ägyptern: Die Unterdrücker kamen alle um. Und darum muss ich warnen – auch, wenn es euch nicht passt.«
Amos geht hinaus.
Aber an dem Abend bleibt es ziemlich still in Rubens Haus.
Am nächsten Morgen geht Amos durch die Stadt. Er will nach seiner Herde schauen. In der Nähe des Stadttors wird eifrig gearbeitet: Manasse lässt sich ein neues, schönes Haus bauen. Die Mauern sind schon aufgebaut. Auf einer steht ein Arbeiter und lässt ein Seil hinunterhängen, an dessen Ende ein Stück Blei befestigt ist.
»Was machst du da?«, fragt Amos neugierig. Der Arbeiter erklärt: »Schau mal, das ist ein Lot. Damit kann man messen, ob eine Mauer gerade gebaut ist. Und wenn sie nicht recht ist, kracht alles zusammen!«
Amos bleibt stehen. Wie ein Mühlrad geht ihm im Kopf herum, was der Arbeiter sagte: »Was nicht recht ist, kracht zusammen. Was nicht recht ist … Ja, das ist es! So ist unser Leben: Wo so viel Unrecht ist, da kracht alles zusammen.«
Auf einmal ist ihm klar: »Ich muss die Menschen warnen. Das erwartet Gott von mir. Ich muss allen sagen: Macht euer Leben wieder recht, sonst gibt es ein Chaos und eine Katastrophe«.
Und so macht Amos sich auf den Weg. Er muss reden!

Erweiterungsmöglichkeiten:

- Ruben beruft sich auf den Segen Gottes, er tut auch etwas dafür, indem er schöne Opfer im Tempel darbringt.
- Amos leidet unter dem »Ruf« – er gerät immer stärker in Isolierung.

M 2

Ausgewählte Texte aus Amos in einfacher Textfassung

1.
So wird es euch Reichen ergehen: Ihr habt mächtige und kostbare Häuser gebaut – aber ihr werdet nicht darin wohnen. Ihr habt Weinberge gepflanzt, aber ihren Wein werdet ihr nicht trinken. Denn ihr habt viele Untaten begangen und zahlreiche Vergehen verübt: Ihr beschuldigt den Unschuldigen und unterdrückt den Armen vor Gericht durch Bestechung.
Ihr zertretet den Schwachen und nehmt hohe Gebühren für (geliehenes) Korn (Am 5,11–12).

2.
Hört dies Wort, ihr Frauen der Reichen. Ihr kommt wie fette Kühe daher. Ihr bedrückt die Schwachen und zerquetscht die Armen. Zu euren Männern sagt ihr: Schafft Geld her, damit wir feiern können.
Gott lässt euch ausrichten: Es kommt eine Zeit, da holen die Feinde euch mit Gewalt aus euren Häusern, wie man Kühe an der Stange aus dem Stall herausführt (Am 4,1–3).

3.
Ihr räkelt euch auf Betten aus Elfenbein; ihr esst den feinsten Kalbsbraten; ihr denkt euch Lieder aus, wie einst König David und grölt zum Klang der Harfe; ihr trinkt vom besten Wein und parfümiert euch mit dem teuersten Öl. Aber ihr kümmert euch nicht darum, dass das Volk verkommt.
Darum hat Gott geschworen: Allen voran sollt ihr in die Verbannung gehen – dann verstummt der Jubel derer, die sich auf den Betten räkelten (Am 6,4–8).

3.2 Wie arbeitet ein Prophet? (6./7. Klasse)

Kurzcharakteristik

Inhalt:	Prophetenrede
Klassenstufe:	6./7. Klasse
Lernchance:	Entstehung, Motive und Ausgestaltung einer Prophetenrede verstehen, ihrer Bedeutung für die Gegenwart kreativ nachspüren.
Hermeneutisches Konzept:	Ursprungsgeschichtliche Auslegung/Verfremdung

Ansatz

Der Vorschlag für die 6./7. Klasse setzt sich zum Ziel, das Wirken eines Propheten im Kontext seiner geschichtlichen Situation nachzuzeichnen und dabei vor allem den Prozess der prophetischen Rede verständlich zu machen. Wenn die Schüler diesen Prozess verstehen und nachvollziehen können, wäre damit zugleich eine Perspektive für heutiges prophetisches Reden und Handeln eröffnet.

Der Vorschlag konzentriert sich auf zwei inhaltliche Schwerpunkte der Verkündigung des Amos:

- Die Aufdeckung des *sozialen Unrechts* als Missbrauch der guten Gaben Gottes. Hier soll vor allem auch der Zusammenhang von Unheil und Unrecht erarbeitet werden, der für das altisraelitische Denken typisch ist. Dieser Zusammenhang kann auch zur Gestaltung von prophetischen Reden für unsere Gegenwart anregen.
- Die Aufdeckung des *»ungläubigen Glaubens«*. Diese paradoxe Formulierung soll darauf aufmerksam machen, dass Amos auch die Praxis einer nur formalen Frömmigkeit in Israel anprangert, die die ungläubige Praxis der Ungerechtigkeit geradezu verdeckt (vgl. vor allem Am 5,21–25). Dieser Widerspruch löst auch den Konflikt mit dem Oberpriester Amazja in Bethel aus (Am 7,10–17).

Verlauf

a. Geschichtliche Einordnung (ca. 1–2 Stunden)

Mithilfe der Zeitleiste (**M 1**) werden einige wichtige Stationen der Geschichte Israels wiederholt; u.U. müssen auch einzelne Phasen kurz erarbeitet werden.

b. Einführung in die Situation (ca. 2 Stunden)

Amos trat um die Mitte des 8. Jh.s im Nordreich auf; genannt werden die Hauptstadt Samaria und das Heiligtum Bethel.
Allerdings stammte Amos nicht aus dem Nordreich, sondern aus Tekoa, einem Ort südlich von Bethlehem. Er war Viehzüchter und Maulbeerfeigenzüchter. Nach Am 7,11 schickte Jahwe ihn zur Verkündigung in das Nordreich. Wie es dazu kam, ist nicht mehr aufzuhellen (einen Versuch, die »Berufung« verständlich zu machen, habe ich im Entwurf für die 3./4. Klasse vorgelegt).
Das Auftreten des Propheten fiel in die Regierungszeit des Königs Jerobeam II. im

Nordreich Israel. Außenpolitische Stabilität und wirtschaftliche Blüte charakterisieren diese Zeit. Es gab offenbar eine sehr wohlhabende Oberschicht, die in großem Luxus lebte. Vor allem galt das für den Königshof. Die Kehrseite der wirtschaftlichen Blüte war die Verelendung der ökonomisch und sozial Schwachen: Die Armen wurden durch eine rücksichtslose Ausbeutung immer weiter in den sozialen Abstieg getrieben; und das bestehende Unrechtssystem wurde durch eine korrupte Justiz abgesichert.
Diese Gesamtsituation wird zunächst nur überblicksmäßig dargestellt, da sie sich in den einzelnen Texten konkretisiert.
Falls die Klasse noch nicht sehr geübt ist, kann die Situation auch anhand der schönen Erzählung von Werner Laubi erschlossen werden (Laubi, 1983).

c. Bestimmung der Grundfragen (ca. 2 Stunden)

Anhand eines Schlüsseltextes aus Am 2 (**M 2**) wird die Grundkonstellation erarbeitet. Eine längere Passage wurde so verdichtet, dass die wichtigen Aspekte der prophetischen Rede sichtbar werden:

Schlüsselbegriff ist »Land« (im Text gekennzeichnet); an ihm zeigen sich drei Aspekte:

- Der Prophet erinnert daran, dass Jahwe sein Volk befreit und ihm das gute Land gegeben hat (Erinnerung).
- Er klagt an, dass die Reichen das gute Land missbrauchen: Sie treten den Kopf des Schwachen herunter auf den Erdboden (Anklage).
- Amos kündigt an, dass das gute Land Israel nicht mehr tragen wird; seine Lage wird »bodenlos« (Ankündigung).

Diese Beobachtungen können in einem Schema zusammengefasst werden (Beispiel: **M 3**). Der Unterrichtende regt an, diese drei Aspekte genauer zu untersuchen.

d. »Ich habe euch ein Land gegeben«: Israel erinnert sich (ca. 2–3 Stunden)

Hier können die bereits in Kapitel 4 verwendeten Texte zur Praxisgeschichte der Exodus-Erinnerung aufgegriffen werden (s.o. S. 140ff). Es wird herausgearbeitet, dass die Gaben Gottes – die Freiheit, die Gerechtigkeit, das Land – immer zugleich die Verpflichtung bei sich haben, dass sie allen zugute kommen sollen.
Wo Israel dies nicht einlöst, verfehlt es die Gaben Gottes.
Die Schüler überlegen, welche Personen oder Gruppen wohl heute ein ähnliches Thema oder Programm vertreten könnten.
Das Schema könnte ergänzt werden (**M 4**): Erinnerung: Gabe und Aufgabe.

e. »Ich klage an«: Der Prophet deckt das Unrecht auf (ca. 2 Stunden)

Amos entlarvt: Genau da, wo die Israeliten den Gaben Gottes gemäß leben sollen, missbrauchen sie diese: Die Freiheit, die Gerechtigkeit und das Land werden schwer verletzt, weil sie den Kleinen und Schwachen vorenthalten bleiben.
Die Schüler klären, dass der Prophet zur Formulierung dieser radikalen Kritik kaum eine göttliche Eingebung braucht, sondern scharfe Beobachtungsgabe, genaue Kenntnis der sozialen Verhältnisse und klares Urteilsvermögen.
Auch bei diesem Punkt sollte überlegt werden, wer wohl in der Gegenwart so auftreten könnte. Dabei sollte beachtet werden, dass nicht nur religiös motivierte Personen oder Gruppen genannt werden; man könnte an Künstler, Kabarettisten … denken!
Ergänzung des Schemas: Anklage: Missbrauch der Gaben

f. »Unrecht zieht Unheil nach sich«: Der Prophet kündigt das Verderben an (ca. 2 Stunden)

Die Schüler sollten entdecken, dass zwischen der Verfehlung und dem kommenden Schicksal ein enger Zusammenhang besteht.
Ein Informationsblatt erschließt die altisraelitische Auffassung der Korrespondenz von Tun und Ergehen (**M 5**). Es kommt darauf an, dass hier keine göttliche »Strafjustiz« wirksam wird, die den Übeltäter dingfest macht und bestraft, sondern dass nach dieser Sicht die üble Tat sozusagen den Fluch bei sich hat; er wird durch die Aktivität des Übeltäters aktiviert und ausgelöst.
Allerdings steht für den antiken Menschen auch fest, dass alles, was geschieht, letztlich auf den Willen Gottes zurückgeht – so kommt es dann zur Vorstellung des göttlichen Gerichts. Aber auch hier gilt es zu beachten: Nicht, weil er gekränkt oder in seiner Ehre verletzt wäre, lässt Gott dem Unheil seinen Lauf, sondern weil seine Klienten, die Kleinen und Schwachen, Unrecht erleiden.
Wie dies »Schwanken des Erdbodens« vorzustellen ist, bleibt offen. Zunächst einmal könnte man an ein Erdbeben denken; es wäre aber auch möglich, dass Amos eine Metapher gebraucht: Israel verliert den Boden unter den Füßen – es muss aus der Heimat in die Verbannung ziehen (vgl. Am 5,5).
Auch hier ist zu erörtern, welche Personen oder Gruppen der Gegenwart so reden oder handeln könnten.
Ergänzung des Schemas: Unrecht führt zu Unheil

g. Arbeit an weiteren Amos-Texten zum sozialen Unrecht (ca. 2–3 Stunden)

Hierfür stehen einige Texte zur Auswahl (**M 6**).
Die Schüler untersuchen die Texte auf die bisher erarbeiteten Merkmale hin; sie werden feststellen, dass diese nicht in allen Texten vorkommen.

h. Propheten kommen immer wieder – Prophetie heute (ca. 2 Stunden)

Zurückgreifend auf die Überlegungen, wer wohl heute sprechen und handeln könnte »wie Amos« (Schritte e–g), versuchen die Schüler, selbst Situationen in der Gegenwart zu finden, die als Sprechanlässe für prophetisches Reden gelten könnten (evtl. kann als Vorgabe **M 7** ausgegeben werden).
Die Schüler erfinden eigene Prophetenreden; dabei sollte darauf geachtet werden, daß die Merkmale der biblischen Prophetenrede (die 3 Elemente: Erinnerung – Anklage – Ankündigung) gewahrt bleiben. Bei dieser Arbeit wird den Schülern eindringlich vor Augen stehen, dass der biblische Unrecht-Unheil-Zusammenhang geradezu beängstigend aktuell ist.
Selbstverständlich sollen die erfundenen Reden auch inszeniert werden!

*Zu Punkt d–h: Das Schema (**M 3** und **M 4**) könnte auch in allen diesen Schritten als Ausgangspunkt für eine kreative Gestaltungsarbeit dienen: Die Kreise mit den Texten werden auf Posterformat vergrößert, die Schüler füllen sie collagenartig mit visuellen Elementen (Malen; Kopien verwenden; Fotos …)*

Der folgende Teil kann entfallen, wenn die Unterrichtseinheit sich zu sehr ausdehnt oder dieser Aspekt für die Klasse zu schwierig ist!

i. »Ich hasse eure Feste!« Die Kritik am Gottesdienst (ca. 2 Stunden)

Die Schüler erhalten einige Texte zur Kultkritik (**M 8**). Anhand von Am 5,21ff arbeiten sie den Gegensatz heraus: Formale Religionsausübung – Ausleben des Glaubens als Tun des Rechts. Besonders zu beachten ist die Anspielung auf die Exodus-Wüsten-Erinnerung in Vers 25!
Die Weiterführung in Am 7,10–13 verdeutlicht den Konflikt: Erwünscht ist ein Kult, der die bestehenden Verhältnisse als gottgewollt bestätigt und das gottlose Treiben nicht stört. Eine solche Religion könnte man als »ungläubigen Glauben« bezeichnen.
Mit einem Transfer auf die Gegenwart sind die Schüler vermutlich überfordert; jedenfalls sollte vermieden werden, dass es zu platten Formulierungen kommt wie: »Es kommt nicht darauf an, dass man in die Kirche geht, man muss nur anständig leben …«

M 1

Zeitleiste zur Geschichte Israels

ca. 1450	ca. 1250	ca. 1000	926
Exodus (Auszug aus Ägypten)	Besiedlung Kanaans	Erste Könige: Saul, David, Salomo	Zerfall Israels (König: Rehabeam)

NORDREICH	ca. 850	ca. 750
	1. Prophet: Elia (König: Ahab)	Prophet: Amos (König: Jerobeam ll)
SÜDREICH		
		Propheten: Jesaja, Micha

ca. 1450: Während einer Trockenperiode finden einige Nomadensippen in der Steppe kein Futter mehr für ihre Herden. Sie wandern in das fruchtbare ägyptische Nildelta ein. Als Gegenleistung arbeiten sie für die Ägypter. Die Ägypter machen sie zu Sklaven, darum fliehen sie in die Freiheit. Die Befreiung wird als Tat Jahwes gedeutet und als Wunder erzählt (= Exodus).

ca. 1250: Die Exodus-Sippen und andere Stämme wandern allmählich in Kanaan ein und nehmen mit der Zeit das Land in Besitz. Die Stämme schließen sich zusammen und verstehen sich als »Volk Israel«; sein Gott ist Jahwe. Die Israeliten werden immer stärker von den umliegenden Völkern bedroht und angegriffen, vor allem von den Philistern. Sie können sich nicht gut verteidigen, weil sie keine starke, zentrale Regierung haben wie die Nachbarvölker. Darum entsteht der Wunsch nach einem König.

ca. 1000: Die ersten Könige sind recht erfolgreich: Saul kann viele Gegner abwehren; sein Nachfolger David besiegt fast alle Nachbarstaaten und gliedert sie seinem Reich ein. Israel ist jetzt ein mächtiger Staat. David erobert Jerusalem und macht es zu seiner Hauptstadt; sein Nachfolger Salomo baut in Jerusalem einen Tempel für Jahwe.

926: Nach dem Tod Salomos kommt es zu Streitigkeiten, das Reich der ersten Könige zerfällt in ein Nord- und ein Südreich. Das Nordreich mit der Hauptstadt Samaria heißt Israel; das Südreich mit der Hauptstadt Jerusalem trägt den Namen Juda.
ca. 850: Schon bald nach der Einrichtung des Königtums, also bereits bei David, war es zu Mißständen bei den Israeliten gekommen: Viele fielen vom Glauben an Jahwe ab und beteten Baal, die Gottheit der Kanaanäer, an. Auch soziale Ungerechtigkeiten entstanden. Sie zeigten sich besonders krass bei den Königen, die ihre Macht oft brutal ausnutzten.
Vom 9. Jh. an treten Männer auf, die »im Namen Jahwes« gegen die Mißstände protestieren; man nennt sie **Propheten**.

M 2

So spricht Jahwe:
Wegen der .. Verbrechen, die Israel beging,
... nehme ich es (das Unheil) nicht zurück: ...
Weil sie die Kleinen zu ***Boden*** *treten*
und das Recht der Schwachen beugen...
Dabei bin ich es doch gewesen, der euch aus Ägypten herausgeführt
und vierzig Jahre lang durch die Wüste geleitet hat,
damit ihr das ***Land*** *der Amoriter in Besitz nehmen könnt. ...*
Seht, ich lasse den ***Erdboden*** *unter euch schwanken,*
wie ein Wagen schwankt, der voll ist von Garben.
Dann gibt es für den Schnellsten keine Flucht mehr ...
(Aus Am 2)

M 3

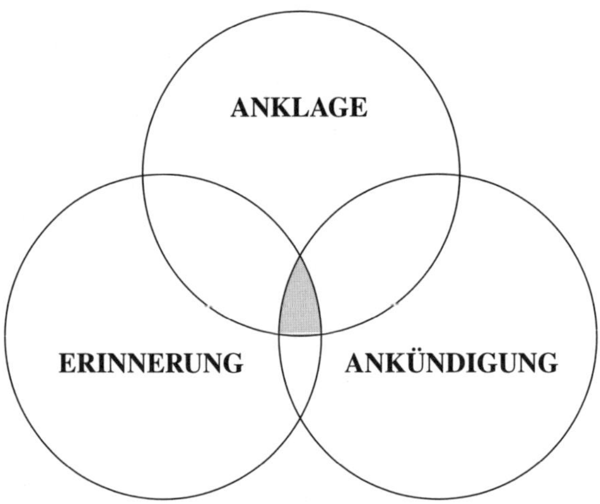

M 4

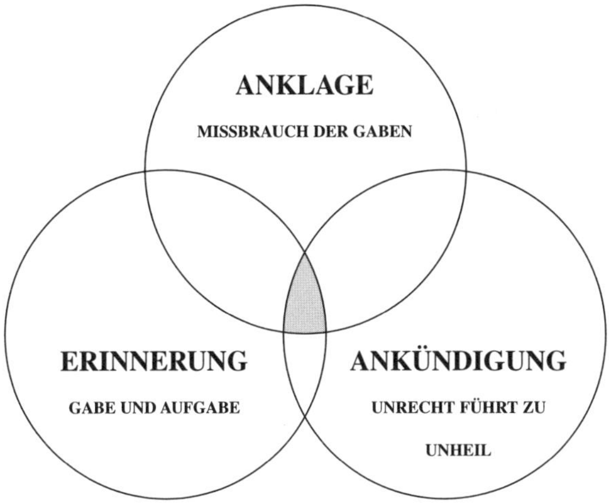

M 5

Der Zusammenhang von Verhalten und Schicksal

Im Altertum waren die Menschen der Ansicht, dass sie in einer sinnvoll geordneten Welt lebten, in der alles in einem ausgewogenen Zusammenhang ist.
Jedes Verhalten eines Menschen greift in diese Ordnung ein – sie muss wieder ins Gleichgewicht kommen – das erfährt der Mensch als Schicksal.
Diese Anschauung spielt auch in der Bibel eine große Rolle, vor allem im Alten Testament.

Beispiel 1 (Sprüche Salomos 26,27)
Wer eine (Fall-) Grube gräbt, fällt selbst hinein;
wer einen Stein wälzt (um jemand zu schaden), auf den kommt er zurück.

Beispiel 2 (Psalm 109,18)
Der Frevler zieht den Fluch an wie ein Gewand.

M 6

Die Propheten klagen an

1

So spricht Jahwe: Wegen drei Verbrechen von Juda und wegen vier werde ich es (das Unheil) nicht rückgängig machen, weil sie die Weisung Jahwes verworfen und seine Ordnungen nicht gehalten haben, und ihre Lügen[götter] sie verführten, denen ihre Väter nachgelaufen sind. So sende ich Feuer gegen Juda, dass es die Paläste Jerusalems frisst.

(Am 2,4–5)

2

Hört dieses Wort, das Jahwe über euch redet, ihr Söhne Israels, über das ganze Geschlecht, das ich aus dem Land Ägypten heraufgeführt habe! Nur euch habe ich von allen Geschlechtern der Erde erkannt (erwählt); darum werde ich an euch alle eure Sünden heimsuchen.

(Am 3,1–2)

3

Weh denen, die Recht in Wermut verwandeln und Gerechtigkeit zu Boden werfen! – Sie hassen den, der im Tor Recht spricht, und den, der unsträflich redet, verabscheuen sie. Darum: Weil ihr vom Geringen Pachtzinsen erhebt und Getreideabgaben von ihm nehmt, habt ihr Häuser aus Quadern gebaut, doch werdet ihr nicht darin wohnen. Schöne Weinberge habt ihr gepflanzt, doch werdet ihr deren Wein nicht trinken.

(Aus Am 5,7–11)

4

Wehe den Sorglosen in Zion und den Sicheren auf dem Berg von Samaria.

Ihr, die ihr den Tag des Unglücks hinausschieben wollt, führt die Herrschaft der Gewalt herbei. Ihr liegt auf Elfenbeinlagern und räkelt euch auf euren Ruhebetten. Ihr esst Fettschafe von der Herde und Kälber aus dem Maststall. Ihr grölt zum Klang der Harfe, und wollt Lieder machen wie David. Ihr trinkt Wein aus großen Humpen und salbt euch mit den besten Ölen, aber über den Zusammenbruch (des israelitischen Stammes) Josephs seid ihr nicht bekümmert.

Darum zieht ihr jetzt gefangen an der Spitze der Verbannten fort, und vorbei ist es mit dem Fest der Faulenzer.

(Aus Am 6,1–7)

M 7

Propheten heute

1.
Viele Leute benutzen immer noch Sprühdosen mit FCKW.

2.
Meistens werden auch kurze Wege mit dem Auto zurückgelegt, statt öffentliche Verkehrsmittel oder das Fahrrad zu benutzen.

3.
An den Kassen der Geschäfte kann man beobachten, dass viele Kunden sich Plastiktüten geben lassen, um ihre Einkäufe zu transportieren.

4.
Viele Gartenbesitzer arbeiten mit Chemiegiften, um ihre Blumen vor Schädlingen zu schützen.

5.
Viele sprechen heute vom »Freizeitstress« (Werbespruch: »Freizeit total«)

6.
In Filmen werden immer mehr Gewalt-Szenen gezeigt.

7.
Überall gibt es Vorurteile:
Beispiel 1: Alle Ausländer sind kriminell.
Beispiel 2: Alle Jugendlichen sind Rüpel.

8.
Oft kann man beobachten, dass Konflikte nur noch nach dem »Recht des Stärkeren« ausgetragen werden.

M 8

Gegen unechte Gottesdienste

1

Ich hasse, ich verwerfe eure Feste, und eure Festversammlungen kann ich nicht [mehr] riechen: Denn wenn ihr mir Brandopfer opfert, [missfallen sie mir], und an euren Speisopfern habe ich kein Gefallen, und das Heilsopfer von eurem Mastvieh will ich nicht ansehen. Halte den Lärm deiner Lieder von mir fern! Und das Spiel deiner Harfen will ich nicht hören.
Aber Recht ergieße sich wie Wasser und Gerechtigkeit wie ein immerfließender Bach!
Habt ihr mir Schlachtopfer und Gaben dargebracht in der Wüste, vierzig Jahre lang, Haus Israel? (Am 5,21–25)

2

Da sandte Amazja, der Priester von Bethel, zu Jerobeam, dem König von Israel, und ließ sagen: Amos betreibt eine Verschwörung gegen dich mitten im Haus Israel. Das Land kann all seine Worte nicht ertragen. Denn so spricht Amos: Durchs Schwert wird Jerobeam sterben, und Israel wird ganz bestimmt aus seinem Land gefangen wegziehen.
Und Amazja sagte zu Amos: Seher, geh, flieh schnell in das Land Juda! Iß dort dein Brot, und dort magst du weissagen! Aber in Bethel sollst du künftig nicht mehr weissagen; denn das Heiligtum des Königs ist hier und hier ist der Tempel des Königreiches (Am 7,10–13).

3.3 Die Sprache der Propheten (9./10. Klasse)

Kurzcharakteristik

Inhalt:	Prophetische Sprache in Vergangenheit und Gegenwart
Klassenstufe:	9./10. Klasse
Lernchance:	Die Dynamik prophetischer Sprache analysierend und kreativ erkennen
Hermeneutisches Konzept:	Verfremdung

ANSATZ

Der folgende Unterrichtsvorschlag will die Sprache der Propheten erschließen. Dies setzt voraus, dass die Schüler bereits Grundzüge der Prophetie und adäquate Zugangswege kennen gelernt haben.

Die Beschäftigung mit der Sprache der Propheten fügt einen wichtigen Aspekt hinzu.

Sie bezieht sich zunächst einmal auf den *biblischen Befund.*

Hier soll es nun nicht um die typischen Gattungen der prophetischen Literatur gehen wie Botenspruchformel, Wortereignisformel, Droh- und Scheltwort ... sondern um die *Redeformen*, die die Kritik, Warnung und Mahnung mit großer Wucht und Schärfe ins Wort bringen (**M 1**).

Als Beispiele sind zunächst einmal drei Texte zu nennen, in denen die Propheten mit eindrucksvoller Virtuosität bekannte Gattungen aufgreifen, verfremden und damit steigern.

Da ist zunächst das Weinberglied (Jes 5,1–7) zu nennen (Text 1): Es setzt ein wie ein Liebeslied (der Weinberg ist ein erotisches Symbol) und lullt die Hörer in eine trügerische Idylle ein. Doch plötzlich wechselt die sprachliche Ebene: Es geht um Rechtssprache (Vers 3) – und Schlag auf Schlag folgen dann die Feststellung des Unrechts und Unheilsansage. Der Text zeigt auch in den einzelnen Wendungen die Schärfe und Heftigkeit der Rede, z.B. in den bitteren Sprachspielen des letzten Verses. Das ist keine »Literatur«, sondern brandaktuelle Rede! – Indem der Prophet die traditionellen Sprachformen (das Liebeslied) verfremdet, entlarvt er die unüberbrückbare Entfremdung zwischen Gott und seinem Volk.

Als zweites Beispiel wähle ich Jes 24,1–6 (Text 2): Gleich im ersten Vers fällt die Anspielung »wüst und leer« auf – und schnell entdeckt der Leser, dass es sich um einen »Anti-Schöpfungstext« handelt: Hier verkehrt sich der Vorgang des werdenden Lebens in den Prozess des vergehenden Lebens. Die Erde ist kein Lebensraum mehr für die Menschen, denn sie haben sie »entweiht« durch die Verachtung der guten Tora und des Bundes.

Schließlich ist Am 5,1–2 anzusprechen (Text 3): Hier benutzt der Prophet die Gattung des Leichenliedes, um die Unausweichlichkeit der Vernichtung anzuzeigen; auch hier kann man sich die Situation nicht drastisch genug vorstellen: Der Prophet läuft durch eine blühende, von prallem Leben pulsierende Stadt und stimmt die Totenklage an!

Auch die *Metaphorik* der prophetischen Rede ist von drastischer Schärfe:

Jahwe pfeift den Plagegeistern (Text 4), ja, er betätigt sich als Friseur, um die Schmach Israels drastisch ins Bild zu setzen (Text 5).

Noch greller sind die *Symbolhandlungen* der Propheten ausgestaltet (**M 2**). Die Textzusammenstellung greift drei markante Situationen auf (die Texte sind hier gekürzt;

wo den Schülern eine intensivere Textarbeit zuzutrauen ist, empfiehlt sich die Arbeit an den ungekürzten Fassungen).
Da muss sich der Prophet Hesekiel qualvoll fesseln und lange Zeit am Boden liegen, um die Belagerung Jerusalems zu symbolisieren (Text 1); oder der Prophet Hosea muss eine Prostituierte heiraten, um die Untreue Israels vor Augen zu stellen (Text 2). Und Jeremia zerschmettert einen Krug, um Israels Schicksal augenfällig zu machen (**M 2**).
Ohne Zweifel handelt es sich hier nicht einfach um artistische Inszenierungen, um die Botschaft wirkungsvoll auszugestalten; gerade die Symbolhandlungen unterstreichen die Radikalität und Unausweichlichkeit des Kommenden. Dieses Verhängnis erleiden die Propheten zunächst einmal am eigenen Leibe; sie sind ja keine neutralen oder sogar schadenfrohen Beobachter und Kritiker, sondern sind ganz und gar verwickelt in das Schicksal Israels – wir wissen vor allem von Jeremia, wie er unter dem Auftrag gelitten hat (Jer 15,10ff).
Der zweite Aspekt des Themas der prophetischen Sprache betrifft die *Gegenwart.* Auch heute gibt es die kritisch entlarvende, das Unheil vorausahnende Sprache.
Die Zusammenstellung **M 3** bietet einige verbale und visuelle Beispiele – sie kann nur Ausgangspunkt einer eigenen Sammlung sein, möglichst unter Mitarbeit der Schüler. Die Beispiele sind teilweise dem Bereich der Religion entnommen, einige weisen eine ganz ähnliche Struktur auf wie die Prophetenreden.
Die Strukturen und Methoden »prophetischer Rede« sollen anhand heutiger Beispiele erarbeitet werden. Zu welchem Zeitpunkt und wie der Bogen zu den biblischen Reden geschlagen wird, ist nicht genau festzulegen, sondern hängt von der Motivation und Kreativität der Lerngruppe ab.

VERLAUF

a. Zwei Texte zur Zerstörung der Welt (ca. 1–2 Stunden)

Zunächst bearbeiten die Schüler die Texte **M 3/1** und **3/2**

Sie erkennen, dass beide Texte die gleichen Elemente enthalten:
- Beschreibung des Zustands / der Entwicklung (Zerstörung)
- Angaben über die Gründe (Profitgier, Dummheit).

Sie finden heraus, dass es sich in den Texten um Aussagen über die Zukunft handelt, die aber gegenwärtige Zustände und Verhaltensweisen überspitzt fortschreiben. Sie stellen Vermutungen darüber an, welche Absichten die Verfasser wohl verfolgen (Vorhersage einer unausweichlichen Entwicklung? Warnung? – Die Texte selbst geben darüber keine Auskunft).

Jedenfalls könnte man diese Art von Texten als »prophetisch« bezeichnen.
Unter Umständen kann hier der bekannte Text »Die 7 letzten Tage der Erde« von Jörg Zink einbezogen werden.

b. Weiterführung (ca. 2 Stunden)

An dieser Stelle wäre es möglich, den Bogen in die biblischen Texte hinein zu schlagen, z.B. zu den Untergangstexten **M 1**.1–3. Nach einer kurzen Einführung in die jeweilige Entstehungssituation können die Schüler die strukturellen Entsprechungen erkennen, wobei Jahwe als Auslöser für das Unheil ins Spiel kommt. Es ist wichtig, den Schülern zu erklären, dass Jahwe nicht als ein in seiner Ehre verletzter Rachegott auftritt, sondern das Unheil in Gang setzt, das die Menschen selbst verursacht haben (u.U. ist ein Rückgriff auf den Zusammenhang von Unrecht und Unheil nützlich, wie er in Material **M 5** des Entwurfs für die 6./7. Klasse dargestellt wurde).

c. Hinweise zur Weiterarbeit

Da es wenig sinnvoll erscheint, den Fortgang des Unterrichts im Einzelnen festzulegen, gebe ich noch einige Hinweise zum Verständnis und Gebrauch der weiteren Materialien in **M 3**.

Zu 3: Es handelt sich um eine Collage aus Ps 145, Am 5,21ff und der karikierenden Paraphrase eines Gebets im Mittelteil. Diese wird nur verständlich von Am 5 her (falls die Schüler den Text nicht kennen, kann er aus dem vorigen Entwurf herangezogen werden: **M 8**,1): Wo das Gebet sich nicht mit Verantwortung und Gerechtigkeit verbindet, missrät es zum lästerlichen Ritual!
Der gleiche Ansatz gilt für das KAPITAL-UNSER (4): Es muss herausgearbeitet werden, dass nicht das Gebet oder die Beter verhöhnt werden, sondern der Missbrauch; letztlich geht es um die Frage, wer in unserer Gesellschaft »Gott« ist.

Zu 5: Das Beispiel weist die gleiche Grundstruktur auf wie 3 und 4: Die gedankenlose Selbstdarstellung der Kirchen – womöglich noch als Veranstaltung zur Ehre Gottes ausgegeben! – erweist sich als glaubensloses Gehabe.

Zu 6: Dieser Abschnitt könnte auch in gewisser Weise der Thematik »Umkehrung der Schöpfung« zugeordnet werden: Die Menschen sind dabei, sich – wenn nicht zu Tode – so doch zum Affen zu amüsieren!

MATERIALIEN

M 1

Prophetische Sprache in der Bibel

1

Singen will ich von meinem Freund,
das Lied meines Liebsten von seinem Weinberg:
Einen Weinberg hatte mein Freund auf einem fetten Hügel.
Und er grub ihn um und säuberte ihn von Steinen und bepflanzte ihn mit Edelreben.
Er baute einen Turm in seine Mitte und hieb auch eine Kelterkufe darin aus.
Dann erwartete er, dass er Trauben bringe. Doch er brachte schlechte Beeren.
Und nun, Bewohner von Jerusalem und Männer von Juda,
richtet doch zwischen mir und meinem Weinberg!
Was war an meinem Weinberg noch zu tun,
und ich hätte es nicht an ihm getan?
Warum habe ich erwartet, dass er Trauben bringe, und er brachte schlechte Beeren?
Nun, so will ich euch denn mitteilen, was ich mit meinem Weinberg tun werde:
Seinen Zaun [will ich] entfernen, dass er abgeweidet wird,
seine Mauer niederreißen, dass er zertreten wird.
Ich werde ihn zum Ödland machen.
Er soll nicht beschnitten und nicht behackt werden,
in Dornen und Disteln soll er aufgehen.
Und ich will den Wolken befehlen,
dass sie keinen Regen auf ihn regnen lassen.
Denn der Weinberg des Herrn der Heerscharen ist das Haus Israel,
und die Männer von Juda sind die Pflanzung seiner Lust.
Und er wartete auf Rechtsspruch, und siehe da: Rechtsbruch;
auf Gerechtigkeit, und siehe da: Geschrei über Schlechtigkeit. (Jes 5,1–7)

2

Siehe, Jahwe macht die Erde leer und wüst
und wirft um, was auf ihr ist
und zerstreut ihre Bewohner.
Und wie dem Volk, so ergeht es dem Priester;
wie dem Knecht, so seinem Herrn …
Es vertrocknet, es welkt das Land,
es schmachtet, es welkt der Erdkreis,
es schmachten die Hohen des Volkes im Land.

Und die Erde ist entweiht worden von ihren Bewohnern.
Denn sie haben die Gesetze übertreten,
die Ordnungen überschritten,
den ewigen Bund ungültig gemacht!
Darum hat der Fluch die Erde verzehrt,
und es büßen, die auf ihr wohnen.
Darum sind die Bewohner der Erde dahingeschwunden,
und wenig Menschen bleiben übrig. (Jes 24,1–6)

3
Hört dieses Wort,
das ich über euch als Totenklage anstimme, Haus Israel!
Gefallen ist die Jungfrau Israel,
sie steht nicht wieder auf.
Hingeworfen liegt sie da auf eigenem Boden,
niemand richtet sie auf. (Am 5,1–2)

4
Und es wird geschehen an jenem Tag,
da wird der Jahwe die Fliege, die am Ende der Ströme Ägyptens,
und die Biene, die im Land Assur ist, herbeipfeifen.
Dann werden sie kommen und sich alle niederlassen
in den Tälern der Schluchten und in den Spalten der Felsen,
in allen Dornsträuchern und an allen Tränkplätzen. (Jes 7,18+19)

5
An jenem Tag wird Jahwe durch das Schermesser,
das auf der anderen Seite des Stromes gedungen wurde,
[nämlich] durch den König von Assur, das Haupt scheren und das Haar der Beine,
ja, auch den Bart wird es wegnehmen. (Jes 7,20)

M 2

Symbolhandlungen der Propheten

1
(Jahwe sprach zum Propheten Hesekiel)
Und du, Menschensohn, nimm dir einen Ziegelstein,
und lege ihn vor dich hin,
und zeichne darauf eine Stadt, [nämlich] Jerusalem!
Und verhänge eine Belagerung gegen sie,
und baue Belagerungstürme gegen sie,
und schütte gegen sie einen Belagerungswall auf,
und stelle Heerlager gegen sie, und errichte Sturmböcke gegen sie ringsherum!
Und du, nimm dir eine eiserne Pfanne,
und stelle sie als eine eiserne Wand zwischen dich und die Stadt!
Und richte dein Gesicht gegen sie,
dass sie in Belagerung sei und du sie belagerst!
Das ist ein Wahrzeichen für das Haus Israel.
Und du, lege dich auf deine linke Seite,
und lege die Schuld des Hauses Israel auf dich:
nach der Anzahl der Tage, die du auf ihr liegst, [so lange] sollst du ihre Schuld tragen!
Und ich habe dir die Jahre ihrer Schuld zu einer Anzahl von Tagen gemacht:
390 Tage [So lange] sollst du die Schuld des Hauses Israel tragen.
Und gegen die Belagerung Jerusalems richte dein Gesicht und deinen entblößten Arm,
und du sollst gegen es weissagen!
Und siehe, ich lege dir Stricke an,
dass du dich nicht von einer Seite auf die andere umdrehen kannst,
bis du die Tage deiner Belagerung vollendet hast. (Hes 4,1–8)

2
Als Jahwe anfing, durch Hosea zu reden,
da sprach Jahwe zu Hosea:
Geh, nimm dir ein Hurenweib und zeuge Hurenkinder!
Denn das Land treibt ständig Hurerei,
entfernt sich von Jahwe. (Hos 1,2ff)

3
So spricht Jahwe zum Propheten Jeremia:
Geh und kauf einen vom Töpfer [gemachten] Krug

und nimm mit dir einige von den Ältesten des Volkes
und von den Ältesten der Priester!
Und geh hinaus in das Tal Ben-Hinnom,
das vor dem Eingang des Scherbentores [liegt],
und rufe dort die Worte aus, die ich zu dir reden werde,
und sage: Hört das Wort Jahwes, ihr Könige von Juda
und ihr Bewohner von Jerusalem!
So spricht Jahwe, der Herr der Heerscharen, der Gott Israels:
Siehe, ich bringe Unheil über diesen Ort,
dass jedem, der es hört, die Ohren gellen werden.
Darum, weil sie mich verlassen und [mir] diesen Ort
entfremdet und an ihm andern Göttern Rauchopfer dargebracht haben.
So werde ich dieses Volk und diese Stadt zerbrechen,
wie man ein Gefäss des Töpfers zerbricht,
das nicht wiederhergestellt werden kann. (Aus Jer 19,1–12)

M 3

Prophetische Sprache heute

1

Materl

Hier liegt, mit Tode abgegangen, unsre Stadt,
sie starb, weil sie sich selber ausgerottet hat
durch Gift im Fluss, durch schwefelgelben Rauch,
durch Höllenqualm, durch Rattern und Gefauch,
durch Geldsackplanen, Torheit, falsche Pracht
und Habgier derer, die den Plan gemacht,
durch Abgas, Mulm und seifenweißen
Schaum bei grauem Grashalm, bei verdorrtem Baum,
durch Auszehrung der Lungen im Asphalt,
durch Bleichsucht, krebsig wuchernde Gestalt,
durch Smog und Sud, durch teuflischen Gestank,
bis sie verrottet in die Grube sank.
So setzte sie sich selbst den Leichenstein –
mög Gott ihr diesen Unverstand verzeihn.

(Rudolf Otto Wiemer, Materl. Aus: Almanach 9 für Literatur und Theologie, Die Stadt. Peter Hammer Verlag Wuppertal, 1975.)

2

Profitopolis

wohnung
auf wohnung
gestapelt
turm
über türme
gestülpt
und plötzlich
schreie
durch alle böden
hindurch
jetzt werden
unterschriften gesammelt
für schallisolierung
(Kurt Marti
© beim Autor)

3

Variation zu Psalm 145

ICH WILL DICH RÜHMEN
MEIN GOTT UND KÖNIG
UND DEINEN NAMEN PREISEN
IMMER UND EWIG
ALLER AUGEN WARTEN AUF DICH
meine augen warten auf dich
wenn sie ins schaufenster des delikatessengeschäfts starren
meine nase wartet auf dich
wenn sie den leckeren braten riecht
mein gaumen wartet auf dich
wenn er den jonny walker schmeckt
mein magen wartet auf dich
wenn gut und teuer aufgefahren ist
es geht mir nichts ab
was will ich mehr?
ICH WILL DICH RÜHMEN MEIN
GOTT UND KÖNIG
UND DEINEN NAMEN PREISEN
IMMER UND EWIG
So hat Jahwe gesprochen:
WEG MIT DEM LÄRM DEINER LIEDER
DEIN HARFENSPIEL WILL ICH NICHT HÖREN
SONDERN DAS RECHT STRÖME WIE WASSER
DIE GERECHTIGKEIT WIE EIN NIE VERSIEGENDER BACH
(Horst Klaus Berg)

4

Kapital unser,

das du bist im Westen,
amortisiert werde deine Investition,
dein Profit komme,
deine Kurse steigen – wie in wallstreet,
also auch in Europa.
Unser täglich Umsatz gib uns heute
und verlängere unsere Kredite,
wie wir sie schulden Gläubigern.
Und führe uns nicht in Konkurs,
sondern erlöse uns von den Gewerkschaften.

Denn dein ist die halbe Welt und die Macht
und der Reichtum
seit zweihundert Jahren: Mammon.
(Entstanden in einem »Politischen Nachtgebet« in Hamburg ca. 1970. Quelle unbekannt)

5

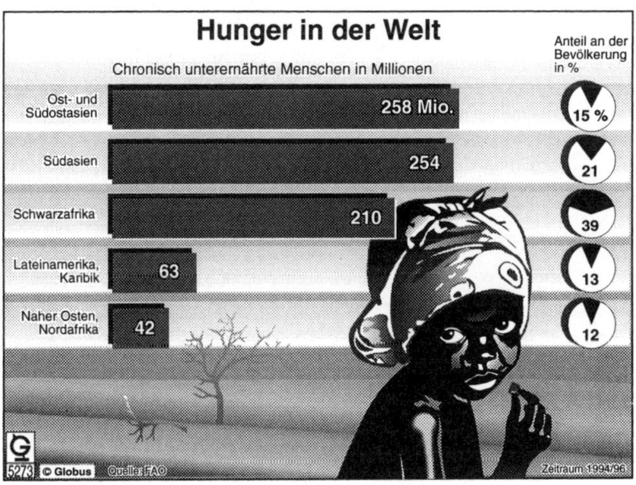

Vgl. Amos 5,21–23

6

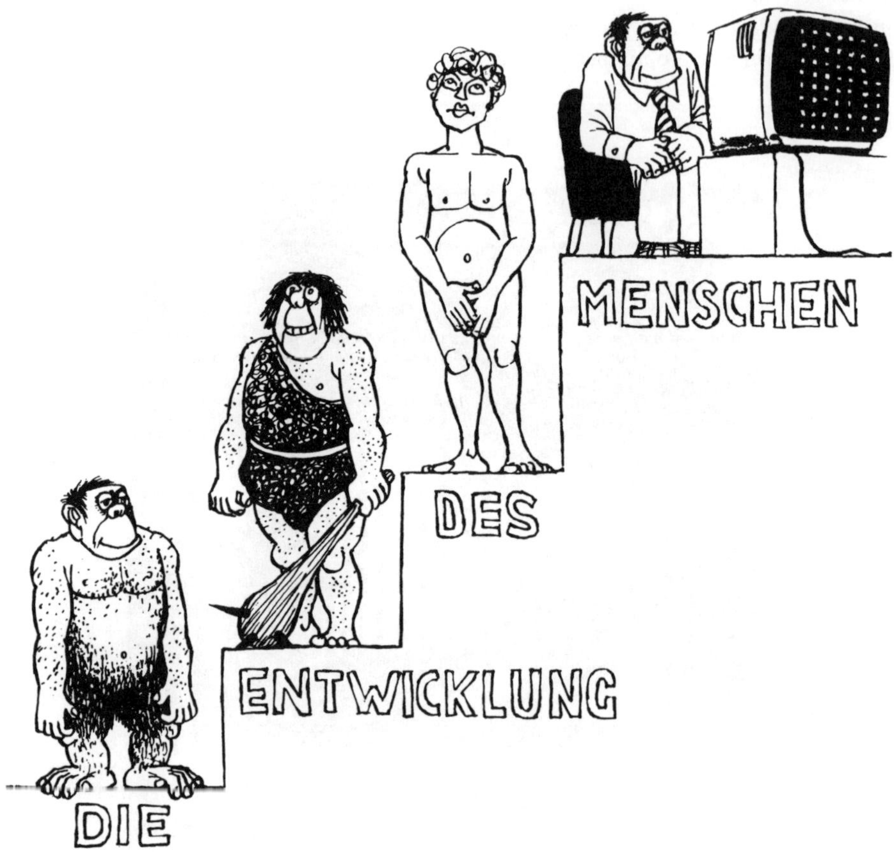

(Aus: Lieder, Bilder, Szenen, Band 10, S. 110)

Kapitel 9: Das babylonische Exil

1 Theologische Erwägungen

1.1 Historischer Hintergrund

Das babylonische Exil besiegelte endgültig den Untergang des Südreichs Juda. Das immer stärker werdende Babylonische Reich unter dem Herrscher Nebukadnezar errang gegen Ägypten die Vorherrschaft in Syrien-Palästina, Juda musste sich als Vasall verpflichten. Nachdem es abgefallen war, nahm Nebukadnezar 598 Jerusalem ein, plünderte den Tempel und führte einen Teil der judäischen Oberschicht nach Babylonien. Nach einem erneuten Abfall wurde Jerusalem 587 nach langer Belagerung abermals erobert, Stadt und Tempel wurden zerstört, die gesamte Oberschicht deportiert.
Den Deportierten wurde gestattet, in relativ geschlossenen Gruppierungen in eigenen Ansiedlungen zusammenzuleben. Sie konnten Berufe ausüben, Landwirtschaft treiben und sich auch am Handel beteiligen. Damit hatten sie durchaus die Möglichkeit, ihr wirtschaftliches Auskommen zu finden und sogar zu Wohlstand zu kommen.

1.2 Zur religiösen Situation

Die drei Anfechtungen Israels

Trotz der relativ stabilen Lage haben die Israeliten ihre Lage als trostlos und verzweifelt angesehen:

> *»An Wasserflüssen Babylons*
> *saßen wir und weinten,*
> *wenn wir an Zion dachten«*

heißt es im Klagelied aus dem Exil (Ps 137,1).
Mit diesem Text ist auch schon ein zentrales Motiv für die Niedergeschlagenheit in den Blick gekommen: Der Zion ist zerstört, unerreichbar der Tempel. Hier spricht sich nicht eine sentimentale Erinnerung an die alte Heimat aus, sondern die Verzweiflung darüber, dass der Ort, den Jahwe als seine Wohnung gewählt hatte, nicht mehr existierte: Wo sollte der Glaube ihn noch suchen?
War Israel in der Fremde nicht ganz und gar gott-verlassen? Und wo und wie sollte Jahwe angebetet werden?

»Wo ist Jahwe?« – dies war die erste elementare Anfechtung Israels im Exil.
Die zweite Anfechtung ergab sich aus der vorexilischen Prophetie: Immer wieder hatten die Gottessprecher angekündigt, dass die Israeliten das Land verlieren würden, weil sie es durch Unrecht »entweiht« hätten (Jer 2,7). Nun, nachdem die Katastrophe ihren Lauf genommen hatte, mussten die Israeliten das Unheil als Folge des Unrechts annehmen.
«Ist die Geschichte Jahwes mit seinem Volk ein für alle Mal am Ende? Hat er sein Volk auf immer verstoßen? *Will er Israel überhaupt noch retten?«* Das war die zweite elementare Anfechtung Israels im Exil.
Die dritte entstand aus der antiken Anschauung, dass in einem Krieg der Gott des Siegervolks zugleich auch den Gott der Besiegten geschlagen habe: *»Kann Jahwe sein Volk überhaupt noch retten? Oder muss er dem Untergang ohnmächtig zuschauen?«*
So war Israel im babylonischen Exil unter einen unerträglichen Druck geraten, es drohte der Verlust der kulturellen, religiösen und nationalen Identität. Es wundert nicht, wenn offenbar viele Israeliten diesem Druck nicht standhielten und ihre Identität aufgaben, im babylonischen Volk, seiner Kultur und Religion aufgingen.
Bevor ich darstelle, wie die Auseinandersetzung mit diesen drei Anfechtungen geführt wurde, ist ein kurzer Überblick über die babylonische Religion nötig.

Zur Religion Babyloniens

An der Spitze des babylonischen Pantheons stand Marduk, der Stadtgott Babylons. Er wurde als machterfüllter Schöpfer- und Fruchtbarkeitsgott angebetet. Der Mythos Enuma Elisch erzählte, wie Marduk das Drachenungeheuer Tiamat tötete, ein Symbol todbringender Fluten. Aus seinem Leichnam gestaltete er Himmel und Erde. Er erschuf die Gestirne, die Tier- und Pflanzenwelt und schließlich auch Menschen; ihr Daseinszweck war es, den Göttern zu dienen. – Die weibliche Hauptgottheit war Ischtar, Göttin der Fruchtbarkeit und der Liebe. Ins Zentrum der babylonischen Religion gehörten auch noch Schamasch, der Sonnengott, und Sin (der Mondgott). Als Astralgottheiten repräsentierten sie den Lauf der Gestirne, den die Babylonier mit dem Lauf des Schicksals in Verbindung brachten.
Der Kult war sehr eindrucksvoll: In Dutzenden von Tempeln wurden die Götter verehrt, und am religiösen Hauptfest, dem Neujahrsfest (Akitu-Fest), fanden gewaltige Prozessionen statt, in denen die Statuen der Götter auf ihren Thronsitzen durch die Prozessionsstraßen geführt wurden.

Wie setzt sich Israel mit seinen Anfechtungen auseinander?

Die entscheidende Gestalt dieser Zeit ist ein Prophet, dessen Namen und Lebensschicksal weitgehend im Dunkel bleiben. Seine Reden sind im großen Jesaja-Buch in den Kapiteln 40–55 überliefert; sie wurden den Erinnerungen an den ersten Jesaja nach dem Exil angefügt. Dieser Prophet wird als »Deuterojesaja« bezeichnet – oft nennt man ihn auch den Evangelisten des Alten Testaments.

Gleich im Prolog schlägt er die Freudenbotschaft an:
»Tröstet, tröstet mein Volk! spricht euer Gott.
Redet Jerusalem zu Herzen und ruft ihr zu,
dass ihr Frondienst beendet,
dass ihre Schuld bezahlt ist.
Horch, es ruft:
In der Wüste bahnt den Weg Jahwes;
macht in der Steppe eine Straße unserem Gott.
Das Gras verdorrt, die Blume verwelkt,
aber das Wort unseres Gottes bleibt in Ewigkeit!«
(Jes 40,1.2.3.8)

In diesem Text kann man erkennen, wie der Prophet auf die Anfechtungen Israels eingeht; gleichwie in einer Ouvertüre werden die zentralen Aussagen und Themen angesprochen:

- Auf die Frage »*Wo ist Jahwe?*« bekommt Israel die Antwort: Er lässt sich im *Wort* finden; das Wort ist nicht zerstörbar (wie der Tempel), sondern hat für immer Bestand.
- Die zweifelnde Überlegung *»Kann Jahwe uns retten? Oder ist er ohnmächtig?« wird durchkreuzt* durch die Aufforderung, »den Weg Jahwes durch die Wüste zu bahnen« – ein unüberhörbarer Hinweis darauf, dass nicht die babylonischen Götter Anspruch auf eine Prozessionsstraße haben, sondern Jahwe!
- Der bangen Frage »*Will Jahwe uns noch retten?* Oder sind wir verworfen« setzt er das Wort der *Vergebung* entgegen.

Deuterojesaja ist also der Prophet der Hoffnung und der Ermutigung.
Seine Botschaft entfaltet die in der »Ouvertüre« angestimmten Themen:

- Immer wieder unterstreicht der Prophet die Macht und Fruchtbarkeit des göttlichen Wortes; besonders schön im Epilog (Jes 55,10f).
- Das Wort der Versöhnung und der Liebe wird immer wieder laut (z.B. 41,8–10; 43,1–7; 43,25; 44,22; 49,14–16; 54,1–17).

- Den Kampf gegen die scheinbar machtvollen Götter der Babylonier führt Deuterojesaja auf eine doppelte Weise.
  Einmal setzt er sich kritisch mit dem Anspruch der Gottheiten auseinander, nicht selten mit dem Stilmittel des beißenden Spotts und der aggressiven Satire (vor allem in dem berühmten Kapitel 44, in dem er schildert, wie aus demselben Baumstamm Material für eine Götterstatue und Feuerholz gewonnen wird). Er entlarvt die Götter als »Götzen«, die Ansprüche stellen, ohne sie einzulösen:
  »Sie heben ihn auf die Schulter, tragen ihn hin und setzen ihn nieder an seinen Ort; da steht er nun und rührt sich nicht von der Stelle. Man schreit auch zu ihm, doch er antwortet nicht, hilft einem nicht aus der Not« (Jes 46,7).
  Dagegen stellt Deuterojesaja das Bild Jahwes:
  »Bis in euer Alter bin ich derselbe, und bis ihr grau werdet, trage ich euch. Ich habe es getan, und ich werde es tun, ich will tragen und erretten!« (Jes 46,4)
  Und dann stärkt Deuterojesaja den schwankenden Glauben durch die Erinnerung an den Exodus: So wie Jahwe in der Vorzeit die Israeliten aus der Hand der Ägypter rettete, wird er auch jetzt für sein Volk kämpfen, es zur Heimkehr befreien und einen neuen, größeren Exodus heraufführen:
  »Denkt nicht mehr an das Frühere ... siehe, nun schaffe ich Neues ...
  Nicht in angstvoller Hast sollt ihr ausziehen und nicht als Flüchtlinge wandern. Jahwe zieht ja vor euch her, und der Gott Israels schließt euren Zug. (Jes 43,18f; 52,12).

So erhebt sich in dem unbekannten Propheten die Stimme der Zuversicht und des Widerstands, die sich nicht abfindet mit den scheinbar unveränderlichen Verhältnissen, sondern auf die Kraft des Glaubens und der Hoffnung baut, die durch Jahwes Zusagen inspiriert ist.
Welche Wirkung die prophetische Arbeit Deuterojesajas auslöste, ist nicht mehr deutlich zu erkennen; seine überlieferten Reden zeigen aber, wie sehr er mit der dumpfen Verzweiflung gerungen hat, die die Seelen der Israeliten befallen hatte. Immer wieder spricht er davon, dass das Volk blind und taub gegenüber der Hoffnungsbotschaft ist (z.B. Jes 42,18–20; Jes 43,8).
Eines ist allerdings sicher: Die neue »Wort-Gottes-Theologie« hatte praktische Auswirkungen; denn im Exil ist die Entstehung eines Wortgottesdienstes anzunehmen, der zwar auf das zentrale Ritual des Opfers verzichten musste, aber dennoch die Gegenwart Jahwes im Wort feierte. Man spricht sogar davon, dass das babylonische Exil als Geburtsstunde der Synagoge anzusehen sei.
Interessant ist auch ein Blick auf die im gleichen Zeitraum entstandene Priesterschrift, eine der Quellenschriften des Pentateuch (vgl. dazu die Hinweise in Kapitel 1 und 4!). Hier lassen sich Auseinandersetzungen mit den Anfechtungen Israels deutlich erkennen: Gleich in Gen 1 wird die schöpferische Kraft des Wortes nachdrück-

lich in den Blick gerückt; im gleichen Kapitel wird ausgeführt, dass die Gestirne Geschöpfe Gottes sind. Gen 1,14 zeigt, daß es sich um Lampen handelt, die den Menschen zum Nutzen aufgehängt wurden (und keineswegs um zu verehrende Astralgottheiten!).

2 Didaktische Erwägungen

Was können Schüler bei der Beschäftigung mit dem babylonischen Exil lernen?
Sie können in einer relativ überschaubaren Zeitepoche kennen lernen, wie »Israel« in die Gefahr gerät, seine kulturelle, nationale und religiöse Identität zu verlieren und darüber in tiefe Hoffnungslosigkeit versinkt.
Sie können erfahren, wie Einzelne in dieser Lage ihre Zeitgenossen aus der Depression heraus führen, sie ermutigen, dem Druck der scheinbar übermächtigen Verhältnisse standzuhalten und ihnen neue Hoffnung vermitteln.
Da die Priesterschrift bereits unter ursprungsgeschichtlichem Aspekt in Kapitel 1 und 4 eingeführt wurde, will ich mich in diesem Kapitel auf Deuterojesaja konzentrieren.

In zwei Entwürfen konkretisieren sich diese Überlegungen:

a. Die Israeliten sind verzweifelt
Im Blick auf die Primarstufe (3./4. Schuljahr) soll es vor allem darum gehen, die Situation des babylonischen Exils miterlebend und mitfühlend kennen zu lernen. Dies ist nicht nur Voraussetzung für eine erste Beschäftigung mit Deuterojesaja, sondern auch die Basis ursprungsgeschichtlicher Erschließung priesterschriftlicher Texte.

b. Fremde Götter – zum Lachen!
Im Bereich der Sekundarstufe I (7./8. Schuljahr) will ich die Auseinandersetzung Deuterojesajas mit den Göttern (»Götzen«) aufgreifen und im Blick auf mögliche Erfahrungen in der heutigen Zeit erschließen.

Einführende Literatur
G. Jerger, »Evangelium des Alten Testaments.« Die Grundbotschaft des Propheten Deuterojesaja in ihrer Bedeutung für den Religionsunterricht. 1986
H. J. Kraus, Das Evangelium des unbekannten Propheten. Jesaja 40–66. 1990
C. Westermann, Das Buch Jesaja 40–66. 1981

3. Unterrichtsvorschläge

3.1 Die Israeliten sind verzweifelt (3./4. Klasse)

Kurzcharakteristik	
Inhalt:	Das babylonische Exil
Klassenstufe:	3./4. Klasse
Lernchance:	Sich in die Situation verzweifelter und heimatloser Menschen einfühlen und eindenken
Hermeneutisches Konzept:	Ursprungsgeschichtliche Auslegung/Historisch-Kritische Auslegung

ANSATZ

Wie gesagt, zielt die Unterrichtseinheit vor allem darauf ab, dass die Schüler das babylonische Exil einfühlend kennen lernen. Im Interesse der erlebnisbezogenen Erschließung wähle ich die Form des Briefwechsels. Dieser Vorschlag kann sich auf den historischen Vorgang einer Korrespondenz zwischen Menschen aus dem Exil und der alten Heimat stützen, den Brief des Propheten Jeremia an die Exilierten (Jer 29): Der Prophet war in der Heimat geblieben und ermahnte die Deportierten, sich realistisch auf eine lange Zeit in Babylonien einzustellen:

> *»Baut Häuser und wohnt darin; pflanzt Gärten und esst ihre Früchte; nehmt euch Frauen und zeugt Söhne und Töchter; werbt um Frauen für eure Söhne und gebt eure Töchter Männern, damit sie Söhne und Töchter gebären, damit ihr euch dort vermehrt und nicht weniger werdet. Kümmert euch um das Wohl des Landes, in das ich euch verbannt habe und betet für es zu Jahwe; denn sein Wohl ist auch euer Wohl«* (Jer 29,5–7).

Dieser Vorgang wird im Unterrichtsentwurf verändert und ausgebaut. Partner in einem brieflichen Austausch soll aber nicht der Prophet Jeremia sein, da es ja um Deuterojesaja als prophetische Gestalt geht; darum wird der Priester Aron eingeführt. Der Briefwechsel dient als Grundmuster für Informationen und Reflexionen.

VERLAUF

a. »Gefangen in Babel« (ca. 2 Stunden)

Die Klasse lernt zunächst das Lied »Gefangen in Babel« (**M 1**)
Die Schüler stellen anhand der einzelnen Strophen zusammen, in welcher Lage die Sänger sich wohl befinden.

Beispiel:

- Sie sitzen an einem Fluss in Babel (erklären!) und sind sehr traurig (Anmerkung: Die Wendung, dass der Fluss die Tränen zum gelobten Land trage, ist poetisch sehr schön, sachlich aber falsch!); die Wendung »gelobtes Land« muss erklärt werden (die Heimat, die Gott ihren Vorfahren versprochen hatte).
- Sie haben Sehnsucht nach der Heimat, vor allem nach Jerusalem (Erklärung: Der Tempel galt als »Ort, den Jahwe sich ausgesucht hatte«).
- Der Tempel in Jerusalem ist zerstört, die ganze Stadt zertrümmert; das Gottesvolk ist verbannt.
- Sie werden verspottet und bitten Gott, sie zu befreien.

Zum Vergleich kann der Text von Psalm 137 herangezogen werden, allerdings ohne die »Rache-Passage« (V. 7–9), die Grundschüler überfordert.
Eine kurze Lehrererzählung (**M 2**) klärt die ersten Eindrücke und führt sie weiter.

b. Der erste Brief an Aron und seine Antwort: M 3 + 4 (ca. 2 Stunden)

Der Unterrichtende erklärt der Klasse, man könne sich vorstellen, dass die Verbannten Briefe in die Heimat geschrieben hätten, in denen sie einem Vertrauten ihre Sorgen und Not schilderten; dieser Vertraute wird als der Priester Aron eingeführt. Den Schülern wird ausdrücklich gesagt, dass die Briefe erfunden wurden, um die Darstellung lebendiger zu gestalten, dass aber die Inhalte der Texte nicht einfach zusammenfantasiert wurden, sondern das aufgreifen, was wir über das Leben der Exulanten wissen oder vermuten.
Der erste Brief (**M 3**) wird bearbeitet; die Schüler tragen zusammen, was sie über die Lage und die Gefühle der Verbannten erfahren (in diesem Brief kommt vor allem die 1. Anfechtung Israels zur Sprache: Wo ist Jahwe?).
Die Klasse überlegt sich, was Aron wohl antworten könnte und vergleicht ihre Gedanken mit dem Antwortbrief (**M 4**) – das Zitat stammt aus den Klageliedern, die wohl in der Heimat von den Zurückgelassenen gesungen wurden: Klagel 5,20f).

c. Der zweite Brief an Aron und seine Antwort M 5 + 6 (ca. 2 Stunden)

In gleicher Weise bearbeiten die Schüler den zweiten Brief. (Zitate **M 4**. Brief Arons: Klagel 5,22; Jer 29,13f). Im Text sind vor allem die zweite und dritte Anfechtung Israels erkennbar.
Im Antwortbrief versucht Aron, den Exilierten neue Hoffnung zu geben.

d. Der dritte Brief an Sacharja, Arons Sohn, und die Antwort: M 7 + 8 (ca. 2 Stunden)

Am Ende des Exils tritt Deuterojesaja auf. Darum muss im Brief deutlich werden, dass seither viele Jahre vergangen sind. Der Prophet bekommt den Namen Jeschi, seine »Rede« fasst wichtige Elemente der Verkündigung des Exilspropheten zusammen: Der Anfang bezieht sich auf Jes 40,1–5; der Hinweis auf Kyros basiert u.a. auf Jes 45,1–4; der Gedanke des Wachsens aus kleinen Halmen steht in Jes 43,18ff.

Abschließend wird erzählt, dass Kyros Babylonien erobert und den Israeliten die Heimkehr erlaubt.

MATERIALIEN

M 1

2. Ach, wir sehnen und wir wünschen uns nach Haus in unser Land,
   nach Jerusalem, der schönen, nach der Stadt, in der Gott wohnt.
3. Doch der Tempel ist zerbrochen, und die Stadt ist ganz zerstört,
   Gottes Volk lebt in der Fremde, ist gefangen und in Fron.
4. Bitter ist das Brot in Babel, und der Spott der Wächter schmerzt.
   Wir sind Knechte, wir sind Sklaven: Komm, o Herr, und mach uns frei.

Der Kehrvers kann nach den Strophen oder als 2. Stimme zu den Strophen gesungen werden. Kehrvers Teil II kann zusammen mit Kehrvers Teil I als 3. und 2. Stimme zum Liedteil II gesungen oder mit Instrumenten gespielt werden.

Tanzanleitung *(eine von vielen Möglichkeiten!).*
Schreit-Tanz (jedes Viertel ein Schritt, also der betonte Taktteil abwechselnd auf den rechten und linken Fuß); die Gefangenen gehen in Reihe gebückt, die Hände auf den Schultern des Vordermannes. Bewaffnete Wächter gehen an der Seite des Zuges.

Text und Kehrvers: Ernst Hansen Lied: Lettische Volksweise

M 2

Israel in Babylonien

Die Israeliten waren traurig, dass sie an den Flüssen Babylons sitzen mussten. Wie waren sie überhaupt dort hingekommen?
Die Babylonier waren ein mächtiges, großes Volk; durch ihr Land flossen die großen Flüsse Euphrat und Tigris; darum nannte man es auch »das Zweistromland«. Ihr König Nebukadnezar eroberte viele andere Länder. Als die Israeliten sich nicht unterwerfen wollten, schickte er ein großes Heer; die Soldaten belagerten die Haupt-

stadt. Lange konnten sich die Israeliten wehren, aber schließlich wurde Jerusalem doch erobert. Die babylonischen Soldaten zerstörten die ganze Stadt, auch den Tempel Jahwes.
Damit die Israeliten nie wieder gegen Babylon Krieg führen konnten, wurden viele von ihnen mit Gewalt nach Babylonien verschleppt: Der König und seine Minister, viele Priester und Beamte, Handwerker und Händler, eben alle Leute, von denen man dachte, dass sie einen Aufstand gegen die Babylonier planen könnten.
Das waren einige tausend Menschen. Sie mussten den langen Weg nach Babylonien marschieren, durch Steppe und über Berge, durch Wüste und ödes Land. Viele waren von den Strapazen sehr erschöpft, aber die babylonischen Wächter trieben sie immer weiter: Vorwärts, vorwärts!
Schließlich waren sie angekommen. Sie wurden nicht ins Gefängnis gesperrt, sondern bekamen Land zugeteilt, in dem sie sich aufhalten konnten. Sie stellten Zelte und einfache Hütten auf und fingen an, das Land zu bestellen, damit sie nicht verhungern mussten. Die Israeliten durften beieinander wohnen und arbeiten. Oft mussten sie für den König arbeiten: beim Bauen von Tempeln oder Palästen, beim Graben von Bewässerungskanälen. Für diese Arbeiten bekamen sie keine Bezahlung – das nennt man Frondienst.

M 3

Der erste Brief der Israeliten an Aron

Lieber Aron,
wir waren sehr froh, als wir hörten, dass ein Bote von hier in die alte Heimat reist. Es wurde uns erlaubt, ihm einen Brief mitzugeben. So haben wir gleich Ruben gebeten, dass er uns einen Brief aufsetzt – du weißt ja, er hat bei dir noch in Jerusalem lesen und schreiben gelernt.
Uns geht es eigentlich nicht schlecht in der Fremde … niemand muss ins Gefängnis oder wird mit Ketten gefesselt; und hungern muss auch niemand. Wir dürfen sogar das Land bestellen, dürfen säen und ernten.
Nun sind wir schon zwei Jahre hier und hoffen, dass die Zeit der Gefangenschaft bald vorüber ist. Darum haben wir uns auch keine Häuser gebaut, sondern leben in Zelten oder Hütten.
Wie groß ist unsere Sehnsucht nach der alten Heimat! So oft denken wir zurück an unser Jerusalem. Wie herrlich die Morgen- und Abendopfer im Tempel, die Gewänder der Priester, erst recht die Feste mit den schönen Gottesdiensten, in denen Jahwe uns nahe war. Wo ist er jetzt? Ist er noch in unserer Mitte?

Wir fühlen uns ganz verlassen und verloren. Wo sollen wir unseren Gott denn suchen?
Manchmal denken wir, dass wir zwar noch herumlaufen, leben und arbeiten; aber unsere Herzen sind ganz ausgetrocknet.
Es grüßen dich deine traurigen Freunde an den Flüssen Babylons!

M 4

Der erste Antwortbrief von Aron

Liebe Freunde,
wie freue ich mich, dass ihr mir geschrieben habt.
Ja, es ist alles sehr traurig bei euch in der Fremde und auch hier in der Heimat. Ihr wisst ja noch, wie es aussah, als ihr davon getrieben wurdet wie die Tiere: Alles liegt in Trümmern. Wir hausen in den Resten der Häuser, notdürftig geflickt, damit wir ein Dach über dem Kopf haben und unsere paar Habseligkeiten unterbringen können. Und manchmal kommen Räuber und nehmen uns das bisschen fort, was wir noch haben.
Oft treffen wir uns und singen Klagelieder; wir bitten Jahwe, dass er uns hilft. Ich schreibe euch auf, was wir neulich gesungen haben:

»Herr, willst du uns denn für immer verlassen?
Uns so lange vergessen?
Führe uns zu dir zurück, o Herr,
damit wir umkehren!
Erneuere unser Leben,
wie du es früher auch getan hast!«

Als wir so traurig sangen, fragte plötzlich Amos, der Sohn des Josua: »Wie war denn das eigentlich früher? Hat Jahwe da geholfen?« Und die anderen sagten: »Ja, Aron, du weißt doch so gut Bescheid, erzähle uns von früher!«
Und dann habe ich erzählt: Wie Gott unsere Vorfahren aus der Sklaverei in Ägypten befreit hat, wie er uns das gute Land gegeben, ja, uns allen das Leben geschenkt hat. Ich habe die alten Verheißungen vorgetragen. Auf einmal fühlten wir uns getröstet und spürten: Wenn wir an Jahwe denken, uns an seine Hilfe erinnern, dann ist er in unseren Herzen da, auch wenn der Tempel in Trümmern liegt.
Das wollte ich euch schreiben – vielleicht könnt ihr so auch Trost finden.
Und noch eins: Ich glaube, dass es irgendwann eine Heimkehr für euch gibt – aber nicht so bald. Gott wird es euch sagen lassen, wenn es so weit ist. Ihr solltet euch also

darauf einrichten, dass ihr noch eine lange Zeit in der Fremde leben müsst: Baut Häuser, gründet Familien, versucht, euer Schicksal anzunehmen.
Euer Aron

M 5

Der zweite Brief der Israeliten an Aron

Lieber Aron,
nun sind viele Monate vergangen, seit wir deinen Brief bekamen. Immer und immer wieder musste Ruben uns deine Botschaft vorlesen, bis wir sie endlich auswendig konnten.
Wir haben deinen Rat befolgt und uns darauf eingerichtet, dass wir länger in der Verbannung bleiben müssen: Aus den Hütten sind Häuser geworden, manche haben sogar einen Garten angelegt. Und etliche haben geheiratet – es gibt sogar schon Kinder, die hier in der Fremde geboren wurden.
Wir halten jetzt auch Versammlungen ab, in denen wir Gott sagen, was uns bedrückt. Wir bitten ihn auch, dass er uns befreit und erinnern uns an seine Hilfe in früheren Zeiten.
Es stimmt, was du sagst: Wenn wir an Gott denken und seine Worte hören, können wir spüren, dass er in unseren Herzen ist.
Aber es kommen nicht mehr so viele zu den Versammlungen. Sie sagen: Jahwe kann nichts mehr für uns tun. Wir beten jetzt zu Marduk, dem mächtigen Gott der Babylonier; er ist der Größte, er hilft allen, die ihn anbeten.
Sag uns, Aron, warum ist das alles so?
Uns quält die Frage: Hat Jahwe uns nicht für immer verstoßen, weil es so viel Unrecht in Israel gab? Die Propheten haben uns ja immer wieder gewarnt, als wir noch in der Heimat waren: »Irrt euch nicht«, haben sie gesagt, »wo Unrecht ist, kommt Unheil!« Und sie haben recht behalten! Nun sitzen wir in der Verbannung und fragen: Will Jahwe überhaupt noch etwas von uns wissen?
Diese Gedanken quälen uns und geben keine Ruhe!
Sag du uns doch, was wir glauben können!
Deine Verbannten aus Babylon

M 6

Der zweite Antwortbrief von Aron

Liebe Freunde,
ich habe euren Brief erhalten und freue mich, etwas von euch zu hören.
Ja, die Fragen nach dem Unrecht und dem Unheil bedrücken mich auch sehr – und alle, mit denen ich spreche. Neulich hat einer in der Versammlung gesungen:
»Hast du uns gänzlich verstoßen, Jahwe?«
Dann war es lange Zeit ganz still in unserer Runde.
Und dann spürte ich in meinem Herzen, dass dies nicht das letzte Wort Gottes sein konnte. Es war wie eine Eingebung! Ich habe gesagt: »Wenn wir Gott von ganzem Herzen und treu suchen, dann wird er sich bestimmt von uns finden lassen; wenn wir ihn um Verzeihung für all das Unrecht bitten, wird sich auch einmal das Unheil von uns kehren.«
Daran wollen wir uns halten, liebe Freunde.

M 7

Der dritte Brief an Sacharja, Arons Sohn

Lieber Sacharja,
viele Jahre sind vergangen, seit wir deinem Vater Aron Briefe geschickt haben und er uns antwortete. Dein Vater ist nun schon lange gestorben – jetzt schreiben wir dir. Wir alle sind inzwischen alt und grau geworden. Viele von uns sind müde geworden und glauben, dass Jahwe uns endgültig vergessen und verlassen hat.
Aber seit einiger Zeit gibt es etwas Neues bei uns. Das müssen wir dir erzählen und bitten dich um deinen Rat.
Hier in Babylonien tritt jetzt ein junger Mann auf, Jeschi nennt er sich. Er behauptet, dass er ein Prophet ist, den Jahwe zu uns schickt.
»Ich habe eine Stimme gehört«, sagt er, es war die Stimme Gottes, das weiß ich genau. Diese Stimme hat mich zu euch geschickt. Und das soll ich euch sagen:

> *Tröste, tröste mein Volk.*
> *Alles, was ihr falsch gemacht habt, soll vergeben und vergessen sein.*
> *Jetzt steht nichts mehr zwischen meinem Volk und mir, seinem Gott.*
> *Ich komme zu euch, ich will euch befreien, wie ich eure Vorfahren aus der Sklaverei in Ägyptern befreit habe!*

Denn ich, Jahwe, bin viel stärker als alle Götter der Babylonier!
Ich schicke euch einen Retter. Er kommt schon immer näher – aus dem Norden kommt er!
Auch wenn ihr das Neue noch nicht seht ... das ist wie mit den Pflanzen! Erst schauen nur ganz kleine Hälmchen aus der Erde, man muss ganz genau hinschauen. Aber bald wird eine große, starke Pflanze daraus. So ist es auch mit eurer Befreiung. Ihr müsst nur geduldig sein und die Hoffnung nicht aufgeben!

Das klingt wunderbar – beinahe zu schön, um wahr zu sein!
Nun sag du uns, Sacharja: Können wir diesem Jeschi glauben? Du bist doch auch Priester wie dein Vater und weißt Bescheid.
Schreibe uns bald!
Deine ungeduldigen Freunde aus Babylonien

M 8

Der dritte Antwortbrief von Sacharja

Liebe Freunde,
über euren Brief habe ich mich sehr gefreut! Es ist schön, dass ich nach so langer Zeit wieder etwas von euch höre.
Und dann gleich so gute Nachrichten! Ja, ich glaube, dass Jeschi ein Prophet Gottes ist. Und was er sagt, stimmt!
Schon seit einiger Zeit gibt es hier Berichte, dass im Land Persien, das im Norden von Babylonien liegt, ein neuer Herrscher an die Macht gekommen ist. Kyros heißt er. Dieser Kyros hat schon viele Länder erobert, und es wird wohl nicht mehr lange dauern, bis er auch Babylonien eingenommen hat. Von Kyros erzählt man sich, dass er überall die gefangenen Völker befreit und zurück in ihre Heimat schickt.
Ich glaube, Jeschi hat von diesem Perserkönig Kyros gesprochen: Er ist es, den Gott schickt, damit sein Volk Israel frei wird und heimkehren darf!
Freut euch und hofft auf die Hilfe des Herrn!

Euer Freund Sacharja

3.2 Fremde Götter (8./9. Klasse)

Kurzcharakteristik

Inhalt:	Götter – einst und jetzt
Klassenstufe:	8./9. Klasse
Lernchance:	Bedeutung und Wirkungsweise von Mächten mit göttlichem Anspruch erfassen
Hermeneutisches Konzept:	Historisch-kritische Auslegung / Wirkungsgeschichtliche Auslegung Verfremdung

Ansatz

Dieser Vorschlag greift die intensive Auseinandersetzung auf, die Deuterojesaja mit den Göttern Babyloniens führt. Sie wurde notwendig, weil offenbar nicht wenige Israeliten sich diesen Göttern zugewandt hatten.
Wie in der Einführung angedeutet, führt der Prophet diese Kontroverse auf zwei Feldern: *Einerseits* wird er nicht müde, die überlegene Rettungsmacht Jahwes zu bezeugen, die sich vor allem im Exodus, der Befreiung aus der ägyptischen Sklaverei, zeigte. *Andererseits* stellt er die Götter ins grelle Licht satirischer Demaskierung: Sie wissen nichts, sie können nichts, sie stellen nur Ansprüche, dic sie keinesfalls einlösen.
Der Unterrichtsvorschlag greift diesen zweiten Ansatz auf. Einführend will er zeigen, wie Deuterojesaja die Auseinandersetzung führt – sowohl in der inhaltlichen Kontroverse wie auch in der Analyse der satirischen Mittel.
Nachdem diese Struktur erarbeitet ist, kann sie als Instrument kritischer Analyse in der Gegenwart eingesetzt werden. Die Schüler bekommen Gelegenheit, das in der biblischen Überlieferung aufbewahrte kritische Potential kennen zu lernen und seine Bedeutung für die Gegenwart einzuschätzen.
Das hermeneutische Stichwort der Wirkungsgeschichte ist in diesem Zusammenhang so zu verstehen, dass heutige Autoren und Künstler nicht direkt auf Deuterojesaja Bezug nehmen, aber auf der Spur seines Denkens und Wirkens arbeiten.

Verlauf

a. Vorbereitung (ca. 3 Stunden)

Die Lerngruppe wird über die geschichtliche Lage im Blick auf das babylonische Exil informiert. Dazu kann auf Sachinformationen zurückgegriffen werden, die in Kapitel 1 und 4 angeboten wurden.
Die Götterwelt Babyloniens ist aus dem Arbeitsblatt **M 1** ersichtlich.

b. »Die Götter Babylons sind nichts!« (ca. 2 Stunden)

In diesem Schritt werden einige Texte angeboten (**M 2**), die die Auseinandersetzung des Propheten mit den Göttern Babylons zeigen.
Man sieht, was die Menschen zum Dienst der Götter einsetzen (Text 1); sie verlassen sich ganz und gar auf sie, sie werfen sich verehrungsvoll zu Boden (Text 2), sie tragen sie umher (Anspielung auf die prunkvollen Götterprozessionen in Babylon, in denen die Standbilder mitgeführt wurden) (Text 1).
Die Götter (und ihre Priester – Text 3!) stellen nur Ansprüche, können aber selbst nichts für die Menschen tun: Sie wissen nichts und können nichts; sie lassen sich tragen; sie können nicht retten, sondern müssen sogar zur Rettung weggeschafft werden, wenn Gefahr droht (Text 1); darum kommt es zu dem Urteil: Sie wissen nichts, ja, sie sind windige »Nichtse« (Text 2). Der Gott Israels aber weiß alles und kann etwas tun, er ist es, der sein Volk trägt, auch und gerade dann, wenn sie nicht mehr für sich sorgen können (Text 1).
An dieser Stelle könnte in interessierten Klassen ein kleiner *Exkurs* eingeschoben werden:

Zur Anthropologie in Babylon und Israel
Die babylonische Anthropologie basiert auf der Anschauung, dass die Götter die Menschen nur erschufen, um jederzeit willige Arbeitskräfte zur Verfügung zu haben; das belegt ein Auszug aus der babylonischen Schöpfungsmythologie (**M 3**). Nach der Auffassung Israels erschafft Jahwe den Menschen als sein Gegenüber, nach seinem Bild, damit er die Erde verwalten, ordnen und – als Sachverwalter Gottes in seinem Sinn regieren soll (Gen 1). Diesem Befund entspricht auch der kleine Text **M 2.1**: Die babylonischen Götter wollen bedient und getragen werden, der Gott Israels ist für seine Menschen da.
Vor allem anhand des Textes 1 können die Schüler erkennen, dass der Prophet die Satire als sehr wirksame Methode des Streits einsetzt: Die Beschreibung des Produktionsvorgangs eines Götterstandbilds soll belegen, dass sie nichts als Machwerke von

Menschenhand sind. (Eine ausführlichere und noch schrillere Version dieser Satire findet sich in Jes 44,6–20).

c. Götter – heute? (ca. 2 Stunden)

Die Lernenden werden vermutlich zunächst entschieden verneinen, dass es in der Gegenwart »Götter« gäbe, wie im Alten Orient. Es empfiehlt sich, zunächst mit einem drastischen Beispiel ihre Aufmerksamkeit zu gewinnen und sodann die in der Analyse des religionsgeschichtlichen Materials gewonnenen Merkmale und Kriterien zu erarbeiten.
Für diesen Arbeitsgang bietet sich an, das gleiche Medium der Auseinandersetzung zu wählen, wie es sich bei Deuterojesaja selbst findet: die Satire.
Ich wähle eine einfach strukturierte Karikatur (**M 4**).
Zunächst geht es um die Feststellung des *Bildbestands*: Die Zeichnung besteht nur aus drei Bildzeichen: der Menschenmenge – dem Geldsack – dem Sockel oder Altar. Die Menge – eine große Zahl gut gekleideter und gut ernährter Männer kniet vor dem Geldsack. Ihre Mienen zeigen andächtiges Entzücken. Die *kritische These* des Zeichners ist rasch entschlüsselt: Viele (alle??) Menschen beten das Geld an. (Es sollte darauf geachtet werden, dass mit Sicherheit nicht nur Reiche oder Manager gemeint sind!).
In einem weiteren Schritt kann nun besprochen werden, wie sich diese Grundhaltung der Anbetung des Geldes in unserer Gesellschaft zeigt – und wie sie sich auswirkt. (In interessierten und geübten Klassen kann vielleicht auf die Untersuchungen von Erich Fromm Bezug genommen werden. In seiner bekannten Schrift »Haben oder Sein« (1979) hat er die mit der Seinsweise des »Habens« verbundene »Besitzgier« als die allgemein herrschende Einstellung herausgestellt. Sie ist so übermächtig, dass sie zur Religion geworden ist. Fromm hat vor allem Gewalt und Ausbeutung als deren notwendige Folgen freigelegt.)
Nun können die bei Deuterojesaja erkannten Merkmale des » Götterglaubens« herangezogen werden. Es hatten sich gezeigt:

- Anbetung, Verehrung
- (Blindes) Vertrauen in die Bedeutung und Macht des Gottes
- Einsatz, Opfer

Die Schüler können diese Merkmale mit den selbst gefundenen Aspekten vergleichen.
Ebenso können nun die Kritikpunkte des Propheten herangezogen und vergleichend besprochen werden:

- Die Götter können nichts wirklich Wichtiges bewirken.
- Sie dienen nicht den Menschen, sondern wollen selbst bedient werden.
- Wenn es ernst wird, lassen sie ihre Anhänger im Stich.

d. »Worauf du dein Herz hängst ...« (ca. 3 Stunden)

Vertiefend soll es nun um den Transfer der erarbeiteten Gesichtspunkte auf andere Felder gesellschaftlicher Einstellungen und Verhaltensweisen gehen.
Einleitend können zwei Aussprüche von Luther und dem französischen Theologen Georges Casalis (G. Casalis, 1985, S. 145) besprochen werden (**M4**). Sie weisen beide darauf hin, dass Dinge zu »Göttern« werden können und ihre Verehrung religiöse Qualitäten bekommen kann. Hier können die in Schritt c erarbeiteten Merkmale und Kriterien vertieft werden.
Auf dieser Basis können »Götter« in unserer Gesellschaft aufgenommen und analysiert werden; das kann vor allem durch Karikaturen angeregt werden (Beispiele: Sport; Drogen; Leistung ...).
Abschließend könnten die Schüler versuchen, eigene satirische Texte und Bilder zu »Göttern« in unserer Zeit zu entwerfen.

Materialien

M 1

Die Götter Babylons
(Vgl. **M 1** vgl. S. 130f)

M 2

Eine Trostrede des Propheten

1
Geknickt ist Bel, Nebo krümmt sich am Boden.*
Ihre Standbilder wurden Lasten für Tiere!
Lasten für Tiere, Lasten für die Müden.
Gekrümmt, geknickt sind sie allesamt,
können die Last nicht retten,
müssen selbst in Gefangenschaft gehen.
Hört auf mich, ihr vom Haus Jakob,

alle, die noch übrig sind vom Haus Israel!
Ihr seid mir aufgebürdet vom Mutterleib an,
(von mir) getragen, seit ihr den Mutterschoss verlassen habt.
Ich bleibe der, der ich bin, bis ihr Greise seid,
tragen will ich euch, bis ihr graue Haare habt.
Ich habe getragen und werde euch weiter tragen,
ich werde euch schleppen und retten.
Mit wem wollt ihr mich vergleichen, neben wen mich stellen?
... Nab schüttelt Gold aus dem Beutel, wägt Silber auf der Waage.
Man bezahlt einen Goldschmied, damit er einen Gott daraus macht.
Man kniet nieder und wirft sich zu Boden.
Man trägt ihn auf der Schulter und schleppt ihn umher,
dann stellt man ihn wieder auf seinen Platz. Dort bleibt er stehen, rührt sich nicht vom Fleck.
Ruft man mich an: er antwortet nicht; ist man in Not: er kann nicht helfen. (Jes 46,1–7)

(* = Bel und Nebo sind wichtige Götter aus der Vorzeit Babylons)

2
Seht her: Sie alle (die Götter Babylons) sind nichts, ihr Tun ist ein Nichts; windig und wesenlos sind die Bilder der Götter. (Jes 41,29)

3
(An Babylon): Du hast dir große Mühe gemacht mit all deinen Ratgebern!
Sollen sie doch auftreten und dich erretten – sie, die sich mit den Gestirnen auskennen!
Sie, die die Sterne betrachten, dir an jedem Neumond verkünden, was geschehen wird. (Jes 47,13)

M 3

So stellten sich die Babylonier die Erschaffung der Menschen vor

»Da sprach Enlil (ein wichtiger Gott) zu ihnen (den anderen Göttern):
Was wollt ihr nun tun? Was wollt ihr nun erschaffen?
Oh, große Götter, was wollt ihr nun tun, was wollt ihr nun erschaffen
Die großen Götter, die da standen,
(und) die Anunna, die das Schicksal entscheiden,
sie beide antworteten darauf dem Enlil:
Wir wollen die Lamga-Götter (Handwerker-Götter) schlachten,

damit wir mit ihrem Blut die Menschheit machen.
Die Arbeitsaufgabe der Götter sei ihre Arbeitsaufgabe,
dass sie (die Menschen) auf ewig den Grenzgraben festsetzen,
die Spitzhacke und den Tragkorb in ihre Hand legen,
(für) den Tempel der großen Götter,
der zu einem erhabenen Hochsitz geeignet ist …
Dass sie das Getreidefeld der Anunna gedeihen lassen,
den Überfluss im Lande vermehren,
die Feste den Göttern geziemend (feiern).

(Bergerhof, Mesopotamien und das Volk Gottes. Neukirchen 1983. S. 41ff.)

M 4

Ein Gott in unserer Zeit

(Stapperfenne, 1975)

M 5

Worauf du dein Herz hängst
und worauf du dich verlässt,
das ist eigentlich dein Gott.
Martin Luther

Wir leben in einer Gesellschaft, die permanent den Atheismus angreift, damit wir umso einfacher den Götzen dienen können.
Georges Casalis

Kapitel 10: Psalmen

1 Theologische Erwägungen

1.1 Psalmen sprechen Erfahrungen an

»Ich habe die ganze Nacht einsam hingebracht ... und habe schließlich ... die Psalmen gelesen, eines der wenigen Bücher, in dem man sich restlos unterbringt, mag man noch so zerstreut und ungeordnet und angefochten sein« ... schrieb Rainer Maria Rilke (Briefe an seinen Verleger, 1934, S. 247). Viele werden ganz ähnliche Zugänge zu diesen alten Texten finden:

Einmal bringen die Psalmen elementare Erfahrungen so unverstellt und kraftvoll zur Sprache, dass viele sich mit dem, was ihnen selbst widerfährt, darin erkennen und sich auf geheimnisvolle Weise mit dem Schicksal der Früheren verbunden sehen. Damit sprechen die Psalmen auch Menschen an, die dem Christentum vielleicht schon ganz entfremdet sind, weil diese Texte Lebens-Erfahrungen Sprache geben, die sonst wohl unbesprochen, unverarbeitet blieben.

Ein zweiter Grund für die Anziehungskraft der Psalmen ist wohl ihr Reichtum an Bildern und Symbolen. Insbesondere können heute erfahrene Bedrängnisse und Ängste in Bildern, die die alttestamentlichen Klagelieder benutzen, ihren Ausdruck finden: das Wasser, in dem ich versinke ... wilde Tiere, die mich bedrängen ... der Abgrund, in den ich stürze ... das sind Bilder von beinahe archetypischer Allgemeinheit und Kraft. Dies ist besonders wichtig in einer Zeit, in der das Übermaß des Leidens die Menschen stumpf und stumm gemacht hat.

Schließlich sprechen die Psalmen heute noch so viele Menschen an, weil sie nicht nur unsere Erfahrungen aufnehmen, sondern Gegen-Erfahrungen zu Sprache bringen:

Der hebräische Mensch sucht keine Beschwichtigung und schnelle Beruhigung im Leiden, sondern kann es annehmen und es in kraftvoller, oft maßloser Klage zur Sprache bringen, die immer wieder in die Anklage Gottes mündet:

Ich sage zu Gott, meinem Fels:
»Warum hast du mich vergessen?« (42,10)

Der Psalmenbeter erfährt keine Isolierung, sondern kann sich immer wieder in die Gemeinde einbinden als Erfahrungs-, Sprach- und Solidargemeinschaft:

Ihr alle, die ihr Gott fürchtet, kommt und hört;
ich will euch erzählen, was er mir Gutes getan hat. (66,16)

Der Mensch, der uns in den Psalmen begegnet, ist in der Angst nicht verlassen, sondern von einem Grund-Vertrauen getragen, das auch in der äußersten Bedrängnis noch standhält, weil es sich von Gott gehalten und in der Gemeinde gestärkt weiß.

Dennoch bleibe ich stets bei dir;
denn du hältst mich bei meiner rechten Hand. (73,23)

Solche Gegen-Erfahrungen könnten uns auch heute neuen Mut zum Leben und Glauben übermitteln – wenn wir sie annehmen.

1.2 Psalmen sollten über Erfahrungen erschlossen werden

Auf der Spur dieses Grundverständnisses legt sich nahe, eine erste Annäherung an einen Psalm zu suchen, indem man die elementaren Erfahrungen aufsucht und bedenkt, die in ihnen zur Sprache kommen: Leid und Klage, Zweifel und Resignation, Freude und Dank …
Es ist sicher sinnvoll, die eigene Psalmen-Auslegung mit einer Meditation der anthropologischen Grunderfahrungen zu beginnen. Wenn möglich, sollte eine solche Meditation sich sehr persönlich-biographisch ausrichten. Beispiele: Wie könnte ich meine augenblickliche Befindlichkeit beschreiben? Passt sie zu dem Psalm, mit dem ich mich beschäftige? Empfinde ich sie eher als positiv/aufbauend oder eher als bedrückend, destruktiv? – Welche Grunderfahrung ist für mich besonders erfreulich – welche besonders belastend? – Erinnert der Psalm eine Grunderfahrung aus einer früheren Lebenszeit ? Erinnere ich mich gern daran? – Kann ich meine augenblickliche Befindlichkeit mit einer anderen Person(einer Gruppe) besprechen oder teilen? Was bedeutet diese Möglichkeit (bzw. auch deren Fehlen)?
Nach einer solchen Meditation kann die Exegese ihre Arbeit mit vertiefter Intensität aufnehmen.

1.3 Hinweise zur Exegese

Die Psalmen finden sich in einer Zusammenstellung von 150 Texten; es ist also nach dem Aufbau und der Gestaltung dieser *Sammlung* zu fragen. Auf den ersten Blick ist keine durchgehende Ordnung etwa nach Themen, Verfassern oder geschichtlichem Ort zu erkennen. Bei näherer Untersuchung zeigen sich aber innerhalb dieses großen

Textkomplexes Gruppen zusammengehöriger Psalmen. Beispiele: Ps 3–41 sind als »David-Psalmen« gekennzeichnet; Ps 120–134 sind Wallfahrtspsalmen; Lob-Psalmen erkennt man in Ps 103–107, Klagepsalmen in Ps 140–143. Gerade die letzten Beispiele zeigen die Gruppierung nach Themen, die jeweils auch in einer unverwechselbaren Formsprache gestaltet wurden.
Es geht hier um die *Gattung* der Psalmen. Merkmale einer Gattung sind: Typischer Inhalt und eine ihm entsprechende Form; dazu kommt noch ein drittes Charakteristikum: Der »Sitz im Leben«, d.h. der stets wiederkehrende Anlass, bei dem ein Psalm verwendet wurde.
Zunächst die *Inhalte*: Die meisten Psalmen lassen sich zwei Grundweisen der Sprache des Glaubens zuordnen: Klage und Lob; eine weitere Differenzierung ergibt sich, wo die Subjekte, d.h. der »einzelne Beter« oder die »Gemeinde als Ganze« unterschieden werden. Damit ergibt sich eine einfache Grundgliederung der Gattungen:

Klagelied des Einzelnen (Beispiel: Ps 22)
Klagelied des Volkes (Beispiel: Ps 80)
Loblied des Einzelnen (Beispiel: Ps 103)
Loblied des Volkes (Beispiel: Ps 113).

Bei den Lobliedern hat Westermann den einleuchtenden Vorschlag gemacht, noch weiter nach Anlässen des Lebens zu differenzieren: Psalmen, die von einem konkreten Anlass ausgehen (etwa Gesundung von schwerer Krankheit, Rettung aus Gefahr …), bezeichnet er als »berichtendes Lob« (in der traditionellen Gattungsbestimmung: »Danklied«); Beispiel: Ps 138. Psalmen, die eher allgemein die Größe und Freundlichkeit Gottes zur Sprache bringen, nennt er »beschreibendes Lob« (Traditionell: Hymnus); Beispiel: Ps 8.
Die einzelnen Themen sind jeweils in einer charakteristischen *Formensprache* gestaltet; dies sei anhand der Gattung *»berichtendes Lob« (Ps 138)* erläutert.
Eine *Einleitung* enthält meist Elemente der Intention (»Ich will danken« V.1). Der *Hauptteil* ist bestimmt durch die Erzählung: Die Not, aus der der Beter Rettung erfahren hat, wird geschildert (V. 3+7). Auch ist er geprägt durch Äußerungen des Vertrauens (»Gehe ich auch mitten durch große Not – du erhältst mich am Leben« V.7).
Als drittes Merkmal einer Gattung wurde der *»Sitz im Leben«* genannt, die immer wiederkehrende Verwendungssituation. Im Blick auf die Psalmen gilt der Gottesdienst Israels als der genuine »Sitz im Leben«. Tatsächlich ist der Gottesdienst der Ort gewesen, in dem die Psalmen gesungen, gebetet und gefeiert wurden. Allerdings handelt es sich bei den Psalmen sicher nicht um das »Gesangbuch« Israels, das in fixierter, abgeschlossener Form vorlag. Vielmehr ist daran zu denken, dass die Lieder in einem langen, lebendigen Prozess der Erfindung, Umgestaltung, Erneuerung zu

sehen sind – manche Psalmforscher halten die jetzige Form für eine mehr oder weniger zufällig festgehaltene Momentaufnahme aus diesem Prozess. – Auch der Ausdruck »Gottesdienst Israels« ist noch zu klären. Keineswegs darf man vom heute üblichen Verständnis ausgehen, nach dem »Gottesdienst« einen abgeschlossenen, punktuellen Vorgang darstellt. Vielmehr ist der Gottesdienst Israels ein das ganze Leben umfassendes und durchdringendes Geschehen. Die großen Wallfahrtsfeste im Jerusalemer Tempel, das häusliche Gebet der Familiengemeinde, die Klage im Dorf über einen Verstorbenen ebenso wie der Segen des Vaters für die Kinder usw. waren »Gottesdienste«. Man wird sich das alles recht lebendig und nicht farbig genug vorstellen dürfen.

Ein ganz grundlegender Aspekt der Einwurzelung der Psalmen in den Gottesdienst ist der *Gemeindebezug*. In der Psalmenforschung wird immer wieder hervorgehoben, dass nicht das »Kultpersonal«, sondern die Gemeinde das Subjekt des Feierns, Klagens und Lobens war. Sie ist nicht einfach anwesend, sondern nimmt am Dankfest des Befreiten (todah) aktiv teil; sie hört nicht einfach zu oder gar weg, wenn ein Verzweifelter klagt, sondern macht sich die Sache des Beters zu eigen. Die Gemeinde ist die Hör-, Solidar- und Festgemeinschaft, in der die Psalmen lebendig sind. Viele Exegeten haben darauf hingewiesen, dass vor allem in Notsituationen sich die Betroffenen solidarisierten; denn die besonders häufig genannten unschuldig Angeklagten, die Ausgebeuteten und Opfer von Rechtsbeugung waren ja meistens nicht in eine einmalige Notlage geraten, sondern lebten im Grunde strukturell im Unglück. Die Gruppe dieser Menschen sah sich in besonderem Maße auf Gottes Hilfe und auf gegenseitige Solidarität angewiesen; häufig bezeichnen die Psalmen sie als die »Armen« (z.B. Ps 10,8.14.18; Ps 12,6; Ps 14,6; Ps 69,34 … vgl. Jes 14,32!). Mt 5,3 und 11,5 zeigen, dass auch Jesus diese Tradition kennt und aufgreift.

An dieser Stelle kommen Fragen auf: Wie sieht die gottesdienstliche Gemeinde heute aus im Vergleich mit der Gemeinde in Israel, die sich in den Psalmen widerspiegelt? Ist sie imstande, Impulse zur Veränderung und Erneuerung aufzunehmen?

Für das Verständnis der Psalmen ist auch ihre *Sprache* wichtig.

Schon seit langem ist das formale Grundprinzip bekannt, der sogenannte *parallelismus membrorum* (Parallelität der Satzglieder): zwei oder mehrere Zeilen oder Sätze sind so aufeinander bezogen, dass eine Sinneinheit entsteht. Man unterscheidet unterschiedliche Formen:

- Der *synonyme* parallelismus membrorum drückt den gleichen Gedanken mit anderen Worten aus:
  Wie lange, o Herr, willst du mich so ganz vergessen?
  Wie lange verbirgst du dein Antlitz vor mir? (Ps 13,2)
- Im *antithetischen* parallelismus membrorum bilden die beiden Glieder einen Gegensatz:

Jahwe kennt den Weg der Gerechten,
aber der Weg der Gottlosen geht ins Leere (Ps 1,6).

- Beim *synthetischen* parallelismus membrorum wird im zweiten Teil der Gedanke des ersten weitergeführt:
  Lobe Jahwe, meine Seele,
  und vergiss nicht, was er dir Gutes getan hat (Ps 103,2).
- Besonders formvollendet ist der *klimaktische* parallelismus membrorum.Gedanken werden durch das gleiche Stichwort am Zeilenanfang weitergeführt und gesteigert:
  Bringt dar dem Herrn, ihr Himmlischen,
  Bringt dar dem Herrn Ehre und Stärke (Ps 29,1).

Viel bedeutender als diese formalen Baumerkmale der Psalmen ist der Reichtum an Bildern und Symbolen: Symbole der Angst und Verlassenheit, aber auch Bilder der Geborgenheit. Die Erfahrungen und Hoffnungen, die diesen Bildern zugrunde liegen, sind in jeder Zeit lebendig; sie können Ausdruck und Sprache in den Symbolen der Psalmen finden: Wer bedrückt ist von dunklen und unnennbaren Ängsten, kann sie vielleicht in der Symbolik wilder Tiere fassen und damit greifbar machen – ein erster Schritt zur Bewältigung (Ps 22,13ff). Ein anderer kann im Symbol des Lichts eine Gestalt für seine undeutliche Sehnsucht nach Wärme und Geborgenheit finden (Ps 27,1). Auf diese »stellvertretende Sprachgebung« der Psalmen hat vor allem Ingo Baldermann aufmerksam gemacht.
Die Psalmen halten viele Erfahrungs- und Lernchancen bereit, die es zu entdecken und zu nutzen gilt.

2 Didaktische Erwägungen

Allerdings ist die Praxis, mit der gegenwärtig die Psalmen in Kirche und Schule rezipiert werden, nicht eben günstig, um diese Chancen einzulösen.
Zwar ist der Versuch zu beobachten, die gottesdienstliche Liturgie durch Sprechen von Psalmen im Wechsel zwischen Liturg und Gemeinde zu beleben, doch kommt dies oft über ein dumpfes Gemurmel nicht hinaus, das der Dynamik der biblischen Texte nicht gerecht wird. Die Psalmen-Rezitation im Gottesdienst bleibt wohl meistens ohne Kraft, weil die Gemeinde kaum die Erfahrungs- und Solidargemeinschaft repräsentiert, die sich in den alttestamentlichen Psalmen ausspricht. – Auch der Umgang mit Psalmen im Religionsunterricht ist nicht besonders gut. Immer noch werden einzelne Psalm-Verse als lehrhafte Zusammenfassungen von Glaubenswahrheiten benutzt, teilweise auch als Merk-Verse oder es wird vorwiegend die kognitive Dimension angesprochen.

Die folgenden Unterrichtsvorschläge versuchen, die in den Psalmen selbst erkannten Erfahrungs- und Lernchancen aufzugreifen. Ich stelle sie in einer Übersicht zusammen:

1. Die Psalmen bringen Erfahrungen und Gefühle von Menschen zur Sprache, die ihr Leben vor Gott und Menschen ausbreiten. Sie laden dazu ein, eigene Erfahrungen und Gefühle in den Blick zu nehmen und bieten die Möglichkeit, dafür Sprache und Gestalt zu finden.
2. Die Psalmen verwenden viele Sprachbilder und Symbole; diese sind oft so elementar, dass sie die Chance eröffnen, im Medium dieser Bilder und Symbole eigene Erfahrungen intensiv wahrzunehmen und zu bearbeiten.
3. In den Psalmen zeigen sich sehr unterschiedliche Gottesbilder und Beziehungen der Beter zu Gott. Damit legen sie nahe, eigene Vorstellungen zu überdenken und bieten an, diese zu erweitern und zu verändern.
4. Die Psalmen zeigen ein sehr reiches und differenziertes Verständnis des Gebets:
   - Gebet als Anrufung Gottes. Dies ist die verbreitete Sicht; ich bezeichne sie als die *invokative* Dimension des Gebets.
   - Gerade die erzählenden Elemente in den Psalmen, vor allem die Klagelieder, dienen sicher nicht zuerst der Information Gottes über die Lage des Beters, sondern in ihnen bedenkt er seine Situation vor Gott und der Gemeinde; dies kann man die *reflexive* Dimension des Betens nennen.
   - Die formgeschichtliche Analyse zeigt, dass Beten seinen Ort in der (gottesdienstlichen) Gemeinde hat; Loben und Danken, Klagen und Trauern richten sich auch immer an die Gemeinde: Die *kommunikative* Dimension des Gebets.
   - Wer betet, hat auch in der extremen Leiderfahrung sich noch nicht aufgegeben, sondern erhofft immer noch einer Veränderung der bedrückenden Gegenwart. Diesen zukunftgerichteten, hoffnungsorientierten Aspekt des Betens nenne ich die *eschatologische* Dimension.

Die Gebete der Psalmen bieten mit dieser reichen, differenzierten Sicht des Gebets die Chance, eigene Sichtweisen zu erwägen und zu bereichern.

Wie können sich solche Lernchancen im Unterricht einlösen?
Grundsätzlich ist davon auszugehen, dass sich die Psalmen nicht in erster Linie einem kognitiven Zugang erschließen, sondern dazu einladen, sich ganzheitlich in ihre Erfahrungs- und Symbolwelt einzuleben und so am Reichtum ihrer orientierenden und heilenden Kräfte teil zu haben.

Es bieten sich an:
- Kreatives Aneignen und Gestalten von Sprache und Bildern

- Bedenken und Meditieren eigener Erfahrungen, Gefühle und Vorstellungen
- Gestaltendes und feierndes Nach- und Miterleben der in den Psalmen erkennbaren Situationen

Darauf beziehen sich die folgenden Vorschläge.

Für die Grundschule wähle ich den Ansatz:

a. Erfahrungen von Angst und Geborgenheit feiernd nacherleben
Hier geht es darum, mit Kindern anhand von Ps 23 Gefühle nachzuerleben und ihnen eine Form zu geben. Im Zentrum des Vorschlags steht eine feiernde Inszenierung des Psalms, begleitet und weitergeführt durch Überlegungen zur Bedeutung der Bilder und zum Gebet.

Für die Sekundarstufe I werden zwei Vorschläge angeboten:

b. In Symbolen Ängste gestalten und Möglichkeiten der Auseinandersetzung kennen lernen
Am Beispiel von Ps 22 können Jugendliche die Kraft biblischer Symbole erfahren und sie als Angebot zur Gestaltung eigener Gefühle wahrnehmen. Sie können entdecken, dass von der Gemeinschaft (Gemeinde) in Israel Geborgenheit, Zuspruch und Unterstützung ausgeht und bedenken, ob solche Erfahrungen auch in ihrer Gegenwart möglich sind.
Dieser Vorschlag ist für die 5./6. Klasse gedacht.

c. Freude als Erfahrungen einer guten, hilfreichen Lebensperspektive im Gespräch bedenken und anhand eines Lobliedes (Ps 92,1–7) vertiefen
Dieser Vorschlag greift die Chance auf, sich von den Psalmen zu neuen Erfahrungen und Sichtweisen inspirieren zu lassen. Es geht zunächst einmal um das Angebot, eigene Erfahrungen bewusst wahrzunehmen und im Gespräch zu meditieren. Der Psalm erschließt dann weitere Dimensionen dieser Gefühle und lädt dazu ein, sie im Horizont von Religion zu betrachten.
Zielgruppen für diesen Vorschlag sind die Klassen 8 und 9

Einführende Literatur
C. Westermann, Ausgewählte Psalmen. 1984
I. Baldermann, Wer hört mein Weinen? 1986
S. Berg, Biblische Bilder und Symbole erfahren. ^{2}1998

3 Unterrichtsvorschläge

3.1 Ohne Angst im finsteren Tal (2./3. Klasse)

Kurzcharakteristik	
Inhalt:	Ps 23,1–4
Klassenstufe:	2./3. Klasse
Lernchance:	Die Kinder können eigene Erfahrungen ganzheitlich feiernd meditieren
Hermeneutisches Konzept:	Existentiale Interpretation

Ansatz

Es ist nicht beabsichtigt, den ganzen Psalm 23 gestaltend zu erschließen, sondern den Schülern einen ganzheitlich-erlebnisbezogenen Zugang zu einem Teil des Textes zu eröffnen. Dafür bietet sich die Konzentration auf den ersten Teil (Vers 1–4) an. Seine beiden Grund-Symbole können die Kinder beim Umgang mit eigenen Gefühlen und Erfahrungen unterstützen:
Die Weg-Symbolik spricht nicht nur die Thematik des Lebensweges an, sondern kann auch die Bewegung der Gefühle Geborgenheit und Angst ausdrücken.
Die Hirten-Symbolik vermittelt ein tiefes Gefühl der Geborgenheit und kann Erfahrungen und Äußerungen des Vertrauens in sich aufnehmen.
Im folgenden Vorschlag ist die Gestaltung des Psalms als Bewegungs- und Klang-Aktion angelegt (»Mit dem guten Hirten auf dem Weg«). Die Kinder können auf einem Weg, den sie zurücklegen, die beiden Grundsymbole erleben und in sich aufnehmen.

Drei Schritte auf dieser Weg-Aktion sind geplant:

- *Zuerst* geht es um das Erlebnis der Geborgenheit unter der Leitung des guten Hirten: »Grüne Aue«.
- Ein *zweiter Schritt* thematisiert die Angst. Aus den Erfahrungen der Kinder, die im Unterricht besprochen wurden, ergab sich die Einsicht, dass Angst meistens nicht *in* einer schwierigen Situation entsteht, sondern bereits *vor* ihr wirksam wird – als Furcht davor, was geschehen könnte. Darum soll die zweite Station des Weges »Vor dem finsteren Tal« heißen und diese Erfahrungen ausdrücken.
- »Im finsteren Tal« – der *dritten Wegstrecke* – kann das Gefühl der Geborgenheit in der bedrohlichen Situation gestaltet und ausgelebt werden.

Der Vorschlag ist als »Unterrichtsbaustein« angelegt, der in ganz unterschiedlichen Unterrichtsthemen verwendet werden kann, z.B. »Manchmal haben wir Angst ...«; »An Gott kann man sich wenden«; »Wem kann ich vertrauen?«

VERLAUF

Der Vorschlag ist so angelegt, dass er ohne allzu großen Aufwand in etwa 3 Unterrichtsstunden realisiert werden kann.
Die Schüler sollten möglichst ganzheitlich angesprochen werden: kognitiv, emotional und psychomotorisch. Darum enthält der Planungsvorschlag folgende Elemente:

- Erarbeitung der Symbolik des 23. Psalms. Die Kinder tragen Beobachtungen zusammen. Es empfiehlt sich, einige Bilder von Wanderhirten aus dem Vorderen Orient zu zeigen und zu erklären, damit die Kinder eine Anschauung von gebahnten und rauhen Wegen, von grünen Wiesen und von unheimlichen Schluchten haben. In einem meditativen Rundgespräch können die Kinder sich etwas in die Situation einleben.
- Gestaltung von Masken, die die Gefühle »Angst« und »Geborgenheit« zeigen. (Man sollte sich bewußt auf die Darstellung der Gefühle der Kinder konzentrieren und darauf verzichten, angstmachende Gegenstände darzustellen, etwa in Gespenster- oder Tiermasken.) Leicht herzustellen sind einfache Stab-Masken: Pappscheiben werden als Oval in der Größe von Kindergesichtern geschnitten und mit Öffnungen für die Augen versehen. Die Schüler gestalten sie auf der einen Seite mit dem Ausdruck »Geborgenheit«, auf der anderen Seite wird »Angst« ausgedrückt. Die Scheiben werden auf einem Rundstab befestigt (ca. 3 cm einkerben). Die Schüler halten sie vor das Gesicht und können sie drehen – je nach der Situation, die sie gerade erleben. – Einige Schüler werden als Maskenträger auf dem »Weg des guten Hirten« bestimmt.
- Umsetzung der Empfindungen in Musik. Hierfür sollten drei Elemente vorbereitet werden: Eine Schülerin spielt auf der Flöte zwei kleine Melodien, die »Angst« und »Geborgenheit« ausdrücken. – Einige Jungen und Mädchen sollten die Maskenträger auf ihrem Weg begleiten; sie übernehmen die Aufgabe, die Gefühle mit Rhythmus-Instrumenten darzustellen. – Einige andere Schüler bilden das »Orchester«; sie geben dem musikalischen Geschehen Halt durch das Spiel auf Orff-Baßbausteinen (Tonika-Dominante) und das Durchschlagen eines Grund-Rhythmus (Hand-Trommel und Triangel). – Ein oder zwei Schüler üben, den Text laut und langsam zu lesen.
- Ausgestaltung des Klassenraums als »Erlebnis-Landschaft«.
  Die Tische werden am »Weg des guten Hirten« entlang aufgestellt und hergerich-

tet(siehe Skizze): Die »grüne Aue« schmücken wir mit Blumen und Zweigen; »vor dem finsteren Tal« wird auf jede Ausgestaltung verzichtet; das »finstere Tal« wird durch übereinandergestellte, mit grauen Decken verhängten Tische symbolisiert.

Zur Durchführung

Die erste Phase
Sie dient der Erarbeitung der Hirten-Symbolik. In ungeübten Klassen kann auch eine kleine Geschichte vorgelesen werden.

Die zweite Phase
Sie dient der Vorbereitung und Einübung. Wir teilen die Klasse in vier Gruppen auf: Maskengestalter – Flötenspieler – Rhythmus – Spieler – »Orchester«.
Schwierig wird es sein, die verschiedenen Musikanten-Gruppen auf einen Rhythmus zu einigen; man muss zunächst ziemlich deutlich den Takt vor-schlagen und die Schüler auf das gemeinsame Musizieren einüben.
Die Kinder sollten an einen ruhigen Grund-Rhythmus gewöhnt werden; sie neigen erfahrungsgemäß dazu, das Tempo zu steigern, was zu Hektik und Durcheinander in der Bewegungs-Aktion führen kann.

Die dritte Phase
Vor Beginn der Stunde wird der Klassenraum für den »Weg des guten Hirten« hergerichtet. (Im Prinzip ist es natürlich auch möglich und wünschenswert, die Ausgestaltung gemeinsam mit den Kindern vorzunehmen – doch im »normalen« Takt der einzelnen 45-Minuten-Stunde reicht die Zeit dafür nicht aus.)
Eingangs werden mit den Kindern noch einmal in einer kurzen Arbeitsphase die Grund-Symbole des 23. Psalms besprochen.
Dann kann die Bewegungs-Aktion beginnen.
Ein Schüler liest jeweils vor den drei Weg-Stationen die passenden Verse aus dem 23. Psalm:

- zur »Grünen Aue« die Verse 1–3
- zur Station »Vor dem finsteren Tal« den ersten Teil von Vers 4
- zum »finsteren Tal« den ganzen Vers 4

In mehreren Durchgängen kann es zu einem intensiven, ganzheitlichen Erleben von Angst und Geborgenheit auf dem »Weg des guten Hirten« kommen.

Beispiel für ein Weg-Arrangement in der Klasse:

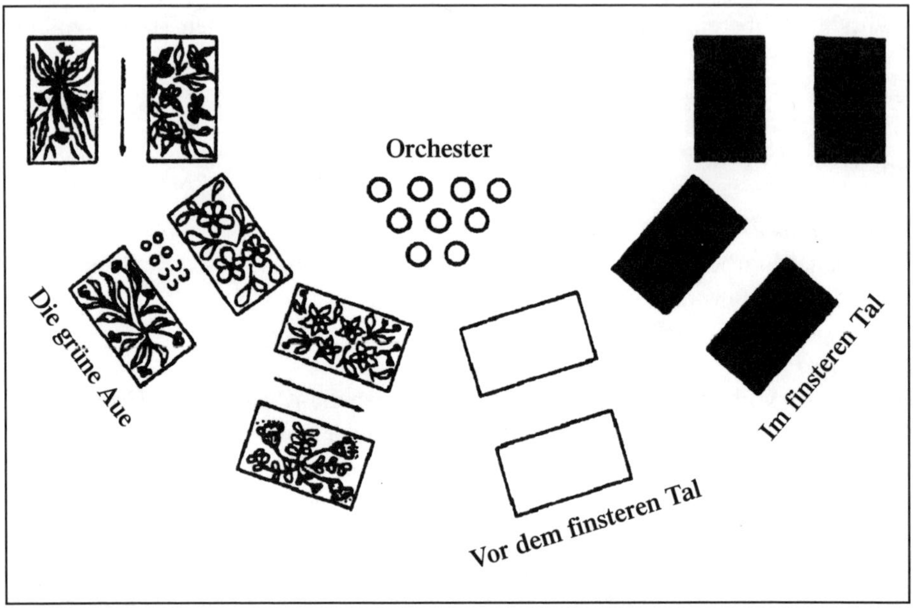

3.2 Gott ist bei den Weinenden (5./6. Klasse)

Kurzcharakteristik	
Inhalt:	Klage und Freude
Klassenstufe:	5./6. Klasse
Lernchance:	Die Schüler können anhand von Ps 22 Möglichkeiten zur Auseinandersetzung mit Kummer kennenlernen
Hermeneutisches Konzept:	Ursprungsgeschichtliche Auslegung

ANSATZ

Der folgende Vorschlag will eine Möglichkeit zeigen, einen Psalm in ein mehr thematisch-erfahrungsorientiertes Unterrichtsvorhaben einzubeziehen.
Die ganze gedachte Einheit wird nur knapp skizziert, der Teil zur Beschäftigung mit dem Psalm etwas genauer dargestellt (»Ausschnittvergrößerung«).
Der erste Teil setzt sich zum Ziel, die Schüler zur Reflexion eigener Kummer-Erfah-

rungen anzuregen und anzuleiten. Anhand von Geschichten aus dem Erfahrungsbereich erwägen sie verschiedene Möglichkeiten, mit Kummer umzugehen. Damit soll gleichzeitig schon ein erweitertes Verständnis des Gebets vorbereitet werden, wie es oben skizziert wurde.

Ein zweiter Teil führt dann auf den Psalm hin: Die Schüler gestalten die Tier-Symbole aus Ps 22,13.14.17 als Ausdruck bedrückender, ängstigender Erfahrungen. Der biblische Bezug bleibt zunächst ausgespart.

Dann erfahren die Lernenden, dass die Symbole aus Ps 22 stammen. Sie erhalten eine Grundinformation über den Gottesdienst in Israel; dabei soll besonders auf die Bedeutung der Gemeinde geachtet werden. Die Lektüre ausgewählter Abschnitte des Textes kann die Vielfältigkeit des Betens in den Psalmen in den Blick bringen.

Die Einführung des letzten Teils von Ps 22 zeigt dann eine ganz neue Perspektive: Ab V. 23 kommt es zur Wende von der Klage zur Freude: Dies überraschende Moment muss etwas verdeutlicht werden: Ganz unvermittelt setzen intensive Äußerungen des Lobens und Dankens ein (hebr.: Todah = Danklied, auch Dankopfer). Dieses Phänomen – in der Psalmenforschung oft als »Stimmungsumschwung« bezeichnet – findet sich in sehr vielen Klageliedern. In der älteren Forschung wird häufig angenommen, dass ein Heilsorakel des Priesters diesen Wandel herbeiführe. Doch dies ist den Texten selbst nicht zu entnehmen. Man wird eher daran denken, dass der Beter in einer intensiven Gottesbeziehung lebt. Diese zeigt sich in Ps 22 beispielsweise in V. 10f: Der Beter vergewissert sich, dass Jahwe vom Anfang seines Lebens an bei und mit ihm gewesen ist. Daran erinnert er sich. Weitere Fingerzeige finden sich in der Todah selbst: »Seinen Brüdern … inmitten der Gemeinde« will der Beter verkünden, was Gott ihm Gutes getan hat (V. 23 und 26); dort will er auch sein Gelübde erfüllen: Ein Dankopferfest soll gefeiert werden, in dem nicht nur Gott die Ehre gegeben wird, sondern die »Armen essen und sich sättigen« sollen (V. 27). Es ist mit Sicherheit anzunehmen, dass diese »Brüder und Armen«, die auch immer wieder in Not sind, schon in der Situation der Klage als Gemeinde beim Beter sind, ihn trösten, ihm Solidarität zusagen, ihn an die Treue Jahwes erinnern, die sie selbst auch erfahren haben. Der »Stimmungsumschwung« erklärt sich aus dem »Sitz im Leben« der »Klage«: Im Gottesdienst vergewissert sich der Beter der Treue Gottes und erfährt praktischen Beistand durch die anwesende Gemeinde. Mit dieser Erklärung wird ein Ursprungsgeschichtlicher Ansatz gewählt: Der Text soll aus der Entstehungs- und Gebrauchssituation des Psalms verständlich werden.

Die Einführung der Todah in den Unterricht soll die Frage in der Lerngruppe stimulieren, ob solche Erfahrungen gegenseitiger Ermutigung und Hilfe auch heute möglich sind.

Es versteht sich fast von selbst, dass ein solches Dankfest in der Lerngruppe gefeiert wird – wie überhaupt der gottesdienstliche Aspekt des Psalms am besten durch praktisches Nach-Erleben erschlossen wird.

VERLAUF

a. Mit Kummer umgehen (ca. 2 Stunden)

Der Unterrichtende liest eine Kummer-Geschichte aus dem Lebensbereich der Schüler vor (Ein Haustier stirbt, erster Liebesschmerz …).
Spontanäußerungen zur Frage: Was kann der Junge/das Mädchen tun, um mit dem Kummer fertig zu werden? (Allein sein, sich zurückziehen – nachdenken – mit jemand sprechen …)
Diese Möglichkeiten werden im Gespräch etwas vertieft; falls nötig, ergänzt der Unterrichtende: Man kann mit Kummer auch umgehen, indem man ihn gestaltet.
Die Schüler werden gebeten, eine der besprochenen Möglichkeiten zu diskutieren; Beispiele:
Allein sein: Sich einschließen – Spaziergang machen – Musik hören
Nachdenken: Tagebuch schreiben; Brief schreiben…
Sprechen: Wer ist am ehesten Ansprechpartner? Vielleicht bietet es sich auch an, eine kleine Szene mit Egli-Figuren zu stellen …
Gestalten: Ein Bild malen, eine Form aus Ton gestalten, ein Gedicht schreiben … Die Schüler könnten dabei entdecken, dass die Gestaltung helfen kann, ein Problem, einen Anlass zu Angst oder Trauer genauer in den Blick zu nehmen, vielleicht sogar »in den Griff zu bekommen«, so dass eine Auseinandersetzung beginnen kann.
Bei der Vorstellung und Besprechung der gefundenen Lösungen sollte unbedingt Freiwilligkeit gewahrt werden, da es um ganz persönliche Erfahrungen und Gefühle geht!

b. Erfahrungen von Angst in Symbolen gestalten (ca. 2 Stunden)

Der Unterrichtende gibt drei Symbole vor:

- Löwe
- Stier
- Wilde Hunde

Die Schüler gestalten diese Symbole (große Poster, Fingerfarben oder Reißtechnik …). Die fertigen Bilder werden besprochen unter der Fragestellung: Was macht Angst?
Erfahrungsgemäß ist hier Hilfestellung nötig. Zunächst werden viele Schüler noch auf der konkret-gegenständlichen Ebene bleiben: Man fürchtet sich eben vor dem Hund, dem Stier … Oft kann die Vorstellung, dass jemand von diesen wilden Tieren träumt, den Übergang zur Ebene des symbolischen Verständnisses anstoßen. Es wird

aber auch in den folgenden Stunden immer wieder zu fließenden Wechseln zwischen den Ebenen kommen.
Im Gespräch und Erfahrungsaustausch werden die besonderen Erfahrungsqualitäten der einzelnen Symboltiere bedacht:

- Der Löwe steht für Menschen, Situationen, in denen »man aufgefressen« wird.
- Der Stier kann etwas symbolisieren, was andere »zertrampelt«.
- Bei den Hunden kann man daran denken, dass Verhältnisse oder auch Menschen so »hetzen«, dass man nicht mehr zur Ruhe kommt.

Bei dieser Arbeit kann/sollte bewusst werden, dass solche Gestaltungen behilflich sein können, vielleicht ungreifbare Ängste zu erkennen – ein erster Schritt zur Auseinandersetzung. – Die Gedanken zu den Tieren können auf Streifen geschrieben und auf die Symboltiere geklebt werden. Die Poster bleiben möglichst im Klassenraum hängen.

c. Psalm 22 (ca. 1 Stunde)

Der Unterrichtende erklärt, dass die Symbole aus einem Psalm stammen; er wird auszugsweise gelesen (V. 2–3; 7; 10–14; 17–19).
Im Gespräch werden zwei Aspekte herausgearbeitet:
Der Dichter verwendet noch andere Symbole, die seine Lage charakterisieren; dabei könnte es hilfreich sein, dass sich auch im Text die Ebenen der symbolischen Gestaltung und der Situationsbeschreibung vermischen (besonders deutlich in V. 7–8).
Eine zweite Beobachtung: Der Sprecher gestaltet nicht nur seinen Kummer in Sprachbildern und Symbolen, sondern er wendet sich auch an Gott: Die Ebene des Gesprächs und der Kommunikation als Möglichkeit der Bewältigung von Angst und Schmerz kommt in den Blick.
Die Frage, warum der Beter wohl Gott so ausführlich seine Situation erzählt, kann den Gedanken anstoßen, dass dies eine Möglichkeit ist, über seine Situation nachzudenken und sie zu klären.

d. Die Psalmen – Lieder und Gebete des Volkes Israel (ca. 1 Stunde)

Den Schülern wird eine Überblicksinformation über die Psalmen angeboten.
Sie erfahren etwas über die Sammlung der Psalmen, über die verschiedenen Themen, die zur Sprache kommen, über die Bilder- und Symbolwelt. Vor allem aber sollen sie einen Eindruck vom Gottesdienst als Wurzelboden der Psalmen gewinnen. Der

Unterrichtende schildert, dass der Gottesdienst viel lebensbezogener, ungezwungener, erfahrungsnäher war als heutige Veranstaltungen. Klage und Lob, Bitte und Dank hatten immer einen konkreten Anlass, auch wenn ihre Sprache diesen Anlass oft nur noch durchschimmern lässt.

e. Psalm 22 (ca. 2 Stunden)

Was bisher in der Erzählung berichtet wurde, soll nun am Beispiel von Ps 22 lebendige Anschauung werden. Der Text **M1** kann als Leseszene verwendet werden – vielleicht gibt es aber auch in einer Lerngruppe Zeit und Lust, ihn als Spiel auszuführen. Die Szene ist so angelegt, dass die ausgewählten Abschnitte des Psalms in ein Gespräch zwischen Joschua und seinen Freunden eingebettet sind.
So kann den Schülern deutlich werden, dass Gottesdienst und Leben eng zusammengehören.
Das anschließende Gespräch sollte klären, dass Gott den Beter »sieht« und »erhört«, indem ihm seine Freunde zuhören und sich praktisch für ihn einsetzen. – Der Unterrichtende erklärt die Einrichtung der Todah.

f. Ein Dankfest (ca. 1 Stunde)

Das Dankfest in der Lerngruppe kann das, was gelernt wurde, ganzheitlich vertiefen. Die Schüler erfahren die Bedeutung und Ausgestaltung der Todah im alten Israel. Beim gemeinsamen Essen, Trinken und Singen kann sie lebendig werden. Dabei könnten die Schüler auch darüber nachdenken, ob heute eine solche »Hör- und Solidargemeinde« noch möglich ist. Ein Anfang könnte gemacht werden, indem die Schüler eine »Klagemauer« einrichten: Auf eine Tapete werden »Steine« gemalt, auf die man schreiben kann, was beschwert: Persönliches oder die ganze Klasse Betreffendes. (Natürlich soll frei bleiben, ob solche »Klagen« mit oder ohne Namensnennung aufgeschrieben werden! – Gelegentlich wird auch vorgeschlagen, eine solche »Klagemauer« aus Kartons aufzubauen, die man beschriften kann. Diese Lösung eignet sich aber kaum für längeren Gebrauch im Klassenraum.)
Eine solche Klagemauer ist vielleicht ein Anlass, dass die Schüler einander wahrnehmen, sich zuhören, aufeinander zugehen …

MATERIALIEN

M 1

Joschuas Gebet wird erhört

Sprecher: Wir sind im Tempel von Jerusalem. Wunderschön anzusehen sind die vielen Höfe und Hallen mit ihren Säulen und dem reichen Schmuck.
Im Tempel geht es ganz anders zu als in einer Kirche bei uns: Überall sieht man kleine Gruppen: Hier wird ein Lied gesungen, dort findet ein lebhaftes Gespräch statt, und da drüben wird ein kleines Fest gefeiert.
In einer der Hallen sieht man einige Männer beieinander: Einer in der Mitte, die anderen stehen im Kreis um ihn herum. Es ist Joschua mit seinen Freunden. Joschua betet zu Gott; er spricht ganz laut, er schreit:

Joschua: *Mein Gott, mein Gott, warum hast du mich verlassen?*

Gabriel: Was hast du denn, Joschua? So schlimm kann es doch nicht sein! Und du weißt doch: Unser Gott vergisst keinen, der ihn anruft.

Joschua: Mir hilft keiner – und Gott hat mich bestimmt vergessen! Ob er mein Beten überhaupt hört?
Mein Gott, mein Gott, warum bist du nicht da, wenn ich schreie – warum antwortest du nicht, wenn ich klage?

Michael: Joschua, Joschua! Denk doch daran: Gott ist heilig. Seine Güte ist unendlich!

Joschua: Ja, so ist es. Wie oft haben wir zum Herrn gebetet:
Du bist doch der heilige Gott, und dein Volk singt dir Danklieder!
Aber warum merke ich davon nichts? Ich kann keine Danklieder singen, ich kann nur jammern und schreien und zu ihm rufen:
Mein Gott, mein Gott, warum hast du mich verlassen?

Jonathan: Komm, Joschua, gib mir deine Hand. Wir sind doch bei dir, wir sind doch deine Freunde. Und wir wollen dir helfen und mit dir beten:
Guter Gott, *auf dich vertrauten unsere Väter,*
Sie schrien zu dir und wurden befreit,
Sie hofften auf dich und wurden nicht enttäuscht.
So wird es auch dir gehen, Joschua: Gott wird dich nicht enttäuschen.

Joschua: Mich? Nicht enttäuschen? Seht mich doch an. – Sieh mein Elend, guter Gott! Sieh doch:

Ich bin kaum noch ein Mensch!
Ich bin ein Wurm, alle verachten und verspotten mich!
So geht es mir. Und da sagt ihr, meine Freunde: Gott wird dich nicht enttäuschen?

Benjamin: Wir verstehen ja, dass du verzweifelt bist, Joschua! Man sieht es dir wirklich an – du bist bleich und zitterst. – Aber Gott hat dich doch in deinem ganzen Leben behütet und aufgepasst, dass dir nichts Schlimmes passiert. Das kannst du doch nicht vergessen.

Michael: Vergiss doch nicht, Joschua, wie oft wir gemeinsam gebetet haben:
Ja, du hast mich aus dem Mutterschoß gezogen, guter Gott,
du hast mir Geborgenheit geschenkt an der Mutterbrust.
Ohne dich kann ich keinen Atemzug tun,
seit meiner Geburt bist du mein Gott!

Joschua: Aber jetzt? Wo bist du, Gott? Du bist so schrecklich weit weg, willst du mir denn gar nicht mehr zuhören?
Nun bleibe nicht fern, denn ich bin in Not!
Niemand sonst kann mir helfen!

Gabriel: Jetzt erzähle doch erst mal, Joschua. Was fehlt dir? Bist du krank?

Joschua: Nein, krank bin ich nicht. Aber ich habe alles verloren: Mein Haus, meinen kleinen Acker, meine Frau, meine Kinder ... alles weg!

Alle durcheinander: Was? Das kann doch nicht sein! Wie ist das möglich?

Joschua: Das war so: Ihr wisst , dass mein kleiner Acker so schlecht ist, dass nur wenig wächst. Wir mussten immer sehr sparen und haben manches Mal auch gehungert. Und als letztes Jahr der Regen ausblieb, musste ich bei dem reichen Bauern Immanuel Geld leihen. Hundert Schekel waren es. Ich sollte ihm das Geld nach der nächsten Ernte zurückzahlen.
Aber vor drei Wochen stand plötzlich Immanuels Verwalter vor meiner Tür: Mein Herr lässt dir sagen, dass er sofort das Geld braucht, das du ihm schuldest. Also, her mit den fünfhundert Schekel!

Benjamin: Fünfhundert Schekel? Aber du hattest doch nur hundert geliehen!

Joschua: Das habe ich dem Verwalter auch gesagt. Aber der hat nur schmierig gegrinst und gesagt: Du hast wohl noch nie was von Zinsen gehört, du dummer Bauer? Also, wo ist das Geld? Wenn du nicht bezahlen kannst, wird mein Herr dich vor dem Richter verklagen!
Natürlich hatte ich das Geld nicht, und so musste ich vor dem Richter Daniel erscheinen. Immanuel war natürlich auch da und sein Verwalter auch.

Immanuel hatte dem Richter wohl ordentlich Geld in die Hand gedrückt, denn der war von Anfang an total gegen mich.

Michael: Aber das ist ja Bestechung. Das geht doch nicht!

Joschua: Das geht nicht? Ich habe ja selbst erlebt, wie das geht! Der Richter hat gleich gesagt: Immanuels Forderung an dich ist in Ordnung. Und wenn du kein Geld hast, musst du eben verkaufen, was dir gehört. Lass mal sehen: Dein schäbiger Acker ist ja kaum was wert, also sagen wir: Hundert Schekel. Und dein Haus? Das ist ja eine Bruchbude! Mit 50 Schekeln hast du noch ein gutes Geschäft gemacht! – Und sonst hast du nichts? Ah – da sind ja noch deine Frau und deine Kinder. Die kann man als Arbeitskräfte verkaufen. Die bringen bestimmt 350 Schekel. Also, dann bekommt Immanuel sein Geld und die Sache ist erledigt.
Ihr könnt euch denken – ich war wie vor den Kopf gestoßen. Gestern war ich noch ein kleiner Bauer – na gut, ein ganz kleiner, armseliger! Aber ich hatte eine liebe Familie und ein Dach über dem Kopf. – Und jetzt? Soll ich betteln gehen? Alles haben sie mir genommen! Wie ein Löwe hat Immanuel das Maul aufgerissen und mich aufgefressen! Und der Richter und die anderen Amtspersonen sind auf mir herum getrampelt – wie der Stier von meinem Nachbarn Ebenezer.

Herr, höre mich!
Viele Feinde umzingeln mich,
kreisen mich ein wie wilde Stiere!
Sie reißen ihre Mäuler auf,
brüllen mich an wie hungrige Löwen!
Was soll ich nur machen!

Gabriel: Ja, was soll man machen? Wir Armen haben doch keine Chance, wenn die Reichen wie die Stiere und Löwen über uns herfallen?

Joschua: Aber das ist noch nicht alles! Ich bin dann richtig durchgedreht und habe dem Immanuel richtig ein paar reingehauen!

Michael: Richtig so! Nicht alles gefallen lassen!

Joschua: Das sagst du! Am nächsten Tag wurde ich verhaftet und wieder vor Gericht gestellt. Da saß natürlich wieder der Richter Daniel. Ich habe erklärt, dass ich durchgedreht bin … aber dem Immanuel ist ja nichts passiert! Ein paar blaue Flecke hat er gehabt.
Aber dann hat er auf einmal Zeugen gehabt, die erzählt haben, dass ich mit dem Messer auf ihn losgegangen bin und ihn ermorden wollte. – Dann sollte ich ins Gefängnis – aber ich bin weggelaufen – und seitdem sucht mich die Polizei überall. Und Immanuels Leute sind auch hinter mir her! Immer muss ich mir ein neues Versteck suchen! Ich habe zu Gott gerufen und ihm erzählt, wie es steht:

Eine Bande hat mich umstellt,
wie wilde Hunde hetzen sie mich!

Benjamin: Hab keine Angst, Joschua. Gott kann und wird dir helfen.

Michael: Und wir sind ja auch noch da! Wir sind doch deine Freunde …

Jonathan: … und Freunde Gottes. Wir wissen, was er möchte: Dass wir helfen, wo einer ein Not ist, dass wir trösten, wo einer Kummer hat.

Gabriel: Also, Freunde, jetzt mal praktisch: Geld haben wir alle nicht, wir sind ja selbst arm – aber jeder von uns kann etwas für Joschua tun.

Benjamin: Bei mir kann Joschua sich verstecken. Ihr wisst ja, dass ich draußen vor der Stadt wohne … da kommt so leicht niemand hin.

Michael: Ich weiß noch was Besseres: Du bleibst einfach im Tempel. Wir haben doch ein Gesetz, dass Gott jeden schützt, der in seinem Haus eine Zuflucht sucht. Niemand darf dir etwas anhaben.

Gabriel: Ich bringe dir jeden Tag etwas – dafür reicht es schon.

Jonathan: Ich hab auch noch etwas: Mein Onkel Abram ist Richter. Aber nicht so einer wie der Richter Daniel, der dich verurteilt hat, der ist doch selbst ein Gauner, lässt sich bestechen!
Ich bitte meinen Onkel, dass er deine Sache noch einmal aufrollt, Joschua. Da wird es dann gerecht zugehen und du bekommst zurück, was sie dir weggenommen haben.

Joschua: Auch meine Frau und meine Kinder?

Jonathan: Ganz bestimmt!

Joschua: Ich weiß gar nicht, was ich sagen soll. Jetzt wird alles gut! Danke, meine Freunde, danke, Gott!
Alle, die ihr zu Gott gehört: Lobt ihn!
Kein Elender ist Gott zu gering;
mein Geschrei war ihm nicht lästig.
Er wendete sich nicht von mir ab,
sondern hörte meinen Hilferuf!

Gabriel: So ist es, Freunde. Gott hat Joschua geholfen – durch uns!

Benjamin: Joschua, dein Name bedeutet doch: »Gott hilft«! Das passt jetzt ganz toll!

Joschua: Mein Herz ist ganz leicht und voller Freude!
Darum danke ich dir, Gott,
vor der ganzen Gemeinde.

Alle, die dir die Ehre geben,
sollen dabei sein,
wenn ich die Dankopfer bringe,
die ich dir versprochen habe.
Die Armen sollen sich satt essen,
die nach dir fragen, Herr, sollen Loblieder singen;
immer soll es ihnen gut gehen.

Ich lade euch alle ein zu meinem Dankfest hier im Tempel. Da will ich Gott danken – und euch auch! Ein großartiges Festessen gibt es nicht, aber es wird für alle reichen. Und die, die noch weniger haben als wir, sollen auch kommen und sich satt essen – wenigstens an diesem Tag.

3.3 Die Freude des Dankens (8./9. Klasse)

Kurzcharakteristik	
Inhalt:	Loben und Danken als positive Erfahrung
Klassenstufe:	8./9. Klasse
Thema:	Danken macht Spaß
Lernchance:	Die Schüler können – mit Bezug auf Ps 92 – über Chancen und Grenzen einer dankbaren Lebensperspektive nachdenken
Hermeneutisches Konzept:	Existentiale Interpretation

ANSATZ

Wie in Teil 1 skizziert, gehören Freude und Dank vor Gott zu den Grundbefindlichkeiten Israels, die sich in Psalmen zeigen.

Der biblische Mensch ist ein lobender Mensch. Wir müssen uns vergegenwärtigen, dass dies Loben nicht nur ein liturgischer Vorgang im Raum des Kultus war, sondern eine Grund-Einstellung: Der biblische Mensch bestimmt sein Leben von den erfahrenen und bezeugten Heilstaten Gottes her; sein Dasein gewinnt Orientierung und Halt erst in Bezug auf diese Heilstaten. Er erkennt und bekennt, dass er sein Leben nicht sich selbst verdankt. Sein Leben ist lobende Existenz; da, wo das Lob verstummt, ist der Tod: »In der Unterwelt lobt man dich nicht mehr«, heißt es mehrfach (Ps 6,6; 30,10; u.ö.).

Welche Erinnerungen sind es nun, die das Leben und Loben begründen?

Im Alten Testament ist die Erinnerung an die Befreiung aus der Sklaverei grundlegend (vgl. dazu u.a. das »Mirjamlied« in Ex 15). Dazu tritt die Freude an der Schöpfung (vgl. Ps 8).

Neben diese großen Traditionen treten vielfältige Anlässe zum Loben, in denen ein Beter im Zusammenhang mit einer ganz persönlichen Erfahrung Gott danken will; er ist gesund geworden – er hat eine gefährliche Reise glücklich beendet – er konnte sich von falscher Anklage und Nachstellung befreien … alles nimmt er dankbar aus Gottes Hand.

Dies kann sich in Richtung auf Lernchancen verdichten, wenn es anthropologisch reflektiert und meditiert wird. Zu fragen ist also: Welche Bedeutung hat das Loben für den, der es ausspricht?

Das lässt sich gut an den Texten der Psalmen ablesen:

- Der Beter richtet sich an einer positiven, dankbaren Lebensperspektive aus. Alle Erfahrungen gewinnen Licht und Wärme von dieser Grund-Einstellung her. – Dies lässt sich noch ein wenig weiter entfalten.
- Gerade dann, wenn Resignation sich verfestigt hat, kann das bewusste Loben lähmende Traurigkeit überwinden und Melancholie, die einsam macht, mildern. Loben und Danken heißt: Von sich absehen lernen.
- Loben und Danken heißt: Aufmerksam leben, auf das oft Nicht-Beachtete achten, im bisher Übersehenen faszinierende Entdeckungen machen.
- Loben und Danken heißt: Die Routine des Alltags und graue Langeweile unterbrechen.

Für den Psalmbeter kommen noch weitere Aspekte hinzu:

- Er vergewissert sich immer wieder, da er in der Gemeinschaft derer geborgen ist, die sich auf die hilfreiche Gegenwart Gottes verlassen. Lob hat auch Öffentlichkeitscharakter und damit Bekenntnisqualität.
- Das Loben übersteigt die Wirklichkeit und schließt Hoffnung ein; im Lob sieht der Beter gleichsam für einen Augenblick den Himmel über sich offen stehen und schaut eine andere, bessere Welt. Das Loben hat also auch eine zeit- und raumüberschreitende Dimension, eine eschatologische Qualität.
- Allerdings schließt diese Hoffnungsdimension des Lobens auch die Gefahr der Vertröstung ein, kann bewirken, dass man sich mit der schlechten Wirklichkeit abfindet. Loben kann dann zum »Opium« werden, das für einige Augenblicke die Flucht aus der tristen Realität erlaubt (»Eskapismus«).

  Diese Ausblendung der Wirklichkeit aus dem betenden Lob kann noch eine andere Folge nach sich ziehen: Es kann dann ganz und gar aus dem Blick geraten, dass Loben die Verantwortung dafür einschließt, nach besten Kräften dafür zu arbeiten, dass die Verhältnisse auch lobenswert sind. Beispiel: Wer Gott dafür dankt, dass er alle Menschen sättigt (Ps 145) und dabei selbst die Hungernden vergisst, dessen Lob ist faul und misstönend. Das klassische Beispiel der prophetischen Kritik an einem faulen Lob findet sich bei Amos (Am 5,21ff).

Insgesamt ist die biblische Erfahrung des Lobens so ermutigend, aufbauend und verlockend, dass es vielleicht gelingt, den Lernenden zu vermitteln, was Ps 92 zur Sprache bringt: *Herr, es macht Spaß, dir zu danken!*

Verlauf

a. Frau Peters schreibt einen Brief (ca. 1 Stunde)

Anhand eines fiktiven Briefs (**M 1**) können die Schüler angeregt werden, über Freude und Dankbarkeit als positive Lebensperspektive nachzudenken

b. Was Freude und Dankbarkeit bedeuten können (ca. 1 Stunde)

Der Unterrichtende gibt die ersten beiden Zeilen aus einem Text von Dorothee Sölle vor (**M 2**).
Aus der Diskussion darüber sollte eine Reflexion über die Bedeutung der Freude und des Lobens für die eigene Lebensperspektive entstehen. Ausgangsfrage könnte sein: Was bedeutet es für mich selbst, wenn ich mir vornehme, etwas zum Freuen und Loben zu entdecken?
Durchführung: Brainstorming, Schreibmeditation …
Es wäre gut, wenn sich die ersten vier Aspekte (s.o.) zeigen würden. Vielleicht muss der Unterrichtende im klärenden Gespräch von sich aus etwas einbringen.

c. Ps 92,1–7 (ca. 2 Stunden)

Jetzt kann der Psalm erarbeitet werden; als Text empfiehlt sich die »Gute Nachricht«.
Die Schüler werden kurz in die Psalmen eingeführt (s.o. zu Ps 22).
Der erste Teil des 92. Psalms, der zur Erarbeitung empfohlen wird, ist recht einfach strukturiert. Einige wenige Hinweise zum Verständnis: In V. 2–4 entfaltet der Beter, dass er Gott mit großer Hingabe loben will; diese Einleitung ist ein typisches Merkmal des Dankliedes; oft wird dies in Form einer Selbstaufforderung ausgesprochen (»Ich will dir danken …«); hier aber hebt der Beter hervor, dass Danken ihm Freude bereitet. In V. 5–7 wird diese Freude näher begründet: Es ist die Erkenntnis, die Ein-

sicht in das, was Gott tut und ist. Die Beziehung von Denken und Danken ist durchaus wechselseitig zu sehen: Der Beter dankt, weil er die Größe und Güte Gottes erkennt – aber die Einsicht wächst auch durch das Danken, weil es das aufmerksame Leben stimuliert und damit die bewusste Wahrnehmung und Reflexion der Erfahrung fördert.

Zur Praxis:
Man könnte mit der Wendung »Es macht Spaß …« einsetzen und sie in Beziehung zu den Ergebnissen der 2. Stunde setzen: Loben ist nichts Erzwungenes oder bloß eine rituelle Pflicht, sondern kann zur einer »Übung von hohem Gebrauchswert« für die eigene Lebensgestaltung werden.
Wenn die Lerngruppe Interessiert ist, könnte sie den Psalmtext gestalten. Beispiele:

- Gute Erfahrungen habe ich mit dem Vorschlag gemacht, für eine visuelle Gestaltung von den hebräischen Buchstaben für »Halleluja« auszugehen:

  הללו יה

  Die Lettern werden groß in die Mitte eines Posters geschrieben, verziert und als Ausgangspunkt für die weitere Gestaltung des Posters verwendet.
- Der Psalm könnte mit Orff-Instrumenten verklanglicht werden, evtl. auch verbunden mit einem Tanz.
- Einige Schüler haben vielleicht auch Lust, den Text in ihrer Sprache neu zu schreiben.

d. Vorsicht: Eskapismus! (ca. 1 Stunde)

Ausgehend von einem kurzen Vierzeiler (**M 3**) wird die Gefahr besprochen, aus der Wirklichkeit »auszusteigen«.
In manchen Klassen kann wohl auch der Vorwurf diskutiert werden, die Christen seien nicht fähig, sich kritisch und gestaltend mit der Wirklichkeit auseinanderzusetzen und sie zu verändern, weil sie auf den Himmel (das Jenseits) ausgerichtet seien.

e. »Hört auf mit dem Geplärr eurer Lieder!« (ca. 2 Stunden)

Das Zitat aus Am 5,23 markiert das Thema dieser Doppelstunde: Lebensfreude und Loben schließen immer ein, daran zu arbeiten, dass das Leben auch für andere Freude bereithält.

In der biblischen Tradition haben die Propheten immer wieder darauf aufmerksam gemacht, dass ein »faules« Lob Gott nicht erfreut, sondern wütend macht, weil es die wahre Praxis des Glaubens verstellt: Sich für Recht und Gerechtigkeit einsetzen. Dies kann exemplarisch an Am 5,21ff erarbeitet werden und dann mit Beispielen aus Tradition und Gegenwart kreativ gestaltet werden. Zwei Vorgaben können dazu anregen (**M 4**).

MATERIALIEN

M 1

Frau Peters schreibt einen Brief

Liebe Frau Willer,
es war eine große Freude für mich, als ich gestern einen Brief von Ihnen bekam. Dass meine alte Nachbarin mich nicht vergessen hat!
Ja, nun bin ich schon fünf Jahre im Altersheim. Sie wissen ja, dass ich gleich nach dem Tod meines Mannes hier eingezogen bin. Sein Bild steht auf meinem Nachttisch. Oft tut es noch weh, wenn ich an ihn denke, aber ich bin auch dankbar für all die wunderbaren Jahre mit ihm – Sie haben ja so manches miterlebt als unsere Nachbarn!
Gesundheitlich sieht es nicht so besonders aus! Das Herz will manchmal nicht mehr so recht, und die Augen sind auch schwach geworden. Da möchte man schon einmal jammern! Aber wenn ich viele andere Mitbewohner unseres Heims sehe, sage ich mir immer wieder: Maria Peters! Dir geht es doch gar nicht so schlecht, du hast keinen Grund zum Jammern. Und dann nehme ich mir vor, lieber auf das zu achten, was ich alles noch kann – nicht auf das zu starren, was nicht mehr so gut geht. Sie glauben gar nicht, auf was man da alles kommt!
Liebe Frau Willer, dies ist ein kleiner Stimmungsbericht. Ich würde mich sehr freuen, wenn Sie mich einmal besuchen, dann können wir von alten Zeiten schwärmen!
Ihre Maria Peters

M 2

jetzt habe ich mir vorgenommen
jeden tag drei sachen zum loben zu finden
dies ist eine geistlich-politische übung
von hohem gebrauchswert.

(Dorothee Sölle. In: Biblische Texte verfremdet, Band 5, S. 16f).

M 3

Glotzt beim Loben
nicht immer nach oben!
Schaut mal zur Seite,
dann seht ihr die Pleite!

(Quelle unbekannt)

M 4

Den Herrn will ich preisen:
Herr, mein Gott, wie bist du so groß!
In Hoheit und Pracht bist du gekleidet.
Herr, was für Wunder hast du vollbracht!
Alles hast du weise geordnet:
die Erde ist voll von deinen Geschöpfen.
(Ps 104, 1+24)

Alle deine Geschöpfe warten darauf,
dass du ihnen Nahrung gibst zur rechten Zeit.
Sie nehmen, was du ihnen ausstreust;
Du öffnest deine Hand, und alle werden satt.
(Ps 104, 27+28)

KAPITEL 11: IJOB

1 Theologische Erwägungen

G. Langenhorst (ich verdanke seinen Arbeiten gute Informationen und Anregungen für dieses Kapitel) bringt mit seinem Buchtitel »Hiob, unser Zeitgenosse« in äußerster Knappheit auf den Punkt, was unzählige Menschen, Bibelleser, Atheisten, Künstler, Literaten … gedacht, geschrieben gesagt haben: Diese Gestalt des Alten Testaments ist immer wieder als gegenwärtig empfunden worden, als einer, der ganz unmittelbar anwesend ist, erschreckend, tröstend, faszinierend, ein Zeitgenosse.
Dabei ist die Quelle, aus der wir schöpfen, alles andere als leicht zugänglich – Entstehungsgeschichte, Aufbau und Struktur sowie die religiösen Inhalte des biblischen Buchs haben bis heute viele kaum lösbare Fragen aufgeworfen.

1.1 Die Geschichte Ijobs

Die Geschichte Ijobs allerdings ist rasch erzählt: Er ist ein glücklicher Mann, wohlhabend, zufrieden, mit einer guten Familie. Er ist auch gottesfürchtig, gibt Gott die geschuldete Ehre. Das Drama beginnt dann im Himmel: Umgeben von seinem Hofstaat lobt Gott seinen treuen Diener Ijob. Aber der Satan widerspricht: Wer Glück hat, kann leicht gottesfürchtig sein! Aber wie steht es, wenn ihn das Glück verlässt? Gott ist sich seines Dieners ganz sicher und gibt ihn den Schicksalsschlägen preis, die der Satan gegen ihn loslässt: Er verliert seinen Besitz, seine Kinder kommen ums Leben, seine Frau lässt ihn im Stich – und er selbst wird von grauenhaften Krankheiten fast umgebracht. Soweit die äußere Handlung, die in einer Rahmenerzählung festgehalten ist. Wie Ijob damit umgeht, erschließt sich aus den umfänglichen Vers-Dialogen zwischen Ijob und Gott sowie Ijob und seinen Freunden, die den Hauptteil des Buchs bilden. Am Ende dieses Dramas, in dem Ijob äußerlich und innerlich immer wieder an und über die Grenze gerät, steht dann der Satz: »Er hat recht von Gott geredet«. Hat er die Probe bestanden? Jedenfalls erhält er am Schluss alles, was er verlor, doppelt zurück – ein »Happy-End«, das von vielen durchaus als viel zu harmlos empfunden wird.
Dieses Drama ist eingespannt in die 42 Kapitel des Buchs Ijob.

1.2 Der Entstehungsprozess

Der Entstehungsprozess ist im einzelnen ungeklärt und heftig umstritten. Fest steht wohl, dass Rahmenerzählung und dialogische Dichtung ursprünglich selbständige Texte waren, die später (von einem der Verfasser der Dialoge) zusammengefügt wurden. Auch mit Überarbeitungen und Ergänzungen muss gerechnet werden. Zu groß sind manche inhaltlichen Widersprüche. Was als gesichert im Blick auf Struktur und Entstehung gilt, gibt das folgende Schema wieder:

Rahmenerzählung	**Dialogerzählung**	**Ergänzungen**
1,1–2,10 **Prolog**		
	3 Jjobs Fluch	
	4–31: Drei Redegänge *Situation Jjobs* – *Gesprächspartner* Klage – Verteidigungsrede (Freunde) Anklage – Beschuldigung (Freunde)	
		28: Lied der Weisheit
	29–31: Schlussrede Jjobs	
		32–37: Zwischenspiel: Reden Elihus
	Zwei Redegänge **38,1–40,2**: Erste Rede Gottes **40,1–5**: Erste Antwort Ijobs **40,8–41,26**: Zweite Rede Gottes **42,1–6**: Zweite Antwort Ijobs	
42,7–17 **Epilog**		

1.3 Die Themen

Viel wichtiger als die komplizierten Probleme der Entstehung und der Struktur des Buchs Ijob ist die Untersuchung der Inhalte, die dort verhandelt werden.
Insgesamt steht im Zentrum die Frage nach der Gerechtigkeit Gottes: Kann Ijob, der gerecht ist vor Gott, mit der Gerechtigkeit seines Gottes rechnen?
Diese Frage ist von je her in Israel gestellt worden. Ein Denkansatz, den man als weisheitliches Denken bezeichnet, fand als Antwort den Tun-Ergehen-Zusammenhang: Wer recht tut, kann davon ausgehen, dass er Gutes empfangen wird – und umgekehrt: Unrecht zieht Unheil nach sich.
Diese Überzeugung schafft Orientierungssicherheit. In seiner Geschichte muss Israel nun die Erfahrung machen, dass die Welt so einfach nicht gebaut ist, Gottes Wirken sich nicht in einer schlichten Formel einfangen und hantierbar machen lässt.
Eben dieser Konflikt ist die *eine* Ebene, auf der im Buch Ijob die Frage nach der Gerechtigkeit Gottes verhandelt wird: Die Freunde sind gefangen im Tun-Ergehen-Zusammenhang und müssen folgerichtig den Leidenden auf eine schuldhafte Ursache seines Schicksals festnageln. Ijob wehrt sich wütend dagegen; denn so verschärft sich sein Leiden ins Unerträgliche. Und damit kommt die *andere* Ebene der Auseinandersetzung in den Blick: Ijob muss um jeden Preis einen Sinn für sein Schicksal finden. Zunächst bleibt auch er im alten Schema verhangen; darum bittet er Gott um einen Prozess, der seine Unschuld erweisen soll (13,18 u.ö.). Und tatsächlich zeigt Gott sich ihm »im Wettersturm« (38,1). Aber seine Antwort geht nicht auf die Qualen seines Getreuen ein und bietet keine direkte Sinndeutung, sondern es entfaltet sich vor Ijob in einer breit ausholenden Gottesrede ein umfassendes Panorama der Schöpfung.
Welche Bedeutung könnte diese »Schöpfungsrevue« (Langenhorst) haben? Manche Ausleger erklären, es handele sich um eine Machtdemonstration Gottes, um Ijob seine Nichtigkeit vor Augen zu führen. Dies kann nicht einleuchten! Eher ist daran zu denken, dass Ijob erkennen soll, dass schon der Lebensraum des Menschen von ihm nicht völlig durchschaubar ist; der Dulder soll wohl als erstes lernen: Die Welt entzieht sich dem rechnenden und planenden Zugriff des Menschen; er ist nicht fähig, sein Leben ganz und gar zu klären und zu erklären. Aber dennoch ist diese Welt das Werk des Schöpfers, der ein Gott des Lebens ist. Um wie viel mehr kann und darf der Mensch darauf vertrauen, dass er auch im rätselvollen Schicksal, im undeutbaren Leid nicht aus dem guten Lebenszusammenhang mit Gott herausfällt. Also nicht Unterjochung des Ijob ist das Ziel der Gottesrede, sondern die Einladung, »sein Vertrauen nicht wegzuwerfen« (Hebr 10,35).
Eben dieses Vertrauen ist letztlich die Basis, auf der Ijob immer wieder Halt sucht, auch wenn es ganz und gar absurd erscheint:

»Doch nein, ich weiß, dass (Gott) mein Erlöser lebt.
Als letzter erhebt er sich über dem Staub.
Und ist auch meine Haut zerfetzt,
kein Fleisch mehr auf meinen Knochen,
so werde ich doch Gott sehen.
Meine Augen werden ihn dann schauen,
nicht mehr fremd.
Danach sehnt sich mein Herz in meiner Brust« (19,25–27).

So zeigt auch die »Unterwerfung« Ijobs nicht einen Menschen, der sich resigniert der Allmacht Gottes fügt, sondern er erkennt:

»Vom Hörensagen nur hatte ich von dir vernommen,
jetzt aber hat mein Auge dich geschaut« (42,5);

und er kann bitten:

»Ich will dich fragen,
du belehre mich« (42,4).

Darum lautet das Urteil, dass er »recht geredet hat« von Gott (42,7f); aber seine Freunde haben »nicht recht geredet« – weil sie versuchten, Gott und sein Wirken in einem dogmatisch verhärteten Lehrsatz des Tun-Ergehen-Zusammenhangs einzufangen – eine deutliche Warnung an alle theologischen und religionspädagogischen Bemühungen, die Wirklichkeit Gottes in Sätzen, Lehrplanthemen, Zielen ... festzumachen.

2 Didaktische Erwägungen

Zurückhaltung legt die Ijob-Thematik auch unter religionspädagogischem Aspekt nahe. Die ungeheure Gewalt des Leidens, die Tiefe der Reflexion darf nicht didaktisch-methodisch verplant und für unterrichtliche Abläufe handlich reduziert werden. – Dazu kommt, dass die theologische »Lösung« der unmessbaren Drangsal Jugendlichen in ihrer Tiefe kaum zu vermitteln ist.
Es kann daher im Unterricht nur um eine erste Annäherung gehen – in der Hoffnung, dass Kinder und Jugendliche später vielleicht einmal auf Ijob zurückgreifen, wenn sie ähnlichen Erfahrungen ausgesetzt sind wie dieser exemplarisch Leidende.
Die beiden angebotenen Unterrichtsgänge sind diesem Ziel verpflichtet und versuchen eine Annäherung im Rahmen der Aspekte, die den Schülern jetzt zugänglich sind.
Dabei ist eine Beschränkung auf die Sekundarstufe I anzuraten.

a. »Meine Freunde sind zu Fremden geworden« (Ij 19,13)
Erfahrungen von Einsamkeit und Ausgrenzung

Hier soll es nicht darum gehen, die Leid-Erfahrungen Ijobs einfach in die Welt der Jugendlichen zu übertragen; vielmehr soll *ein* Aspekt herausgegriffen werden: Das Erlebnis, dass gerade dann, wenn man bedrückt ist, Freunde sich zurückziehen, dass es zu Einsamkeit und Isolierung kommen kann. – In ausgewählten Ijob-Texten können die Schüler solche Erfahrungen wiedererkennen, lernen mögliche Hintergründe kennen, tauschen sich im Gespräch aus und suchen gemeinsam nach Lösungen.
Dieser Vorschlag ist für die 5.–7. Klassenstufe gedacht.

b. »So facht mein Schmerz des Engels Wange an«. Ijob in der Dichtung der Gegenwart

In Beispielen aus der zeitgenössischen Literatur können SchülerInnen der 9. und 10. Klassenstufe die bleibende Aktualität der Ijob-Thematik wahrnehmen; sie lernen darin sehr unterschiedliche Sichtweisen kennen und können eigene Gedanken und Erfahrungen im Medium von Fremd-Erfahrungen reflektieren.

Einführende Literatur
W. Reiser, Hiob. Ein Rebell bekommt recht. 1991
G. Langenhorst, Hiob, unser Zeitgenosse. 1994
G. Langenhorst (Hg.), Hiobs Schrei in die Gegenwart. Ein literarisches Lesebuch zur Frage nach Gott im Leid. 1995

3. Unterrichtsvorschläge

3.1 »Meine Freunde sind zu Fremden geworden« (5.–7. Klasse)

Kurzcharakteristik

Inhalt:	Schmerz und Isolierung
Klassenstufe:	5./6. Klasse
Lernchance:	Die Schüler können anhand ausgewählter Aussagen aus dem Buch Ijob eigene Erfahrungen zur Sprache bringen und klären
Hermeneutisches Konzept:	Existentiale Auslegung

Ansatz

Wie schon angedeutet, kann ein Unterrichtsvorschlag nur einige wenige einführende Schritte skizzieren. In einem *ersten Schritt* werden den Lernenden Bildworte aus dem Buch Ijob angeboten, die eigene Erfahrungen von Kummer und Leid symbolisieren (**M 1**). Es empfiehlt sich, zunächst noch nicht auf die biblische Herkunft dieser Wendungen hinzuweisen. Die kurzen Sätze sollen dazu anregen, eigene Erfahrungen zu vergegenwärtigen und in kleinen Texten zu versprachlichen. Dabei ist wichtig, dass gerade in der empfindlichen Phase der beginnenden Pubertät die Jugendlichen unbedingt vor Indiskretion zu schützen sind! Nur, wer sich im Gespräch oder in der Vorstellung seines Textes ganz freiwillig öffnen kann, beteiligt sich am Unterricht. Das gilt für alle Phasen des vorgeschlagenen Ablaufs!
Der *zweite Schritt* nimmt eine zweite Erfahrungsebene hinzu: Traurigkeit kann isolieren. Gerade in der Situation des Kummers und der Bedrückung ziehen sich oft Freunde zurück, vielleicht, weil sie nicht in die missliche Lage hineingezogen werden möchten. Auch diese Erfahrung wird durch kurze, prägnante Sätze aus dem Buch Ijob zur Sprache gebracht (**M 2**). – Eine Grafik von A. Paul Weber (**M 3**) kann die biblischen Bildworte verstärken und vertiefen. Kurze Rollenspiel-Szenen können konkretisieren, wie sich eine Vereinzelung immer stärker aufbaut und wie eine Mauer von anderen isoliert.
In einem *dritten Schritt* versuchen die Schüler, »Gegenworte« zu den isolierenden Bemerkungen zu finden, die die »Mauer« auftürmten. Dies kann für die Bedeutung von Sprache in der Interaktion sensibilisieren.
Der *vierte Schritt* führt über diese bisher erfahrungsbezogen angelegte Planung hinaus: Die Lernenden erfahren, dass die Sätze (**M 1** und **M 2**) aus dem biblischen Buch Ijob stammen. Die nehmen eine kurze Information über den Inhalt und Hintergrund der biblischen Überlieferung auf. Sie erfahren, dass die Erfahrungen von Kummer und Isolierung bei Ijob im Kontext des Glaubens bedacht und besprochen werden, und dass Ijob eine neue Basis im Vertrauen auf Gott findet.

Verlauf

a. Bilder für Kummer und Leid (ca. 2 Stunden)

Die Lerngruppe setzt sich im Kreis zusammen. Der Unterrichtende hat die unter **M 1** zusammengestellten Sätze auf DIN A5-Karten geschrieben (ohne die Stellenangaben!) und in die Mitte gelegt. Die Schüler werden gebeten, sich eine Karte zu wählen, die sie besonders anspricht und mit einigen Mitschülern darüber zu sprechen, welche Erfahrungen derjenige wohl gemacht hat, der gerade ein solches Symbol verwendet,

um seinen Kummer darzustellen. Nach Möglichkeit sollten mehrere Schüler zusammenarbeiten.
Die Schüler werden gebeten, ihre Gedanken aufzuschreiben, etwa in Form einer kleinen fiktiven Personenbeschreibung, eines Briefs, eines Gedichts ...
In sprachlich weniger geübten Klassen könnte es sich anbieten, großformatige Fotos bereitzuhalten, die die Schüler den gewählten Texten zuordnen.
Nach der Rückkehr in die Runde können die Schüler, die dazu bereit sind, ihre Texte vorlesen.

b. Wer traurig ist, kann leicht seine Freunde verlieren und »eingemauert« werden (ca. 2 Stunden)

In der Gesprächsrunde legt der Unterrichtende die Grafik von A. Paul Weber (**M 3**) in die Mitte. Die Schüler arbeiten im Gespräch heraus, dass der dargestellte Mensch einen verängstigten, gehetzten Eindruck macht. Sie tauschen sich darüber aus, wie man sich wohl die Situation dieses Menschen vorstellen könnte.
Dann legt der Unterrichtende die Karten mit weiteren Sätzen aus Ijob um die Grafik herum (**M 2**); es zeigt sich das Problem, dass jemand, der Kummer hat, bald isoliert ist, dass sich seine bisherigen Freunde möglicherweise von ihm abwenden und sich gegen ihn stellen.
Die Klasse teilt sich in mehrere Gruppen von 6 bis 8 Schülern. Sie können die Karten mit den Sätzen mitnehmen. Jede Gruppe spielt für sich eine Situation durch, in der einer die kummerbeladene Person darstellt; die anderen kehren sich ab (Pantomime, evtl. ist ein Statuentheater sehr wirkungsvoll!). Im weiteren Verlauf kommt es dann zu Wortwechseln; dabei können sich die Schüler von den Sätzen aus Ijob anregen lassen. Sie erkennen, dass es Redewendungen gibt – auf Seiten des Isolierten, aber auch der anderen! – die eine Mauer der Einsamkeit aufbauen; sie könnten solche Sätze auf Kartons schreiben und eine Mauer um die Person in der Mitte aufbauen.
Wenn die Gruppen fertig sind, können die anderen Schüler hinzukommen und erfahren, was in den einzelnen Gruppen besprochen und agiert wurde (auf Freiwilligkeit der Darstellung achten!)

c. Mauern lassen sich auch wieder abbauen (ca. 2 Stunden)

Nach den bedrückenden Erfahrungen, die im 2. Schritt thematisiert wurden, können die Schüler jetzt erleben und bedenken, wie solche Mauern abgebaut werden können. Sie arbeiten wieder in Gruppen (möglichst in den bereits bestehenden) und erfinden »Gegenworte« zu den »Mauerworten«; jeder Satz, der so bearbeitet wurde, kann aus der Mauer herausgenommen werden. Es wäre schön, wenn auch bei diesem Schritt die Lernenden sich gegenseitig an ihren Gedanken und Erfahrungen beteiligen könnten.

d. Ijob – ein Mann, der alles verliert und im Glauben wieder Boden unter die Füße bekommt (ca. 2 Stunden)

Der Unterrichtende bietet in einer kurzen Erzählung die wichtigsten Informationen zum Buch Ijob an. Der Lehrer weist darauf hin, dass es nicht um eine einmalige, womöglich historische Situation geht, sondern dass sich in dieser Erzählung Erfahrungen verdichten, die Menschen zu allen Zeiten machen. Die Schüler lernen, dass die Erfahrungen des Mannes aus dem Land Uz theologisch gedeutet werden: Als eine Geschichte zwischen Ijob und Gott, aber auch zwischen Ijob und seinen »Freunden«. Als letzten Grund Ijobs lernen sie die Vertrauens-Sätze aus Kapitel 19 kennen (**M 4**). Diese Sätze sollten nicht weiter »erklärt« oder besprochen werden, sondern als tiefer Ausdruck eines persönlichen Vertrauens wahrgenommen werden, das trägt.

MATERIALIEN

M 1

Jjob spricht über sich

Ich hoffte, wartete auf Licht und Glück,
doch nichts als Dunkelheit und Unglück kam (30,26).

Mein Leben ist nur ein Hauch.
Mein Glück vergeht, ich sehe es nie mehr wieder (7,7).

Ich bin voller Trauer, mir scheint keine Sonne (30,28).

Ich spüre, wie mein Leben aus mir fließt (30,16).

Dem Trümmerhaufen kann man nicht mehr helfen (30,24).

Vor Kummer ist mein Auge fast erblindet,
ich bin nur noch ein Schatten meiner selbst (17,7).

Jetzt bin ich die Spottfigur der Leute.
Jeder kommt und spuckt mich an (17,6).

M 2

Jjob antwortet den Freunden

Wer so am Boden liegt,
braucht treue Freunde …
Doch ihr enttäuscht mich wie die Steppenflüsse,
die trocken werden, wenn es nicht mehr regnet …
Für mich seid ihr genau wie diese Flüsse:
Weil ihr mein Unglück seht, weicht ihr zurück? (6,14ff).

Seht mir doch einmal richtig in die Augen!
Wie käme ich dazu, euch anzulügen? (6,28).

Obwohl ich mir nichts vorzuwerfen habe,
muss ich mir diesen Hohn gefallen lassen,
den meine eigenen Freunde auf mich schütten …
Wer Schaden hat, braucht für den Spott nicht zu sorgen,
das tun die anderen, denen alles glückt.
Und wer schon wankt, bekommt noch einen Tritt (12,4f).

Wie lange redet ihr noch auf mich ein?
Wie lange wollt ihr mich mit Worten quälen?
Ihr habt mich nun schon zu oft beschimpft
und schämt euch nicht, mich zu beleidigen (19,1f).

Freunde sind zu Fremden geworden,
die Freunde und Verwandten bleiben aus (19,13f).

Ihr seid doch meine Freunde!
Habt Erbarmen! (19,21).

Hört doch endlich auf, mich zu verurteilen (6,29).

Wenn ihr nur einmal richtig zuhören würdet,
könntet ihr mich damit richtig trösten! (21,2).

M 3

Grafik A. Paul Weber

M 4

Jjobs Erkenntnis

Doch nein, ich weiß, dass (Gott) mein Erlöser lebt.
Als letzter erhebt er sich über dem Staub.
Und ist auch meine Haut zerfetzt,
kein Fleisch mehr auf meinen Knochen,
so werde ich doch Gott sehen.
Meine Augen werden ihn dann schauen,
nicht mehr fremd.
Danach sehnt sich mein Herz in meiner Brust. (19,25–27)

3.2 Ijob in der Dichtung der Gegenwart (9./10. Klasse)

Kurzcharakteristik

Inhalt:	Gestaltungen der Ijob-Thematik in literarischen Texten der Gegenwart
Klassenstufe:	9.–10. Klasse
Lernchance:	Die Schüler können anhand einiger Beispiele aus der zeitgenössischen Literatur Gestaltungen des Ijob-Motivs kennenlernen und sich mit deren Deutungen auseinandersetzen.
Hermeneutisches Konzept:	Intertextuelle Auslegung

ANSATZ

Auch im Blick auf die gedachte Klassenstufe sei noch einmal vor einer Verzweckung der Ijob-Thematik gewarnt: Wohl kaum ein Jugendlicher kennt extreme Leiden wie die des Mannes aus Uz aus eigener Anschauung geschweige denn Erfahrung, und die Intensität und Tiefe der theologischen Gedanken wird nur in Umrissen sichtbar werden können.
Ein stimmiger Zugang bietet sich in den Gestaltungen des Ijob-Stoffs in der zeitgenössischen Literatur an. Es zeigen sich folgende Lernchancen:

- Die Lernenden erfahren, dass die Thematik des alttestamentlichen Ijob-Buches eine überaus nachhaltige Wirkungsgeschichte ausgelöst hat – ein Indiz, dass das Thema starke, zeitüberdauernde Bedeutung hat.
- Sie können im Kontext von Fremd-Erfahrungen, die sich in den Texten zeigen, eigene Erfahrungen reflektieren.
- Sie erkennen in den Texten unterschiedliche Sichtweisen auf Ijob und gewinnen einen Eindruck von der Vielschichtigkeit der Thematik. – Damit wird auch eine der Stärken der Intertextuellen Auslegung ausgespielt: Sie ist nicht einfach ein Vergleich verschiedener Texte, sondern öffnet eigene Zugänge zur biblischen Überlieferung, weil sie bestimmte, vielleicht bisher wenig beachtete oder übersehene Aspekte ins Licht stellt.

Wenn es um die Auseinandersetzung mit der literarischen Rezeption einer Überlieferung geht, muss diese Überlieferung selbst bekannt sein. Da der Zugang über die Sprache gesucht wird, ist es notwendig, die spezifische Sprachform der Überlieferung kennenzulernen. Es wird also nicht ausreichen, den Schülern den Inhalt und wesentliche Aspekte der Ijob-Überlieferung zu übermitteln; einige zentrale Stücke

des Buches müssen im Unterricht selbst gelesen werden. Georg Langenhorst (Schrei, 206) hat den einleuchtenden Vorschlag gemacht, Passagen des Buchs in szenischer Dialoggestaltung zu lesen.
Da nicht im Detail vorausgeplant werden kann, welche literarischen Texte in welcher Reihenfolge und in welcher methodischen Ausrichtung bearbeitet werden, lege ich keinen ausgeführten Unterrichtsentwurf vor, sondern beschränke mich auf Andeutungen zum Verständnis der einzelnen Stücke.

Verlauf

a. »So facht mein Schmerz des Engels Wange an« (ca. 2 Stunden)

In einem ersten Schritt wird das Gedicht von Albert Paris Gütersloh vorgestellt (**M 1**). Die Überschrift könnte zunächst weggelassen werden. Die Schüler versuchen die Aussage des Gedichts zu klären. Die Struktur wird herausgearbeitet: Gegensätze sind aufeinander bezogen (Schmerz-Lehre; Süden-Norden; Schmerz-tröstliche Engelsbotschaft). Die letzte Zeile bringt wohl zur Sprache, dass »Glaube, Liebe und Hoffnung« lebendig werden, wenn wir auf Ijob und sein Schicksal blicken und an ihm Maß nehmen.
Nach der Besprechung weist der Unterrichtende darauf hin, dass Ijob gemeint ist.

b. Ijobs Leiden und Kämpfen (ca. 3 Stunden)

Im Blick auf die szenische Lesung übernehme ich den Vorschlag von G. Langenhorst: »Ich wähle beispielsweise die folgende Szene mit fünf Sprechrollen – Erzähler (Erz), Hiob (H) und seine drei Freunde (E, B, Z): 2,11–3,1 (Erz); 3,3–7.23–26 (H); 4,2–8; 5,8–9.17.27 (E); 6,15–17.21–28 (H); 8,2–7.20–22 (B); 9,21–24; 10,1–3 (H); 11,2–8.13–15 (Z); 12,2–6; 13,3–5.17–23 (H); 22,5.21 (E); 23,2–5; 31,35.«

c. Ijob, unser Zeitgenosse

Hinweise zu den Gedichten

Zu »Hiob« von Eva Zeller (**M 2**)
Der Text zeichnet einfühlsam Grundlinien des biblischen Buches nach. Allerdings begreift Ijob selbst – ohne die offenbarenden Worte Gottes – dass die Schöpfung nicht allein auf ihn bezogen ist, sondern für alle Lebewesen da ist und die Größe und

Unbegreiflichkeit Gottes widerspiegelt. Die letzten Verse greifen deutlich auf die zentrale Vertrauensaussage Ijobs in 19,25–25 zurück und lassen am Schluss die christliche Auferstehungshoffnung als letzten Grund der Zuversicht anklingen.

Zu »Zwischen Frage und Antwort« von Martin Gutl (**M 3**)
Der Text läuft auf die letzten Zeilen zu: »Hiob hier und jetzt. Und das Echo seiner Klagen im Herzen eines Menschen«. Gutl will zeigen, dass auch das undramatische, freudlos-»normale« Leben den Schrei Ijobs widerhallen lässt. – Der Text hat eine wichtige Funktion: Er könnte in seiner unspektakulären Gedankenführung und unprätentiösen Sprache wohl gerade sprachlich und gedanklich weniger geübte Klassen ansprechen. Gleichzeitig kann er dafür sorgen, dass es nicht zu Ästhetisierung des Leidens kommt, sondern dass es präsent bleibt, gerade in der banalen Alltäglichkeit dessen, was auszuhalten ist.

Zu »Hiob« von Johannes R. Becher (**M 4**)
Der Text betont, dass Ijobs Schmerzen als »Vorleiden« und auch stellvertretendes Leiden für die Menschen aller Generationen aufzufassen sind. Becher erkennt aber in dem »Widersinn« der Qual nicht die Unbegreiflichkeit des Wirkens Gottes, sondern lässt in dem Mann aus Uz die Erkenntnis aufblitzen: Menschliche Leiden sind »Menschenwerk«. Damit protestiert der Text gegen die Tradition einer christlichen Leidensauffassung, die jedes Schicksal als von Gott gegeben und damit für unveränderbar hinnimmt. Wird aber aufgedeckt, dass Leiden »Menschenwerk« sind, können deren Verursacher entlarvt und der Kampf gegen sie aufgenommen werden; Vertröstung und passives Dulden werden umgemünzt in Protest und tätige Auseinandersetzung.

Zu »Gnade ist …« von Martin Gutl (**M 5**)
Der kurze Text könnte gut am Ende der intertextuellen Beschäftigung mit der Ijob-Rezeption aufgenommen werden. Er begreift Ijobs Schicksal als einen Prozess der »Erleuchtung«. Dies darf gewiss nicht im Sinne einer Verharmlosung missverstanden werden, lädt aber dazu ein, den »Bewusstseinsstufen« in der Geschichte Ijobs noch einmal nachzuspüren, vielleicht auch dazu, Möglichkeiten eigener Veränderung und Erkenntniserweiterung zu bedenken.

MATERIALIEN

M 1

Spruch des Hiob

Die ihr des Lebens Straße wandelt, blickt seitab:
Dorthin bin ich als Leidender gestellt an einen Stab.
Warum ich euch dies unverrücklich Bild gewähre?
Zur Hälfte straft mich Gott, zur Hälfte bin ich Lehre.

Und wie das eine blaue südlich' Himmelszelt
den winterlichen Firmament des Nord erhält,
so facht mein Schmerz des Engels Wange an,
auf daß er Glaube, Liebe, Hoffnung blasen kann.

Albert Paris Gütersloh

(Aus: ders., Musik zu einem Lebenslauf. Gedichte. Wien 1957.)

M 2

Hiob

Als er nicht mehr wußte
an welchen
der Heiligen
er sich wenden
wer seine Verteidigung
übernehmen sollte
auf seinem Beschwerdeweg

er sich lieber die Zunge abbiß
als den Namen
dessen zu nennen
der ihn zum Sprichwort
unter den Leuten gemacht
und ihm eine Wunde
nach der andern geschlagen

bedachte er
wo er selber gewesen war
als die Erde gegründet

ihr die Richtschnur gezogen
das Band des Orion gebunden

dem Adler befohlen wurde
so hoch zu fliegen
und seinen Jungen
das Blut der Erschlagnen zu saufen

wo er denn gewesen war
als dem Wind sein Gewicht
dem Licht seine Geschwindigkeit
dem Meer seine Fußtapfen gesetzt
dem Krokodil
seine Schuppen gesteckt
fest und eng ineinander
daß die Angst vor ihm herhüpft

da meinte er nicht mehr im Ernst
das Eichhorn müßte ihm dienen
und der Mond
müßte ihm Kußhände zuwerfen

er wurde vielmehr gewahr
daß der
der seine Seele betrübt
der ihm sein Recht verweigert
und ihn verändert
wie Lack unter dem Siegel

derselbe ist
dem nichts zu schwer wird
was er sich vorgenommen
dessen Unsichtbarkeit
ihn kaputt macht
den seine Hände betastet haben
der sich als letzter
über den Staub erheben
und ihn aus der Erde
aufwecken wird

Eva Zeller

(Aus: dies., Sage und schreibe. Gedichte, Deutsche Verlagsanstalt, Stuttgart 1971, S. 65–67.)

M 3

Zwischen Frage und Antwort

In schwarzer Nacht,
auf schwarzem Stein,
eine schwarze Ameise.
Gott sieht sie.
(Arabisches Sprichwort)

Ein Mensch gewesen,
keine Fragen gehabt,
zur Arbeit gegangen,
im Wirtshaus gesessen,
Zeitung gelesen,
keine Fragen gehabt.

War nicht gewohnt,
gefragt zu werden,
bei der Geburt nicht,
bei der Berufswahl nicht,
bei der Heirat nicht.

Blieb sein
Lebtag arm.
Kindheit
ohne Wärme,
Ehe ohne Liebe,
Alter ohne Frieden.
Wurde nicht gefragt,
stellte keine Fragen.

Nur unlängst im Spital,
nach wochenlangem Leiden,
begann er zu fragen:
Warum gerade er –
und nicht die andern?
Ob am Leben
nichts daran sei
als Arbeit, Schmerz
und Leiden.

Hiob hier und jetzt.
Und das Echo seiner Klagen
im Herzen eines Menschen.

Martin Gutl

(Aus: ders., Der tanzende Hiob. Neuausgabe 1992, Verlag Styria Graz/Wien/Köln.)

M 4

Hiob

Er bittet nicht, daß Gott sein Leiden wende,
Mitleiden ist es und ist Vorerleiden,
Und aller Leiden leidet er zu Ende.
In seiner Brust und in den Eingeweiden
Liegt bloß die Welt in ihrem Leidensgrund.
Leidensabgrund, der wird offenbaren
Den Menschen sich nach aber tausend Jahren,
Vorhergesagt aus seinem, Hiobs, Mund.

Und dennoch hat er mit dem Leid gestritten
Als wäre in dem Leid ein Widersinn,
Den er hat seiner Zeit vorausgelitten …
Als er sich leidend fragte einst: »Worin

Besteht das Leid, womit uns Gott geschlagen?«
Erkannte er – o unsagbare Pein – :
Das Unerträgliche, das wir ertragen,
Ist Menschenwerk und müßte nicht so sein.

Johannes R. Becher

(Aus: ders., Gesammelte Werke in 18 Bänden, Bd. VI: Gedichte 1949–1958. Aufbau Verlag Berlin/Weimar 1973, S. 43.)

M 5

Gnade ist …

aus dem Nest geworfen werden
und im Fallen noch die liebende Hand spüren,
von einer Bewußtseinsstufe
in die andere gestoßen werden,
durch Erleuchtung ein Wissender werden.

Martin Gutl (a.a.O.)

Anhang

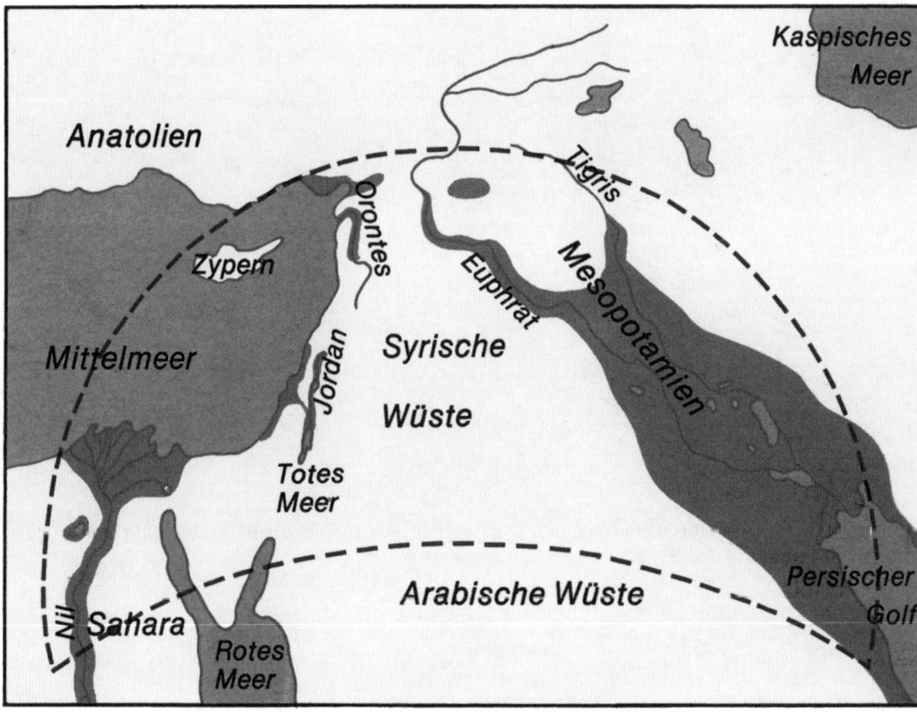

Der fruchtbare Halbmond

1 Überblick über die Geschichte Israels

1 Der Lebensraum

Die Geschichte Israels erschließt sich nur, wenn man den Raum überblickt, in dem dies Volk lebte; denn seine Geschichte ist immer von den Einflüssen geprägt worden, die von den in diesem Raum wirksamen Kräften und Mächten ausgingen.
Man bezeichnet diesen Lebensraum als den »fruchtbaren Halbmond«. Die Abbildung in der **Karte** zeigt, wie dieser Halbmond sich als gedachte Linie über große Teile des Alten Orients erstreckt. Die beiden Enden des Halbmonds füllen fruchtbare Gebiete; sie kommen durch die großen Flußsysteme zustande: Der Nil im Südwesten ist die Lebensader der ägyptischen Reiche; Euphrat und Tigris im Norden bestimmen das »Zweistromland« (Mesopotamien).
In der Mitte des Halbmonds findet sich die Region, die als Palästina bezeichnet wird; im Altertum ist die Bezeichnung Kanaan gebräuchlich. Verhältnismäßig schmale fruchtbare Gebiete gibt es fast nur an der Küste. Zu den begehrten Ackerbaugebieten gehört auch die Ebene Jesreel, die südlich des Sees Genezaret zum Mittelmeer hin verläuft. – Die Jordansenke teilt das Land in zwei Gebiete, das West- und das Ostjordanland. Der Jordan entspringt im Hermongebirge, durchfließt den Hulesee und den See Genezaret und mündet schließlich in das Tote Meer. Die Jordansenke ist tief eingeschnitten; schon der See Genezaret liegt 200 m unter dem Meeresspiegel, das Tote Meer liegt 394 Meter unter dem Spiegel des Mittelmeers und stellt die tiefste Depression der Erde dar. – Das Westjordanland ist ein großer Höhenrücken mit verschiedenen Zügen. Im Süden dominiert das Gebirge Juda, durchschnittlich 800 m hoch; im Westen fällt es zum Mittelmeer hin ab, der Regen begünstigt die Fruchtbarkeit dieser Region. Nach Osten hin wird es immer trockener; das Gebiet heißt darum Wüste Juda. – Das Ostjordanland ist ein Hochland, teils als Ackerland nutzbar. – Palästina ist ein kleines Land: Die Entfernung zwischen der nördlichsten Stadt Dan und dem ganz im Süden gelegenen Beerscheba beträgt 240 km, von Amman im Ostjordanland bis zur Mittelmeerküste sind es 120 km – die Fläche entspricht ungefähr dem deutschen Württemberg. Starke Gegensätze prägen das kleine Land. In Palästina finden sich fruchtbare Ebenen und Wüsten, Flachland und Gebirge. Das Klima ist subtropisch; einem heißen trockenen Sommer folgt der regenreiche Winter; bleibt der Regen aus oder fällt er nur gering, kommt es zu Missernten und Hungersnöten.
Konzentrierte Macht kommt in der Antike dort auf, wo die großen Flußgebiete dauernde Besiedlung und Ackerbau ermöglichen; Nilgebiet und Zweistromland sind daher die natürlichen Zentren wachsender Macht.

Die dort entstehenden Staatsgebilde bestimmen das Schicksal des Alten Orients und sollen nun kurz skizziert werden.

2 Die große Geschichte

In **Ägypten** entsteht zu Beginn des 3. Jahrtausends das *Alte Reich* mit der Hauptstadt Memphis. Es ist ein zentralistischer Staat mit dem Gott-König Pharao an der Spitze; Beamte sorgen für eine lückenlose Kontrolle durch Verwaltung. Die Pyramiden dieser Zeit sind Dokumente der Machtfülle der Pharaonen. Etwa 2776 wird der Kalender eingeführt; man zählt ein Sonnenjahr mit 365 Tagen. – Um 2200 zerfällt das Alte Reich. Nach einer Zwischenperiode kommt um 2000 das *Mittlere Reich* auf. Es zerbricht um die Mitte des 19. Jh.s unter dem zunehmenden Einfluss der Hyksos; diese (meist nicht-semitischen) Söldnertruppen reißen immer mehr die Gewalt in Ägypten an sich. Erst 1550 entsteht dann wieder eine stabile Herrschaft, das *Neue Reich* (bis 1085). In dieser Periode ist Ägypten auf dem Höhepunkt seiner Macht. Die *Spätzeit* endet dann mit dem Siegeszug Alexanders des Großen (322).
Viel weniger einheitlich verläuft die Geschichte des **Zweistromlands**. Vor dem Jahr 3000 gründen die *Sumerer* ihre Stadtstaaten im Süden des Landes; bekannt geworden ist Ur. Um 2300 unterwirft der semitische König Sargon von Akkad diese Stadtstaaten und gliedert sie seinem Reich ein. Wieder 600 Jahre später tritt König *Hamurapi* auf den Plan; er gründet das erste *babylonische Reich*, zu dem auch die Sumer und Akkad gehören. Hamurapi ist vor allem auch durch seine Gesetzesarbeit bekannt geworden (»Codex Hamurapi«). Dieses Reich zerbricht unter dem Ansturm nicht-semitischer Bergvölker, der Kassiten, Hurriter und Hethiter. In den bis heute wenig bekannten Auseinandersetzungen und Wirren dieser Jahrhunderte behauptet sich im Gebiet des Zweistromlandes schließlich das *assyrische Reich*. Es wird abgelöst durch das *neubabylonische Großreich* (625–538). Dann wird das *persische Reich* zum beherrschenden Machtfaktor, bis dann *Alexander der Große* (333) die Geschichte des Alten Orients neu schreibt.

Gehen wir ein paar Schritte zurück.
Um 1200 kommt das ganze politische Gefüge des Alten Orients durch zwei neue große **Völkerbewegungen** durcheinander: Von Norden her dringen die (indogermanischen) »*Seevölker*« in den vorderasiatischen Raum ein; sie zerstören das Reich der Hethiter in Kleinasien, greifen – erfolglos – das ägyptische Reich an und setzen sich schließlich als Philister an der Mittelmeerküste Palästinas fest. – Die zweite Bewegung ist die *aramäische Wanderbewegung*. Von Osten dringen halbnomadische Gruppen überall ins Kulturland: Im Zweistromland können sie Fuß fassen, im syrischen Raum gründen sie einen eigenen Staat mit der Hauptstadt Damaskus, und auch

in das Gebiet Palästinas dringen sie vor: Im südöstlichen Raum entstehen die Königreiche (von Süden) Edom, Moab und Ammon. Auch die Israeliten kommen im Zug dieser aramäischen Wanderung ins Land – zum ersten Mal betreten sie den Schauplatz der Geschichte.

3 Wie Israel seine Geschichte überliefert und deutet

Auf welche Quellen kann sich der Versuch stützen, die Geschichte Israels nachzuzeichnen? Im wesentlichen steht dafür die Bibel selbst zur Verfügung, vor allem die sogenannten »Geschichtswerke«.

Pentateuch	Gen	Urgeschichte Gen 1–11; Vätergeschichten
(= Fünfbuch«).	Ex	Auszug aus Ägypten; Geschehen am Sinai
Endredaktion:	Lev	Gesetze (vor allem den Kultus betreffend)
5. Jh. v. Chr.	Nu	Wüstenwanderung
	Dtn	Letzte Tage des Mose; »zweites Gesetz«
Deuteronomistisches	Jos	Landnahme
Geschichtswerk	Ri	Vorstaatliche Zeit; Leben in Stämmen
Endredaktion:	1./2. Sam	Saul und David
6. Jh. v. Chr.	1./2. Kön	Königszeit bis zum Exil
Chronistisches	1./2. Chron	Schöpfung bis Exil
Geschichtswerk	Esra	Geschichte zur Zeit Esras und
Endredaktion:	Neh	Nehemias (5. Jh.)
4. Jh. v. Chr.		

Diese Übersicht scheint auf den ersten Blick eine verläßliche Quellenlage für die Geschichte Israels zu signalisieren. Aber bei gründlicher Analyse zeigt sich, dass die Schriften der »Geschichtswerke« nur bedingt als historische Informationsquellen taugen. Dafür lassen sich zwei Gründe benennen:

3.1 Die Schriften des Alten Testaments sind größtenteils in einem langen, komplizierten Prozess entstanden

Die erste Beobachtung.
Nomaden und Bauern schreiben keine Geschichte. Das bedeutet: In der langen Zeit, in der Israel erst auf dem Weg zu einem Staat mit einem König an der Spitze ist, gibt es keine Schriftkultur. Diese kommt in aller Regel erst mit der Entstehung einer höfi-

schen Zivilisationsform auf; erst dann sind die dafür notwendigen Voraussetzungen gegeben – und auch das Interesse an einer Dokumentation des Geschehens.
Das heißt aber keineswegs, dass es in der vorstaatlichen Zeit keine geschichtliche Überlieferung gibt. Die Erinnerungen an die Vergangenheit werden mündlich in den Familien, Sippen und Stämmen weitergegeben. Mythen, Sagen, Lieder sind charakteristische Formen des Erinnerns. Diese vor-literarische Tradition wird dann in der frühen Königszeit in einen Prozess der Verschriftlichung überführt.
Die ersten »Schriftsteller« arbeiten an den Höfen. Die älteste erkennbare Geschichtsschreibung in Israel ist höfisch: Die Erzählung vom Aufstieg Davids (Grundbestand von 1. Sam 16 bis 2. Sam 8) und von der Thronnachfolge Davids (Grundbestand von 2. Sam 9 bis 1.Kön 2). Augenscheinlich ist David daran gelegen, seine Geschichte der Nachwelt in einem möglichst glänzenden Licht kundzutun.
Gleichzeitig beginnt offenbar die Sammlung und Dokumentation der vorliterarischen Überlieferung. Damit kommt der Prozess der Entstehung des Pentateuch in den Blick.
Die Sammlung der frühen Überlieferungen Israels: Der Pentateuch. Die Erforschung des Pentateuch zeigte, dass die fünf Mosebücher keineswegs aus einem Guss geschaffen wurden, sondern viele Risse, Sprünge, Doppelungen usw. zeigen. Dies wird damit erklärt, dass der Pentateuch aus drei Quellenschriften zusammengefügt wurde, die sich relativ deutlich rekonstruieren lassen. Als älteste Quellenschrift gilt der *Jahwist* (Abgekürzt: J), benannt nach dem Gottesnamen, den er vor allem verwendet. Die meisten Alttestamentler gehen davon aus, dass er in der Zeit Davids und Salomos wirkt. Seine Arbeit ist nicht die des Schriftstellers; er sammelt, redigiert und deutet die mündliche Überlieferung Israels. – Etwa 150 Jahre später setzt man die zweite Quellenschrift, den *Elohisten* (E) an; ein Merkmal seiner Arbeit ist die bevorzugte Verwendung des Gottesnamens Elohim. Beide Quellen werden in vorexilischer Zeit zum *»jehowistischen Geschichtswerk« (JE)* verschmolzen. Erst viel später kommt dann die dritte Schrift hinzu, die *Priesterschrift* (P); sie entsteht in der Zeit des babylonischen Exils, unter anderem in dem Interesse, das priesterliche Wissen zu bewahren, das nach dem Abbruch des Jerusalemer Tempeldienstes zu verblassen droht. Diese drei Quellenschriften sind dann in einem differenzierten, im Detail nicht mehr aufhellbaren Prozess miteinander verflochten worden. Dazu kommt dann zur Zeit des Königs Joschija als Programmschrift seiner Reform das Deuteronomium.
(Zu der Eigenart der Quellenschriften und ihrer Bedeutung in ihrem jeweiligen Umfeld bieten einzelne Kapitel Informationen und Studien an.)
Die Quellenschriften des Pentateuch stellen die Erinnerung Israels von Anfang an bis zum Ende der Wüstenzeit dar, als Israel an der Schwelle des verheißenen Landes steht. Aber es handelt sich nicht um eine historische Chronik dieser Zeit; die geschichtlichen Aussagen der Quellen sind weitgehend nur indirekt zu erschließen.

Das hängt im wesentlichen mit der Eigenart dieser Quellen zusammen:
Sie sind in *großem zeitlichem Abstand* zu den Ereignissen entstanden, die sie schildern; man unterscheidet zwischen »*Berichtszeit*« (der Epoche, in der der Autor wohl lebt) und »*berichteter Zeit*« (also der Zeit, über die er schreibt). Ein Beispiel verdeutlicht das Problem: Geht man einmal von der frühen Königszeit aus, dann liegen zwischen der Arbeit des »Jahwisten« (Berichtszeit) und dem Ende der Wüstenzeit (berichtete Zeit) mindestens 200 Jahre. Es handelt sich also nicht um die Chronik eines Zeitgenossen, sondern um eine »aktualisierende Neufassung alter Überlieferungen« (Metzger); dieses Problem des zeitlichen Abstands verschärft sich natürlich noch erheblich bei den anderen, viel jüngeren Quellenschriften.
Es sind also in die Darstellungen der Vergangenheit die Anschauungen, Gedanken, Glaubenserfahrungen der Schreiber und ihrer Zeit eingeflossen.

3.2 Die Schriftsteller verstehen sich als Zeugen der Taten Gottes, nicht als historische Protokollführer

Aus heutiger Sicht mag die Differenz zwischen Berichtszeit und berichteter Zeit als ein Defizit erscheinen, doch wird eine solche Einschätzung der Absicht und Arbeitsweise dieser Autoren in keiner Weise gerecht: Sie verstehen sich gerade nicht als objektive, unbeteiligte Chronisten, sondern als Menschen, die die *Geschichte Gottes* mit seinen Menschen bezeugen; diese Quellen sind dem *Glaubensbekenntnis* oder dem Liebesbrief viel näher als einem historischen Protokoll im neuzeitlichen Sinn. Das gilt nicht nur für die Quellenschriften des Pentateuch, sondern für die gesamte Literatur des Alten Testaments. Sehr deutlich zeigt sich die Bekenntnisqualität der geschichtlichen Erinnerung in den Psalmen und den prophetischen Texten; dort ist die Tendenz zur Aktualisierung besonders wichtig.
Damit werden die Quellen weder historisch noch theologisch abgewertet, sondern müssen differenziert als Zeugnisse des Glaubens gelesen werden, die greifbare historische Fakten und geschichtliche Erinnerungen im Kontext ihrer Zeit neu zur Sprache bringen und deuten. Die Spannung zwischen Berichtszeit und berichteter Zeit greift vor allem der Ansatz der Ursprungsgeschichtlichen Auslegung produktiv auf: Hier wird versucht, Texte als Zeugnisse von dem einen Gott zu verstehen, der sich in der Vergangenheit, aber auch in der Gegenwart des Zeugen seinem Volk befreiend, liebend, orientierend, mahnend zuwendet.

4 Die »Väter«

»Ein umherziehender Aramäer war mein Vater ...«
so beginnt das berühmte »heilsgeschichtliche Credo« in Dtn 26,5ff – ein in seiner Substanz sicher sehr alter Text. Das Alte Testament lässt die Geschichte des Gottesvolks mit den Vätern beginnen, also den Gestalten, die auch als Patriarchen oder Erzväter bezeichnet werden: Abraham – Isaak – Jakob.

Was erfahren wir aus den alttestamentlichen Quellen über die Erzväter?
Historisch gesehen: Fast nichts! Die Erzählungen lassen sich historisch nicht verifizieren. Der Grund ist schon benannt: Nomaden schreiben keine Geschichte, und: Wo es zur Zeit dieser Wanderhirten in den altorientalischen Staaten bereits eine Schreibkultur und damit auch eine Art Geschichtsschreibung gibt, sind Nomaden für die Chronisten bedeutungslos und keiner Erwähnung wert. Versucht man, die historischen Spuren in diesen Erzählungen aufzuspüren und auszuwerten, kann man festhalten: Die Erinnerung an einen Aufenthalt in »Chaldäa« deutet auf einen Zusammenhang mit einer größeren Bewegung nomadischer Bevölkerungsgruppen, die vom 20.–18. Jh. v. Chr. ins Kulturland drängen, vor allem in die nördlichen Regionen des fruchtbaren Halbmonds. Diese Bewegung wird auch als *1. Aramäische Wanderung* bezeichnet. In der zweiten Hälfte des 13. Jh.s kommt es zu einer weiteren starken Einwanderungswelle vor allem in den palästinischen Raum (»2. Aramäische Wanderung«) – hierzu später mehr.
Die »Erzväter« Abraham, Isaak und Jakob sind wohl geschichtliche Gestalten, aber die Konturen ihrer persönlichen Existenz lassen sich nicht mehr rekonstruieren. Solche »Erzväter« gibt es in vielen Kulturen und Religionen; sie gelten als sagenhafte Gründer, die nicht nur den Stamm, sondern auch seine Religion aufgrund einer besonderen Zuwendung der Gottheit gestiftet haben. Solche Gottheiten werden immer in Zusammenhang mit dem »Vater« benannt; sie heißen »Gott des ...« In der alttestamentlichen Väterüberlieferung zeigt sich dies in den immer wiederkehrenden Gottesnamen »Gott Abrahams ...«
Auch über das nomadische Leben lässt sich einiges ausmachen. Der altorientalische Nomade ist ein Wanderhirt, seine Tiere sind Esel, Schaf und Ziege – das Kamel wird wohl erst gegen Ende des 2. Jahrtausends v. Chr. domestiziert. Die Kleinviehherden finden nach dem Winterregen bescheidenes Futter in den Wüsten- und Steppenregionen. Zur Zeit der sommerlichen Dürre müssen die Nomaden die Nähe bäuerlicher Siedlungen suchen und sich mit den Einwohnern über Weideplätze und Wasser verständigen. Diese Lebensform prägt auch das soziale Leben entscheidend. Zwar ist eine Staatenbildung nicht möglich; aber es kommt doch zur Entwicklung größerer Gruppen ... nur so ist es möglich, unter den harten Existenzbedingungen das Leben und Eigentum der Nomaden zu sichern. Soziale Basis-Einheit ist die

Sippe, eine Einheit von Familien, die gemeinsam unterwegs ist, ihre Mitglieder schützt und für die Regelung des Lebens zuständig ist. Ein Zusammenschluss mehrerer Sippen ist der Stamm; er ist aber nicht als oberste Instanz zu verstehen, der den Sippen Weisungen erteilen kann. – Auch die Lebensregeln sind durch das karge Leben in Wüste und Steppe geprägt: Solidarität, Gastfreundschaft und Freigebigkeit sind wichtige Voraussetzungen des Überlebens und werden darum hoch geschätzt.
So lassen sich im Blick auf die Väter keine historischen Details festmachen, wohl aber kultur- und religionsgeschichtliche Informationen zusammentragen, die für alle nomadischen Lebensformen im Alten Orient gelten und die auch die Zeit Abrahams, Isaaks und Jakobs beleuchten.

5 Exodus, Landnahme und Richterzeit

Der *Exodus* gilt Israel als seine Geburtsstunde und begründet die Erwählung des Gottesvolks. Die Erinnerung daran hält vor allem das Buch Exodus fest, aber auch in allen Teilen des Alten Testaments setzt sich das Gedächtnis an die Befreiung aus der Knechtschaft fort. In großartigen Bildern hat Israel die rettende Tat Gottes, seine wunderbare Führung besungen. Dabei ist die Erinnerung immer stärker ins Wunderhafte gesteigert worden.
Historisch lässt sich nicht mehr viel ausmachen. Gesichert ist, dass immer wieder Gruppen von Nomaden ins fruchtbare Nildelta einwandern; dies geht aus Berichten der ägyptischen Grenzposten hervor. Oft wird ein Grund Nahrungsmangel sein: Wenn der Regen ausfällt, geraten die Wanderhirten mit ihren Herden in eine akute Krise und müssen Zuflucht im Kulturland suchen; sie werden dort oft zu Bauarbeiten herangezogen. Eine Zuordnung solcher Einwanderungen mit dem späteren Israel ist aber nicht möglich. Einen Anhaltspunkt bietet, dass vom Pharao Ramses II (1273–1213) eine sehr umfangreiche Bautätigkeit berichtet wird; dann fiele die Exodus-Zeit etwa in die Mitte des 13. Jh.s. Unter den Fronarbeitern kommt es zu Unruhen, als ein Anführer steigt Mose auf, ein Mann mit ägyptischem Namen, aber gewiss semitischer Herkunft. Er setzt sich wohl recht gewaltsam für die Rechte der Unterdrückten ein und muss nach Midian flüchten. Unter seiner Leitung entflieht dann eine Gruppe von Menschen der Fronarbeit; allzu viele können es nicht gewesen sein, denn den – sonst sehr genauen – ägyptischen Annalen ist der ganze Exodus keine Notiz wert. Jedenfalls entkommt die Exodus-Gruppe – oder auch: Moseschar – auf unerwartete, wunderbare Weise den ägyptischen Grenztruppen und macht sich auf den Weg durch die Wüste. (Wo das »Schilfmeer« von Ex 14 gelegen ist, bleibt auch innerhalb der alttestamentlichen Tradition unklar.) Die Geflüchteten bringen die wunderbare Befreiung mit dem Gott Jahwe in Verbindung. Ihn hatte Mose in seiner

Zeit bei den Midianitern kennengelernt, mit dem »Gott der Väter« verbunden und ihn den Exodus-Leuten offenbar sehr überzeugend verkündet.
Nach längerer Wanderung durch die Wüste – über die Dauer ist überhaupt keine historische Aussage möglich – kommt die Exodusgruppe ans kanaanäische Kulturland heran.
Wie kann man sich nun die *»Landnahme«* vorstellen?
Wieder muss man einräumen, dass eine historische Rekonstruktion nicht möglich ist. Nach Überzeugung aller Forscher hat sich jedenfalls die Landnahme nicht so abgespielt, wie sie das Buch Josua als Siegesmarsch aller Stämme Israels schildert. Vielmehr ist ein differenzierter Prozess recht unterschiedlicher »Landnahmen« der Stämme im Rahmen der 2. aramäischen Wanderung anzunehmen. Diese Landnahmen haben sich sicher ähnlich abgespielt wie anderswo auch: Nomadische oder halbnomadische Gruppen sickern langsam ins Kulturland ein, siedeln zunächst in den Randgebieten, gewinnen mehr Raum durch Verständigung mit den ansässigen Bewohnern, fassen immer mehr Fuß. Da und dort kommt es auch zu gewaltsamen Auseinandersetzungen.
In dieser Situation kommt nun auch die Mose-Schar ins Bild. Nach dem Tod ihres Anführers zieht sie von Osten her über den Jordan nach Palästina und findet dort wohl bei den mittelpalästinischen Stämmen ihre Heimat. Die Exodus-Leute müssen so überzeugend, begeisternd von Jahwe und ihren wunderbaren Erfahrungen mit ihm erzählen, dass dann alle in Palästina siedelnden Stämme diesen Glauben übernehmen.
Es folgt nun die Zeit der *Einwurzelung in Kanaan;* man wird mit einem Zeitraum von 200–250 Jahren rechnen müssen. Die Israeliten leben in Stämmen miteinander – die Überlieferung spricht immer wieder von 12 Stämmen, es scheint aber mehrere Gruppierungen neben- und nacheinander gegeben zu haben. Sie sind sicher nicht alle miteinander verwandt, wie gewisse Texte nahelegen (z.B. der Jakob-Segen in Gen 49), aber sie sind »Brüder« im gemeinsamen Glauben und gelebter Solidarität. »Jahwe, der uns alle aus der Sklaverei in Ägypten befreit hat« – dies wird zum gemeinsamen Bekenntnis. Es hält offensichtlich nicht nur die Stämme untereinander zusammen, sondern grenzt zu gleich nach außen ab: Die kanaanäische Stadtstaaten gehören zum Gott »Baal«, der ihre feudalistische Herrschaft garantiert, Jahwe ist ein Gott der Befreiung und der Solidarität. Diese Grundüberzeugung hat Israel immer wieder betont. Der gemeinsame Glaube manifestiert sich in zentralen Heiligtümern: Sichem, Schilo, Gilgal, Bethel und anderen. Hier kommen die Stämme zusammen, feiern die Glaubensfeste, z.B. Pessach, treffen sich aber gleichzeitig dort zur Beratung, zur Rechtsfindung und Abstimmung gemeinsamer Aktionen. Manche Forscher vertreten die Anschauung, dass die Stämme in einem sakralen Bund verbunden sind (»Amphiktyonie«); die Zwölfzahl ergäbe sich dann aus dem monatlich wechselnden Dienst am Zentralheiligtum; diese These ist aber umstritten.
Jedenfalls gibt es in Kanaan in dieser Zeit keine zentrale Führungsinstanz, weder staat-

lich noch religiös. Das fördert das egalitär-solidarische Zusammenleben, bedeutet aber gleichzeitig eine fundamentale Schwäche: Gegenüber politisch-militärischem Druck von außen ist eine solche mehr oder weniger lose Gruppierung nicht besonders widerstandsfähig. In der Tat nimmt der Druck ständig zu: Im Ostjordanland leben die Ammoniter, Moabiter und Edomiter, die sich bereits in Königreichen mit einer Zentralregierung und einem stehenden Heer organisiert hatten; gefährlicher noch ist die Bedrohung durch die Philister, die in starken Stadtstaaten am Mittelmehr leben. – Eine besondere Gefahr geht von der überlegenen Waffentechnik der Gegner aus: Die Eisenzeit hat begonnen – wer die modernen Kampfgeräte besitzt, hat schon die Oberhand.
In der Krise stehen in Israel immer wieder »*Richter*« auf und führen die Männer in den Kampf. Die Richter haben mit der Rechtsprechung eigentlich nichts zu tun; sie fühlen sich in der Situation der Not von Jahwes Geist inspiriert und mit Kraft begabt. Sie rufen den Heerbann der freien Bauern auf und gehen ihnen voran in die Schlacht. Diese charismatischen Führer üben ihr Amt auf Zeit aus; ist die Gefahr vorbei, ordnen sie sich wieder in die Gemeinschaft ein. Aber auf die Dauer kann diese Institution die Stämme nicht wirksam schützen: Zu schwerfällig ist der bäuerliche Heerbann, zu schlecht die Rüstung, zu ineffektiv das Zusammenspiel der Kräfte. Es wundert nicht, dass in Israel immer lauter der Ruf nach einem König zu hören ist, »wie ihn andere Völker haben« (1. Sam 8,5)

6 Die ersten Könige

Saul ist eine der interessantesten, aber zugleich auch widersprüchlichsten Gestalten der frühen Königszeit.
Die Erzählungen über die Entstehung des Königtums in Israel sind nicht ganz einheitlich. Sie sind sich aber darüber einig, dass *Samuel* dabei eine große Rolle spielt. Samuel wird ganz unterschiedlich geschildert: Er ist Richter und Prophet, Staatsmann und Seher.
Am Anfang steht eine Situation äußerster Bedrängnis: Die Philister werden immer stärker. Sie schlagen die Israeliten vernichtend und rauben die Lade aus dem Heiligtum in Schilo. Sie kontrollieren das Land, treiben Abgaben ein, befehlen eine totale Entwaffnung in Israel und verbieten das Schmiedehandwerk. Diese Lage benutzen die Ammoniter zu einem Einfall und zur Besetzung israelitischen Landes. Nun tritt Saul auf den Plan: Nach der Designation durch Samuel verspürt Saul den Geist Gottes, bietet den Heerbann auf und schlägt die Ammoniter. Daraufhin rufen ihn die Stämme zum König aus. Eine ganz neue Konstellation ist eingetreten. Man könnte sie so kennzeichnen: Saul wird nicht nur von Gott *erwählt*, sondern auch vom Volk *gewählt* – das Königtum ist Wirklichkeit geworden.
Die Realität dieser Monarchie bleibt allerdings noch recht bescheiden. Es gelingt

Saul, mit Hilfe einer Schar von Berufskriegern die Philister aus dem Land zu drängen; aber er ist eher ein Feldherr auf Dauer, ein Heerkönig, als ein altorientalischer Herrscher. Zwar errichtet er eine kleine Residenz in seiner Heimatstadt Gibea, aber eine Regierungszentrale mit Machtausübung nach innen ist das alles nicht. – Sauls Regierungszeit dauert nicht lange, man denkt an etwa 20 Jahre – bis zum Ende des 11. Jh.s. Sein Ende ist dunkel: Er achtet offenbar nicht mehr die überlieferten religiösen Ordnungen und auch nicht die Rechte der Stämme. Es kommt zum Zerwürfnis mit Samuel – es heißt, der Geist Jahwes habe Saul verlassen. Die Entscheidungsschlacht gegen die Philister im Gilboagebirge geht vernichtend verloren, Saul fällt. Die Vorherrschaft der Philister über Israel ist wieder umfassend.
Als Waffenträger Sauls, aber auch als Musiker kommt *David* an den Königshof; er ist ein Judäer aus Bethlehem. Die verschiedenen Erzählversionen über seinen Aufstieg lassen sich kaum noch zu einem Gesamtbild zusammenfügen. Offensichtlich zeichnet er sich durch besondere Tapferkeit im Krieg gegen die Philister aus, daran erinnert die dramatisch ausgestaltete Geschichte vom Kampf gegen Goliath. Er gewinnt beachtlichen Einfluß am Hof und heiratet eine Tochter Sauls. Der König erkennt, dass in David ein Rivale aufkommt und stellt ihm nach. David setzt sich in seine Heimat ab und baut seine eigene Machtbasis auf: Er wirbt eine Söldnertruppe an, die er den Südstämmen als Schutztruppe gegen die Gegner anbietet – gegen entsprechende Tributzahlung. Weil die Israeliten ablehnen, stellt er seine Truppe in den Dienst der Philister. Als Saul umkommt, zieht David mit seinen Söldnern nach Hebron und wird von den Südstämmen zum König gewählt. Einige Jahre später – nach beträchtlichen blutigen Wirren – übertragen auch die Nordstämme ihm die Königswürde.
David zeigt sich als ein überaus geschickter Politiker. Zunächst einmal erobert er sich eine eigene Hauptstadt: die bis dahin uneinnehmbare jebusitische Festungsstadt Jerusalem; sie gehört zu keiner der rivalisierenden Regionen und Gruppierungen. Dann holt er die Lade, das alte Heiligtum der Stämme, in die Hauptstadt und macht sie damit auch zum religiösen Zentrum des neuen Staates. Er wirft die Philister endgültig zurück und bannt diese Gefahr ein für allemal. Die umliegenden Königreiche Ammon, Moab und Edom gliedert er seinem Reich ein, das damit eine beachtliche Größe erreicht – ein Prozess, der nur gelingen kann, weil die vorherrschenden Großmächte im »fruchtbaren Halbmond« in dieser Zeit ermattet sind.
Mit David gewinnt das altorientalische Gott-Königtum nach Idee und Praxis Einfluss in Israel. Es entsteht ein Hofstaat und ein Beamtenapparat, David schafft innenpolitische Machtstrukturen und drängt die Israeliten immer stärker in die Rolle von Untertanen. Auch die bekannte Affäre mit Bathsheba, der Frau seines hethitischen Befehlshabers Uria, hat wohl letztlich ihre Wurzeln in der altorientalischen Königsideologie: Dem Herrscher gehört alles, er muss weder auf Gesetze noch Rechte anderer Rücksicht nehmen. (Zu dieser Erzählung und zur Auseinandersetzung mit dieser Ideologie im Licht des Jahweglaubens vgl. Kapitel 7).

Nach brutalen und blutigen Auseinandersetzungen unter seinen Söhnen bestimmt er Salomo zu seinem Nachfolger.
Als *Regierungszeit Davids* werden 40 Jahre angenommen, etwa von *1010 bis 970 v. Chr.* Er hinterlässt seinem Sohn ein Großreich.
Salomo gilt als »Friedenskönig«: Er führt keine Kriege, unter ihm erlebt Israel eine politische, wirtschaftliche und kulturelle Blütezeit. Seine *Regierungszeit* rechnet man von etwa *970 bis 926 v. Chr.* Unter ihm kommt es zu einer Festigung des Reichs. Außenpolitisch entfaltet er eine starke diplomatische Aktivität, vor allem auch durch geschickte Heiraten: Zahlreiche Prinzessinnen der Nachbarvölker nimmt er in seinen Harem auf. Die Kontakte zur Umwelt fördern den Handel, lassen höfische Kultur der Nachbarvölker einströmen – sorgen aber wohl auch dafür, dass fremde Religionen Eingang in Israel finden.
Zu den kulturellen Impulsen gehört die an den Königshöfen gepflegte »Weisheit«, Reflexion des Lebens, Entwicklung von klugen Lebensregeln und stimmigen Konzepten. Man bezeichnet darum die Regierungszeit Salomos auch als »salomonische Aufklärung« – nicht umsonst gilt er als der exemplarisch Weise, dem viele besonnene Handlungen und kluge Sätze zugeschrieben werden.
Owohl Salomo als Friedenskönig bezeichnet wird, intensiviert er die militärische Rüstung; ein bekanntes Beispiel ist die Garnison Megiddo, wo eine Ausgrabung umfangreiche Rüstungsbauten freilegte. Hierfür benötigt Salomo viel Geld – und auch für seine Prunkbauten sowie die aufwendige Hofhaltung. Darum führt er neue Steuern ein und zieht auch die israelitische Bevölkerung zu Fronarbeiten heran – Maßnahmen, die Unruhe schüren und Aufstände provozieren.
Zu seinen wichtigsten Bauten gehört der Tempel; er hat fast 500 Jahre Bestand.
Salomo kann das von David errichtete Großreich im großen und ganzen zusammenhalten. Aber nach seinem Tod lösen sich die aufgestauten inneren Spannungen eine folgenschwere Entwicklung aus: Sein Sohn Rehabeam, eigentlich als Nachfolger Salomos für das ganze Reich vorgesehen, verspielt durch ungeschicktes Taktieren die Zustimmung der Nordstämme, es kommt im Jahr *926* zur *Reichsteilung.* Von nun an existiert ein Südreich mit der Hauptstadt Jerusalem und ein Nordreich, das den Namen Israel trägt.

7 Die Geschichte des Nordreichs

Das Nordreich hat in den 200 Jahren seiner Existenz kaum einmal zu einer politischen und religiös-kulturellen Stabilität gefunden – man ist versucht, dies als Scheitern der Suche nach einer eigenen Identität nach der Trennung zu begreifen. Einen gewissen Schwerpunkt, der auch für den biblischen Unterricht relevant ist, bildet zunächst einmal König *Ahab (875 bis 854 v. Chr.).* Er versucht eine Politik des Aus-

gleichs: Er arrangiert sich mit den Nachbarstaaten und manifestiert dies durch die Heirat mit Isebel, einer Prinzessin aus dem Stadtstaat Sidon. Sie bringt sehr entschieden den Baal-Kult ihrer Heimat mit nach Israel. Das führt zu religiösen Konflikten, die sich noch verschärfen, als Ahab auch den Ausgleich mit den im Land wohnenden Kanaanäern sucht, die ebenfalls der Fruchtbarkeitsreligion Baals anhängen. Welche praktischen Konsequenzen der politische und religiöse Einfluss Isebels hat, zeigt sich sehr deutlich an dem Konflikt Ahabs mit Nabot (1. Kön 21): Nabot besitzt einen Weinberg, der dem König gefällt. Nabot lehnt ein Kaufangebot ab – mit Hinweis auf das altisraelitische Bodenrecht. Da sagt Isebel: »Du bist doch König über Israel!« (V. 7), ihr ist Ahabs Verhalten ganz unverständlich: Ein altorientalischer König kennt keine Schranken! Sie fädelt eine Intrige ein, der Nabot zum Opfer fällt – und Ahab hat seinen Weinberg. Diese in Israel eingetretene Situation ist die Stunde des Propheten! *Elia* tritt auf und kämpft erbittert gegen Baal und seinen Kult.
Zu einer politischen und wirtschaftlichen Blüte kommt es noch einmal unter König *Jerobeam II (787 bis 747 v. Chr.).* Auch in dieser Epoche zeigt sich der religiöse und moralische Verfall in Israel; der (erste Schrift-)Prophet *Amos* prangert dies im Namen Jahwes an und verkündet: Dies Unrecht wird Unheil hervorrufen! (Zu Amos sowie zur Prophetie insgesamt vgl. Kapitel 8).
Das Unheil lässt nicht lange auf sich warten. Es kommt aus dem Norden, von Assyrien, der neuen Großmacht. *Assyrien* hat sein Kernland im nördlichen Zweistromland und wird seit Beginn des 8. Jh.s immer deutlicher zur bestimmenden Macht. Das verdankt Assyrien vor allem seiner militärischen Stärke und straffen, zentralistischen Staatsführung. Zug um Zug werfen die Assyrer von der Mitte des 8. Jh.s an die Völker des syrisch-palästinensischen Raums nieder; sie werden zu Vasallen, die hohe Tribute zahlen müssen. Wer sich widersetzt, wird am Ende ausgelöscht. Das Land wird definitiv vereinnahmt, die Oberschicht deportiert, eine fremde Oberschicht angesiedelt. Dies ist auch das Schicksal des Nordreichs Israel: Der Assyrerkönig Sargon II. erobert 722/21 Samaria und macht das Land endgültig zur assyrischen Provinz. Die Oberschicht wird verschleppt und verschwindet aus der Geschichte; fremde Bevölkerungsteile werden ins Land gebracht und vermischen sich mit dem Rest der alten Bevölkerung. So entsteht das Mischvolk der Samaritaner. Das ist die Wurzel des bis in neutestamentliche Zeit hineinreichenden Misstrauens gegenüber diesen Menschen und ihrer Diskriminierung.

8 Die Geschichte des Südreichs bis zum babylonischen Exil

Das Südreich mit seiner Hauptstadt Jerusalem erlebt eine weitaus stabilere Entwicklung als das Nordreich – sicher nicht zuletzt dank der Herrschaft der davidischen Dynastie. Die judäischen Könige verhalten sich auch taktisch klardenkender: Sie arrangieren sich soweit wie möglich mit der unwiderstehlichen Großmacht Assyrien. Juda bleibt auch nach 722 weiter bestehen, allerdings als Vasall Assyriens. Die neuen Machthaber platzieren die Symbole des Staatskults im Jerusalemer Tempel; 2. Kön 23,4 spricht von Symbolen für »Baal, Aschera und das ganze Herr des Himmels«, gemeint sind wohl: Der Staatsgott Assur, die Fruchtbarkeitsgöttin Ischtar sowie assyrische Astralgottheiten.

Trotz allen taktischen Kalküls gibt es eindringlich die Versuchung des Aufstands – stets angestachelt durch Ägypten, das jede Gelegenheit zur Schwächung des assyrischen Gegners ausnützt. Ein bekanntes Beispiel ist das Verhalten des König *Hiskia (725 bis 697 v. Chr.);* der Prophet Jesaja warnt immer wieder vor der ägyptischen Verführung zur Revolte. Der Assyrerkönig Sanherib erobert 701 v. Chr. Juda und belagert – allerdings vergebens – Jerusalem. Die Lebenskräfte des Südreichs schwinden dahin.

Zu einer Atempause kommt es unter dem König *Joschija (638 bis 609 v. Chr.).* Sie ist bedingt durch die allmählich nachlassende Stärke Assurs, weil das neubabylonische Reich als neue Großmacht heraufzieht. Joschija wirft die assyrische Fessel ab; er beseitigt die Symbole des fremden Kults aus dem Tempel und vermag sogar wieder ein selbständiges Reich mit einiger Ausdehnung zu etablieren. Bekannt wurde Joschija durch die nach ihm benannten *Reformen* (622 v. Chr.). Die Programmschrift dieser Reformen ist das *Deuteronomium* (in seinem Grundbestand). Es ist als Moserede stilisiert und beschwört das Volk, Jahwe die Treue zu halten und zum Bund zurückzukehren. Dazu greift es immer wieder auf Elemente des überlieferten Glaubens zurück, z.B. in dem bekannten »heilsgeschichtlichen Credo« in Dtn 26, 5–10; auch der Dekalog wird noch einmal feierlich rezitiert (Dt 6, 6–21). Eine wichtige Maßnahme zur Sicherung des Jahweglaubens ist auch die Aufhebung aller Kultstätten im Land; nur noch der Jerusalemer Tempel ist der legitime Ort, um den Herrn anzubeten; die regelmäßige Wallfahrt nach Jerusalem zu den großen Festen wird zur Pflicht gemacht.

Nach Joschijas Tod kommt es zu immer schärferen Konfrontationen mit der neuen Großmacht Babylonien. 597 zieht König *Nebukadnezar* nach Juda und erobert Jerusalem. Ein großer Teil der Oberschicht wird nach Babylonien deportiert, ein König von Babylons Gnaden installiert: Zidkija. Aber auch er fällt nach einigen Jahren von Babylonien ab; wieder ziehen die Truppen Nebukadnezars heran und erobern 587/86 nach langer Belagerung die Hauptstadt. Sie wird zerstört, der Tempel geht in Flammen auf. Juda wird endgültig babylonische Provinz, der Rest der Oberschicht depor-

tiert. Allerdings war die Politik der Babylonier nicht so brutal wie die der Assyrer: Die Verschleppten können in der Verbannung zusammen bleiben, und es wird auch keine neue Oberschicht in das eroberte Land verpflanzt.
Aber die Geschichte Judäas ist zu Ende: Auch das Südreich hat aufgehört zu existieren.

9 Das babylonische Exil

Die Zeit des babylonischen Exils ist durch *Quellen* relativ gut erschlossen. Zunächst einmal sind da die Zeugnisse der zeitgenössischen *Propheten Jeremia und Ezechiel.* Jeremia bleibt im Land und hält Kontakt mit den Exilierten; bekannt ist sein Brief (Jer 29), in dem er vor der Illusion baldiger Heimkehr warnt, aber auch die Vision eines neuen Bundes aufsteigen lässt (Jer 31). Ezechiel lebt in Babylonien. Ursprünglich ist er Jerusalemer Priester, der seine prophetische Arbeit wohl erst in der Verbannung beginnt. Eine zentrale Frage ist: Wie konnte es zur Katastrophe kommen? Diese Frage muss unbedingt geklärt werden, wenn Israel nicht in völliger Verzweiflung über ein blindes, sinnloses Schicksal versinken soll. Ezechiel geht mit schonungsloser Offenheit an die Frage heran und stellt fest: An Jahwe hat es nicht gelegen. Er ist immer treu geblieben, aber Israel hat den Bund verraten. In Kapitel 20 stellt er mit unerhörter Schärfer die ganze Geschichte Israels als Geschichte der Untreue dar – aber gewiss nicht, um die Israeliten zu quälen; seine Absicht ist sicher eine therapeutische: Erst die schonungslose Beichte kann das Geschehene deuten – und gleichzeitig den Boden für eine Erneuerung bereiten.
Eine zweite Quelle bildet das *Deuteronomistische Geschichtswerk*, eine Überarbeitung der Bücher Josua bis 2. Könige. Auch hier ist der Versuch, die Katastrophe gedanklich zu bewältigen, unübersehbar. In den Anschauungen und der Sprache knüpft das Werk deutlich an das Deuteronomium an; aber: Ging es in der vorexilischen Reformschrift darum, das Volk zur Bundestreue und zur Gottesliebe zurückzurufen, bekennt das Deuteronomistische Geschichtswerk, dass Israel den Bund gebrochen, die Liebe verraten hat. So urteilt Jahwe über das nach einem König verlangenden Volk: »Sie haben mich verworfen, dass ich nicht mehr ihr König sein soll. So verhielten sie sich schon immer – von dem Tag an, als ich sie aus Ägypten führte …« (1. Sam 8, 8).
Neben dieser Beicht- und Bußliteratur lassen sich noch zwei weitere Quellen ausmachen: Einmal die *Priesterschrift (P)*; sie bearbeitet die alten Überlieferungen bis zur Landnahme; das jehowistische Geschichtswerk (JE) liegt offenbar vor. P zeigt deutlich das Ziel, das priesterliche Wissen, das ja mit der Zerstörung des Tempels zu versiegen drohte, festzuhalten, z.B. in den ausführlichen kultischen Anweisungen des Buchs Levitikus. Das zweite Anliegen ist, Israel gegen Angst und Trauer fest zu

machen, beispielsweise durch die »Entzauberung« der machtvollen babylonischen Astralgottheiten im priesterschriftlichen Schöpfungstext (Gen 1,16–18). Ausführlichere Hinweise zur Priesterschrift finden sich u.a. in den Kapiteln 1, 4 und 9.
Schließlich ist der Prophet *Deuterojesaja* (Jes 40–55) zu nennen, der große Künder der Vergebung, des Trostes und der Hoffnung (vgl. Kapitel 9).
Wie muss man sich die Lage in Babylonien vorstellen? Die Verbannten werden nicht als »Gefangene« behandelt. Sie dürfen in eigenen Siedlungsgebieten leben, können Berufe ausüben, haben eine begrenzte Selbstverwaltung (Älteste) und dürfen auch ihre eigene Religion ausüben. Dennoch geraten sie in einen tiefen kulturellen und religiösen Schock, denn sie müssen sich fragen:

- Ist Jahwe noch bei uns? Er hat sich doch an den Tempel in Jerusalem gebunden!
- Kann Jahwe uns noch einmal befreien? Oder hat Marduk, der mächtige Staatsgott Babyloniens, den Gott Israels entmachtet?
- Hat Jahwe sein untreues Volk endgültig verstoßen?

(Diese drei Anfechtungen Israels und die Antworten, die es bekam, sind ausführlich in Kapitel 9 dargestellt).

Die Befreiung kommt aus dem Norden: Immer stärker wird das Perserreich unter seinem König Kyros; Deuterojesaja erkennt in ihm den Befreier Israels, den Gott erwählt hat: … »der zu Kyros sagt: Mein Hirt – alles, was ich will, wird er vollenden!, der zu Jerusalem sagt: Du wirst wieder aufgebaut werden!, und zum Tempel: Du wirst wieder dastehen. So spricht der Herr zu Kyros, seinem Gesalbten, den er an der rechten Hand gefaßt hat, um ihm die Völker zu unterwerfen, um die Könige zu entwaffnen, um ihm die Türen zu öffnen und kein Tor verschlossen zu halten: Ich selbst gehe vor dir her und ebne die Berge ein …« (Jes 44,28; 45,1.2).
Tatsächlich besiegt Kyros 539 Babylon. Er verfolgt eine andere Bevölkerungs- und Religionspolitik als die früheren Staaten des Zweistromlandes: Er versucht, sein gewaltiges Vielvölker-Reich eher durch Toleranz zusammenzuhalten. Juda wird persische Provinz; die Verbannten dürfen heimkehren, Kyros veranlasst, dass der geraubte Tempelschatz zurückgegeben wird, er erlaubt und unterstützt den Wiederaufbau des Tempels. Allerdings scheint die Begeisterung unter den Exilierten nicht ungeteilt zu sein; nur zögernd beginnt die Rückkehr, und viele bleiben in Babylonien. Trotz viel Resignation und mancher Widerstände wird 515 der Tempel wieder eingeweiht – die Ankündigung des Propheten hat sich eingelöst.

10 Israel unter fremder Herrschaft: Perser – Griechen – Römer

Die *Perserzeit* dauert etwa 200 Jahre. Es sind Jahre des Wiederaufbaus und der Restauration.
Etwa 100 Jahre nach der Befreiung wird *Nehemia* als Statthalter Persiens nach Jerusalem geschickt. Er ist Jude und ein hoher persischer Beamter. Er lässt die Mauern der Hauptstadt wieder aufbauen; außerdem setzt er einen allgemeinen Schuldenerlaß durch und sorgt dafür, dass die aufgetretenen sozialen Spannungen ein wenig gemildert werden. Aber die Gesellschaft polarisiert sich zunehmend: Einer kleinen Schicht von Besitzenden und Einflussreichen steht eine wachsende Unterschicht gegenüber; ein Prophet, der sich in dieser Zeit besonders für die Armen einsetzt, ist Maleachi; vielleicht entsteht in dieser Zeit eine besondere Frömmigkeit der »Armen«, die ihre Hoffnung auf Gottes Hilfe setzen. Einen Niederschlag solcher Armenfrömmigkeit findet man in Psalmen, z.B. Ps 10; 12; 35; 69; 109; 140 – sie reicht dann bis in das Neue Testament hinein (Lk 6,20; 7,22!).
Ein babylonischer Jude ist auch *Esra*. Er wird vom Perserkönig nach Juda geschickt, vielleicht um 398. Sein Auftrag ist es, das »Gesetz des Himmelsgottes« als neues Recht einzuführen. Dies entspricht der persischen Praxis, den unterworfenen Völkern weitgehend ihre eigene Rechtsprechung einzuräumen. Esra veranstaltet eine große öffentliche Versammlung, in der das Gesetz verlesen und das ganze Volk darauf eingeschworen wird. Es ist nicht ganz klar, welches »Gesetz« hier gemeint ist: Der ganze Pentateuch – oder das Deuteronomium – oder ausgewählte Teile der Tora.
Die innere Verwaltung geht immer mehr auf zwei jüdische Gremien über: Den Ältestenrat und das Priesterkollegium unter Leitung des Hohenpriesters, der Tempel wird zum eigentlichen Zentrum.
Im 4. Jh. neigt sich die Perserzeit dem Ende zu: Der ungehemmte Expansionstrieb der persischen Könige lässt sie auch nach Griechenland greifen; in den langen »Perserkriegen« verschleißen sie sich.
Die *griechische Zeit beginnt* dann mit dem Siegeszug Alexanders des Großen. Ein markantes Datum ist die Schlacht bei Issos (*333*), in der Alexander den Perserkönig Darius III. besiegt. Nach dem Tod Alexanders kommt es zu blutigen Auseinandersetzungen unter seinen Nachfolgern (»Diadochen«); Jerusalem kommt zunächst unter die Herrschaft der ägyptischen Ptolemäer; sie dauert etwa 100 Jahre; den syrischen Raum beherrschen die Seleukiden. Die ägyptischen Herrscher verzichten auf einen eigenen Statthalter in Palästina; sie setzen den Jerusalemer Hohenpriester als ihren Repräsentanten ein. Es setzt ein starker wirtschaftlicher Aufschwung ein, von dem die reiche aristokratische Oberschicht ungeheuer profitiert – aber auch die Verarmung nimmt immer stärker zu. In der Religion kommt es ebenfalls zu Spannungen: Die Oberschicht öffnet sich der griechischen Sprache, Kultur und Religion; für die

alte Jahwereligion treten vor allem die Unterdrückten ein, geführt von den Gruppen, die sich als die Treuen verstanden, als die »Gerechten« und »Frommen«.
Die zunehmende Hellenisierung der Kultur im gesamten Mittelmeerraum führt auch dazu, dass die Juden in den Diaspora – vor allem in Babylonien und Ägypten gibt es starke Siedlungen – das Hebräische, die Sprache der Tora, nicht mehr verstehen. Darum wird eine Übersetzung ins Griechische, die neue Weltsprache, erforderlich. Diese Übersetzung, genannt die »Septuaginta«, entsteht ab etwa 250 in Alexandrien. Die Seleukiden verdrängen um 200 die Ptolemäer aus Jerusalem, danach verschärfen sich die Spannungen immer mehr. Als schließlich ein Seleukidenherrscher den Tempel entweiht, bricht 167 der Aufstand los: Unter Führung einer Priesterfamilie aus dem Geschlecht des Hasmon erringen die Aufständischen Erfolge. Bald wird Judas zum Anführer der Bewegung, die sich nach dessen Beinamen »Makkab« (Hammer) die *»Makkabäer«* nannte. Begünstigt durch Wirren im seleukidischen Herrscherhaus können die Makkabäer die Regierung übernehmen. Die entstehende Dynastie hasmonäischer Herrscher ist etwa 100 Jahre an der Macht.
Die *römische Herrschaft* setzt nach dem Zerfall der seleukidischen Macht ein. Nach Auseinandersetzungen und Wirren in Rom und Palästina erobert *Pompejus* im Jahr *63* v. Chr. Palästina; es wird Teil des Imperium Romanum.
Die wechselvolle, verschlungene Geschichte der letzten Epoche kann hier nicht im einzelnen nachgezeichnet werden. In neutestamentlicher Zeit kommt es zu immer schärferen Auseinandersetzungen zwischen der römischen Besatzungsmacht und den Juden. Im Jahre 70 n. Chr. erobert der Feldherr Titus Jerusalem, der Tempel wird zerstört. Einige Jahrzehnte später versuchen die Juden noch einmal einen Aufstand unter Führung des Bar Kochba. Die Römer schlagen ihn mit Leichtigkeit nieder – *135 n. Chr.* ist der endgültige Schlusspunkt der Geschichte Israels im Altertum.

Zeittafel

Zeit	**Geschichte Israels**	**Biblische Literatur**	**Außerbiblischer geschichtlicher Hintergrund**
I. Israel als Stammesgesellschaft			
ca. 1800–1000	Frühzeit Israels: Patriarchen – Exodus Stammes-gesellschaft Richter – Josua	mündliche Überlieferungen Mirjamlied (Ex 15,21) Deboralied (Ri 5) Kern von Ex 34	Bronzezeit Kanaan unter ägypt. Oberherrschaft Ramses II (Ägypten) Eisenzeit (ab 1200) kanaanäische Stadtstaaten

II. Israel als Staat			
1000– 926	Entstehung des Staates Könige: Saul, David, Salomo Bau des Tempels	mündliche Überlieferungen Königreiche im Osten; Philister Aufstiegs- und Thronfolge- erzählung Davids – »Jahwist«	
Zeit der getrennten Staaten		elohistische Fragmente? Jehowist	
926–722	Nordreich »Israel« Könige des Nordreiches: Jerobeam, Omri	Erzählungen von Elija, Elischa	Assyrer (722 Eroberung Samarias) Auftreten von Amos, Hosea
926–586	Südreich »Juda« davidisches Königshaus: Rehabeam, Ahas, Hiskija, Joschija	Jesaja, Micha, Jeremia Deuteronomium	Neubabylonier 597/586 Eroberung Jerusalems – Beginn des babylonischen Exils
III. Israel als Provinz fremder Mächte			
586–538	Babylonisches Exil	Ezechiel, Deuterojesaja, Priesterschrift Deuteronomistisches Geschichtswerk	539 Edikt des Perserkönigs Kyros
538–330	Persische Zeit Statthalter Serubbabel Nehemia, Esra	Endredaktion des Pentateuch Chronistisches Geschichtswerk späte Prophetie (Haggai, Sacharja, Maleachi)	Perserherrschaft
330–263	Hellenistische Zeit Ubersetzung der »Septuaginta« Makkabäeraufstände (167) Apokalyptik	Endredaktion der »Propheten« Psalter Weisheitsliteratur	333 Alexander d. Große Ptolemäer (Ägypten) Seleukiden (Syrien)
	263 Eroberung Jerusalems durch die Römer (Pompeius)		

(Unter Verwendung der Zeittafel von U. Struppe, 1994, S. 128)

2 Grundlegende Zugänge zu biblischen Texten: 13 »Steckbriefe«

Welchen Beitrag können hermeneutische Konzepte zur erfahrungsnahen Erschließung biblischer Überlieferung leisten? Diese Frage hat den Leser durch alle Themenkapitel und Unterrichtsvorschläge begleitet. Zusammenfassend werden die Konzepte noch einmal in Form von »Steckbriefen« aufgelistet und befragt.

1 Die Steckbriefe

STECKBRIEF 1: HISTORISCH – KRITISCHE AUSLEGUNG

1. Allgemeine Charakteristik

Die Historisch Kritische Auslegung ist die älteste Auslegungsart der biblischen Überlieferung. – In ihren Anfängen geht sie bis in die Zeit der Aufklärung zurück und wurde in ihren Methoden immer stärker differenziert und verfeinert. Sie ist die Basis jeder wissenschaftlichen Interpretation biblischer Texte.

Ihr Ziel ist es, die Entstehung eines Textes als historischen Prozess aufzuhellen und seine Bedeutung zur Zeit seiner Entstehung zu klären (»Historische Sinnbestimmung«).

2. Methoden

1. Textkritik

Wie lässt sich eine Fassung des (hebräischen bzw. griechischen) Textes feststellen, die dem Ur-Text möglichst nahe kommt?

2. Entstehungsgeschichte des Textes

a. Literarkritik

   Sind sprachliche und sachliche Unstimmigkeiten im Text zu erkennen, die auf verschiedene Entwicklungsstufen (Bearbeiter) schließen lassen?

b. Überlieferungskritik

   Ist ein vor-schriftliches Stadium des Textes wahrscheinlich? Lässt sich eine vorschriftliche Version (in Umrissen) rekonstruieren?

c. Quellen- und Redaktionskritik

   Lässt sich eine Entwicklung des Textes nach seiner Verschriftlichung erkennen? Wie ist die Komposition des Zusammenhangs zu verstehen, in dem er steht?

3. Formales und inhaltliches Vorgaben-Repertoire des Textes

a. Form- und Gattungskritik
Welche geprägten sprachlichen Formen verwendet der Text?

b. Traditionskritik
Auf welche geprägten inhaltlichen Elemente (Motive, Bilder, Themen ...) greift der Text zurück?

4. Bestimmung des historischen Orts

Lässt sich die Entstehung des Textes (einzelner Wachstums-Stufen) einer bestimmten historischen Situation zuordnen?

5. Klärung von Einzelaspekten

a. Begriffe
Welche wichtigen Begriffe sind erkennbar? Wie lassen sie sich philologisch und sachlich erklären?

b. Sachfragen
Welche Sachen (Personen; Handlungen; Orte; Namen; ...) müssen zum besseren Verständnis des Textes geklärt werden?

6. Historische Sinnbestimmung

a. Bestimmung der grundlegenden inhaltlichen Aussagen
b. Bestimmung der Intention des Textes zur Zeit seiner Entstehung

Die Historisch-Kritische Auslegung ist nicht direkt auf Erfahrung angelegt, aber sie sorgt dafür, daß der Ausleger seine subjektiven Erfahrungen nicht unreflektiert in die Interpretation einträgt. Dies hat nicht nur die Funktion, die Wissenschaftlichkeit der Textinterpretion und die Feststellung des historischen Textsinns zu sichern, sondern kann auch die Eigenständigkeit des Texts schützen.

Dieser Auslegungsansatz liegt vor allem den folgenden Entwürfen zugrunde: Kapitel 3,4;5,4; 8,2; 8,4;9,2.

STECKBRIEF 2: EXISTENTIALE AUSLEGUNG

1. Allgemeine Charakteristik

Die Existentiale Auslegung verfolgt das Interesse, biblische Überlieferung so zu erschließen, dass sie den heutigen Leser in seiner Existenz betrifft. Sie basiert auf der Annahme, dass die Texte des Alten und Neuen Testaments die gleichen menschlichen Grund-Fragen thematisieren, die auch den heutigen Leser bewegen: Glück –

Sorge – Angst usw. Bultmann, einer der Hauptvertreter dieses Konzepts, bezeichnet solche Grund-Fragen als Existentialien.
Diese sind in der biblischen Überlieferung in religiösen Vorstellungen und Sprachformen verschlüsselt (Bultmann: »Mythen«); damit ihr Existentzsinn sichtbar wird, ist die biblische Tradition zu »entmythologisieren«, d.h. die »Mythen« sind nicht zu »eliminieren«, sondern daraufhin zu interpretieren, welche Grund-Fragen in ihnen zur Sprache kommen.

2. Methoden

1. Erster Auslegungsgang: Die historische Differenz wahrnehmen
Im Zuge der Existentialen Auslegung ist es wichtig, die Grund-Fragen nicht vorschnell an die Texte heranzutragen. Darum ist zu fragen: Wie können biblische Texte mit Hilfe der Historisch-Kritischen Auslegung so interpretiert werden, dass ihr geschichtliches Profil nicht verwischt wird?

2. Zweiter Auslegungsgang: Die »mythischen« Elemente des Textes identifizieren
Welche inhaltlichen und sprachlichen Elemente des Textes sind »mythisch«? Sind sie bestimmten religionsgeschichtlichen Mythen zuzuordnen?

3. Dritter Auslegungsgang: Existential verstehen
Welches Existenzverständnis liegt den Mythen zugrunde? (z. B. steht im Zentrum der kanaanäischen Fruchtbarkeitsreligion mit dem Hauptgott Baal die Kraft und Stärke der Gottheit; hier ist als Existenzverständnis Anbetung der Macht vorauszusetzen).

4. Vierter Auslegungsgang: Fragen und gefragt werden
Welche Lebenseinstellungen des heutigen Lesers stellt der Text in Frage? Welche Entscheidungen stößt er an? Welche Veränderungen in den Einstellungen oder im Verhalten wären die Konsequenz?

Die Existentiale Auslegung ist deutlich auf Erfahrung hin angelegt. Allerdings ist die Begrifflichkeit der Existentialien so allgemein, daß es schwierig ist, konkrete Erfahrungen darin zu fassen.

Dieser Auslegungsansatz liegt vor allem den folgenden Entwürfen zugrunde:
Kapitel 1,2; 3,2; 5,2; 6,2; 10,2; 10,4; 11,2.

STECKBRIEF 3: LINGUISTISCHE AUSLEGUNG

1. Allgemeine Charakteristik

Die Linguistische Auslegung greift literaturwissenschaftliche Verfahren auf und wendet sie auf die Interpretation biblischer Texte an. Sie fragt nicht nach der Entstehung oder dem historischen Ort eines Textes, sondern betrachtet ihn als in sich abgeschlossenen sprachlichen Organismus (»Textwelt«), der in sich verständlich ist. Sie fasst einen Text als ein System von Beziehungen zwischen verschiedenen sprachlichen Elementen auf, die sich in immer wiederkehrenden Strukturen erfassen und beschreiben lassen.
Der Leser ist eingeladen, sich in diese Textwelt einzuleben, eigene Erfahrungen in ihr zu entdecken und neue Sichtweisen wahrzunehmen.

2. Methoden

1. Analyse der Erzählperspektiven

a. Raum-Charakteristik
   Aus welcher Perspektive spricht der Erzähler? Verändert diese sich im Text?
b. Zeit-Charakteristik
   Aus welcher Zeit-Perspektive wird erzählt (z.B. verlangsamend oder summarisch-retrospektiv oder synchron?)
c. Innenwelt-Charakteristik
   Spricht der Erzähler aus der Perspektive (eines) der Beteiligten? Oder erzählt er aus der Sicht des »Zuschauers«?
d. Rede-Charakteristik
   Lassen sich charakteristische Sprachmuster erkennen? Geben wechselnde Stilebenen Auskunft über die Beziehung der Personen zueinander?
e. Werte-Charakteristik
   Welche Wertmaßstäbe sind im Text zu erkennen? Welche leiten den Erzähler? Kommt es zu Veränderungen innerhalb des berichteten Geschehens?

2. Analyse der Akteure

a. Der Text als »Rollenspiel«
   Welche typischen Muster der Beziehungen zwischen den Personen lassen sich erkennen? (Zuwendung und Hilfe – Unterordnung – Gegnerschaft – ausgeglichene wechselseitige Beziehung).
b. Das Aktantenmodell
   Welche Stellung nehmen die Personen in der folgenden Grundkonstellation ein:
   * Subjekt – Objekt (einer Handlung)
   * Adressant – Adressat (einer Handlung)
   * Adiuvant (Helfer) – Opponent (Gegner) (in einer Handlung)?

Insgesamt stellt die Strukturale Analyse ein Instrumentarium bereit, das die methodische Beobachtung von Erfahrungsmaterial in Texten anregt und damit auch eine wesentliche Voraussetzung für ein erfahrungsbezogenes Verstehen schafft.

Dieser Auslegungsansatz liegt vor allem den folgenden Entwürfen zugrunde: Kapitel 3,2; 6,2

STECKBRIEF 4: TIEFENPSYCHOLOGISCHE AUSLEGUNG

1. Allgemeine Charakteristik

Die Tiefenpsychologische Auslegung setzt sich das Ziel, einen lebensbezogenen Dialog zwischen Überlieferung und heutigem Leser anzubahnen. Sie stützt sich dabei auf die Tiefenpsychologie, vor allem auf die Grundsätze und Methoden von Carl Gustav Jung.

Das Konzept geht davon aus, dass die Menschheit in ihrer Frühgeschichte gute, heilvolle Erfahrungen mit ganzheitlichem, integriertem Leben machte. Diese Erfahrungen haben sich im »kollektiven Unbewussten« versammelt. Sie formieren sich in »Archetypen«, symbolischen Bildern, Mythen und auch biblischen Texten.

Diese Erfahrungen können mit Hilfe geeigneter Methoden erschlossen werden und orientierend und heilend zu einem gelingenden Leben beitragen.

Die Methoden basieren letztlich auf der folgenden hermeneutischen Differenzierung: Texte geben nicht nur äußere Ereignisse wieder, die auf der »Objektstufe« der Interpretation zu erfassen sind, sondern spiegeln auch Vorgänge innerhalb der Psyche; sie sind auf der »Subjektstufe« zu beschreiben (Beispiel: Kain und Abel sind auf der Subjektstufe nicht zwei Personen, sondern widerstrebende Persönlichkeits-Aspekte innerhalb einer Person).

2. Methoden

2.1. Informelle Methoden

Eine tiefenpsychologisch orientierte Textinterpretation kann auf alle Methoden zurückgreifen, die Texte erfahrungsbezogen und ganzheitlich erschließen, z.B. Freie Assoziationen – kreative Nachgestaltungen – Zugang im Spiel (vgl. dazu auch die im Steckbrief zur Interaktionalen Bibelarbeit genannten Methoden).

2.2. Ein Vorschlag zur wissenschaftlich reflektierten Interpretation

a. Amplifikation (»Anreicherung«)
   Welche archetypischen Bilder enthält der Text? Auf welche Mythen nimmt er Bezug? Welche kreativen Gestaltungen hat der Text in seiner Gebrauchsgeschichte erfahren?

b. Symbolische Deutung
   Wie lassen sich die im Text geschilderten Ereignisse (Objekstufe) unter intrapsychischer Perspektive verstehen?
c. Erkennen der grundlegenden Konstellation und des Konflikts
   Welche psychische Konstellation eröffnet der Text (meist aus dem Anfang erkennbar)?
d. Wahl der zentralen Figur(en)
   Welche Person ist die »ICH-Figur«?
   Gerade der intrapsychische Interpretationsansatz erfordert es, eine Person aus dem Text als »ICH-Figur« zu wählen; die anderen Personen und Vollzüge sind dann als verschiedene Aspekte dieser einen Person zu deuten.
e. Beobachtung der inneren Entwicklung
   Wie lassen sich die Ereignisse als intrapsychische Entwicklungen interpretieren?
f. Die »Verdichtungs- und Zeitrafferregel«
   Die Texte drängen oft komplexe und andauernde psychische Entwicklungen in einer Erzählung auf wenige Augenblicke zusammen (z.B. werden Heilungsprozesse in der Regel als spontan ablaufende Geschehnisse dargestellt). Dies muss durch die Tiefenpsycholgische Auslegung erkannt und »dechiffriert« werden. Darum ist zu fragen:
   Wie lassen sich die Geschehnisse als Prozesse (in einem Menschenleben, in der Geschichte …) verstehen?
g. Beziehung auf das eigene Leben
   Welche Impulse zur Erkenntnis oder Veränderung der eigenen Lebensverhältnisse gehen vom Text aus?

Die tiefenpsychologische Auslegung ist darauf aus, die in Texten aufgehobenen heilvollen Erfahrungen zu entdecken, freizusetzen und für heute gelingendes Leben fruchtbar zu machen.

Dieser Auslegungsansatz liegt vor allem dem folgenden Entwurf zugrunde: Kapitel 3,4

STECKBRIEF 5: INTERAKTIONALE AUSLEGUNG

1. Allgemeine Charakteristik

Interaktion hat in diesem Konzept eine doppelte Bedeutung: Der Text gilt nicht als »Untersuchungsgegenstand«; es wird ein Dialog des Lesers mit ihm angestrebt. Und: Die Interpretation ist nicht Sache des einzelnen, sondern geschieht in der Gruppe, wobei das Interaktionsgeschehen der Gruppe in den Verstehensprozess einbezogen

ist: Der einzelne Teilnehmer kann seine Fragen vorbringen, seine Vorbehalte formulieren, seine Einsichten im Gespräch auf die Probe stellen.
Die Interaktionale Auslegung geht in drei Schritten (Phasen) vor: Zunächst geht es um eine erste spontane Annäherung der Teilnehmer an den Text. In einer zweiten Phase muss er aber wieder auf Distanz gebracht werden, damit es nicht zu einer Projektion von Vor-Erfahrungen und Erwartungen kommt; dadurch würde der Text ja sein eigenes Profil verlieren. Eine dritte Phase dient dann der »Gestaltwerdung« des Textes; hier geht es vor allem um die ganzheitliche Aneignung seiner orientierenden und heilenden Impulse.

2. Methoden

1. Phase: Erste Annäherung
- Intensives Hören
- Rendezvous mit dem Text (den Text als personales Gegenüber wahrnehmen)
- Dialog mit dem Text
- Lebensgeschichtliche Ortung
  (Überlegung, welchen Ort der Text in der Lebensgeschichte der Teilnehmer hat)
- Assoziationen
- Schreibmeditation/Interaktionales Schreiben
- Metapher-Meditation.

2. Phase: Erarbeitung
- Västeras-methode (Sammlung von Beobachtungen, Fragen, usw. zum Text)
- Strukturierung des Textes
- Textvergleich
- Fragenkataloge
- Textatelier (Zusammenstellung mit ähnlichen Texten, die das Bedeutungsspektrum erweitern)
- Linguistische Auslegung
- Erarbeitung von schriftlichem Informationsmaterial
- Identifizierende Erschließung (eine oder mehrere Personen des Textes werden genauer beobachtet; u.U. Dialog zwischen Text-Personen).

3. Phase: Gestaltwerdung/Verleiblichung
- Spielen
- Interview oder Dialog mit einer Person des Textes
- Identifikation mit einer Person des Textes
- Weitererzählen; Verfremdung; Arbeit mit Verfremdungen
- Bildbetrachtung
- Gestalterische Techniken

- Musikalische Gestaltungen
- Pantomime; Tanz.

Das Konzept der Interaktionalen Hermeneutik weist manche Parallelen zur Tiefenpsychologischen Exegese auf, zeichnet sich aber durch die konsequente Einbeziehung der Gruppe als »Erfahrungsraum« und auch durch die deutlicher akzentuierte methodische Arbeit aus.

Dieser Auslegungsansatz liegt vor allem dem folgenden Entwurf zugrunde: Kapitel 1,2

STECKBRIEF 6: URSPRUNGSGESCHICHTLICHE AUSLEGUNG

1. Allgemeine Charakteristik

Dieser hermeneutische Ansatz verfolgt das Ziel, die geschichtlichen Verhältnisse zu klären, unter denen ein Bibeltext entstanden ist. Dabei soll nicht in erster Linie nach der Geschichte der religiösen Anschauungen oder der Glaubensauffassungen, sondern nach den realen Lebensverhältnissen gefragt werden; darum werden solche ursprungsgeschichtlichen auch als sozialgeschichtliche Bibelauslegungen bezeichnet.
Ziel ist es, die Produktionssituation eines Textes so weit zu erhellen, dass er als Antwort auf die »Provokation der Situation« kenntlich wird. Diese Fragestellung untersucht also die mögliche Funktion eines Textes in einer geschichtlichen Situation; der Text wird als Dialog zwischen dem Produzenten (Sender) und Adressaten (Empfänger) aufgefasst. Es kann erwartet werden, dass mit der Klärung der Produktionssituation auch die Bedeutung des Textes in der heutigen Rezeptionssituation klarer zu erkennen ist.
Die für die Beschreibung der Ursprungssituation nötigen Informationen sind in der Regel den Texten nicht direkt zu entnehmen, sondern müssen aus verschiedenen historischen Quellen erschlossen werden.

2. Methoden

a. *Untersuchung des Textes nach pragmatischen Gesichtspunkten (Sender-Empfänger-Modell)*

- Welche Absichten des Textproduzenten sind erkennbar?
- Welche Normen werden bevorzugt?
- Gibt der Text (direkt oder indirekt) Verhaltensanweisungen?
- Welcher Art sind die Sprechakte (z.B. befehlen; werben; raten; bitten …)?

b. Geschichtliche »Sprechzeiten« identifizieren
Diese Untersuchung setzt nicht beim Einzeltext ein, sondern fragt nach Anlässen in der Geschichte Israels und des Urchristentums, in denen besonders intensive Aktivitäten der Textproduktion zu beobachten sind (z.B. die Zeit der ersten Könige Israels; das 8./9. Jahrzehnt nach Chr. als Entstehungszeit der synoptischen Evangelien).

c. Erschließung der Sprechzeiten als »ursprungsgeschichtliche Felder«
- Welche realen Lebensverhältnisse sind zu beobachten?
- Welche Zustände, Entwicklungen oder Konflikte könnten einen Autor zum »Sprechen« stimuliert haben
- Welche Ziele könnten einen Autor geleitet haben?

d. Einen Bibeltext ursprungsgeschichtlich untersuchen
- Welche Funktion hat der Text wohl in dem erschlossenen ursprungsgeschichtlichen Feld?
- Auf welche Fragen will der Autor wohl eine Antwort geben?
- In welchem Konflikt nimmt er Stellung?
- Welche Absichten lassen sich erkennen?
- Welche realen oder gedachten Gesprächspartner könnte der Text im Auge haben?
- Welche Mittel setzt der Autor ein, um seine Hörer/Leser anzusprechen?

Die Frage nach der Erfahrung wird in der Ursprungsgeschichtlichen Hermeneutik deutlich vom heutigen Hörer/Leser weg in den Text bzw. seine Umwelt verlagert. Der Verstehensprozeß lebt von der Grundannahme, daß die Erfahrungen in der Ursprungssituation des Textes und in der heutigen Rezeptionssituation gleiche Strukturen aufweisen und damit auch vergleichbar sind.

Dieser Auslegungsansatz liegt vor allem den folgenden Entwürfen zugrunde: Kapitel 1,3; 2,3; 4,2; 7,2; 7,3; 8,3; 9,2;10,2

STECKBRIEF 7: MATERIALISTISCHE AUSLEGUNG

1. Allgemeine Charakteristik
Die Materialistische Auslegung ist eine Variante der Ursprungsgeschichtlichen. Auch sie versucht, die Produktion eines Textes aus seiner Entstehungssituation heraus verständlich zu machen. Das Interesse ist, die Überlieferung als den Bericht von einer befreienden Praxis zu verstehen, die auch zu neuer Praxis anstiften will.
Die Befreiung ist in theologischer Sicht eine Befreiung von »Götzen« wie Machtstre-

ben, Gewinnsucht usw.; sie wirkt sich praktisch als Befreiung von politisch-ökonomischen Verhältnissen aus, die von solchem Götzendienst hervorgebracht und ideologisch unterstützt werden.

Es lassen sich zwei Arbeits-Linien unterscheiden:
Die deutschsprachige Linie knüpft an der Historisch-Kritischen Exegese an und geht von deren Methodenrepertoire aus. Sie verbindet dies mit Analyse-Methoden des Historischen Materialismus.
Die französischsprachige Linie verbindet Methoden des Strukturalismus mit Verfahren des Historischen Materialismus.

2. Methoden
Das Methodenrepertoire im Bereich der Materialistischen Auslegung ist entsprechend den unterschiedlichen Ansätze sehr vielfältig.
Exemplarisch nenne ich einige Fragen aus einem Vorschlag von Kuno Füssel:

- »Welche Rolle spielen generell Texte bei der Vermittlung zwischen individueller Lebenspraxis und den Gesetzmäßigkeiten der drei gesellschaftlichen Instanzen Ökonomie, Politik und Ideologie?
- Inwieweit sind die Erzähltexte der Bibel die Spuren der gesellschaftlichen Prozesse, aus denen heraus sie entstehen?
- Welche Praxis kommt in diesen Texten zum Ausdruck?
- Was wollen die Erzählungen beim Hörer, Leser ihrer bzw. unserer Zeit bewirken? Welche Strategien verfolgt insbesondere Jesus in diesen Erzählungen?
- Wie gelingt es den biblischen Texten gegen die herrschenden Mächte eigene subversive Politik zu verfolgen und welche Grundsätze bringen sie dabei ins Spiel?
- Wie können subversive Erzählungen den Anfang einer neuen gewaltlosen Veränderungspraxis auf den drei gesellschaftlichen Ebenen (Produktion, Zirkulation, Konsumtion) bilden?
- Unter welchen historischen und gesellschaftlichen Bedingungen kann die subversive Erzählgemeinschaft zum Subjekt revolutionärer Veränderung werden?«

Dieser Auslegungsansatz liegt vor allem dem folgenden Entwurf zugrunde: Kapitel 7,3

STECKBRIEF 8: FEMINISTISCHE AUSLEGUNG

1. Allgemeine Charakteristik

Feministische Theologie versteht sich als Befreiungstheologie. Ausgangspunkt der theologischen Reflexion und der hermeneutischen Arbeit ist die Erfahrung der Unterdrückung von Frauen in einer von Männern dominierten Gesellschaft.
Darum ist der erste Zugang zu biblischen Texten ein kritischer; feministische TheologInnen entlarven, wie die Texte missbraucht wurden/werden, um diskriminierende Urteile und unterdrückende Verhaltensweisen zu belegen (z.B. die Erzählung vom Sündenfall in Gen 3).
Feministische Auslegung ist (zweitens) daran interessiert, biblische Tradition von patriarchalen Überlagerungen zu befreien und neu zu interpretieren, z.B. die Aussagen zum Gottesbild.
Schließlich will die biblische Auslegung die biblischen Frauengestalten als Identifikationsfiguren (»Mütter«) heutiger Befreiung wieder entdecken und rehabilitieren.
Insgesamt orientiert sich die feministische Auslegung am Maßstab der prophetisch-befreienden Linie der biblischen Überlieferung.

2. Methoden

a. *Historisch-Kritische Methoden*
Wie können Methoden der Historisch-Kritischen Auslegung so eingesetzt werden, dass patriarchale Überlagerungen der biblischen Texte beseitigt und der Zugänge zu den Quellen freigelegt werden?

b. *Innerbiblische Korrektur*
Welche Kriterien bieten sich an, um Bibelstellen, die Frauenüberlieferungen verdrängen oder diskriminieren, durch andere zu ersetzen?

c. *Verfremdungs-Methoden*
Welche traditionellen verhärteten Sichtweisen können Verfremdungen aufbrechen, welche neue ans Licht bringen?

d. *Personalisieren der Tradition*
Welche Chancen für ein erfahrungsbezogenes Verständnis der Überlieferung bietet der Vorschlag, Texte aus der Perspektive der beteiligten und betroffenen Frauen zu lesen?

e. *Feministische Transformation*
Welche biblischen Vorstellungen und Begriffe sind traditionell so einseitig »vermännlicht«, dass ihre weiblichen Aspekte neu bewusst zu machen sind? (z.B. Geist -»Geistin«).

f. *Perspektivenwechsel*
Kann ein Dialog mit biblischen Personen, vor allem Frauen, eine personale Beziehung zwischen Leser und Überlieferung anbahnen?

Erfahrungsorientiert geht die Feministische Exegese also auf drei Ebenen vor:
- im Blick auf die Gegenwart als Erkenntnis erfahrener Unterdrückung,
- im Blick auf die Praxis-Geschichte der biblischen Überlieferung als kritische Auseinandersetzung mit der Erfahrung sexistisch motivierten Mißbrauchs;
- im Blick auf die Rezeption der biblischen Texte als Möglichkeit der Identifikation mit der geschichtlichen Erfahrung selbstbewußter, integrierter Frauen.

Dieser Auslegungsansatz liegt vor allem den folgenden Entwürfen zugrunde: Kapitel 2,4; 6,3

STECKBRIEF 9: LATEINAMERIKANISCHE AUSLEGUNG (RELECTURA)

1. Allgemeine Charakteristik

Auch dieser Ansatz geht, wie die feministische Auslegung, von der Unterdrückungserfahrung Leidender und ihrem Befreiungskampf aus: Hier sind es die Campesinos, die armen Bauern in den lateinamerikanischen Ländern.
Dort ist in den letzten Jahren eine Art der Bibellektüre entstanden, die neue Zugänge zur Tradition erschlossen hat.

Drei Merkmale sind charakteristisch:
- der Standort, von dem aus die Bibel gelesen wird, ist die eigene Praxis;
- das Interesse, aus dem heraus die Bibel gelesen wird, ist die Befreiung von Ausbeutung und Unterdrückung;
- der Ort, an dem die Bibel gelesen wird, ist die Solidargemeinschaft der Leidenden und Kämpfenden.

Sie lesen die Bibel als ihre Geschichte, in der von Unterdrückung, aber auch von Befreiung berichtet wird und die zum neuen Leben inspiriert.
Dieses Verständnis findet seinen Niederschlag in der Auslegungspraxis; stets ist das Gespräch über den Bibeltext in eine Textur aus Erfahrungsberichten von Leiden und Kampf, von Kontemplation und Aktion einbezogen; die Relectura ist eine stark kontextorientierte Auslegung.
Die Christen der Ersten Welt können diese Relectura nicht einfach nachahmen, vor allem, weil sie nicht in der Situation der Leidenden sind; sie müssen den befreienden Ruf der Bibel als Ruf zur Umkehr aus ungerechten Lebensverhältnissen hören.

2. Methoden

Die Vielfalt der Methoden, die in der Relectura zur Anwendung kommen, kann man in vier Bereiche aufteilen:

a. *Methodenbereich: Narrative Erschließung*
Hier geht es darum, die beiden »Kontexte« Bibel und Gegenwart erzählend zu vergegenwärtigen und miteinander in Beziehung zu setzen. Neben eigene Erzählungen der Gesprächsteilnehmer treten Texte, Bilder, Lieder usw.

b. Methodenbereich: Kritische Reflexion
Unter diesem Stichwort wird die Situation der Teilnehmer kritisch analysiert; Leitfragen:
- Was ist meine Situation?
- Was hat diese Situation verursacht?
- Welche Veränderungen sind notwendig?

c. Methodenbereich: Dialogische Verarbeitung
Hier berührt sich die Relectura (die Praxis in Lateinamerika, aber auch die erwünschte neue Praxis bei uns) mit der Interaktionalen Auslegung (zu den Grundsätzen und Methoden s. dort).

d. Methodenbereich: Ganzheitliche Erschließung
Auch dieser Methodenbereich wurde bereits im Rahmen von Steckbrief 6 vorgestellt.

Die Relectura basiert entschieden auf den Erfahrungen der Teilnehmer, die gemeinsam nach belebenden, befreienden Impulsen vergangener Erfahrungen fragen. Leser der »Ersten Welt« können an diesem Prozeß partizipieren, wenn sie sich als die »Reichen« begreifen, die den Ruf zur Umkehr zu hören bekommen. Erst wenn sie diesen akzeptieren und in eine neu ausgerichtete Lebenspraxis umsetzen, können sie den Erfahrungsschatz, den die Relectura bereithält, für sich annehmen.

Dieser Auslegungsansatz liegt vor allem dem folgenden Entwurf zugrunde:
Kapitel 4,4

STECKBRIEF 10: INTERTEXTUELLE AUSLEGUNG

1. Allgemeine Charakteristik
Die Intertextuelle Auslegung geht den Beziehungen zwischen Texten nach und untersucht, welche neuen Aspekte sich daraus für das Verständnis der Texte ergeben.
Solche intertextuellen Beziehungen lassen sich nach drei Arten differenzieren:
- Viele Bibeltexte setzen sich aus mehreren Schichten zusammen, die in ganz unterschiedlichen Zeiten entstanden sind; diese Schichten lassen sich als »Texte im Text« verstehen, deren Beziehung zueinander interessante Aufschlüsse geben.

- Viele Bibeltexte haben eine »Nachgeschichte« innerhalb der Bibel; sie werden in späterer Zeit wieder aufgegriffen und weiter geführt; aber auch bestimmte Themen, Motive oder Personenbeschreibungen werden in der Geschichte weiter geführt.
  Diese innerbiblischen Entwicklungen werden unter ganz verschiedenen Aspekten gedeutet (z.B. traditionell nach dem Denkmodell »Heilsgeschichte« oder dem Denkmodell »Verheißung und Erfüllung«. Besonders fruchtbar ist die Interpretation nach dem »Wachstumsmodell«: Biblische Texte, Themen oder Personen wachsen in immer neuen Schüben, nehmen neue Erfahrungen in sich auf; damit wächst ihre Bedeutungsfülle).
- Als Intertextuelle Auslegung wird auch das Lesen in freier Assoziation bezeichnet (Barthes: »Sternenförmige Auflösung« eines Textes): Der heutige Leser assoziiert Einfälle, Eindrücke, andere Kenntnisse zu dem biblischen Text und kann dadurch neue Sichtweisen gewinnen.

2. Methoden

a. *Methoden zum Ansatz: Textgeschichte als Geschichte von Texten*
Hier sind aus dem Bereich der Historisch-Kritischen Auslegung vor allem Methoden der überlieferungs- und redaktionskritischen Analyse anzuwenden.

b. Methoden zu den Ansätzen: Wachsende Themen (z.B. Schöpfung; Exodus; Passion) – *Wachsende Motive* (z.B. Die beiden Brüder – Versuchung) – *Wachsende Personenbeschreibungen.*
Arbeit mit der Konkordanz; Verweisstellen im Bibeltext heranziehen; viele solcher »Themen« sind in Abhandlungen zur Theologie des Alten und Neuen Testaments bearbeitet. Mittelfristig lohnt es sich, eigene Zusammenstellungen solcher Themen usw. anzulegen!
Bei der Verwendung von Themen, Motiven und Personenbeschreibungen in einem bestimmten Text ist zu fragen:

- Welche inhaltliche Ausformung liegt vor?
- Welche Funktion hat das Thema (...) in diesem Zusammenhang?
- Welche Erfahrungen könnten diesen Gebrauch herbeigeführt haben?
- Welche neuen Aspekte des Themas (...) werden sichtbar?

c. Methoden zum Ansatz: Lesen in freier Assoziation
Es empfiehlt sich, in zwei Schritten vorzugehen:

- »green-light-stage«: Alle Einfälle werden zunächst ungeprüft gesammelt; dabei ist darauf zu achten, dass nicht nur literarische und künstlerische Beispiele herangezogen werden, sondern auch lebensbezogen-praktische, z.B. zur Turmbaugeschichte Gen 11 Hinweise auf menschlichen Größenwahn in Vergangenheit und Gegenwart (Gentechnologie ...).

- »red-light-stage«: kritische Sichtung und Auswahl; Grundkriterium sollte sein, nur solche Assoziationen aufzugreifen, die der »historischen Sinnbestimmung« des Textes nicht widersprechen.

Es zeigt sich, daß Bibeltexte verlieren, wenn sie als isolierte Gebilde gelesen werden, und gewinnen, wenn sie – nach einer Formulierung von W.Schapp – »in einem Meer von Geschichten schwimmen«; denn sie zeigen sich als Ergebnis immer neuer Erfahrungen. Wie von selbst wird der Leser/Hörer in dieses faszinierende Spiel hineingezogen, wird eingeladen, die Erfahrungswelt der biblischen Erzähler in sich aufzunehmen und weiterzuführen. Das wird besonders deutlich im dritten Ansatz: Bei der sternförmigen Auflösung wird der Leser »zum aktiven Zentrum eines Netzwerks von unausschöpfbaren Beziehungen« (Eco), zum Mit-Produzenten seines Textes.

Dieser Auslegungsansatz liegt vor allem den folgenden Entwürfen zugrunde:
Kapitel 4,3; 8,2; 11,3

STECKBRIEF 11: WIRKUNGSGESCHICHTLICHE AUSLEGUNG

1. Allgemeine Charakteristik

Die Wirkungsgeschichtliche Auslegung verfolgt die Spur eines Textes durch die nach-biblische Geschichte bis in die Gegenwart. Dabei soll nicht in erster Linie die theologisch-reflektierende Auseinandersetzung mit dem Text in Kommentaren usw. (»Auslegungsgeschichte«) verfolgt werden, sondern eher seine »Praxisgeschichte«. Leitfrage ist: Wer hat den Text in welcher Situation mit welcher Absicht verwendet? Diese Frage hat auch immer einen ideologiekritischen Aspekt; dann spitzt sich die Frage zu: Wozu wurden Bibeltexte benutzt bzw. missbraucht?

2. Methoden

a. Bereitstellung von Quellen

Ich schlage vor, sich auf die Praxisgeschichte im religionspädagogischen Bereich zu konzentrieren. Hier sind vor allem Schulbücher, Katechismen, Lehrer-Handreichungen, Lieder usw. zu untersuchen.

b. Bestimmung von Analysefragen

- Bei welchen Anlässen ist der Text verwendet worden?
- Welche Personen bzw. Gruppen haben den Text benutzt?
- Welche Interessen lassen sich erkennen?
- Welche Folgen löst dieser Gebrauch aus (z.B. Gehorsamsbereitschaft als »christliche Tugend«).

c. Analyse von Rezeptionsmechanismen
- Selektion bestimmter Texte;
- Kombination mit anderen Texten;
- Adaption (Anpassung der Texte an den gedachten Zweck);
- Aktualisation (z.B. einseitiger Gebrauch als »Problemlösungspotential«).

d. Bestimmung von Beobachtungs- und Analysekriterien
- Auf das Verständnis des Textes bezogen:
  Wird die praktische Auslegung des Textes seinem Selbstverständnis gerecht? (Maßstab: »Historische Sinnbestimmung; vgl: Historisch-Kritische Auslegung).
- Wird der praktische Gebrauch des Textes den grundlegenden Impulsen der Bibel gerecht?
  Auf die Wirkung des Textes (z.B. Erziehung) bezogen:
  Wird die angestrebte Wirkung den Grundaussagen der Bibel gerecht? (z.B. sind Angst oder Unterwerfung als »Erziehungsmaßnahmen« aus dem Alten und Neuen Testament nicht zu begründen!)

Die Frage nach der Erfahrung ist in diesem Konzept im Zeitraum zwischen dem Abschluß der biblischen Textgeschichte und der heutigen Rezeption angesiedelt. Das bedeutet aber nicht, daß sie für die heutige Auslegung irrelevant sei. Gerade die Beschäftigung mit vergangener Erfahrung, die eine bestimmte Rezeption des Textes auslöste, kann auf heute vergessene oder übersehene Ansichten aufmerksam machen oder auch vor offensichtlichen Fehldeutungen warnen. Weiterhin zeigt die Wirkungsgeschichtliche Analyse, dass »außertheologische« Faktoren oft die Interpretation eines Textes nachhaltig beeinflußt haben; diese Einsicht lädt zu einer stärkeren kritischen Berücksichtigung der Erfahrung im eigenen Auslegungsvorgang ein.

Dieser Auslegungsansatz liegt vor allem den folgenden Entwürfen zugrunde:
Kapitel 1,4; 2,4; 3,3; 4,4,; 9,3

STECKBRIEF 12: AUSLEGUNG DURCH VERFREMDUNG

1. Allgemeine Charakteristik
Die Verfremdung geht von der Beobachtung aus, dass die biblische Überlieferung für viele Menschen die Fähigkeit verloren hat, sie als eine Nachricht anzusprechen, die sie betrifft. Als Ursachen können Gewöhnung an die Bibel und die Einordnung in festgelegte Wahrnehmungsmuster gelten.
Durch Verfremdungen soll erreicht werden, dass Bibeltexte in neuer Sicht aufscheinen und wieder frag-würdig werden.

Da Verfremdungen verhärtete Perspektiven aufbrechen wollen, wirken sie häufig stark provokativ; dies muss als produktiv erkannt und akzeptiert werden, wenn die Dynamik der biblischen Überlieferung wieder freikommen soll.
Auch die Arbeit mit Verfremdungen ist nicht nur eine Vermittlungsmethode, sondern ein hermeneutisches Konzept, weil sie neue oder vergessene Aspekte des Textes zum Vorschein bringt und zu neuen Verstehensweisen anregt.

2. Methoden

a. Der methodische Dreischritt

Bei der Arbeit mit Verfremdungen empfiehlt es sich, in drei Schritten vorzugehen:
(1) Welche Grundaussagen enthält der Bibeltext, auf den sich die Verfremdung bezieht?
(2) Wie wird der Bibeltext heute gewöhnlich wahrgenommen?
(3) Welche neue Sicht bietet die Verfremdung an? Was will sie erreichen?

b. Techniken der Verfremdung

(1) Veränderungen am Bibeltext
- Verkürzt oder verlängert die Verfremdung die Vorlage?
- Verlegt die Verfremdung das Geschehen in andere Räume oder Zeiten?
- Werden die Personen verändert? Werden Akteure weggelassen oder hinzugefügt?
- Nimmt die Verfremdung die Aussageabsicht des Bibeltextes auf oder verändert sie sie (z.B. »Selig sind die Reichen ...«)?

(2) Veränderungen im Umfeld des Textes
- Stellt die Verfremdung den Text in einen neuen Rahmen? Was verändert sich dadurch?
- Wird der Text mit anderen kombiniert? Welcher Zug tritt dadurch deutlicher hervor? Was verwischt sich?

(3) Veränderungen im Blick auf die heutige Situation
Stellt die Verfremdung den Text in eine neue gegenwärtige Erfahrungs- und Konfliktsituation (z.B. in problemorientierte Einheiten in Religionsbüchern oder thematischen Gottesdiensten). Welche Aspekte werden dadurch betont?

c. Die visuelle Verfremdung

Hier sind drei Möglichkeiten zu nennen:
- Bildende Kunst
  Gerade Kunst, die nicht für religiöse oder didaktische Zwecke hergestellt wurde, eröffnet häufig neue Sichtweisen auf einen Text.
- Karikatur
  Als kritisches Medium legt die Karikatur Entstellungen frei, zerstört Denk-Schablonen und zeigt neue Zugänge zur Überlieferung.

- Visuelle Montage
  Sie dient vor allem der situativen Verfremdung und damit der Zuspitzung allzu gewohnter biblischer Texte (z.B. durch die Kombination von Schöpfungs-Bildern mit Fotos zerstörter Umwelt).

Die Hermeneutik der Verfremdung strengt sich an, durch geeignete Maßnahmen verfestigte Sichtweisen biblischer Überlieferung aufzubrechen und neue Möglichkeiten des Lebens- und Erfahrungsbezugs aufzubauen.

Dieser Auslegungsansatz liegt vor allem den folgenden Entwürfen zugrunde:
Kapitel 2,2,; 8,3; 8,4

STECKBRIEF 13: JÜDISCHE AUSLEGUNG

1. Allgemeine Charakteristik

Die jüdische Auslegung ist in langer Tradition gewachsen, wobei sie ihre wichtigsten Grundsätze und Regeln bis zur Zeit des Mittelalters ausgebildet hat.
Grundsätzlich ist zwischen Halacha und Haggada zu unterscheiden:
Halacha meint die verbindliche Interpretation der Überlieferung im Sinne der Religionsgesetzgebung; sie hat in der Tradition ihren Niederschlag in den großen Werken der Mischna und des babylonischen bzw. des palästinensischen Talmud gefunden.
Haggada betrifft die mehr erzählend vergegenwärtigende Auslegung; sie soll zum rechten Tun anleiten, ist aber nicht verbindlich wie die Halacha.

2. Grundsätze und Methoden

a. Vier Ansätze

Die Jüdische Auslegung kennt vier Wege zum Text:
- *peschat* (wörtlicher Sinn);
- *remes* (haggadische Auslegung);
- *derasch* (predigende Auslegung mit ethischem Akzent);
- *sod* (geheimer, nicht jedem zugänglicher Sinn, mystisch oder philosophisch gefasst).

Merkwort für die vier Wege: PaRDeS.

b. Die Jüdische Auslegung ist narrative Auslegung

Die Auslegung geschieht nicht so sehr als Analyse eines Textes, sondern als aufgreifen der Erzählfäden, Weiterspinnen der Motive, Anknüpfen an Erfahrungen; Kriterium bleibt aber immer der Wortsinn (peschat).

c. Die Jüdische Auslegung ist kommunikativ
Die Diskussion um das Verständnis der Schrift ist nicht kontrovers, sondern kommunikativ: Keine Verständnisweise wird als »überholt« beiseite gelegt, sondern bleibt im Gespräch; so sammelt sich in der Auslegungsgeschichte eine Fülle an Zugängen und Sichtweisen, die ein einseitiges Verständnis verhindern.

d. Die Offenbarung ist nicht abgeschlossen
Die Jüdische Auslegung geht davon aus, dass die Offenbarung mit der Kanonisierung der Überlieferung nicht abgeschlossen ist, sondern im Gespräch derer weiter geht, die sich um die Wahrheit bemühen.

e. Quellen
Da die jüdische Auslegung größtenteils nur in hebräischer Sprache vorliegt, kann sie nur in Ausschnitten erschlossen werden. Neben den Auswahlsammlungen ist besonders auch auf die Arbeiten von Elie Wiesel hinzuweisen, der im Geist der Tradition gegenwartsbezogene Auslegungen von Texten aus der Hebräischen Bibel geschrieben hat.

Wer sich auf das in der jüdischen Auslegung geübte Gespräch einläßt, erlebt, dass er wie von selbst in diese Erzähl- und Erfahrungsgemeinschaft einbezogen wird, dass er teilhat an dem Prozeß wachsender Erfahrung.

Dieser Auslegungsansatz liegt vor allem den folgenden Entwürfen zugrunde:
Kapitel 5,2; 5,3.

2 Zusammenfassende Überlegungen

Der Durchgang durch die Konzepte hat gezeigt, daß im Auslegungsvorgang Erfahrung in dreifacher Hinsicht zu beobachten ist: Im Blick auf die Ursprungssituationen, im Blick auf die Wirkungsgeschichte und im Blick auf die Gegenwart.
Das ist noch etwas zu erläutern.

2.1 Erfahrung im Blick auf die Ursprungssituationen

Im Blick auf die Ursprungssituation lässt erfahrungsbezogene Lektüre den Lebensbezug eines Textes erkennen. Wird ein Text daraufhin befragt, welche Probleme und Konflikte, Zweifel oder Glaubenserkenntnisse seine Produktion angeregt haben könnten, dann erscheint er nicht länger als »heilig« und realitätsfern, sondern gibt zu erkennen, daß er aus dem Leben entstanden ist und auf Erneuerung des Lebens zielt. In diesem Zusammenhang ist noch einmal an die Forderung Luthers zu erinnern, die biblische Überlieferung müsse von einem Lese-Wort wieder zu einem Lebens-Wort werden. Das bedeutet im einzelnen:

- Erfahrungsbezogene Lektüre unter ursprungsgeschichtlichem Aspekt legt die *realen historischen Verhältnisse* bei der Abfassung eines Textes frei.
  Die Bedeutung dieses Interpretationsansatzes liegt zunächst einmal in der neuen Fragerichtung: Der Text wird nicht, wie in der klassischen Exegese, in erster Linie unter theologischem oder glaubensgeschichtlichem Aspekt ausgelegt, sondern als Antwort auf eine konkrete historische Situation verstanden, insbesondere in Rücksicht auf politische und soziale Verhältnisse. Dies führt nicht nur zu einem deutlicheren Verständnis des Textes, sondern löst auch die Frage nach seiner Funktion im Blick auf reale Veränderungen in der Gegenwart aus; diesen Aufgaben gehen vor allem die *Ursprungsgeschichtliche Auslegung* und die *Materialistische Hermeneutik* nach.
- Erfahrungsbezogene Lektüre deckt die in einem Text eingeschlossenen *existentiellen Fragen* auf.
  Hier geht es nicht um die konkreten historischen Verhältnisse bei der Produktion des Textes, sondern um die Grund-Erfahrungen, die bei seiner Entstehung wohl im Spiel waren. Diese Aufgabe wird in verschiedenen hermeneutischen Konzepten unterschiedlich akzentuiert: Die *Existentiale Auslegung* untersucht den Text auf die in ihn eingegangenen Fragen nach der Möglichkeit authentischen Existierens. Die *Tiefenpsychologische Hermeneutik* bemüht sich, heilsame Ur-Erfahrungen zu erschließen, die in einem Text zur Sprache kommen. Die *Linguistische Auslegung* entdeckt in der Tiefenstruktur eines Textes Grundkonstellationen menschlichen Verhaltens und interpersonaler Beziehungen.

2.2 Erfahrung im Blick auf die nach-biblische Rezeptionsgeschichte

- *Wirkungsgeschichtliche Lektüre* untersucht die bei der Tradierung eines Textes wichtigen Erfahrungen.
  Dieser Arbeitsgang zeigt, daß sowohl bei der Entstehung eines Textes, als auch bei seinem Weg durch die Geschichte nicht nur immanent theologische, sondern vor allem auch lebens- und erfahrungsbezogene Aspekte im Spiel waren. Hierbei ist insbesondere ein ideologiekritischer Zugriff wichtig: Wo haben sich Erfahrungen zur nicht mehr hinterfragbaren Ideologie verfestigt? Wo hat diese das Verständnis eines Textes einseitig festgeschrieben oder entstellt?
- Wirkungsgeschichtliche Lektüre bietet die Chance, im Gespräch mit den Erfahrungen der Tradition zu lernen. Dieser Aspekt erschloß sich vor allem aus der *Jüdischen Hermeneutik.*

- Wirkungsgeschichtliche Lektüre fordert zur kritischen Einschätzung des eigenen hermeneutischen Standorts heraus.
  Der Wirkungsgeschichtliche Analyse- und Lernprozeß läßt die Bedingtheit des jeweils eingenommenen Standorts erkennen. Dies gilt natürlich auch für die eigene Position; der Ausleger lernt, nach den ihn bestimmenden Einflüssen zu fragen, seine leitenden Interessen offenzulegen und kritisch mit ihnen umzugehen. Das dürfte nicht nur die Abgewogenheit des eigenen exegetischen Urteils fördern, sondern auch die Gesprächsfähigkeit deutlich verbessern.

2.3 Erfahrung im Blick auf die heutige Rezeptionssituation

- Rezeptionsbezogene Lektüre erkennt die eigene Erfahrung als wichtigen Moment im Verstehensprozeß an.
  Ohne Frage ist bis heute die Forderung Bultmanns in Kraft, dass Beliebigkeit, Willkür oder dogmatisches Vorurteil in der Auslegung eines (Bibel-) Textes keinen Platz haben. Aber die Bedeutung der eigenen, konkreten Lebens-Erfahrung ist doch mit großem Gewinn von einigen hermeneutischen Konzepten neu entdeckt und akzentuiert worden. Vor allem seien noch einmal die *Interaktionale Auslegung* genannt sowie alle Ansätze, die sich *befreiungstheologisch* verstehen.
- Eher traditionell orientierte Auslegungswege fragen biblische Texte nach ihrer »Botschaft«, verstanden als lehrhafte Aussage, Denk- oder Handlungsimpuls. Neuere hermeneutische Konzeptionen gehen eher vom Begriff der »*Gegenwelt*;« aus, die sie in Texten der Heiligen Schrift erkennen. Der Begriff sagt aus, dass die Texte als Modelle geheilten, gelungenen Lebens zu fassen sind, die unsere Erfahrungswelt kritisch beleuchten, aber auch Impulse und Kräfte der Erneuerung aus sich heraus setzen. Konzepte wie die *Interaktionale Auslegung,* die *Feministische Hermeneutik* oder auch die *Relectura* gehen auf diese Weise mit der Überlieferung um.
- Traditionelle Hermeneutik geht im Grunde von der Vorstellung des Auslegers als Einzelnem aus, der sich um das Verständnis des Textes bemüht. Einige neuere hermeneutische Modelle haben dagegen das Gespräch und gemeinsame Handeln in der *Gruppe* als wichtiges Element des Auslegungsprozesses erkannt und konsequent einbezogen; hier ist vor allem wieder an die *Interaktionale Auslegung* und die *Relectura* zu denken.

Alle vorgestellten hermeneutischen Ansätze richten ihr Augenmerk darauf, biblische Texte nicht als Quelle für Informationen über die Geschichte des Glaubens zu verstehen, auch nicht als Vorlagen für die Formulierungen übergeschichtlicher Glaubenswahrheiten, sondern als »Antworttexte«, die in konkreten geschichtlichen Konstellationen Antworten des Glaubens auf die »Provokation der Situation« gesucht und gefunden haben. Die spezifische Botschaft und Intention eines biblischen Textes wird also aus dem jeweiligen Kontext heraus verständlich, in dem er entstanden, tradiert, gehört wurde und wird. Im Kontext der Erfahrung beginnt der Text der Bibel heute zu sprechen.

3 Hinweise zur Didaktik und Methodik des biblischen Unterrichts

Die hermeneutischen Konzepte zur Erschließung der Bibel sind nun – im Horizont der Fragen, Bedürfnisse, Probleme von Kindern und Jugendlichen – zu bibeldidaktischen Grundsätzen weiter zu entwickeln und in methodische Praxis umzusetzen. Dies habe ich in Band 2 ausführlich begründet und entfaltet. Hier noch einmal eine kurze Zusammenfassung (Zitate aus Band 2 werden nicht eigens gekennzeichnet).

3.1 Einige Grundsätze des biblischen Unterrichts

a. Den Anfängergeist beachten

Dieser dem ZEN entnommene Begriff regt an, einmal das Vorwissen über einen Text und die eingeführten Verstehenswege beiseite zu legen; in die gleiche Richtung zielt die Forderung des Einfachen Lesens.
Im Blick auf die Texte intendiert dieser Vorschlag die Zurückdrängung historisierender und rationalisierender Sichtweisen. Er plädiert dafür, Texte nicht besserwisserisch zu »bearbeiten«, sondern sich ihnen in einer Haltung dessen zu nähern, der einem Gesprächspartner aufmerksam zuhört.
Im Unterricht verändert dieser Vorschlag die festgelegten Rollen: Der Lehrer ist nicht mehr der Experte, der alle Antworten schon weiß. Jede Frage an den Text ist gleich wichtig und wird ernst genommen.
Auf diesen Grundsatz beziehen sich vor allem Methoden aus dem kommunikativen Bereich (s.u. 3.2g).

b. Die Bibel als Nachricht aufnehmen

Flüchtige, oberflächliche Wahrnehmung verhindert, dass die Bibel als »newspaper« erfasst wird. Darum ist es wichtig, dass die Schüler (und Lehrer) wieder lernen, etwas mit Bedacht aufzunehmen. Ein wichtiger Grundsatz ist das Weg-Prinzip: Es wird absichtlich Distanz zwischen Text und Leser gelegt, er soll merken, dass er einen Weg zurücklegen muss, um sich einem Text zu nähern. Vor allem Maßnahmen zur Verlangsamung des Wahrnehmungsprozesses eignen sich, um das Weg-Prinzip zu realisieren.
Dieser Vorschlag greift die von Martin Wagenschein vertretene Forderung auf, die

Langsamkeit als Grundlage des Lernens wieder zu entdecken: Langsamkeit im Sinne von Intensität, Spürbarkeit der Gegenstände.
Diesen Grundsatz sprechen insbesondere Methoden zur Verstärkung der aufmerksamen Wahrnehmung an (s.u. 3.2h).

c. Den Text nicht auf eine Aussage festlegen, sondern als Textur lesen

Zu den Merkmalen herkömmlicher Exegese gehört, dass sie einen Text auf eine zentrale Aussage festlegt – auch, wenn sich die »Skopus-Methode« schon seit längerem aus Wissenschaft und Unterrichtspraxis verabschiedet hat. Es ist nicht zu übersehen, dass das Beharren auf einer fixierbaren Mitte eines Textes den Ausleger letztlich zum Herrn des Textes macht, der bestimmt, was der Text zu sagen hat. Damit aber wird seine Vieldeutigkeit und Vielschichtigkeit verengt, seine Lebendigkeit, die immer noch neue Offenbarungen bereithält, ruhig gestellt. Erfahrungsbezogene Lektüre nimmt den Text als Textur wahr, als ein Geflecht von Erfahrungen, Deutungen, Lebensentwürfen.
Dieser Grundsatz kann methodisch durch die Anwendung verschiedener Auslegungsansätze eingelöst werden (s.u. 3.2h).

d. Bibeltexte als »Antworttexte« verstehen

Es ist wichtig, dass Erfahrung nicht erst ins Spiel kommt, wenn die (Historisch-Kritische) Exegese abgeschlossen ist – etwa im Sinne der Überlegung, »was uns der Text heute zu sagen habe«. Erfahrung muss schon im Blick auf die Entstehung eines Textes bedacht werden. Es geht darum, die Erfahrungen, die in einer historischen »Sprechsituation« wichtig waren und zu einer Auseinandersetzung drängten, zu rekonstruieren und die damals entstandenen Texte als Antworten auf diese Erfahrungen, Probleme und Konflikte hin zu interpretieren.
Dieser didaktische Grundsatz wird vor u.a. von Methoden des Recherchierens wirkungsvoll unterstützt (s.u. 3.2i).

e. Bibeltexte als Modelle und Inspiration gelingenden Lebens verstehen

Im Blick auf den Relevanz- und Wirkungsverlust, dem die Bibel bei Jugendlichen ausgesetzt ist, kommt es darauf an, in Texten Erfahrungen von Menschen zu entdecken, die ihr Leben im Glauben deuten und deren Leben gelingt, weil sie vom Glauben inspiriert sind. Allerdings ist ein wichtiger hermeneutischer Grundsatz zu

beachten: Die Bibel hält auf Lebensfragen heutiger Menschen nicht einfach Glaubensantworten bereit; oftmals stellt sie »Gegenwelten« vor Augen, Modelle gelungenen Lebens, die unsere eigenen Erfahrungen kritisch beleuchten und Neuanfänge anstoßen. Man wird nach Bibeltexten suchen, denen die Kraft zum Aufsprengen verfestigter Situationen innewohnt.
Die hiermit angezielte »Umkehr zum Leben« wird freilich nur dann in Gang kommen, wenn der heutige Bibelleser die Überlieferung konkret »kontextorientiert« aufnimmt, d.h. sie im Kontext seiner praktischen Lebenserfahrungen zur Geltung kommen lässt.
Unterrichtlich lässt sich dies Konzept wohl am besten durch eine qualifizierte Verknüpfung biblischer und erfahrungsbezogener Themen einlösen; aber auch die Tiefenpychologische Auslegung kann diese Sichtweise unterstützen (s.u. 3.2h).

f. Die Bibel im ganzheitlich-kommunikativen Erleben verstehen

Biblische Texte müssen ganzheitlich-kommunikativ aufgenommen werden.
Diese These entfaltet sich in zwei Richtungen:
Weil die Bibel An-rede ist, weil sie den Glauben bekennend, lobend, klagend ins Wort setzt, muss ihre eigene »Sprachbewegung« so weit wie möglich auch im Unterricht zum Zug kommen. Es sollte beispielsweise selbstverständlich sein, dass Psalmen gemeinsam gesprochen oder gesungen oder feiernd und nacherlebend gestaltet werden – dass Geschichten erzählt und nicht nur »besprochen« werden – dass die Lerngruppe eine Prophetenrede als Ansprache gestaltet …
Auch die heutige Rezeption ist so oft wie möglich ganzheitlich anzulegen. Alle Formen der kreativen Gestaltung sind auszuschöpfen: Spielen – Malen – Tonen – Verklanglichen – körpersprachliches Erleben.
Methoden des Kommunizierens und des kreativen Gestaltens bieten sich an, um diesen Grundsatz im Unterricht zu realisieren (s.u. 3.2f + g).

Die folgende Übersicht fasst einige der wichtigsten Methoden für den biblischen Unterricht zusammen. Auf Vollständigkeit in der Auswahl und Darstellung muß im Rahmen dieses Buches leider verzichtet werden.

3.2 Beschreibung einiger Methoden

a. Zur aufmerksamen Wahrnehmung anleiten

Flüchtige, oberflächliche Wahrnehmung verhindert oft, dass überhaupt ein Kontakt zwischen Leser und Text entsteht. Drei Methodenansätze sind besonders geeignet, um die aufmerksame Aufnahme eines Textes zu verbessern:

(1) Verlangsamen
Hierfür bietet sich z.B. das »schrittweise Lesen« oder meditative Phasen (z.B. Schreibmeditationen) an. Beim »schrittweisen Lesen« wird der Text so in Schritte gegliedert, dass nach jedem Abschnitt ein Anstoß zum Fragen oder zum eigenen Weitererzählen entsteht. Er wird in diesen Schritten – meist ein einziger Satz! – auf ein Blatt geschrieben; die Leser knicken es und können jeweils nur den kurzen Text lesen und ins Gespräch bringen.

(2) Verfremden
Ausgangspunkt der Verfremdung ist die Beobachtung, dass heutige Leser oder Hörer biblische Texte nicht mehr als Nachricht wahrnehmen, weil sie ihnen durch Gewöhnung zu vertraut geworden sind. Verfremdungen sind darauf aus, Texte wieder fremd zu machen, so dass sie in neuer Perspektive aufscheinen und wieder fragwürdig werden.
(Häufig wird gegen die Anwendung dieser Methode im Religionsunterricht eingewendet, dass Schüler ja durchweg gar keine Bibelkenntnisse hätten, so dass es nichts zu Verfremden gäbe. Die Beobachtung ist sicher zutreffend. Aber da viele Schüler den Eindruck haben, bis zum Überdruss mit den gleichen Geschichten traktiert zu werden, ist es sehr wohl wichtig, durch Verfremdungen bei ihnen Verwunderung, Ärger oder Protest auszulösen und dadurch die bewusste und kritische Rückfrage an den biblischen Text selbst anzuregen).
Die meisten Verfremdungen arbeiten mit dem Mittel der Provokation: »Selig sind die Reichen, denn ›Geld regiert die Welt‹« heißt es in einem Text von Pereira; oder das Vaterunser wird zum ›Kapital-Unser‹ verfremdet. Die Funktion ist nicht die Verhöhnung der Bibel, sondern die herausfordernde Frage, wer oder was denn in der heutigen Gesellschaft »angebetet« wird.
Bei der praktischen Arbeit im Unterricht empfiehlt es sich, zwei Arbeitsbereiche zu unterscheiden:

- *Arbeit mit Verfremdungen.* Immer wieder wird sich ein Anlass bieten, eine Verfremdung zu einem Bibeltext einzusetzen. Verfremdungen können in verbaler oder in visueller Form vorliegen. Zu den visuellen Verfremdungen zählt natürlich Kunst, die sich mit biblischen Themen im weitesten Sinn beschäftigt, ebenso Karikaturen. In der Regel bietet es sich an, im Unterricht mit einer Verfremdung einzusetzen, sich der Provokation auszusetzen, sich zu einer neuen Beschäftigung mit dem Bibeltext anregen zu lassen.

- *Verfremden als Methode*. Besonders anregend sind eigene Versuche, verfremdend mit biblischer Überlieferung umzugehen.

(3) Übungen zur Stille und genauen Wahrnehmung
Solche Übungen mögen auf den ersten Blick als fachfremd erscheinen. Sie dienen aber der Konzentration und dem intensiven erfahrungsbezogenen Zugang zu vielen Themen und Aufgabenstellungen.

Beispiele für diesen Methodenbereich finden sich u.a. in folgenden Entwürfen: Kapitel 1,2; 2,2; 5,3; 8,4; 9,3

b. Erzählen

Das Erzählen ist noch immer die klassische Methode des Bibelunterrichts. Das hängt nicht nur mit der Wirksamkeit dieses Verfahrens zusammen, sondern mit der »narrativen« Grundstruktur der biblischen Überlieferung selbst.
Die Grundform des Erzählens ist die »Texterzählung«, die den Verlauf einer biblischen Geschichte nachzeichnet.
Einige Grundregeln:

- Die eigene Erzählung an der Grundrichtung des Textes orientieren (Struktur; Textsorte; Intention); es kommt nicht darauf an, dass die Erzählung sich möglichst eng an den Wortlaut der biblischen Vorlage hält. Wichtig ist nur, daß deren wesentliche Elemente erhalten bleiben. Es ist beispielsweise ganz unsinnig, eine symbolische Erzählung wie Gen 3 in einen Tatsachenbericht zu transformieren.
- Überlegen, wie notwendige Sachinformationen zum Verständnis der Erzählung vermittelt werden (vor der Erzählung? im Verlauf des Erzählens?).
- Theologische Entfaltung. Bei schwierigen Begriffen wie Sünde, Gnade zunächst erzählend darstellen, was gemeint ist, den Begriff erst abschließend verwenden (Beispiel: In der Geschichte von Zachäus »Lk 19,1–10« zunächst erzählen, wie das Leben dieses Mannes durch Gier verengt und zerstört wurde, wie er unfähig geworden war zur Kommunikation mit Gott und Mitmenschen; erst dann wird dafür der Begriff »Sünde« eingeführt.).
- Gefühle, Handlungsmotive usw. verständlich machen (durch innere Monologe der Handelnden oder durch Einführung von Gesprächspartnern in der Erzählung).
- Die Erlebnisperson text- und situationsgerecht auswählen (aus welcher Sicht wird erzählt?).
- So erzählen, dass Fragen aufkommen.

- So erzählen, dass das Geheimnis des Textes gewahrt bleibt (Beispiel: bei einer Wundererzählung den Hergang nicht ausschmücken, eher offenlassen).
- So erzählen, dass hinter der »Oberflächenschicht« der berichteten Ereignisse die »Tiefenschicht« von Grundfragen aufscheint.

Insgesamt sollte die »*Grammatik des Erzählens*« beachtet werden; besonders wichtig ist hierbei:
- Aktivisch erzählen (»Alle sahen Mose« ... statt: »Mose wurde von allen gesehen«).
- Kurze Hauptsätze verwenden, Schachtelsätze vermeiden.
- Direkte Rede verwenden (»Mose sagte: ›Habt keine Angst‹« ... statt: »Mose sagte, sie sollten keine Angst haben«).
- Adjektive sparsam verwenden, vor allem wertende (»Die grausamen Babylonier«; »die kleingläubigen Israeliten« ...); sehr wirksame Gestaltungsmittel ergeben sich aus der Wahl der Erzähltypen. Außer der genannten Texterzählung bieten sich noch an (vgl. v.a. Neidhart/Eggenberger):
  Umwelterzählung. Sie zielt darauf, bestimmte Sachinformationen, die zum Verständnis biblischer Texte wichtig sind, nicht in Form eines Sachtextes zu übermitteln, sondern eben erzählend. Beispiel: Kinderbuch »Benjamin und Julius« von H.K.Berg und U.Weber: Was ein römischer und ein jüdischer Junge zur Zeit Jesu erleben, erschließt die Welt des Neuen Testaments.
  Rahmenerzählung. Viele Bibeltexte sind als »Antworttexte« auf Probleme und Konflikte zur Zeit ihrer Entstehung zu verstehen. Eine Rahmenerzählung beispielsweise über Konflikte in der frühen Königszeit könnte verständlich machen, warum der Jahwist die Bestimmung Abrahams und seiner Nachkommen zum Segen (Gen 12,1–3) so betont (Israel, das zur Zeit Davids und Salomos als Eroberer auftrat, musste seinen Nachbarn eher Anlass zum Fluchen geben). Dieser Erzähltyp kann auch darauf aus sein, die Entstehung größerer biblischer Textzusammenhänge oder Schriften aus ihrer Produktionssituation heraus zu erklären.
  Weiter-Erzählung. Diesen Erzähltyp hat vor allem Walter Neidhart ausgebaut (Erzählbuch zur Bibel 2). Hier werden biblische Geschichten in eine neue Gegenwart hinein weiter erzählt, auch bis in unsere Zeit hinein; Beispiel: Neidharts Text »Der Turmbau von Tschernobabel«.

c. Spielen, Inszenieren

»Spielen« meint in diesem Abschnitt: Erschließen eines Bibeltextes in Form des Darstellenden Spiels.
(Nicht einbezogen wird das Bibliodrama; als eigene Form beansprucht es, wenn es

ernst genommen wird, zeitliche und auch psychische Voraussetzungen, die jedenfalls die schulischen Möglichkeiten weit übersteigen.)
Noch stärker als die Methode »Erzählen« lädt das Spiel zur Identifikation mit biblischen Texten ein: Die Personen bekommen Namen, Gesichter, Gefühle … Sie handeln, gehen aufeinander ein.
Die Einladung zur Identifikation ist außerordentlich ausgeprägt: Im Spiel sind die Kinder selbst Abraham und Sara, sie trösten einen klagenden Freund im Tempel; sie sind Israel vor dem Schilfmeer …
Diese Faszinationskraft des Spiels schließt darum die Verpflichtung ein, mit den biblischen Vorlagen, aber auch mit den Gefühlen der Schülern sorgsam umzugehen.
Der Methodenbereich »Spielen« lässt sich nach drei Typen differenzieren:

(1) Beschäftigung mit vorgegebenen Spieltexten
Hierzu gibt es ein sehr reichhaltiges Angebot. Viele Texte liegen auch als gesprochene Szenen auf Toncassette oder Schallplatte vor. Angeboten werden Texte zu den verschiedensten biblischen Vorlagen, für alle Altersstufen, zu den unterschiedlichsten Unterrichtssituationen … aber auch von durchaus unterschiedlicher Qualität. Eine sorgfältige Prüfung ist anzuraten.
Mögliche Fragen zur Beurteilung sind:
- Wird der Text dem Inhalt und der Aussageabsicht der biblischen Vorlage gerecht?
- Ist die Sprache der gedachten Altersstufe angemessen?
- Lässt der Text eigene Deutungen der Hörer zu?
- Malt der Text die biblische Szene mit starken dramatischen Effekten aus – oder gibt er der Phantasie der Hörer Raum?
- Legt er die Hörer fest oder regt er zum Gespräch an?

Oft wird der Unterrichtende selbst eine kleine Szene schreiben, die der Lernsituation am besten entspricht.

(2) Biblische Geschichten spielen
Noch eindringlicher als die Arbeit mit vorgegebenen Spieltexten spricht natürlich das eigene Spiel die Emotionen an. Die Schüler können sich ganz intensiv mit den Personen identifizieren, die sie spielen, ihr Schicksal teilen, ihre Lebenssicht aufgreifen. (Große Zurückhaltung ist angezeigt, wenn Gott selbst oder Jesus ins Spiel kommen. Zwei methodische Möglichkeiten bieten sich an: Entweder wird ein Text, den sie zu sagen hätten, nicht von einem Spieler dargeboten, sondern von einem »Erzähler« vorgelesen; oder man wählt eine indirekte Form im Spiel, bei der ein »Zeuge« erzählt, was er erlebt hat).
Dass alle Kinder gern Geschichten spielen und von Natur aus spielen können, trifft nicht zu. Das Spielen ist eine Methode, die langsam eingeführt und entwickelt werden muss.

Die allereinfachste Form ist das Lesen einer biblischen Geschichte mit verteilten Rollen. Trotz der scheinbaren Anspruchslosigkeit dieser Methode wird sie zur Einführung in das eigene Spielen sehr empfohlen: ganz zwanglos werden sich beim Lesen die gedruckten Worte in die eigene Sprache umformen.
Beim freien Spielen brauchen jüngere Kinder viel Hilfestellung. Die Situation muss vor dem Spielen genau geklärt werden; bewährt hat sich auch, dass man mit den Schülern gemeinsam überlegt, was die beteiligten Personen sagen könnten/sollten. Die Spieler erhalten dann diese kleinen Sätze als schriftliche Vorgabe. Das gängelt sie nicht, sondern gibt ihnen Sicherheit und wird sie umso mehr zum freien Spielen ermutigen.
Bei größeren Vorhaben ist eine klare Gliederung in einzelne Szenen sowie eine Personenbeschreibung und Darstellung der Konstellation unerlässlich.
Bei manchen Themen wird sich im Spiel eine Fortschreibung in die Gegenwart fast wie von selbst ergeben, etwa bei Prophetenreden.

(3) Inszenierungen
Viele biblische Texte, vor allem Psalmen, verlangen nach einer feiernden Gestaltung, die man als Inszenierungen bezeichnen kann. Beispiel: Die Inszenierung von Psalm 23 (vgl. Kapitel 10,2).

Diese drei Formen des Spiels haben sich in der Unterrichtspraxis bewährt. Ausdrücklich nicht einbezogen wurden andere methodische Aktionen, die auch unter der Kategorie »Spiele zur Bibel« angeboten werden, wie: Würfelspiele (bis hin zum »Gebetswürfel«!), Quizspiele, Ratespiele, Puzzle usw.

Beispiele für diesen Methodenbereich finden sich u.a. in folgenden Entwürfen: Kapitel 2,3; 4,2; 5,3; 6,3; 7,2; 10, 2+3

d. Singen

Das Singen gehört wohl – nach dem Erzählen – zu der am häufigsten gebrauchten Methode im biblischen Unterricht.

(1) Inhaltliche Strukturierung
Zunächst einmal ist eine Einteilung nach inhaltlichen Schwerpunkten von Nutzen, um dem Unterrichtenden einige Anhaltspunkte für die Auswahl zu geben.
Es lassen sich vier Typen differenzieren:
- *Biblische Erzähllieder.* Hier handelt es sich um Lieder, die im wesentlichen am Verlauf einer biblischen Geschichte entlang gehen und ihn wiedergeben.
- *Erzähllieder mit Interpretation.* Bei diesem Typ steht zwar auch die Erzählung im Mittelpunkt, aber das Lied bietet einen Gedanken zum Verständnis des Gesche-

hens an. Dieser kann entweder in jeder Strophe (etwa in Form eines Kehrverses) oder als eigene Strophe eingebracht werden.

- *Lieder, die von einer biblischen Erzählung ausgehen.* Diese Lieder knüpfen zwar an eine biblische Geschichte an, setzen diese aber im Grunde als bekannt voraus und nehmen sie zum Ausgangspunkt für einen weiterführenden Gedanken.
- *Lieder, die von einer biblischen Aussage ausgehen.* Ein biblischer Gedanke wird aufgegriffen und im Lied gestaltet.

(2) Bestimmung der didaktischen Funktion
Sodann ist die Funktionsbestimmung des Liedes vorzunehmen. Die große Zahl unterschiedlicher Lieder lässt das übliche Verfahren, dass zum Beginn jeder Stunde gesungen wird, als etwas einfallslos erscheinen. Gerade die Zuordnung der Lieder nach Typen unterstützt bei der Wahl differenzierter Funktionen. Einige Beispiele:
Ein Erzähllied vom Typ 1 kann gut die Aufgabe der Unterrichtsbegleitung bzw. -strukturierung übernehmen: Über mehrere Stunden hinweg kann das Lied strophenweise entsprechend der Entwicklung des Themas gesungen werden. Nicht selten bietet es sich an, weitere Strophen zu erfinden, am besten gemeinsam mit den Schülern.
Ein Lied vom Typ 3 oder 4 kann zur Eröffnung eines biblischen Themas eingeführt werden, um die Rückfrage nach der biblischen Quelle anzuregen.
Eine gute Möglichkeit ist auch der Einsatz eines Liedes mit der Funktion der Erfolgskontrolle: Wird ein Lied am Ende einer Unterrichtseinheit eingeführt, können die Schüler feststellen, ob sie den biblischen Hintergrund parat haben, ob sie weitere Möglichkeiten des Transfers erkennen usw.

(3) Methodenwahl
Für die Liedeinführung sollte der Unterrichtende genügend Zeit einplanen. Nichts ist frustrierender, als ein flüchtig eingeführtes Lied, das niemand richtig kann!
Es versteht sich von selbst, dass der Lehrer einsetzt, was er an Instrumenten zu spielen versteht. Er sollte aber auch auf die Fähigkeiten der Schüler zurückgreifen (Blockflöte; Gitarre … warum nicht auch die Melodica?).
Viele Lieder sind auf Tonträgern verfügbar, manche sogar als Playback.
Einfache Begleit- und Rhythmusinstrumente sollten immer zur Hand sein (Handtrommeln, Schellenkranz, Triangel, Rasseln usw).
Viele Lieder sind auch als »Tanzlieder« angelegt, die mit einfachen Mitteln zu realisieren sind (vgl. auch den Abschnitt »kreatives Gestalten« in diesem Kapitel). – Vielleicht bietet sich einmal die Gelegenheit, im Verlauf einer Unterrichtseinheit mehrere Erzähllieder zu singen und sie am Ende zu einer kleinen »Kantate« zusammenzufügen, evtl. durch Zwischentexte und -musiken verbunden.

Beispiele für diesen Methodenbereich finden sich u.a. in folgenden Entwürfen: Kapitel 3,2; 4,4; 6,2; 7,2 e. Mit Kunst arbeiten

Kunst öffnet einen der anspruchsvollsten, aber auch wirksamsten Wege zur Erschließung der biblischen Überlieferung. Damit diese Chance eingelöst wird, ist strikt darauf zu achten, dass nicht klischeehafte Illustrationen, sondern authentische künstlerische Auseinandersetzungen gewählt werden. Nur authentische Kunst kann, wenn sie sich mit biblischen Themen beschäftigt, kraft ihrer Eigenständigkeit Sichtweisen an Texten ans Licht bringen, die bisher noch nicht entdeckt oder verschüttet waren.

Erster methodischer Grundsatz der Arbeit mit Kunst im biblischen Unterricht: Mit authentischer, eigenständiger Kunst arbeiten, illustrative Darstellungen vermeiden!

Ein zweiter Grundsatz: Bevor ein Bild in Beziehung zu einem Bibeltext gesetzt und interpretiert wird, sollte der inhaltliche und formale Bildbestand gründlich und methodisch genau wahrgenommen und bestimmt werden.
Dieser Grundsatz verbietet es, viele Bilder in Folge zu »betrachten«; vor allem die Tonbildserien, die in kurzer Zeit eine Vielzahl von Kunstwerken vorführen, verleiten zu oberflächlicher Wahrnehmung und vorschneller »Deutung«. Damit aber sind Kunstwerke meistens um ihre ganz spezifische Sicht gebracht und werden nur noch in Gewohntes eingeordnet. Kunst ist aber keine Ware, die sich konsumieren lässt, sondern verlangt geduldiges Hinschauen und klare Reflexion.

Ein dritter Grundsatz: Bilder sollten adäquat dargeboten werden. Die kleinformatigen Wiedergaben in Religionsbüchern eignen sich nicht für eine genaue Analyse; in aller Regel wird man auf das Dia zurückgreifen. Glücklicherweise stehen mittlerweile qualitativ hochwertige Reproduktionen als Dias zur Verfügung, vor allem in der von Jörg Zink herausgegebenen DiaBücherei Christliche Kunst (24 Bände).

Vierter Grundsatz: Die Schüler nicht unterfordern. Auch jüngere Kinder sollten nicht mit Bildern abgespeist werden, die für didaktische Zwecke hergestellt und »altersgerecht« ausgewählt wurden, sondern Gelegenheit haben, sich mit anspruchsvoller Kunst zu beschäftigen. Sicher werden Grundschüler oft die Differenziertheit der Bildsprache oder die Bedeutungsfülle eines Kunstwerks noch nicht im Einzelnen erfassen; aber die für diese Altersstufe charakteristische intuitive, ganzheitliche Wahrnehmung bringt oft Aspekte an einem Kunstwerk zum Vorschein, die die Analyse nicht erfasst.

Beispiele für diesen Methodenbereich finden sich u.a. in folgenden Entwürfen: Kapitel 3,4; 10,3

f. Kreatives, spontanes Gestalten

In diesem Abschnitt sind fünf Methoden vorzustellen, die sinnliche, spontane Zugänge zu Bibeltexten fördern. Walter Wink, ein amerikanischer Theologe, der sich besonders um die Interaktionale Bibelarbeit gekümmert hat, bezeichnet diesen Vorgang als Verleiblichung bzw. Somatisierung eines Bibeltextes. Und Elisabeth Moltmann Wendel notiert: »Was sinnenlos ist, wird auch bald sinnlos«.
Solche ganzheitlichen Aktivitäten sind stärker personbezogen als andere Methoden; jeder, der sich daran beteiligt, gibt immer etwas von sich selbst preis. Darum sollte die Teilnahme an solchen Übungen freigestellt sein; außerdem sollte der Unterrichtende sich selbst am Prozess beteiligen.

(1) Nicht-gegenständliches Malen
Zu den ältesten Methoden des biblischen Unterrichts gehört die Aufgabe, zu einer gehörten Geschichte ein Bild zu malen. Sie ist aber nicht besonders empfehlenswert, weil sie die Schüler auf die in der »Oberflächenschicht« eines Textes dargestellten Ereignisse fixiert und die in der »Tiefenschicht« verwahrten existentiellen symbolisch gefassten Inhalte eher absperrt.
Diese können eher durch nicht-gegenständliches Malen aufgeschlossen werden. Die Methode hat außerdem den Vorteil, dass Kinder, die sich im gegenständlichen Zeichnen nichts zutrauen, ohne Scheu mitmachen können.
Auch jüngere Schüler finden schnell Zugang zum nicht-gegenständlichen Malen. Es kommt nur darauf an, dass der Unterrichtende ihnen an Beispielen erklärt, wie man mit bestimmten Formen und bestimmten Farben Gefühle ausdrücken kann. Es empfiehlt sich, Werkstoffe zu verwenden, die mit den Händen verarbeitet werden und so die Körpererfahrung mit einbeziehen, z.B. Fingerfarben oder selbst hergestellte Materialien wie Erdfarben, Asche, angemischter Sand.
Die Schüler werden vielleicht am besten in diese Technik hineinkommen, wenn sie anfangs mit biblischen Geschichten umgehen, die starke Kontraste aufweisen, z.B. Durchzug durch das Schilfmeer (Ex 14: Todesangst – Rettung) .
Die mit dieser Methode gefundenen Einsichten sind oft recht signifikant: So kann beispielsweise die nicht-gegenständliche Gestaltung des Themas »Wer ist Gott für mich« den Teilnehmern viel deutlichere Aufschlüsse über ihre Gefühle und Einstellungen geben als das bei Grundschülern stereotyp verwendete Motiv des alten Mannes auf der Wolke.

(2) Arbeiten mit Ton
Vielleicht noch intensiver als das freie Malen kann das Tonen einen ganzheitlichen Zugang zu biblischer Überlieferung öffnen. Auch hier geht es nicht darum, den Inhalt einer Erzählung aus dem Alten oder Neuen Testament darzustellen, sondern darum,

den nicht offen zutage liegenden Aspekten eines Textes non-verbal nachzuspüren. Wenn die Teilnehmer das Thema gestalten »Der Kain in mir«, wird wahrscheinlich eine intensive, lebensbezogene Beschäftigung mit der Überlieferung angeregt.

(3) Verklanglichen
Die Empfindungen, die ein Text zum Schwingen bringt, können auch sehr gut durch eine musikalische Gestaltung ausgedrückt werden. Hierfür eignen sich Orff-Instrumente, selbst hergestellte Klangkörper oder auch die körpereigenen Mittel wie Klatschen, Trommeln usw.
Auch diese Methode kann man am günstigsten anhand von kontrastreichen Geschichten einführen (vgl. die Hinweise zum freien Malen).
Insgesamt sollte darauf geachtet werden, dass es um die Gestaltung von inneren Erfahrungen und Gefühlen geht, nicht um die möglichst naturalistische klangliche Darstellung von Geräuschen beispielsweise bei einem Seesturm!

(4) Bewegung, Tanz
Beim Spielen, Singen und Verklanglichen wird oft wie von selbst Bewegung hinzukommen. Diese spontanen Äußerungen lassen sich dann sehr gut ausbauen: Zu Pantomimen, zu Bewegungen in der Gruppe, zum vorbereiteten und geübten Tanz.

(5) Symbolhandlung
Als eine besonders eindrückliche Gestaltungsübung wird die Symbolhandlung vorgeschlagen. Beispiele: Ein Netz knüpfen und im Kreis ausspannen als Ausdruck der Verbundenheit und Bereitschaft zur gegenseitigen Hilfe. – Auf einen Zettel schreiben, was das Leben belastet und wovon man frei werden möchte. Die Zettel werden verbrannt. – Nach einer Baum Meditation kleine Ast-Scheiben verteilen, auf die man schreibt, was man einem anderen Gutes sagen möchte. Die Scheiben werden untereinander ausgetauscht. Solche Symbolhandlungen müssen vom Bild her stimmig und von der Handlung her plausibel sein.
Zur »Auswertung«:
Auch über spontane, nicht kognitive Verstehensweisen und Methoden sollte man in der Gruppe sprechen.
Dabei sollten aber einige Regeln beachtet werden:

- Im anschließenden Gespräch geht es nicht um eine Kritik an den Ergebnissen. Eine »Bewertung« durch den Unterrichtenden oder die Gruppe bleibt von vornherein ausgeschlossen.
- Wichtig sind überhaupt nicht die Ergebnisse, sondern der Vorgang: Die Teilnehmer sprechen über die Erfahrungen, die sie mit sich, mit dem Thema und vielleicht auch mit dem Partner gemacht haben, sie tauschen sich darüber aus, welcher neue Aspekt am Thema ihnen vielleicht aufgegangen ist. Auch hier sollte die Teilnahme unbedingt freiwillig sein!

(6) Herstellung von Collagen
Oft wird sich eine kreative Zusammenfassung, Vertiefung oder Weiterführung in Form einer Collage anbieten. Dafür muss entsprechendes Material bereit gehalten werden (Eine Vorauswahl und Vorstrukturierung schränkt vielleicht die ganz freie Wahl der Schüler etwas ein, steigert aber die Konzentration beträchtlich!)

(7) Gestaltung mit Material, Basteln

Beispiele für diesen Methodenbereich finden sich u.a. in folgenden Entwürfen: Kapitel 1,3; 2,2; 2,3; 5,2; 7,2; 8,3; 10,4

g. Kommunizieren

Zu den grundlegenden Merkmalen der biblischen Überlieferung gehört ihre kommunikative Grundstruktur. Sie muss in der Praxis des Bibelunterrichts erfahrbar sein und auch geübt werden.
Kommunikatives Handeln kommt in drei Aktivitäten zum Zug:

(1) Kommunizieren in der Lerngruppe
Zwei Aspekte sollen hervorgehoben werden:

- Dic Klasse versteht sich als Gruppe, in der es um gemeinsame Suche nach lebensbezogener Erkenntnis geht; dies Verständnis lockert die Fixierung auf das traditionelle Rollenschema von Wissenden, die den Unwissenden etwas vermitteln wollen. Jeder Beitrag, jede Erfahrung, jede Frage werden gleich ernst genommen.
- Der kommunikative Ansatz schließt auch den Verzicht ein, eine einzige Sichtweise auf einen Bibeltext als richtig und verbindlich festzulegen.

Grundsätzlich wird der Unterrichtende sich methodisch am Konzept der themenzentrierten Interaktion orientieren.

(2) Kommunizieren mit dem Text
Ein wichtiger Grundsatz der erfahrungsbezogenen Auslegung biblischer Tradition ist es, Texte nicht als Objekte zu betrachten, die man »bearbeiten« kann, sondern als Partner in einem Dialog. Wink schlägt vor, sich einen Text ganz real als Person vorzustellen, die mir gegenübersitzt, die ich ansprechen kann, z.B. :»Du machst mir Angst, weil …; du tröstest mich, weil …« – In einen solchen Dialog könnte auch die »lebensgeschichtliche Ortung« einbezogen werden: Der Leser könnte sich im Gegenüber zum Text erinnern, wann er einmal für ihn wichtig war, oder auch: Wann er ihn als hilfreiche Orientierung gebraucht hätte.

(3) Kommunizieren mit Personen in einem Text
Die Schüler können einen Text in Form eines Gesprächs mit einer oder mit mehreren Personen des Textes erschließen. Es könnte sich beispielsweise ein Streitgespräch mit Kain entwickeln, ein Dialog mit Hiob. In allen Fällen ist nicht eine spielerische Dramatisierung des Textes das Ziel, sondern der Versuch, existentielle Erfahrungen aufzuspüren, zu klären, von ihnen zu lernen.

h. Mit Texten arbeiten

(1) Gliedern und charakterisieren
Dies ist die Grundaufgabe, um einen Text inhaltlich und sprachlich zu erfassen. Die Schüler erhalten die Aufgabe, den Text in Sinnabschnitte aufzuteilen und passende Titel zum ganzen Text und zu den gefundenen Abschnitten zu formulieren. Das Gespräch über die Einteilung und die Überschriften kann vielleicht schon einige inhaltliche Fragen klären.
Als Variante könnten die Schüler versuchen, die Titel so zu verändern, dass der Text in unterschiedlichen Perspektiven erscheint. So könnte die Erzählung von Abrahams Aufbruch (Gen 12) die Schlagzeile erhalten: »Exzentriker gibt alles auf! Ein Fall für den Psychiater??«

(2) Zusammenfassen
Eine gründliche Beschäftigung mit einem Text erfordert auch die Aufgabe, ihn zusammenzufassen. Verschiedene Formen bieten sich an: Inhaltsangabe – Nacherzählung (u.U. aus der Sicht eines Beteiligten) – Erstellen eines Editorial (Knappe Zusammenfassung in 2–3 Sätzen).

(3) Vergleich verschiedener Übersetzungen
Bei dieser Arbeit erfahren die Schüler, dass jede Übersetzung schon eine Wertung des Textes einschließt. Sie versuchen herauszufinden, ob sich hinter den verschiedenen Übersetzungen bestimmte Absichten zeigen. Sie werden gebeten, sich begründet für eine Übersetzung zu entscheiden, die sie besonders anspricht. Unter Umständen sind sie auch daran interessiert, für bestimmte Begriffe, einzelne Passagen oder den ganzen Text eine eigene Version zu finden.

(4) Vergleich verschiedener Fassungen eines Textes
(Beispiele: Gen 1 und Gen 2; Ex 14 in jahwistischer bzw. priesterschriftlicher Version). Gezielte Beobachtungsaufgaben sind hilfreich: Welche Unterschiede im Blick auf den Umfang sind erkennbar? – Welche Inhalte oder Gedanken kommen bei Erweiterungen hinzu? – Gibt es typische Ausdrücke in den einzelnen Versionen? –

Welche Adressaten könnte der Autor des Textes im Blick gehabt haben? – Was möchte er ihnen wohl mitteilen bzw. was möchte er bei ihnen bewirken?

(5) Beschäftigung mit verschiedenen Auslegungsmethoden
Schüler sind von der 7. Klasse an durchaus in der Lage, bestimmte Auslegungswege kennen zu lernen und anzuwenden. Voraussetzung dafür ist, dass sie auf einer ihnen zugänglichen Ebene in Voraussetzungen und Methoden der betreffenden Wege eingeführt werden. Beispiele:

Tiefenpsychologische Auslegung. Die Schüler informieren sich zunächst anhand eines Informationstextes über einige Voraussetzungen und Verfahren: Sie lernen, dass zwischen Oberflächen- und Tiefenstruktur unterschieden werden kann: »Oberflächenstruktur« bezieht sich auf den Informationsgehalt eines Textes; »Tiefenstruktur« meint die existentiellen Fragen und Grunderfahrungen, die sich unter der »Oberfläche« verbergen. Sodann erfahren sie, dass tiefenpsychologisch orientierte Auslegung die in einem Text geschilderten Ereignisse meist als intrapsychische Prozesse interpretiert (Beispiel: Jakobs Kampf: Gen 32; vgl. Kapitel 3,4).

Linguistische Methoden. Die Schüler erfahren, dass es unterschiedliche Zugänge zu Texten gibt; sie können versuchen, sie in ihrer Reichweite und in ihrem Gewicht für sich selbst einzuschätzen und kommen vielleicht in ein Gespräch über die Bedeutung des Textes.

(6) Eigene Texte verfassen
In interessierten und geübten Klassen kann eine intensive Auseinandersetzung durch eigenes, kreatives Schreiben erfolgen; Beispiele. Einen Brief verfassen; einen Dialog schreiben; ein Lied weiterdichten …

i. Recherchieren

Als »Recherchieren« werden in diesem Abschnitt alle Aktivitäten der Schüler zur selbständigen Erarbeitung von Informationen im biblischen Unterricht bezeichnet. Es ist ratsam, sich auf kleine Vorhaben der Informationsbeschaffung zu konzentrieren, die in der gegebenen schulischen Situation realisierbar sind.
Solche Aktivitäten haben Aussicht auf Erfolg, wenn sie einige Bedingungen beachten:

- Sie sollten sachlich und zeitlich überschaubar sein.
- Die Themen sollten gut vorstrukturiert sein.
- Die Schüler sollten sich auf eine Auswahl vorgegebener Materialien stützen können.

- Die Arbeitsvorschläge sollten klar formuliert sein.
- Die Ergebnisse der Recherchen sollten in geeigneter Form präsentiert werden.

Hier geht es vor allem um die Auswertung von Informationen zur Welt der Bibel. Ziel solcher Untersuchungen ist nicht die direkte Erarbeitung von Texten, sondern die Erarbeitung von Kenntnissen der Umwelt, die für das Verständnis der Überlieferung nötig sind.

4 Literatur

Die folgende Zusammenstellung folgt nicht dem Anspruch einer systematischen Bibliographie zu den Themen dieses Bandes. Sie orientiert sich an den praktischen Bedürfnissen einer gründlichen Unterrichtsvorbereitung und benennt Werke, die sich dabei bewährt haben.

4.1 Allgemein

Baldermann, Ingo, Der Gott des Friedens und die Götter der Macht. Biblische Alternativen. Neukirchen: Neukirchener Verlag. 1983

Berg, Horst Klaus, Biblische Texte verfremdet. Grundsätze – Methoden – Arbeitsmöglichkeiten (Biblische Texte Verfremdet Band 1). Stuttgart/München: Calwer Verlag/Kösel Verlag. 1986

Berg, Sigrid und Horst Klaus (Hg.), Biblische Texte verfremdet. Band 2–12. Stuttgart/München: Calwer Verlag/Kösel Verlag. 1986ff

Berg, Horst Klaus, Ein Wort wie Feuer (Handbuch des biblischen Unterrichts Band 1). Stuttgart/München: Calwer Verlag/Kösel Verlag. [3]1997

Berg, Horst Klaus, Grundriss der Bibeldidaktik (Handbuch des biblischen Unterrichts. Band 2). Stuttgart/München: Calwer Verlag/Kösel Verlag. 1993

Berg, Sigrid, Kreative Bibelarbeit in Gruppen. 16 Vorschläge. München/Stuttgart: Kösel Verlag/Calwer Verlag. [3]1995

Berg, Sigrid, Biblische Bilder und Symbole erfahren. Stuttgart/München: Calwer-Verlag/Kösel Verlag. 1997

Bock, Sebastian, Kleine Geschichte des Volkes Israel (Herder TB 1642). Freiburg: Herder Verlag. 1989

Jenni, Ernst/Westermann, Claus, Theologisches Handwörterbuch zum Alten Testament. Band 1 und 2. München/Zürich: Chr. Kaiser Verlag/Theologischer Verlag. 1984

Johannsen, Friedrich/Reents, Christine, Alttestamentliches Arbeitsbuch für Religionspädagogogen. 1987, S. 69ff

Koch, Klaus, Was ist Formgeschichte? Neukirchen: Neukirchener Verlag. [5]1989

Koch, Klaus u.a. (Hg.), Reclams Bibellexikon. Stuttgart: Philipp Reclam jun. [5]1992

Laubi, Werner, Geschichten zur Bibel. Lahr/Zürich: Verlag Ernst Kaufmann/Benziger Verlag. 1981ff

Metzger, Martin, Grundriss der Geschichte Israels. Neukirchen: Neukirchener Verlag. [9]1994

Metzger, Martin, Grundriß der Geschichte Israels. Neukirchen: Neukirchener Verlag. [6]1983

Neidhart, Walter, Erzählbuch zur Bibel 2. Geschichten und Texte für unsere Zeit weiter-erzählt. Lahr/Düsseldorf/Zürich: Verlag Ernst Kaufmann/Patmos Verlag/TVZ. 1989

Neidhart, Walter/Eggenberger, Hans (Hg.), Erzählbuch zur Bibel 1. Theorie und Beispiele. Lahr/Düsseldorf/Zürich: Verlag Ernst Kaufmann/Patmos Verlag/TVZ. [5]1987

Preuß, Horst Dietrich, Theologie des Alten Testaments. Band 1 und 2. Stuttgart: Verlag W. Kohlhammer. 1991 und 1992

Rad, Gerhard von, Theologie des Alten Testaments. Band 1 und 2. München: Chr. Kaiser Verlag (Kaiser Traktate N.F. 2+3). [9]1987

Rendtorff, Rolf, Das Alte Testament. Eine Einführung. Neukirchen: Neukirchener Verlag. 1983

Struppe, Ursula, Einführung in das Alte Testament. Stuttgart: Verlag Katholisches Bibelwerk. 1994

Wolff, Hans-Walter, Das Kerygma des Jahwisten. In: ders., Gesammelte Studien zum Alten Testament (Theologische Bücherei 22). München: Chr. Kaiser Verlag. 1964 (S. 345–373)

Zenger Erich, (Hg.), Lebendige Welt der Bibel. Freiburg: Herder Verlag. 1997

Zenger, Erich u.a., Einleitung in das Alte Testament. Stuttgart: Verlag W. Kohlhammer. 1995

Zirker Hans,u.a., Zugänge zu biblischen Texten. Band I/II. Düsseldorf: PatmosVerlag. 1980f

4.2 Zu den einzelnen Kapiteln

Kapitel 1

Rad, Gerhard von, Das erste Buch Mose (ATD 2–4). Göttingen: Vandenhoeck & Ruprecht. 1961

Westermann, Claus, Am Anfang. 1. Mose. Teil 1. 1989. Neukirchen: Neukirchener Verlag. [2]1989

Altner, Günter, Schöpfung am Abgrund. Neukirchen: Neukirchener Verlag. 1977

Amery, Carl, Das Ende der Vorsehung. Die gnadenlosen Folgen des Christentums. Reinbek: Rowohlt Verlag. 1972

Liedtke, Gerhard, Im Bauch das Fisches. Stuttgart: Kreuz Verlag. [3]1983

Dörig, Bruno. Bewußt leben. Eschbach: Verlag am Eschbach. 1983

Kapitel 2

Rad, Gerhard von/Westermann, Claus siehe zu Kapitel 1!

Busslinger-Simmen, Helen, u.a., Urgeschichten. (Ökumenischer Arbeitskreis für Bibelarbeit: Bibelarbeit in der Gemeinde 5). Zürich/Köln: Fr. Reinhard Verlag/Benziger Verlag. 1985

Elliger, Katharina, Paare in der Bibel. München: Kösel Verlag. 1996

Moltmann-Wendel, Elisabeth, Das Land, wo Milch und Honig fließt. Perspektiven einer feministischen Theologie (GTB Siebenstern 486). Gütersloh: Gütersloher Verlagshaus Gerd Mohn. 1985

Schüngel-Straumann, Helen, Die Frau am Anfang. Eva und die Folgen. Freiburg: Herder Verlag. 1989

Kapitel 3

Rad, Gerhard von, Das erste Buch Mose (ATD 2–4). Göttingen: Vandenhoeck & Ruprecht. 1961

Westermann, Claus, Am Anfang. 1. Mose. Teil 2. Neukirchen: Neukirchener Verlag. [2]1989

Moser, Tilmann, Gottesvergiftung. Frankfurt: Suhrkamp Verlag. 1976

Höß, Rudolf, Kommandant in Auschwitz (dtv 2908; 1963)

Kapitel 4

Martin Noth, Das zweite Buch Mose. Exodus. (ATD 5). Göttingen: Vandenhoeck & Ruprecht. 81988

Zenger, Erich, Das Buch Exodus. Düsseldorf: Patmos Verlag. 31987

Adolf Exeler, Exodus. Ein Leitmotiv für Pastoral und Religionspädagogik. (Als Manuskript gedruckt). München: Deutscher Katecheten Verein o.J. (1975)

Reiser, Antonio/Schoenborn, Paul Gerhard (Hg.), Sehnsucht nach dem Fest der freien Menschen. Gebete aus Lateinamerika. W. Wuppertal/Gelnhausen: Jugenddienst-Verlag. 1982

Schoenborn, Ulrich, ›Das universale Wort spricht nur Dialekt‹. Skizze einer lateinamerikanischen Hermeneutik. In: ders., Gekreuzigt im Leiden der Armen. Beiträge zu einer kontextuellen Theologie in Brasilien. Mettingen: Institut für Brasilienkunde und bkv brasilienkunde verlag. 1987. S. 109–143

Benutzte Liedsammlungen

Agricola, Christiane (Hg.), Balladen und Lieder des Schwarzen Amerika. Leipzig: G. Kiepenheuer Verlag. 1984

Jahn, Janheinz (Hg.), Negro Spirituals (Fischer TB 472)

Dixon, Christa, Wesen und Wandel geistlicher Volkslieder. Negro Spirituals. Wuppertal: Jugenddienst Verlag. 1967

Zenetti, Lothar, Peitsche und Psalm. München: Verlag J. Pfeiffer. 21967

Hansen, Kurt Heinrich (Hg.), Go down, Moses. 100 Spirituals und Gospel Songs (Stundenbuch 26). Hamburg: Furche Verlag. 1963

Kapitel 5

Crüsemann, Frank, Bewahrung der Freiheit. Das Thema des Dekalogs in sozialgeschichtlicher Perspektive (Kaiser Traktate 78). München: Chr. Kaiser Verlag. 1983

Jonthan Magonet, Wie ein Rabbiner seine Bibel liest (GTB 1140). 1994

Chagall, Bella, Brennende Lichter (rororo 1223)

Seder Hattefilliot. Das Jüdische Gebetbuch. Herausgegeben von J. Magonet u.a. Band 1: Gebete für Schabbat, Wochentage und Pilgerfeste. Gütersloh: Gütersloher Verlagshaus. 1997

Kapitel 6

Zenger, Erich, Das Buch Ruth (Zürcher Bibelkommentare AT Bd. 8). Zürich: Theologischer Verlag. 2. durchges. u. erg. Aufl. 1992

Ebach, Jürgen, Fremde in Moab – Fremde aus Moab. In: ders./R. Faber (Hg.), Bibel und Literatur. München 1995

Kapitel 7

Würthwein, Ernst, Die Bücher der Könige (ATD 11/2). Göttingen: Vandenhoeck & Ruprecht. 1982.

Keel, Othmar, Die Welt der altorientalischen Bildsymbolik und das Alte Testament. Am Beispiel der Psalmen. Zürich/Neukirchen: Benziger Verlag/Neukirchener Verlag. 41984.

Kapitel 8

Fohrer, Georg, Die Propheten des Alten Testaments. Band I – VII. Gütersloh: Gütersloher Verlagshaus Gerd Mohn. 1974ff

Lang, Bernhard, Wie wird man Prophet in Israel? Aufsätze zum Alten Testament. Düsseldorf: Patmos Verlag. 1980

Renker, Alwin, Propheten – das Gewissen Israels. Anregungen für Unterricht und Verkündigung. Freiburg. Verlag Herder. 1990

Kapitel 9

Westermann, Claus, Das Buch Jesaja 40–66 (Das Alte Testament Deutsch 19). Göttingen: Vandenhoeck & Ruprecht. 41981

Kraus, Hans Joachim, Das Evangelium des unbekannten Propheten. Jesaja 40–66. Neukirchen: Neukirchener Verlag. 1990

Jerger, Günter, »Evangelium des Alten Testaments«. Die Grundbotschaft des Propheten Deuterojesaja in ihrer Bedeutung für den Religionsunterricht (Stuttgarter Biblische Beiträge 14). Stuttgart: Verlag Katholisches Bibelwerk. 1986

Bergerhof, Kurt, Mesopotamien und das Volk Gottes. Neukirchen: Neukirchener Verlag 1983

Karikaturen

Stapperfenne, Hans, Alles in schönster Ordnung. Wuppertal: Jugenddienst Verlag. 1975

Weitere Ergiebige Zusammenstellungen von Karikaturen:

Müller, Bernhard, Menschlich – Allzumenschlich. Stuttgart/München: Calwer Verlag/Kösel Verlag. 1992

Müller, Bernhard, Um Himmels willen. Stuttgart/München: Calwer Verlag/Kösel Verlag. 1996

Kapitel 10

Westermann, Claus, Ausgewählte Psalmen. Göttingen: Vandenhoeck & Ruprecht, 1983.

Zenger, Erich, Mit meinem Gott überspringe ich Mauern. Einführung in das Psalmenbuch. Freiburg: Verlag Herder. 1987

Zenger, Erich, Ich will die Morgenröte wecken. Psalmenauslegungen. Freiburg: Verlag Herder. 1991

Baldermann, Ingo, Wer hört mein Weinen? Kinder entdecken sich selbst in den Psalmen (Wege des Lernens Band 4). Neukirchen: Neukirchener Verlag. 1986

Kapitel 11

Reiser, Werner, Hiob. Ein Rebell bekommt recht. Stuttgart: Quell Verlag. 1991

Langenhorst, Georg, Hiob, unser Zeitgenosse. Mainz: Mathias Grünewald Verlag. 1994

Langenhorst, Georg (Hg.), Hiobs Schrei in die Gegenwart. Ein literarisches Lesebuch zur Frage nach Gott im Leid. Mainz. Mathias Grünewald Verlag. 1995

Horst Klaus Berg

Ein Wort wie Feuer

Wege lebendiger Bibelauslegung

Handbuch des Biblischen Unterrichts

Band 1, 488 Seiten

ISBN 3-7668-3121-6 (Calwer)

ISBN 3-466-36196-6 (Kösel)

Alle, die in Ausbildung und Beruf biblische Texte auslegen, erhalten mit diesem Grundlagenbuch präzise und überschaubare Informationen zu bewährten und neuen Zugängen zur Bibel. Jeder dieser Ansätze wird anhand eines Textes aus dem Alten und Neuen Testament konkretisiert. Folgende Wege zur Bibel werden vorgestellt: Historisch-Kritische Auslegung / Linguistische Auslegung / Tiefenpsychologische Auslegung / Interaktionelle Auslegung / Ursprungsgeschichtliche Auslegung / Materialistische Auslegung / Feministische Auslegung / Relectura als Befreiende Auslegung / Wirkungsgeschichtliche Auslegung / Intertextuelle Auslegung / Verfremdung als Auslegung / Jüdische Auslegung / Erfahrungsbezogene Bibelarbeit. Mehrdimensionale, erfahrungsbezogene Bibelauslegung arbeitet mit den Erkenntnissen dieser verschiedenen Zugänge. Wer für sich und andere erneut und vertieft den Erfahrungsschatz biblischer Texte entdecken will, den wird dieser praxisbezogene Leitfaden für lebendige Bibelauslegung zuverlässig ausrüsten und unterstützen.

Horst Klaus Berg
Grundriss der Bibeldidaktik
Konzepte – Modelle – Methoden
Handbuch des Biblischen Unterrichts
Band 2, 224 Seiten
ISBN 3-7668-3222-0 (Calwer)
ISBN 3-466-36345-4 (Kösel)

Was junge Leute, was Religionslehrerinnen und Religionslehrer für ihr Leben von der Bibel »lernen« können, das bewegt diese neue Bibeldidaktik. Provokant und präzise schlägt sie vor, biblische Texte so auszulegen und auszuwählen, dass junge Menschen die in ihnen aufbewahrte Hoffnungskraft annehmen können.
Biblischer Unterricht kann Lehrenden und Lernenden die Augen öffnen: Daher deckt dieser »Grundriss der Bibeldidaktik« befreiende Impulse der Bibel auf und weist realistische Wege der Umsetzung.
Die Ausgangslage von Lehrenden und Lernenden, die Vorgabe von Lehrplänen, mögliche Lernchancen durch die Bibel wie deren sachgemäßes Verstehen und die wesentlichen Unterrichtsmethoden kommen zur Sprache.

Materialien zum Thema Freiarbeit Religion

Horst Klaus Berg / Ulrike Weber
Mit Jesus beginnt etwas Neues
83 Arbeitskarten, auf stabilem Karton gedruckt, zahlreiche Kopiervorlagen, ausführliches didaktisches Begleitheft. Format DIN A 4
ISBN 3-7668-3354-5 (Calwer) ISBN 3-466-36433-7 (Kösel)

Horst Klaus Berg / Ulrike Weber
So lebten die Menschen zur Zeit Jesu
264 Karten auf stabilem Karton, zahlreiche Abbildungen und Sachzeichnungen, Ausschneidebogen mit 85 farbigen Bildern, ein ausführliches didaktisches Begleitheft mit zahlreichen Kopiervorlagen und der Erzählung »Benjamin und Julius«. Format DIN A 4
ISBN 3-7668-3411-8 (Calwer) ISBN 3-466-36434-5 (Kösel)

Die Geschichte »Benjamin und Julius« ist im Material enthalten; es kann aber auch unabhängig als Taschenbuch bezogen werden:

Horst Klaus Berg / Ulrike Weber
Benjamin und Julius
Geschichten einer Freundschaft zur Zeit Jesu.
ctb 55. 136 Seiten, mit 24 sw-Abbildungen und Bastelbögen »Städtchen zur Zeit Jesu«
ISBN 3-7668-3447-9 (Calwer) ISBN 3-466-36435-3 (Kösel)

Ebenfalls separat lieferbar:
Horst Klaus Berg / Ulrike Weber
Farbbilder zur Freiarbeit Religion »So lebten die Menschen zur Zeit Jesu«
Im Fünferpack, 12 DIN A 4-Bogen (85 Farbabb.) zum Ausschneiden. Format DIN A 4.
ISBN 3-7668-3474-6 (Calwer) ISBN 3-466-36436-1 (Kösel)

Mit den Farbbildern können die Materialien der Freiarbeit Religion »So lebten die Menschen zur Zeit Jesu« für größere Schulklassen und Gruppen ergänzt werden.

Horst Klaus Berg / Ulrike Weber
Ostern – In Bildern Spuren des Neuen Lebens entdecken
192 Arbeitskarten, auf stabilem Karton gedruckt, zahlreiche Kopiervorlagen, ausführliches didaktisches Begleitheft (86 Seiten), Ausschneidebogen mit 3x6 farbigen Bildern. Format DIN A 4
ISBN 3-7668-3569-6 (Calwer) ISBN 3-466-36437-X (Kösel)